REVISTA DE DIREITO MERCANTIL
industrial, econômico e financeiro

143

Publicação do
Instituto Brasileiro de Direito Comercial Comparado
e Biblioteca Tullio Ascarelli
do Departamento de Direito Comercial
da Faculdade de Direito da Universidade de São Paulo

Ano XLV (Nova Série)
julho-setembro/2006

MALHEIROS EDITORES

REVISTA DE DIREITO MERCANTIL

industrial, econômico e financeiro

Nova Série — Ano XLV — n. 143 — julho-setembro de 2006

REVISTA DE DIREITO MERCANTIL
publicação trimestral de
MALHEIROS EDITORES LTDA.
Rua Paes de Araújo, 29, conjunto 171
CEP 04531-940
São Paulo, SP - Brasil
Tel. (011) 3078-7205
Fax: (011) 3168-5495

Diretor Responsável: Álvaro Malheiros
Diretora: Suzana Fleury Malheiros

Assinaturas e comercialização:
CATAVENTO DISTRIBUIDORA DE LIVROS S.A.
Rua Conselheiro Ramalho, 928
CEP 01325-000
São Paulo, SP - Brasil
Tel. (011) 3289-0811
Fax: (011) 3251-3756

Supervisão Gráfica: Vânia Lúcia Amato
Composição: *Scripta*

SUMÁRIO

NOTA DE ABERTURA

HOMENAGEM PÓSTUMA AO JURISTA E PROFESSOR WALDIRIO BULGARELLI 7
– O Comitê de Redação

DOUTRINA

CODIFICAÇÃO, DECODIFICAÇÃO, RECODIFICAÇÃO: A EMPRESA NO CÓDIGO CIVIL BRASILEIRO 11
– Rachel Sztajn

O *STATUS* JURÍDICO DO CONTROLADOR E DOS ADMINISTRADORES NA RECUPERAÇÃO JUDICIAL 21
– Haroldo Malheiros Duclerc Verçosa

ATUALIDADES

LIVRE-DOCÊNCIA: APONTAMENTOS DE UMA ARGÜIÇÃO 39
– João Baptista Villela

PONTO DE EMPRESA *VIRTUAL*. PRETENSÃO RENOVATÓRIA E DEMAIS INSTRUMENTOS DE TUTELA. VEDAÇÃO À USURPAÇÃO *INDIRETA* DO *PONTO DE NEGÓCIO* (POR MEIO DA RETOMADA DO OBJETO DA LOCAÇÃO). ATOS SUBSEQÜENTES DE CONCORRÊNCIA DESLEAL PRATICADOS PELO RETOMANTE 42
– Estevan Lo Ré Pousada

EXCERTO DO *DIREITO SOCIETÁRIO I – FUNDAMENTOS* 66
– Herbert Wiedemann, tradução de Erasmo Valladão A. e N. França

THE EFFICACY OF INTRA-CORPORATE APPROVALS IN NEGOTIATED MERGERS BETWEEN CONTROLLING SHAREHOLDER AND ITS CORPORATION UNDER DELAWARE AND BRAZILIAN LAW 76
– Mauro Bardawil Penteado

AGÊNCIA E REPRESENTAÇÃO COMERCIAL: A NECESSIDADE DE HARMONIZAÇÃO DA DISCIPLINA JURÍDICA 106
– Carlos Alberto Hauer de Oliveira

A CÉDULA DE PRODUTO RURAL NA ESTRUTURAÇÃO DE OPERAÇÕES FINANCEIRAS 121
– Renato Buranello

AS ALTERAÇÕES DO CÓDIGO DE PROCESSO CIVIL EM MATÉRIA DE EXECUÇÃO E SUAS REPERCUSSÕES NA NOVA LEI DE FALÊNCIAS 127
– MARIA CELESTE MORAIS GUIMARÃES

DA COMPENSAÇÃO NA FALÊNCIA NO ÂMBITO DO SISTEMA FINANCEIRO NACIONAL 137
– FABRÍCIO GONÇALVES DE SOUZA SABINA

PARCERIAS EMPRESARIAIS (*JOINT VENTURES*) NAS ATIVIDADES DE EXPLORAÇÃO E PRODUÇÃO DE PETRÓLEO E GÁS NATURAL NO BRASIL 156
– JOSÉ ALBERTO BUCHEB

"BANCARIZAÇÃO" POR MEIO DE CORRESPONDENTES BANCÁRIOS 179
– UINIE CAMINHA e ARTHUR FARACHE DE PAIVA

ACORDO DE LENIÊNCIA: A DELAÇÃO PREMIADA COMO INSTRUMENTO DE COMBATE AO CARTEL 188
– MARCO AURÉLIO GUMIERI VALÉRIO

ESPAÇO DISCENTE

A PREVALÊNCIA DA VONTADE DA ASSEMBLÉIA-GERAL DE CREDORES EM QUESTÃO: O *CRAM DOWN* E A APRECIAÇÃO JUDICIAL DO PLANO APROVADO POR TODAS AS CLASSES 202
– CAROLINA SOARES JOÃO BATISTA, PAULO FERNANDO CAMPANA FILHO, RENATA YUMI MIYAZAKI e SHEILA CHRISTINA NEDER CEREZETTI

O CONTRATO PRELIMINAR E A ANÁLISE ECONÔMICA DO DIREITO 243
– JULIANA PITELLI DA GUIA

PARECERES

ATOS E OPERAÇÕES SOCIETÁRIAS EM FRAUDE À LEI, VISANDO À TOMADA ILÍCITA DO CONTROLE DE COMPANHIA ABERTA – ABUSO DO PODER DE CONTROLE E CONFLITO DE INTERESSES CARACTERIZADOS – INVALIDADE ... 255
– ERASMO VALLADÃO A. E N. FRANÇA

A VIGENTE REDAÇÃO DO ART. 25 DA LEI 4.595, DE 31.12.1964 E SEU REGIME JURÍDICO 271
– HENRIQUE LEITE CAVALCANTI e LUIZ CARLOS STURZENEGGER

NOTA BIBLIOGRÁFICA

RESPONSABILIDADE DOS SÓCIOS, de WALFRIDO JORGE WARDE JÚNIOR 279
– MARCOS PAULO DE ALMEIDA SALLES

COLABORAM NESTE NÚMERO

ARTHUR FARACHE DE PAIVA
Graduado pela Universidade de Fortaleza – UNIFOR. Ex-Bolsista do CNPq. Advogado.

CARLOS ALBERTO HAUER DE OLIVEIRA
Mestre em Direito Comercial pela PUC/SP. Professor das Faculdades Integradas Curitiba e da Escola da Magistratura do Paraná. Advogado em Curitiba.

CAROLINA SOARES JOÃO BATISTA
Graduanda em Direito pelas Faculdades Metropolitanas Unidas. Pesquisadora do Centro de Estudos em Direito Falimentar e Recuperação de Empresas do Departamento de Direito Comercial da Faculdade de Direito da USP.

ERASMO VALLADÃO A. E N. FRANÇA
Professor Doutor de Direito Comercial da Faculdade de Direito da Universidade de São Paulo – USP. Advogado em São Paulo.

ESTEVAN LO RÉ POUSADA
Advogado em São Paulo/SP.

FABRÍCIO GONÇALVES DE SOUZA SABINA
Mestrando em Direito Privado pela Faculdade de Direito da Universidade Federal de Minas Gerais (UFMG). Advogado.

HAROLDO MALHEIROS DUCLERC VERÇOSA
Mestre e Doutor em Direito Comercial pela Universidade de São Paulo (USP). Professor de Direito Comercial da USP. Membro do Centro de Mediação e Arbitragem da Câmara do Comércio Brasil-Canadá. Consultor.

HENRIQUE LEITE CAVALCANTI
Advogado.

JOÃO BAPTISTA VILLELA
Professor Emérito da Faculdade de Direito da Universidade Federal de Minas Gerais – UFMG.

JOSÉ ALBERTO BUCHEB
Mestre em Direito Internacional e Integração Econômica (UERJ/FDIR). Doutor em Legislação do Petróleo (UERJ/FGEL). Advogado.

JULIANA PITELLI DA GUIA
Doutora em Direito Comercial pela Faculdade de Direito da Universidade de São Paulo – USP.

LUIZ CARLOS STURZENEGGER
Advogado.

MARCO AURÉLIO GUMIERI VALÉRIO
Mestre em Direito pela Universidade Estadual Paulista (UNESP, Campus de Franca). Professor da Faculdade de Economia, Administração e Contabilidade (FEA/USP, Campus de Ribeirão Preto). Advogado.

MARCOS PAULO DE ALMEIDA SALLES
Mestre e Doutor em Direito Comercial. Professor da Faculdade de Direito da Universidade de São Paulo. Advogado em São Paulo.

MARIA CELESTE MORAIS GUIMARÃES
Mestre e Doutoranda em Direito pela UFMG. Professora nas Faculdades de Direito da UFMG e Milton Campos. Advogada.

MAURO BARDAWIL PENTEADO
Mestre em Direito Comercial pela Universidade de São Paulo – USP. LL.M pela *Virginia Law University*.

PAULO FERNANDO CAMPANA FILHO
Mestrando em Ciências Jurídico-Civilísticas pela Universidade de Coimbra.

RACHEL SZTAJN
Professora Associada da Faculdade de Direito da Universidade de São Paulo – USP.

RENATA YUMI MIYAZAKI
Graduanda em Direito pela Universidade de São Paulo. Pesquisadora do Centro de Estudos em Direito Falimentar e Recuperação de Empresas do Departamento de Direito Comercial da Faculdade de Direito da USP.

RENATO BURANELLO
Mestre em Direito Comercial pela PUC/SP. Advogado em São Paulo.

SHEILA CHRISTINA NEDER CEREZETTI
Doutoranda em Direito Comercial pela Faculdade de Direito da Universidade de São Paulo. Pesquisadora do Centro de Estudos em Direito Falimentar e Recuperação de Empresas do Departamento de Direito Comercial da Faculdade de Direito da USP.

UINIE CAMINHA
Doutora em Direito Comercial pela Faculdade de Direito da USP. Professora da Universidade de Fortaleza e da Universidade Federal do Ceará. Advogada.

HOMENAGEM PÓSTUMA AO JURISTA E PROFESSOR WALDIRIO BULGARELLI

É com profundo pesar que comunicamos aos leitores o passamento do Professor Titular WALDIRIO BULGARELLI que, ao longo das últimas décadas, além de incentivador e assíduo colaborador, foi Secretário, Coordenador e Supervisor Geral desta *Revista*, que constitui publicação do Instituto Brasileiro de Direito Comercial e Biblioteca Tullio Ascarelli, do qual o saudoso Mestre foi Presidente.

Esta homenagem é mais do que justa, pois não há erro em afirmar que se esta *Revista* sobreviveu e sobrevive até a atualidade, em sua Nova Série, tal se deve ao diuturno trabalho de Mestre WALDIRIO, que além de sua gratuita mas eficiente ação administrativa e de coordenação, é, dela, seu maior colaborador, com nada menos do que 90 (noventa) artigos, ensaios e comentários a acórdãos.[1] Nos muitos momentos de crise que esta publicação, como qualquer outra do gênero, experimentou, sobretudo por ausência de colaborações, o homenageado não se pejou em oferecer dois, três e até quatro trabalhos de sua lavra para dar corpo a um mesmo exemplar,[2] a fim de que a *Revista* não fenecesse, pouco se importando com algumas tiradas irônicas de mau gosto (trata-se da *Revista* do WALDIRIO...), visto que jamais fez qualquer concessão

1. Confira-se o vol. 136, outubro-dezembro de 2004, Índice Geral dos vols. 1 a 135, pp. 157 a 162.

2. V. vols. 18/69, 18/74, 21-22/19, 21-22/77, 21-22/112, 21-22/131, 24/93, 24/135, 25/23, 25/99, 25/106, 32/98, 32/113, 33/69, 33/118, 33/120, 34/73, 34/95, 37/94, 37/98, 58/89, 58/97, 68/83, 68/113, 84/63, 84/99, 91/72, 91/87, 95/71, 95/81.

quanto ao elevado nível dos textos que podiam nela figurar, o que importou no descarte de um sem número de trabalhos a ele submetidos, que não dispunham de rigorosa qualificação científica. Perseverou, também, ciente da relevantíssima importância da seção "Comentários de Acórdãos", a ela emprestando muitas contribuições, mesmo quando já dispunha de elevada titulação acadêmica (e estimulou seus discípulos a fazê-lo, até escolhendo e distribuindo decisões para serem comentadas... e cobrando os resultados), dada a consciência que tinha de que é nesse segmento que se vislumbra o Direito Comercial vivo, em ação – do que já se haviam dado conta os organizadores da série antiga, até porque nas melhores revista estrangeiras do gênero não falta seção semelhante. Sob este aspecto esta publicação, sem qualquer cabotinismo, é pioneira, não havendo demasia em asseverar que constitui motivo de satisfação constatar que revistas similares, de edição mais recente, tenham seguido esse exemplo.

Nascido em 4 de março de 1930, na Cidade de Santos, casou-se com D. Ayda Vasconcellos de Carvalho Bulgarelli, deixando dois filhos, Waldirio e Christiane; desde sua juventude viu desabrochar sua vocação, que desenvolveu até tornar-se Bacharel em Direito pelas Arcadas (1957), passando desde logo a militar na advocacia empresarial, com expressão tal que foi convidado e exerceu durante muitos anos a função de Assistente Jurídico da Junta Comercial do Estado de São Paulo. Interessou-se inicialmente pelo Cooperativismo, campo que para melhor conhecer teve a humildade de estudar e habilitar-se como Técnico (1959), e para o qual muito contribuiu, com suas primeiras produções científicas,[3] preocupando-se em estudá-lo com profundidade, como, por exemplo, ao freqüentar e concluir, sob os auspícios da Organização dos Estados Americanos, Curso de Especialização em Desenvolvimento Econômico e Cooperativismo, no país que obteve maior sucesso no manejo dessa forma solidária e coletiva de atividade empresarial, o Estado de Israel (1963). Com o reconhecimento e fama obtidos foi eleito, já em 1970, para a função de Diretor Secretário do Instituto Paulista de Direito Agrário, assumindo, ao depois, a Vice-Presidência da entidade.

Tudo isso sem prejuízo da advocacia empresarial em geral, que exerceu com destaque, tornando-se membro do Instituto dos Advogados de São Paulo, desde 1974, do Instituto dos Advogados Brasileiros (1977) e do Instituto Brasileiro de Direito Comercial e Biblioteca Tullio Ascarelli, no qual foi eleito Diretor Secretário, em 1970.

No âmbito universitário obteve, na USP, o título de Doutor em Direito Comercial, em 1970, com a tese *A Elaboração do Direito Cooperativo – Um Ensaio de Autonomia*,[4] no mesmo ano em que concluía,

3. *Natureza Jurídica da Sociedade Cooperativa*, 1ª ed., Editora Clássico-Científica, São Paulo, 1961; 2ª ed., 1962. *Tratado Geral de Crédito Cooperativo*, em dois vols., 1ª ed., São Paulo, Editora Clássico-Científica, 1964. *O Kibutz e as Cooperativas Integrais*, 1ª ed., São Paulo, DAC; 2ª ed., São Paulo, ISPECO, 1965; 3ª ed., São Paulo, Editora Pioneiras, 1966. *Regime Jurídico das Sociedades Cooperativas*, São Paulo, Editora Pioneiras, 1965. *As Cooperativas e o Plano Nacional de Habitação*, São Paulo, Editora Pioneiras, 1966. *Elaboração do Direito Cooperativo*, São Paulo, Atlas, 1967. *Tendências Atuais da Legislação Cooperativa* e *As Sociedades de Economia Mista sob Regime Cooperativo*, ambos publicados em 1968 pelo Centro Moçambicano de Estudos Cooperativos. *Regime Tributário das Cooperativas*, São Paulo, Saraiva, 1974. "Cooperativa: empresa sócia de sociedade irregular. Direito irrestrito de retirada", publicado na *Revista dos Tribunais* 620/10-19, março de 1988. *Sociedades Comerciais – Sociedades Civis e Sociedades Cooperativas*, 7ª ed., São Paulo, Atlas, 1998. *As Sociedades Cooperativas e a sua Disciplina Jurídica*, Rio de Janeiro, Renovar, 1998.

4. O que já denotava a característica marcante do Mestre e dos grandes comercialistas: escrever sobre o que se conhece, e muito bem, na práxis negocial. E também não se alienar do cenário mais amplo em que se insere o Direito Empresarial, o que o homenageado demonstrou em letra impressa ao publicar a obra *Tendências Atuais do Estado Brasileiro*, São Paulo, Editora Keppe, 1970.

paralelamente, seu Curso de Pós-Graduação em Economia na Faculdade de Filosofia, Ciências e Letras da USP;[5] passou a reger disciplinas de Direito Comercial no Curso de Graduação a partir de 1972, e após conquistar o título de Livre-Docente (1975), assumiu a regência de Cursos de Pós-Graduação (1980). Cedo tornou-se Professor Titular de Direito Comercial da Faculdade de Direito da Universidade Presbiteriana Mackenzie (1979), e a titularidade nas Arcadas finalmente foi alcançada, após a participação em vários e brilhantes concursos públicos, em 1989, trajetória docente que percorreu na sua parte final no Regime de Dedicação Integral à Docência e Pesquisa (RDIDP), aposentando-se, por limite de idade, em 2000.

Dono de um estilo elegante e agradável, que já revelara em seu primeiro livro de poesias (*Canto de Angústia Apenas*, Editora Iliahu-Behar, publicado já em 1958, quando se sabe que tal empreitada só é enfrentada por seu pares no ocaso de suas carreiras), e que demonstrou, especificamente, em várias outras oportunidades (*v.g.*, no artigo "O Direito na Literatura", publicado no jornal *Folha de S. Paulo*, edição de 6.2.1988, p. D-3); foi com esses dotes que produziu sua extensa obra no âmbito do Direito Comercial. Fiel aos ensinamentos de seus mentores intelectuais já citados, aos quais se alinham, entre nós, os saudosos e eméritos comercialistas Silvio Marcondes, Oscar Barreto Filho e Mauro Brandão Lopes, trouxe para o magistério e para sua produção científica os conhecimentos que adquiriu em sua proficiente vida profissional de advogado e consultor de empresas, e ao final, de parecerista – esta última atividade onde viceja o Direito Comercial e na qual são submetidas ao jurista com longa rodagem, para solução ou fundamentação, as mais complexas questões, que exigem reflexões e a articulação de fórmulas criativas, que só o profissional experimentado e com extensa vivência profissional tem condições de solucionar, desde que disponha, por pendor natural, de talento para dedicar-se ao campo que é um dos mais antigos, e ao mesmo tempo o mais moderno e dinâmico, da Ciência do Direito. A bibliografia indicada nesta Nota dá bem a idéia da miríade de problemas que o homenageado enfrentou, sobre eles escrevendo livros que se incluem entre os clássicos do Direito Comercial de nosso país. Mas como tinha também imenso talento como Professor, não deixou de escrever Cursos e Manuais que formaram várias gerações de bacharéis, de tal quilate que raramente deixaram de guiar nossos juízes e Tribunais, ao serem chamados a decidir sobre temas que refogem do conhecimento técnico e cotidiano dos magistrados. Durante décadas, e ainda hoje, é raro encontrar um exemplar de repertórios jurisprudenciais em que não sejam invocadas as lições do eminente jurista, sejam elas colhidas de suas monografias, seja de seus Cursos e Manuais, até porque estes últimos alcançaram dezenas de edições.

A obra do homenageado, extensa e conhecida, até dispensa explicitações. Escritor prolífico, além de mais de uma centena de artigos, ensaios e pareceres, publicados em revistas jurídicas especializadas – no que esta publicação teve a primazia – produziu mais de dezenas de obras monográficas, hoje clássicas, como, por exemplo, *A Incorporação das Sociedades por Ações* (São Paulo, Editora Universitária de Direito, 1975), *O Conselho Fiscal nas Companhias Brasileiras* (São Paulo, Ed. RT, 1988), *Regime Jurídico da Proteção às Minorias nas S/A* (Rio de Janeiro, Renovar, 1998) e o *Tratado de Direito Empresarial* (2ª ed., São Paulo, Atlas, 1975). Coligiu ainda trabalhos profissionais es-

5. Área que a chamada Escola do "Law & Economics" redescobre mais recentemente, mas cuja importância para a boa compreensão do Direito Comercial já era destacada pelos pensadores que mais influenciaram o homenageado, Vivante e Ascarelli; exatamente por isso não se furtou à empreitada de traduzir a obra fundamental de Jean-Pierre Rioux (*A Revolução Industrial – 1780-1880*, Editora Pioneiras, 1975).

parsos, em vários "Estudos e Pareceres" (*v.g.*, *Estudos e Pareceres de Direito Empresarial (O Direito das Empresas)*, São Paulo, Ed. RT, 1980) e nas *Questões de Direito Societário* (São Paulo, Ed. RT, 1983), além participar de coleções de *Comentários à Lei das S/A*.

Para aqueles que tenham interesse em conhecer as linhas gerais do pensamento de Mestre Waldirio, como filósofo e comercialista, sugere-se a leitura da Aula Inaugural que proferiu em 5 de março de 1992, no Salão Nobre, na condição de novo Professor Titular de Direito Comercial, publicada na *Revista da Faculdade de Direito da Universidade de São Paulo* 87/265-288, 1992, sob o título "Atualidade do Direito Empresarial". Nessas lições magníficas, o saudoso Professor lança percucientes e imorredouras reflexões sobre "a excessiva regulamentação entre nós, também chamada fúria legiferante, ou como dizem os franceses *decretomania*", assinalando "a importância da visão empresarial em razão da combalida vida econômica e social do país". Tal como fez constar do Resumo que precede o alentado texto, "trata a seguir da empresa e do empresário, faz um breve histórico do ciclo que se inicia com os *machans* e os *fabricans*, passando ao comerciante e chegando ao empresário". Cuidou, na seqüência, das "conceituações de empresa e empresário no Brasil e na Itália, das teorias da empresa como instituição ou unidade de produção e as normas correlatas. Analisou a questão do enquadramento jurídico da empresa nas categorias básicas – sujeito, bens, atos e fatos do Código Civil italiano e o conceito jurídico baseado na atividade e a explicação de seus correlatos, sujeito (o empresário) e bens (o estabelecimento), defendendo a importância da adoção de um estatuto geral do empresário. Abordou o surgimento espontâneo do Direito Comercial no seio dos mercadores e os seus primeiros tratados, da relação do Direito Comercial e os outros ramos do direito, as disputas entre eles, o problema da falta de integração e sistematização do Direito Comercial e sua evolução. Faz um breve relato do Direito Comercial entre nós e o Código Comercial brasileiro. Finaliza com o quadro normativo empresarial no Brasil de hoje".

Enfim: vai-se o Mestre, mas fica a memória e a saudade, tanto de parte dos que tiveram o privilégio de com ele conviver e desfrutar de sua rara inteligência, amizade e bom humor, quanto de seus alunos e dos profissionais do Direito que muito aprenderam com o seu magistério e com a sua obra.

Pelo Comitê de Redação,

Haroldo Malheiros Duclerc Verçosa

Mauro Rodrigues Penteado

Doutrina

CODIFICAÇÃO, DECODIFICAÇÃO, RECODIFICAÇÃO: A EMPRESA NO CÓDIGO CIVIL BRASILEIRO

RACHEL SZTAJN

Introdução. 1. Codificação. 2. Decodificação. 3. Recodificação. 4. Autonomia do direito privado. 5. A empresa no Código Civil Brasileiro. 6. Princípios informadores do Código Civil: 6.1 Norma, conceito e princípio; 6.2 Princípios e atividade de empresa. 7. Empresa e ordem constitucional. 8. Os princípios no Código Civil. 9. Conclusão.

Introdução

Qual a lógica dos legisladores que, em 2002, aprovaram a Lei n. 10.406, unificando o direito das obrigações até então disciplinado em dois códigos de direito privado? E, em face de tal unificação, o que explica a manutenção e a aprovação subseqüente de leis especiais ou extravagantes?

O vigente Código Civil Brasileiro, baseado em anteprojeto de 1975, vale dizer, elaborado antes da aprovação da Constituição da República de 1988, que, diz-se tem filiação no *Codice Civile* de 1942, não foi nem tão longe quanto este, nem teve alguns cuidados seguidos pelo legislador italiano da época. Por exemplo, a inclusão da atividade empresária na lei civil, não especifica, com clareza, como na Itália, quais são as atividades comerciais, o que dá margem a alguma confusão.

Demais disso, anote-se o significativo lapso temporal que medeia entre a última versão do anteprojeto e a redação final do Código Civil, sem que se atentasse para as significativas mudanças da base social sobre a qual a lei se aplica, o desenvolvimento da economia incluído o agronegócio, com o que deixaram de ser pensados os incentivos corretos para que as fricções sociais fossem reduzidas.

E, como aquela Constituição ampliara não apenas os direitos individuais, mas recepcionou os coletivos, muitos não previstos nos antigos Códigos Civil e Comercial, a edição de leis especiais, que alguns denominam estatutos, deu origem ao que Natalino Irti discute em *L'Età della Decodificazione*, isto é, a criação de microssistemas normativos. Essa proliferação de normas especiais, discutida pelo jurista italiano em publicação de 1978, aborda a questão dos microssistemas, importante transformação no que diz respeito à idéia de códigos, ou seja, a organização sistemática de regras dispondo, de forma compreensiva, sobre o direito ou áreas do direito.

Se o fenômeno da decodificação, tal como apontado por Irti, estiver esgotado, então é provável que outra etapa do processo legiferante esteja em curso, a da recodificação. Em assim sendo, que vantagens há em unificar o direito das obrigações? A especialidade da legislação comercial é preservada desde que disciplinada em normas extravagantes ou microssistemas. Talvez melhor fora manter os dois códigos de direito privado como se dá na expressiva maioria dos países da Europa continental. E, no que diz respeito aos princípios fundamentais do Código Civil, será plenamente compatível com o escopo e função, sua aplicação à matéria do Livro II – Do Direito de Empresa?

Essas são algumas questões que o texto procurará responder.

1. Codificação

Os modernos códigos são produtos de processo histórico único, impulsionado pela Revolução Francesa de 1879, de que resultou a queda da monarquia absolutista e se alterou o polígono de forças, numa luta de classes na qual a burguesia prevaleceu.

A tomada do poder por Napoleão, porém, em certa medida, correspondeu a um retorno ao *ancien regime* e Napoleão, vitorioso, tratou de encontrar mecanismos legais para controlar as relações entre particulares. Para tanto, nada melhor do que códigos, estruturas normativas completas, claras e que impediam os juízes de fazer leis, eliminar costumes locais e privilégios de classes. Argumento interessante é que a existência de normas únicas representava a certeza e segurança para os agentes ao eliminar o desconhecido, o poder do juiz que não se limitava a aplicar a lei, mas julgava segundo critérios pessoais e classistas. Dos vários códigos aprovados no período napoleônico, dois são os de direito privado: o civil, que entrou em vigor em 1804, e o de comércio, de 1807, ambos com o escopo declarado de reformar o sistema francês de acordo com os princípios da Revolução.

A idéia era ter leis completas, sem lacunas, claras e coerentes. A associação do *Code Civil des Français* ao *Corpus Juris Civilis* de Justiniano resulta de que a estrutura e a organização das matérias seguiram aquele modelo.

Esses códigos, ditos de primeira geração, reconhecem direitos individuais, entre os quais a propriedade privada, a apropriação privada dos resultados da atividade econômica, a igualdade, conquanto formal, das pessoas, os cidadãos. Não estranha, pois, que, com base no fim dos privilégios e na clareza das normas legais, outros países europeus e latino-americanos, colônias ou antigas colônias européias, adotassem normas à semelhança daquelas francesas, pois é inegável a importância da idéia de igualdade entre sujeitos, da certeza e segurança de que não haveria privilégios de classe e de que as pessoas, antecipadamente, saberiam quais os efeitos e conseqüências de suas ações. Diz-se que com a codificação subseqüente à Revolução de 1789 passa-se do *status* ao contrato.

No Brasil, depois da Independência, em 1850, foi aprovada a Lei n. 556, o Código Comercial, assim como os Regulamentos ns. 737 e 738. O Regulamento n. 737, no art. 17, definia as matérias de competência dos Tribunais de Comércio, enquanto que a Lei n. 556/1850, disponha sobre a qualificação do exercente de tal atividade, o comércio, contratos mercantis, a organização das sociedades mercantis, o comércio marítimo, entre outras.

Lembre-se que na elaboração das leis comerciais, tal como fizera Napoleão, colaboraram práticos, operadores comerciais o que, talvez, tenha dado aos textos, a par do pragmatismo, uma flexibilidade que não se imaginaria no sistema codificado e disso é exemplo o art. 121 da lei revogada. Práticas comerciais das diferentes praças, usos e costumes, serviam à interpretação e diria eu, completamento dos contratos mercantis. E, mesmo depois da aprovação do Código Civil de 1916, no que tange a contratos e obrigações, essa lei só seria aplicada, supletivamente, depois dos usos e costumes mercantis na interpretação dos negócios.

Esse texto, de extrema relevância para o exercício de atividades econômicas em que contratos de execução continuada ou de execução diferida são comuns, falta no novo Código Civil. O que parece grave, nessa ausência, é que, de um lado usos e costumes mercantis a par de facilitarem a realização de operações e de conterem os elementos que, ao depois, acabam sendo recepcionados nas normas positivadas, também refletem o germe de instituições típicas de certas praças e/ou setores da economia que, adotadas pelos comerciantes na linha da universalização do direito mercantil reduzem custos de transação.

Pode-se dizer que os usos e costumes servem para harmonizar o direito posto com as instituições que, aos poucos, são criadas e modeladas pelas pessoas, pois o direito é um sistema aberto que influi e é influenciado pela sociedade sobre a qual incide.

E, por ser um sistema aberto, é importante que, mesmo no direito codificado haja espaço para mudanças. Diz-se que as cláusulas abertas, que facultam aos juízes interpretarem o direito, são um desses mecanismos. Contudo, diante da assimetria informacional entre juiz e interessados, isso pode nem sempre ter o resultado visado.

De toda sorte, as codificações, tal como propostas ao longo do século XIX, deixaram de atender às demandas das sociedades pelo que se passa à aprovação de leis extravagantes que dispõem sobre matérias específicas ao lado e à margem dos códigos no processo que Irti denominou decodificação.

Como argumento central, apresenta-se o reconhecimento de que os códigos estariam desatualizados e que as Constituições européias aprovadas após o término da 2ª Guerra Mundial, por contemplarem direitos inexistentes nas codificações do século XIX, se tornaram o centro dos sistemas jurídicos. Com isso, abriu-se espaço para a produção de normas estranhas aos códigos, os microssistemas e, portanto, para a decodificação.

2. Decodificação

Decodificação é o processo derivado da proliferação de leis especiais estranhas ao corpo dos códigos, o que indica fissuras naquele corpo de leis que se imaginava completo e unitário. A decodificação é fruto das mudanças sócio-econômicas e políticas e de uma certa rigidez dos códigos novecentistas que teve, como subproduto, o que se designa como a constitucionalização do direito privado. Aliás, Miguel Reale se refere ao Código Civil como a constituição do homem comum, dos particulares. Essa, do que se conhece, era sua função no século XIX.

Exemplos de microssistemas são as normas sobre direito urbanístico, ambiental, concorrencial, bancário, do mercado de valores mobiliários, securitário e do consumo, que adotam princípios diferentes dos aplicados às normas codificadas. Argumenta-se que os microssistemas são voltados para certos setores da sociedade ou da economia; em outros casos, para restabelecer a igualdade entre pessoas ou partes em face da existência de assimetrias informacionais que geram vulnerabilidades; ainda em outros, para excluir certas pessoas da incidência de normas gerais, como se dá com menores e adolescentes, idosos, mulheres, conferindo-lhes o que Guido Calabresi denominou de direitos inalienáveis. O fato é que a opção por incluir ou excluir algum instituto da regra geral é questão de política legislativa em face de demanda social.

O aumento e a pluralidade de microssistemas têm que ver, também, com a incompletude das codificações atrás referida. Essa incompletude se evidencia em matéria comercial à vista da dinâmica própria das atividades, da tendência à uniformidade e da internacionalidade das práticas negociais. Convenções e tratados internacionais de que o país seja signatário devem ser harmonizados ao direito interno, no que não for objeto de reserva.

Ao direito comercial os microssistemas não são estranhos, pois ainda na vigência do Código de 1850 foram aprovadas duas leis, a de sociedades por ações de 1940 e a de falências de 1945, ambas espelhando mudanças que exigiam regras adequadas para a época. Portanto, para o comercialista, a decodificação a que se refere Irti, a par de não espantar, salvo pela mudança de eixo, representa o espírito renovador desse ramo do direito. O que há de novidade não é a aprovação de leis extravagantes e sim a expansão das matérias em que isso ocorre. Crescentes as áreas em que é mais simples legislar recorrendo a leis especiais e microssistemas do que alterar dispositivos dos códigos.

A questão está em saber se o procedimento de legislar mediante estatutos ou microssistemas normativos estaria esgotado e, por isso, o retorno aos códigos, muitos aprovados em período recente, tanto na Europa quanto em países latino-americanos, o Brasil incluído, e que alguns vêem como o retorno à codificação no que denominam de recodificação. Pergunta-se: normas especiais, ao lado de códigos serão ainda aprovadas?

Lembra-se a legislação falimentar, de 2005, lei especial e estranha ao Código Civil, e que embora se refira a direito das obrigações, excepciona as normas gerais.

3. *Recodificação*

Reconhecido o envelhecimento ou a obsolescência dos códigos novecentistas, emerge a tendência a reformá-los. Uma das razões é reduzir ou apagar o caráter individualista que os impregnava; outra, a preocupação com a incompletude da legislação, com o que a ruptura da sistematização ganha corpo entre os juristas que optam por manter os microssistemas, agora tendo como eixo ao redor do qual gravitam as constituições ou se voltam para a recodificação, isto é, a incorporação das leis extravagantes aos códigos preservando-lhes a concepção sistêmica.

O termo recodificação tem, portanto, duas acepções: refere-se ao processo de reforma integral dos códigos, assim como à sua revisão, em que são atualizados artigos e/ou recepcionadas as normas extravagantes.

A opção pela recodificação mediante a incorporação da legislação extravagante esbarra na proliferação de microssistemas o que torna complicada e, por vezes, inviável, sua recepção pela lei geral, particularmente se os fundamentos sobre os quais são erigidos forem distintos. A outra opção, a não recodificação mas a elaboração e aprovação de novos códigos – igualmente recodificação para alguns –, consiste em revisão e revitalização do sistema com as mudanças que a sociedade exige ou que o legislador entende que são importantes para as relações sociais.

Característica comum aos novos códigos, na dicção de Reale, é que estão apoiados, fundados, na socialização ou socialidade dos códigos sob a influência da socialização, que aparece nas normas das constituições aprovadas depois da 2ª Guerra.

Além disso, os novos códigos, de terceira geração, dizem alguns, têm entre seus princípios não mais aqueles direitos individuais, pois perdem o caráter individualista, quase egoísta dos de primeira geração. Para tanto, as normas abertas, a previsão de revisão judicial de contratos e a boa-fé, como mecanismos de fomento à boa convivência social, parecem destinados a facilitar a leitura e aplicação das regras que ficarão mais próximas das mudanças das circunstâncias sócio-econômico-políticas em cada momento.

A concretização desse escopo depende de serem os legisladores e os magistrados pragmáticos e, especialmente, de haverem incentivos corretos, seja no sistema, seja na sua aplicação. Esta, creio, é a função promocional do direito a que se referia Norberto Bobbio e que se gostaria de ver otimizada.

Em suma, se recodificar for repor as normas dentro de parâmetros de racionalidade, a revisão do sistema normativo é desejável quando e sempre que mudanças sejam consolidadas.

A questão, agora, é saber em que medida o direito privado tem ampla ou restrita autonomia.

4. Autonomia do direito privado

Em *The Limited Autonomy of Private Law*,[1] Hanoch Dagan trata da relação entre direito privado e valores sociais associados à justiça distributiva, que, diz, pode ser analisada sob dois enfoques: um interno à teoria do direito e outro externo. Sob o primeiro há dois paradigmas, a análise econômica do direito, vista como importante instrumento para compreender o direito privado; e o formalismo neokantiano, entendido como o antiinstrumento para compreensão desse direito.

Do ponto de vista externo, diante da globalização, acentua-se a importância prática da escolha entre a instrumentalização do direito para estimular a concorrência e as operações em mercado, e a autonomia do direito privado sendo que o embate entre essas posições induz à formulação de questões como, por exemplo, quais os valores que devem informar o conteúdo das normas de direito privado, e se essas normas devem ser o meio para a reforma das leis.

Segundo Dagan, os juristas, conforme sua formação, podem acordar sobre os valores informadores do direito privado e sugerir diferentes mecanismos institucionais – codificação, por exemplo – para transpor os valores para as normas. Da mesma forma, sobre dever o direito privado ser instrumental no promover mudanças, diz que isso depende de várias considerações como responsabilidade, conhecimento e resposta das instituições, bem assim a aptidão do direito privado para modelar regras.

Adiante afirma que o direito privado reside num perfeccionismo social e, portanto, não pode ser neutro em face dos valores sociais o que, entretanto, não significa seja meramente instrumental. O direito privado reflete a concorrência entre normas e valores sociais. Por isso, para alguns, o direito privado é instrumental, uma forma de regulação que não se distingue de outras no que concerne a incentivos. Já quem vê no direito privado um sistema autônomo, diz que nenhum valor ou propósito social legitima ou informa esse direito, que fica isolado de escopos sociais, econômicos, culturais ou políticos.

Dagan explica que, na sua visão, valores públicos devem informar normas de direito privado que não pode ser inteiramente autônomo em relação à sociedade cujos valores deve promover. E conclui que ao determinar as posições jurídicas (*entitlements*) o direito privado deve ter presente os valores sociais ou coletivos, mas que também deve limitar-se a dispor sobre relações horizontais visto que a função nuclear do direito privado é definir as expectativas e pretensões nessas relações, função essa que ficará comprometida se desconsiderar os valores sociais e, mais ainda, se confrontar princípios constitucionais, entendo.

Se expectativas e pretensões sociais, nas relações horizontais, isto é, entre iguais, aparecem como fundamentos para o direito privado, passa-se aos princípios informadores do Código Civil.

5. A empresa no Código Civil Brasileiro

Segundo Miguel Reale a "disciplina conjunta das obrigações civis e mercantis (...) já constitui orientação dominante em nossa experiência jurídica, em virtude do superamento do vetusto Código Comercial

1. Disponível em *ssrn.com*.

de 1850, com efeito, há o Direito Comercial se baseia no Código Civil".[2]

Parece, pois, que a disciplina da empresa fica restrita às sociedades e tipos societários, todos personificados, com o que se perde, para fins de exercício de empresa, a sociedade em conta de participação, uma das estruturas mais antigas criadas para atender às necessidades do tráfico mercantil. E mais grave, na minha opinião, a criação de outras estruturas organizacionais para o exercício da empresa fica comprometida por conta da regra do art. 983 CCB.

A assimilação de empresa a sociedade, por sua vez, ignora o discurso de Ronald H. Coase sobre a natureza da empresa, que seria um feixe de contratos e, para outros, seria um nexo de contratos. Qualquer que seja a definição de empresa, a confusão com sociedades é inaceitável, mesmo porque há empresas não societárias. No sistema da *common law* não se confundem *enterprise* e *corporation* como se sabe.

Mais ainda. Em 2002, por opção de política legislativa, extremou-se associações de sociedades em razão de um detalhe: a função econômica destas, que não há naquelas. Essa decisão evidencia a falta de explicitação da natureza jurídica do negócio de constituição das associações. Seria o contrato plurilateral como propunha Ascarelli ou algum outro negócio jurídico que se preste a essa finalidade?

A confusão entre função econômica e perseguição de lucro para fins de posterior partilha (exercício teórico de nefelibatas) não prospera quando se pensa que benefícios conferidos a associados – uso de instalações de clubes, preferência para a aquisição de ingressos para espetáculos – equivalem, no plano patrimonial, à partilha de resultados entre membros de sociedades. Demais disso, Gary Becker prega que gratidão pode ser vista como preço, como valor não monetário, mas apreciável por outro critério. Dos ensinamentos de Ascarelli e Becker pode-se ver nas associações uma espécie do gênero contrato plurilateral que difere das sociedades apenas porque os benefícios aos membros têm natureza não monetária ou econômica.

Resta uma questão que incomoda, ou seja, a invocação do art. 421 do CCB em matéria de sociedades, as quais são contratos, para requerer sua dissolução.

Qual a função social de uma sociedade, gerar empregos, produzir lucros, atender à demanda dos consumidores ou todas as anteriores? Não há resposta definitiva. Mas, a função social tem sido utilizada para manter em operação sociedades economicamente inviáveis, criando custos sociais; para resolver contratos a termo gerando efeitos de segunda ordem que atingem os que a invocaram; para impedir a retomada de imóveis locados mesmo diante da inadimplência do locatário. Esta política, se propagada, afetará o setor de construção civil reduzindo a oferta de empregos e a geração de riqueza. E, em matéria de desapropriação, a insegurança gerada pode impactar de forma negativa o agronegócio.

Onde está a função social da empresa na Constituição da República? O Código Civil é lei ordinária, razão pela qual é importante saber como a empresa ou o direito de empresa aparecem na Constituição de 1988 e harmonizar normas e princípios da lei ordinária aos princípios constitucionais, tal como faz Giorgio Oppo.

6. Princípios informadores do Código Civil

Explica Miguel Reale[3] que por se tratar de obra coletiva, no sentido de que vários juristas elaboraram, portanto de "obra

2. "Visão geral do novo Código Civil", in *Novo Código Civil Brasileiro*, 2ª ed., rev. e atual., Ed. RT, 2002, pp. IX-XIX.

3. Ob. cit.

transpessoal" (*sic*) de caráter coletivo, em que novos paradigmas foram adotados, era preciso dar unidade sistemática às partes. Que, quanto aos princípios, três são fundamentais: *a*) eticidade – superando-se o apego ao formalismo jurídico, com a opção por cláusulas genéricas ou gerais; *b*) socialidade, com superação do caráter individualista do Código de 1916; e *c*) operabilidade, visando-se a estabelecer soluções normativas para facilitar a interpretação e aplicação pelos operadores do direito.

Os termos norma, conceito e princípio merecem alguma reflexão o que se faz agora, com escusas ao leitor pela interrupção da ordem de exposição.

6.1 Norma, conceito e princípio

Norma é uma regra cuja observância pode ser exigida e que, se violada, há previsão para corrigir a conduta. Normas podem ser sociais ou positivadas.

No caso das normas sociais, é a própria comunidade que determina e aplica sanções em face de conflitos ou desobediência do padrão de conduta ou comportamento aprovado e aceito pelo grupo. Normas sociais, quando positivadas, isto é, aprovadas pelo Congresso e sancionadas pelo Executivo, se violadas são objeto de análise pelo Judiciário que tem o poder para determinar as sanções aplicáveis e sua dosimetria, dentro da previsão no ordenamento.

Pensando estrategicamente, as normas servem como quadro geral dentro do qual situações de interação social, quando a decisão de uma pessoa influenciará a de outra e, por sua vez, poderá ser influenciada pela decisão desta, permite aplicar modelos elaborados na Teoria dos Jogos para criar os incentivos que levem à otimização das relações ou que reduzam atritos.

É que pessoas racionais agem buscando maximizar suas utilidades. As normas, regras de direito posto, desenham as expectativas sobre o comportamento das pessoas que vivem em sociedade. Pensando em jogos de coordenação – caso das sociedades, por exemplo –, nada obstante a complexidade do tema, é preciso saber se o jogo será de informação completa e perfeita, com uma jogada única e simultânea, ou continuado, com jogadas seqüenciais.

Boas normas resultam de avaliação das estratégias e da informação disponível em cada momento e para cada jogador. Também é preciso saber se o jogo é individual ou coletivo. Parece-me que faltam esses indicadores em relação a sociedades no Código Civil. Não se estimula a cooperação e sim o litígio entre membros.

Conceito, que difere de definição, é uma idéia abstrata, geralmente associada a uma representação simbólica. A definição é a delimitação precisa do significado atribuído ao termo. Conceitos são abstratos, não cuidam de diferenças ou limites. São frutos da razão, da lógica, contêm significados e, segundo Locke, equivalem à descrição de uma idéia geral, são abstratos e resultado de abstrações, diz Stuart Mill, enquanto que para Kant, conceito como abstração de uma experiência é noção parcialmente correta. Conceito será, para ele, resultado de comparação, reflexão, abstração ou segregação do que seja diferente.

Princípio é proposição que serve de base para a construção de uma regra ou norma, é um padrão para avaliação de comportamentos ou condutas. Em face de princípios informadores de um direito comercial ou direito de empresa, valho-me de trabalho de Giorgio Oppo – *Princìpi*[4] –, texto que inaugura o *Tratado de Direito Comercial* organizado por Vincenzo Buonocore.

6.2 Princípios e atividade de empresa

Oppo procura determinar quais seriam os princípios de direito comercial no sistema de direito privado, e começa com uma

4. Turim, G. Giappichelli Editore, 2001.

surpreendente guinada ao afirmar que se está não diante de um direito de empresa, mas de um direito do mercado.[5] Assim, analisa a disciplina da ordem econômica constitucional italiana e explica que liberdade de iniciativa e utilidade social devem ser coordenadas pois a utilidade social compreende valores como a segurança, a dignidade dos seres humanos e o dever de solidariedade, pelo que considera ser a utilidade social limite à iniciativa econômica. Neste sentido, as normas concorrenciais, ao penalizarem o exercício de poder no mercado, são, igualmente, limitação à liberdade de iniciativa.

Em relação à empresa, que vê como o instituto cardeal da organização e da disciplina da iniciativa econômica, criada com meios patrimoniais e pessoais a ela destinados, diz que é *fattispecie* originária ainda que englobada na noção de empresário e que, como *fattispecie* comportamental, é centro de imputação da atividade e da organização.

Para Oppo, e a doutrina italiana vai nessa direção. Toda e qualquer atividade econômica organizada e voltada para mercado é empresa; algumas são comerciais, outras não e a qualificação se dá segundo os usos ou definições do que seja atividade comercial.

Ao concluir propõe questões sobre os limites dos princípios destinados à disciplina da atividade econômica e dos mercados que aquele autor vê como os princípios do direito comercial atual, notadamente em face da globalização. Oppo não oferece respostas precisas, mas pode-se afirmar que o regular funcionamento dos mercados e as assimetrias de informação merecem cuidados do legislador.

7. Empresa e ordem constitucional

Iniciando com as normas e princípios constitucionais relacionados ao exercício de atividades econômicas, verifica-se que, em 1988, o constituinte inseriu o país naqueles de economia de mercado, no sistema capitalista.

Assim, o art. 170 da Constituição contempla a livre iniciativa, ou seja, a liberdade para entrar, permanecer ou sair do mercado; e reconhece o direito à apropriação de bens pelos particulares – propriedade privada. Mas limita esses direitos, que, portanto, não são absolutos, à valorização do trabalho humano para assegurar existência digna às pessoas, à livre concorrência, que tem como efeito indireto a defesa do consumidor. Não há referência à função social da empresa, e, sobre a função social da propriedade e defesa do meio ambiente, pode-se entender esses princípios constitucionais como formas de incentivos para o uso racional e útil dos bens, evitando externalidades negativas como danos derivados da emissão de poluentes. Assim, mais do que dever-função, devem ser entendidos como formas de responsabilidade social.

Se o sistema é o capitalista mitigado, presume-se que a busca mais eficiente, seja pela alocação dos recursos, seja na produção, fica sujeita às circunstâncias e condicionalidades existentes e, dessa forma, supõe-se que justiça social não implica distribuição *tout court* de vantagens ou benefícios e que, se o mercado funcionar de forma correta, aumentará o bem-estar.

Adotando o ensinamento de Oppo sobre ser o direito comercial, na atualidade, não o direito das sociedades ou de contratos mercantis, mas o direito dos mercados, é dessa forma, como direito dos mercados, que se há de analisar as normas e princípios da lei civil.

8. Os princípios no Código Civil

Princípios informadores enumerados por Miguel Reale – eticidade, socialidade e operabilidade – e sua incidência no direito de empresa, *rectius* das sociedades e dos

5. P. 37.

contratos empresariais, é o que agora interessa. O jurista explica que o conteúdo do Livro II – do Direito de Empresa, "se refere a toda a vida societária, com remissão à legislação especial sobre sociedades anônimas e sobre cooperativas, por abrangerem questões que extrapolam da *Lei Civil*",[6] e mais além não vai.

Em que diferem as sociedades mercantis, salvo pela forma e estrutura organizacional para que alguns tipos interessem à Lei Civil e outros – a anônima e a comandita por ações – não? A disciplina de cada tipo societário tem que ver mais com sua organização interna – administração e imputação – enquanto no plano externo, interessa a responsabilidade perante terceiros credores.

Nesses dois tópicos o Código inova e nem sempre para melhor. No que diz respeito à responsabilidade para com terceiros credores, o art. 50 que positiva uma técnica, a da desconsideração da personalidade jurídica para alcançar bens particulares dos sócios, tem sido muito invocado o que gera insegurança e, nesse sentido, Oppo alerta para abusos.

Outra inovação indesejável é a proibição de constituição de sociedades entre cônjuges casados sob o regime da comunhão universal de bens ou da separação obrigatória. Ora, a pessoa jurídica, criação do direito, define novo e diferente centro de imputação, organiza competências e, mais importante, segrega riscos. A proibição de sociedades entre cônjuges, prática comum no país, a par de estar fundada em noção ultrapassada, a unicidade patrimonial, inexiste na França, Itália e Alemanha, que permitem sociedades unipessoais, de há muito reconhecidas nos Estados Unidos da América. O anacronismo do Código Civil inviabiliza a separação de riscos que, muitas vezes, interessa aos credores.

6. Cit., pp. XVII e XVIII.

Ainda no que diz respeito a inovações no plano interno, a elevação do *quorum* para a instalação de assembléia de sócios (art. 1.074) ou a exigência de aprovação de certas deliberações por 75% ou ¾ do capital social, nas limitadas, dá poder de veto à minoria.

E, para piorar o quadro, na sociedade simples, qualquer alteração do contrato, por exemplo, mudar o endereço da sala A para a B no mesmo edifício, depende de unanimidade! A remoção de administrador nomeado no instrumento de contrato também deve ser aprovada por unanimidade. Qual a lógica de tais provisões? Resultado previsível é que quanto aos sócios minoritário dificultarem a tomada de decisões pela maioria, a solução estará na oferta de compra do seu capital pela maioria, o que poderá criar incentivos para que sócios desejosos de desligar-se da sociedade criem embaraços ou dificuldades a fim de receberem oferta pelas suas participações. Nestes casos, o preço das participações minoritárias pode superar seu valor patrimonial.

No que concerne à organização, a determinação de que sociedades empresárias só podem ser constituídas segundo uma das formas legalmente previstas, a denominada tipicidade fechada é outra incoerência tanto por incidir sobre a liberdade de organização quanto por dificultar a criação de novas estruturas.

Se uma das funções do direito positivo é reduzir fricções nas relações intersubjetivas, e se, na atribuição de posições jurídicas, a lei deve conferir o máximo de segurança e garantir estabilidade nas relações, sobretudo quando se protraem no tempo, parece que a unificação do direito das obrigações aumenta os custos de transação, facilita comportamentos oportunistas e, pode ter como efeito o abandono do tipo limitada nos negócios médios com o desuso de um tipo que, anteriormente, pela flexibilidade que a legislação permitia, era dos mais utilizados.

9. Conclusão

Do que se expôs fica a conclusão um pouco melancólica de que falta nesse Código Civil o aparato normativo adequado para a disciplina da atividade de empresa. Se o direito comercial é o direito dos mercados, a recodificação do Direito Civil e a unificação do direito das obrigações não afastarão a necessidade de disciplina especial para setores da economia, e, portanto os microssistemas persistirão.

Mais: como o Código Civil, seja no que diz respeito a normas, seja em face de princípios, ficou aquém dos avanços constantes da Constituição, e esta continuará a ser o eixo para definir as leis especiais.

Doutrina

O *STATUS* JURÍDICO DO CONTROLADOR E DOS ADMINISTRADORES NA RECUPERAÇÃO JUDICIAL

HAROLDO MALHEIROS DUCLERC VERÇOSA

Introdução – Os conflitos entre a LREF e a LSA. 1 O conceito de controlador na legislação societária e seu alcance: 1.1 O exercício do direito de voto pelo controlador; 1.2 A responsabilidade do controlador por abuso do poder de controle. Modalidades do exercício abusivo do poder; 1.3 O exercício da atividade dos administradores na sociedade "in bonis". Aspectos relevantes. 2. Aspectos pertinentes da Lei de Recuperação de Empresas e Falências (LREF): 2.1 A vida da sociedade em recuperação judicial na LREF. Funções do Controlador e dos Administradores; 2.2 A nomeação de um gestor judicial. 3. A questão da "destituição" do controlador. A interpretação do termo "devedor" como sinônimo de "controlador". Considerações críticas nos planos dos direitos nacional e comparado: 3.1 A solução da lei espanhola; 3.2 O direito português; 3.3 O direito norte-americano. Conclusão. Bibliografia.

Introdução – Os conflitos entre a LREF e a LSA

A LREF ainda tem uma história bastante recente, de maneira que muitos dos seus temas não foram aprofundados pelos estudiosos e outros nem sequer por eles abordados. Um destes últimos diz respeito, precisamente, ao *status* jurídico do controlador e dos administradores no curso de uma recuperação judicial, quando são confrontadas as normas apropriadas da legislação societária (conforme seja a sociedade limitada ou anônima) e da própria LREF.

A doutrina tem apontado diversos problemas na LREF, entre os quais a falta de sistematização de seus institutos, tanto no plano interno, como externamente, ou seja, na sua interação com outros sistemas, sendo de se lembrar as falhas apresentadas neste ponto no tocante à legislação societária.[1]

O problema acima citado não é apanágio do direito brasileiro. André Brunet, em estudo sobre o projeto de reforma do direito falimentar francês demonstra a natureza caótica do sistema ali presente.[2]

Nelson Marcondes Machado estudou a questão dos conflitos da Assembléia-Geral de credores da LREF com a Assembléia-

1. A este respeito tivemos oportunidade de nos manifestar em nosso trabalho "Pessoas sujeitas e não sujeitas aos regimes de recuperação de empresas e ao da falência", in *Direito Falimentar e a Nova Lei de Falências e de Recuperação de Empresas* (Luiz Fernando Valente de Paiva, coord.), pp. 63 e 62.

2. "Propos critiques sur le projet de réforme du droit français de la falillité", in *Revista de Direito Bancário e do Mercado de Capitais* 36/122.

Geral dos acionistas das companhias,[3] estas comandadas pelo controlador, como se sabe. A situação conflituosa em causa não se limita à sociedade anônima, mas também pode ocorrer na limitada.

O autor mencionado reconhece a existência de controvérsias entre os credores da sociedade em recuperação judicial e seus sócios, indicando que a fonte principal do fato se refere à dependência de algumas resoluções tomadas pela assembléia de credores em relação à assembléia de sócios. Um dos exemplos trazidos por Nelson Marcondes Machado está na submissão do plano de recuperação ao consentimento da assembléia de credores e o possível confronto que esta poderá ter com o conclave dos sócios. Lembre-se que os dois órgãos funcionarão concomitantemente durante o processo de recuperação judicial, parte dos casos em linhas paralelas, parte em linhas que poderão interceptar-se em diversos pontos.

Alguns dos exemplos da intersecção acima mencionada, conforme lembrado por Nelson Marcondes Machado, estarão nas opções adotadas pelo plano de recuperação judicial em favor dos institutos da cisão, da criação de subsidiárias, ou da emissão de debêntures, cuja aprovação depende da Assembléia-Geral dos sócios da sociedade.

Anota Nelson Marcondes Machado com a nossa veemente concordância que o legislador da LREF passou absolutamente ao largo de questões dessa natureza, limitando-se, no art. 50, a estabelecer que, na recuperação judicial, "*será observada a legislação pertinente a cada caso*".

Desta forma, instalado o desacordo entre as duas assembléias, e estando o aplicador da lei diante de uma omissão como acima indicado, pergunta-se qual o critério a ser adotado para a solução do impasse. De maneira geral, tendo em conta o espírito da LREF, presente em seu art. 47, voltado para a salvação da empresa, deverão prevalecer as normas deste diploma legal, em detrimento da legislação societária.

Mas o problema específico para cuja solução pretendemos trazer uma contribuição neste trabalho não diz respeito tão-somente à predominância da LREF em relação à legislação societária diante da atuação do controlador da sociedade em recuperação judicial, mas também no que diz respeito às medidas que possam ser tomadas em relação àquele, e quem detém a competência legal para tanto.

Assim sendo, neste breve estudo pretendemos lançar algumas questões que entendemos importantes no tema em pauta, o qual certamente dará margem a outros desdobramentos. Faremos o estudo do controlador como tal, isoladamente, não levando em conta o exercício eventualmente concomitante de cargo de administrador, ao lado do exame da posição a ser exercida pelos administradores nesta fase especial da atividade da sociedade.

Lembre-se que a recuperação judicial no direito brasileiro aplica-se às sociedades que exercem uma atividade empresária, independente do tipo escolhido pelos sócios, como sejam a limitada e a companhia, as duas únicas modalidades praticamente usadas no ordenamento jurídico pátrio.

1. O conceito de controlador na legislação societária e seu alcance

Já tivemos oportunidade de nos aprofundarmos sobre a matéria em questão nos itens apropriados dos vols. 2 e 3 do nosso *Curso de Direito Comercial* procurando aqui sintetizar as colocações que ali foram feitas.

Não há no NCC uma definição genérica de controlador, muito menos especifi-

3. Cf. "A Assembléia-Geral de credores e seus conflitos com a Assembléia-Geral de acionistas", in *Direito Societário e a Nova Lei de Recuperação de Empresas* (Rodrigo R. Monteiro de Castro e Leandro Santos de Aragão, coords.), pp. 148 e ss.

camente para o caso da sociedade limitada. Assim sendo, seja pela permissão do art. 1.053, parágrafo único do NCC (que autoriza a limitada a estabelecer a sua regência supletiva segundo o regramento das companhias), seja pelo recurso à analogia, o conceito de controlador para os dois tipos societários é dado pelo art. 116 da Lei 6.404/1976, ou seja, a pessoa, natural ou jurídica, ou o grupo de pessoas, vinculadas por acordo de voto, ou sob controle comum, que:

(*a*) é titular de direitos de sócio que lhe assegurem, de modo permanente, a maioria dos votos nas deliberações da Assembléia-Geral e o poder de eleger a maioria dos administradores da companhia; e

(*b*) usa efetivamente seu poder para dirigir as atividades sociais e orientar o funcionamento dos órgãos da companhia.

Observando o texto legal em apreço, podemos destacar sistematicamente os seguintes aspectos da definição do controlador:

(*i*) *trata-se de pessoa física ou jurídica, ou de grupo de pessoas vinculadas por acordo de voto ou controle comum*

Para o efeito do conceito vertente, a lei não leva em conta a qualidade do titular das ações da companhia. É possível, que, por exemplo, se não houver ofensa ao próprio objeto social, o controlador de uma companhia seja por sua vez uma associação, a qual, como se sabe, é impedida de ter fins lucrativos (NCC, art. 53).

A referência legal a grupo de pessoas vinculadas por acordo de voto tem em conta o fato da realidade segundo a qual freqüentemente uma única pessoa natural ou sociedade não é titular da quantidade de ações necessárias à efetivação do controle, necessitando para tanto se associar a outros acionistas, por meio da celebração daquele acordo que tem a natureza de um pacto parassocial, tema que não será objeto de nossas considerações.

O controle comum, por sua vez, se dá quando duas sociedades são proprietárias da quantidade de ações suficientes para o preenchimento dos demais requisitos do conceito de controlador e ambas são controladas, por sua vez, pela mesma pessoa ou por um grupo de pessoas. Cuida-se, neste caso, de controle em cascata.

(*ii*) *titular de direitos de sócio*

A titularidade de direitos de sócio no sistema jurídico societário brasileiro diz respeito tão-somente a quem é proprietário de ações (quanto à companhia), pois são apenas estas que dão direito de voto, condição essencial para a qualificação do controle e de quotas (no tocante à sociedade limitada, na qual todos os sócios têm direito de voto). As ações via de regra serão ordinárias nominativas ou escriturais, considerada a prática estatutária de não se dar direito de voto às ações preferenciais, ou concedê-lo raramente, mas com restrições.

(*iii*) *que lhe assegurem, de modo permanente, a maioria dos votos nas deliberações da Assembléia-Geral*

Esta maioria de votos será verificada em cada assembléia, no caso concreto, na dependência de como se encontra a distribuição de ações na sociedade correspondente. Quanto mais pulverizado o capital social, menor será a quantidade proporcional de ações para caracterizar o controle.

Tenha-se em conta que a lei usa o termo *permanente*. Isto não quer dizer, evidentemente, *eterno*. O legislador desejou significar que não se trata de uma situação fortuita e dependente do acaso. O controlador individual ou o grupo de controle constrói mecanismos para que sua posição seja duradoura no tempo, tendo em vista os interesses econômicos para eles relevantes na sociedade controlada.

(*iv*) *e o poder de eleger a maioria dos administradores da companhia*

Seria ineficaz o controle se o controlador não pudesse comandar a sociedade por meio dos administradores desta, que ele escolhe na Assembléia-Geral ou nas reuniões do Conselho de Administração, os quais lhe devem obediência, sob pena de poderem ser demitidos *ad nutum*. Na sociedade limitada, como se sabe, os administradores podem ser diretamente designados no contrato social ou serem eleitos em Assembléia-Geral ou reunião de sócios, conforme o caso.

Observe-se que, segundo já foi dito acima, o controlador não necessita obrigatoriamente ocupar um cargo na administração da companhia, o que geralmente acontece em relação à presidência do Conselho de Administração e/ou da Diretoria. Seu poder de eleger e de demitir é suficiente para orientar eficazmente a sociedade, no atendimento dos seus interesses. Tais interesses, note-se, devem ser concordes ao interesse social.

(*v*) *usa efetivamente o seu poder para dirigir as atividades sociais e orientar o funcionamento dos órgãos da companhia*

De nada adiantaria ter alguém todo um arsenal de poderes à disposição aptos a constituir o controle social, se eles não fossem efetivamente utilizados. Não se trata, portanto, de poder em potência, mas em ato.

A referência a *dirigir as atividades sociais* significa fazer com que os órgãos da sociedade funcionem sob o seu comando, tornando a parte final do dispositivo sob análise uma repetição desnecessária. Nunca é demais reforçar a noção no sentido de que não cabe ao controlador como tal praticar qualquer ato de gestão, área privativa dos administradores, especialmente dos diretores quando é adotado o modelo dual de administração (Conselho de Administração e Diretoria), este último possível também na sociedade limitada por meio de opção feita no contrato social.

1.1 O exercício do direito de voto pelo controlador (arts. 116, parágrafo único e 116-A)

O controlador não pode exercer o direito de voto de forma absolutamente livre somente pelo fato de ser o proprietário da parte do capital da companhia que lhe dá poder sobre as decisões da Assembléia-Geral. A lei estabelece um parâmetro de conduta do controlador nesta matéria, segundo os termos do parágrafo único e do art. 116-A, havendo acrescentado neste último dispositivo regras para rígidas quando se trata de companhia aberta.

No sentido acima, esquematicamente, o controlador está cerceado ao uso do poder de controle quanto às seguintes condições:

(*i*) fazer a companhia realizar o seu objeto;

(*ii*) cumprir a sua função social;

(*iii*) atender e respeitar com lealdade os deveres e responsabilidades que tem perante:

- os demais acionistas (minoritários, evidentemente);
- os que trabalham na sociedade (por relação de emprego ou outra qualquer); e
- a comunidade em que atua.

A realização do objeto social é o meio pelo qual a sociedade exercerá a sua atividade na busca de lucros a serem distribuídos aos acionistas. Trata-se de qualquer atividade econômica lícita que foi julgada idônea para o fim em vista ao tempo da criação, tendo obtido, como conseqüência, o devido arquivamento no Registro do Comércio. Neste sentido, não pode o controlador mudar o objeto social de fato, ao seu alvedrio. Esta exigência se coloca tanto diante dos sócios minoritários, que o ajudaram a constituir a sociedade, como perante os terceiros com os quais a sociedade se relacionará assumindo direitos e obrigações.

No caso específico da companhia a função social mencionada pelo legislador só apresenta sentido quando colocada dentro de um contexto mais amplo, de matriz constitucional, ou seja, a função social da propriedade. Desde muito tempo que a propriedade deixou de ser a expressão do individualismo egoístico, marcante até o começo do século passado, para apresentar uma utilização condicionada ao bem público. Há que se conciliar, portanto, o interesse privado dos acionistas de exercerem por meio da companhia uma atividade lucrativa, que lhes dará o direito aos dividendos, com o interesse maior do corpo social, em uma harmonia que deverá se mostrar compatível com a gama de interesses em jogo.

O NCC não repetiu expressamente para a sociedade limitada a regra supra mencionada respeitante ao cumprimento de sua função social. No entanto, mesmo que em um determinado caso específico o contrato social de uma sociedade deste tipo não se remeta para a adoção das normas das companhias em caráter subsidiário, ainda assim remanesce a obrigatoriedade do atendimento da função social da propriedade, conceito que pode ser ampliado pela jurisprudência, entendendo-se que, sempre de alguma forma direta ou indireta, o exercício da atividade empresarial sempre afeta aquele direito. Considerados os limites deste trabalho, o tema em questão não será aqui desenvolvido.

A atuação do controlador com lealdade diante dos acionistas e de terceiros é um dos fundamentos do direito societário, cujo descumprimento pode chegar – no ponto de máxima inflexão – ao seu afastamento do quadro social por deliberação assemblear. A sociedade controlada não é um campo de manobras amplamente livre ao exercício do poder de controle.

O respeito que o controlador deve ter no exercício dessa posição dentro de uma companhia inicia-se no plano interno (sócios minoritários e trabalhadores) e espraia-se para o âmbito externo, tendo como referência a comunidade dentro da qual a sociedade atua. Essa comunidade será restrita ou cada vez mais ampla, conforme a área de atuação geográfica da empresa exercida pela companhia. No direito brasileiro o limite geográfico máximo é dado pelo das fronteiras internas, onde se exerce a soberania nacional.

Veja-se que as relações do controlador com os terceiros acima nomeados não se dão em caráter pessoal, mas institucional. O controlador, como tal, não tem uma sala na sede da sociedade onde atenda as pessoas que o procuram para cobrar-lhe obediência à lei. Sua atuação se dará não diretamente, mas por meio da orientação que implementará aos órgãos da sociedade, que estão sob o seu controle (Conselho de Administração e Diretoria). E sua responsabilização ocorrerá no plano da Assembléia-Geral, que poderá tomar as medidas cabíveis contra ele, no caso de vir a quebrar seus deveres legais. Além disto, as pessoas prejudicadas pelo controlador por atos de abuso de poder de controle poderão intentar contra ele as medidas judiciais cabíveis buscando eventual indenização.

Observe-se que se o controlador ocupar ao mesmo tempo um ou mais cargos de administração (no Conselho de Administração e na Diretoria), ele estará sujeito a regimes jurídicos diversos, cada um com o seu tratamento próprio.

Quanto se trata de companhia aberta, o controlador está subordinado a um nível maior de exigências, entre as quais a obrigação de transparência, ou seja, deverá informar imediatamente as modificações em sua posição acionária à CVM e às Bolsas de Valores ou entidades do mercado de balcão organizado nas quais os valores mobiliários de emissão da companhia em causa estejam admitidos à negociação, nas condições e na forma determinadas pela própria CVM.

A obrigação acima se estende aos acionistas ou grupo de acionistas que elegerem membro do Conselho de Administração ou do Conselho Fiscal.

1.2 A responsabilidade do controlador por abuso do poder de controle. Modalidades do exercício abusivo do poder (art. 117)

O controlador responde civilmente por atos de abuso de poder de controle, quanto aos danos eventualmente causados a sócios minoritários, trabalhadores e à comunidade dentro da qual a sociedade controlada atua. Esta responsabilidade dependerá de ação judicial na qual o abuso do poder de controle fique comprovado e a extensão da condenação dependerá, evidentemente, do tamanho do dano causado.

Esta responsabilidade não exclui a dos administradores que permitiram a prática de atos abusivos pelo controlador (ou que com ele foram conluiados), nem do Conselho Fiscal (se em funcionamento), por culpa ou dolo, na medida em que seus membros tenham falhado quanto à maneira pela qual a lei determina como devem exercer as suas funções.

Em abstrato, o abuso de poder de controle se caracteriza pelo desvio ou inação quanto à realização do objeto social, ou pelo descumprimento da função social da companhia.

A fim de facilitar a tarefa da verificação da presença de exercício abusivo de poder, o § 1º do art. 117 da LSA relaciona de forma exemplificativa as práticas mais comuns nesse campo, conforme abaixo. Outras situações de exercício abusivo de poder de controle serão encontradas na vida das companhias, eventualmente, dependendo sua caracterização como tal da demonstração de quem o alegue, tomando-se como parâmetro o conceito abstrato acima enunciado. Esta regra é aplicada às limitadas por opção contratual ou por analogia, conforme o caso. Vejamos quais são as práticas selecionadas pelo legislador, em relação às quais não há discussão quanto à sua natureza ilícita:

(*a*) *orientar a companhia para fim estranho ao objeto social ou lesivo ao interesse nacional, ou levá-la a favorecer outra sociedade, brasileira ou estrangeira, em prejuízo da participação dos acionistas minoritários nos lucros ou nos acervos da companhia ou da economia nacional*

Evidentemente o exercício de uma atividade lesiva ao interesse nacional já representa em si mesmo um desvio do objeto social que, como tal não poderia ter sido sequer acatada pelo Registro do Comércio, no momento da constituição da sociedade, caso se caracterizasse como contrário à ordem pública (Lei 9.279/1996, art. 35, I).

No entanto, a questão da lesão ao interesse nacional pode apresentar-se em um momento superveniente ao nascimento da sociedade, na dependência de fatores circunstanciais. Suponha-se que, diante de uma crise política e econômica em relação a outro país, a sociedade, por determinação do seu controlador insista em efetuar exportações para empresas da nação *inimiga*. Esta orientação seria passível de enquadramento como lesiva ao interesse nacional, mesmo que não houvesse qualquer proibição legal expressa? E como ficaria a situação da sociedade em causa, se essa atividade corresponde ao seu objeto social? Neste caso, a interrupção dos seus negócios a pretexto do atendimento do interesse nacional poderá levá-la à quebra.

Verifica-se, portanto, que este caso de abuso de poder de controle apresenta uma configuração jurídica bastante problemática e de ocorrência fática altamente improvável.

(b) favorecimento de terceira sociedade, em prejuízo da economia nacional

No tocante ao favorecimento de terceira sociedade em prejuízo da economia nacional, é claro que tais operações somente são realizadas quando o controlador tem um ganho maior em outras sociedades, nas quais seu interesse é predominante. Os sujeitos passivos dos danos assim causados são os sócios minoritários, os trabalhadores e os investidores do mercado, conforme o caso. Esta última situação somente se apresenta quanto à companhia aberta.

Embora o dispositivo sob comentário haja omitido a referência, entende-se que entre os sujeitos passivos, prejudicados pela conduta ilícita do controlador (e, portanto titulares do direito de requerer indenização), está a comunidade na qual a sociedade em questão atua, uma vez que ela se submete ao comando genérico presente no parágrafo único do art. 116 da LSA.

(c) promover alteração estatutária, emissão de valores mobiliários ou adoção de políticas ou decisões que não tenham por fim o interesse da companhia e visem a causar prejuízo a acionistas minoritários, aos que trabalham na empresa ou aos investidores em valores mobiliários emitidos pela companhia

O ilícito tem em conta o dolo do controlador (expresso na fórmula "*que visem a causar prejuízo*"), consistente na mudança das regras estatutárias, no lançamento inoportuno de valores mobiliários ou na promoção de estratégias danosas aos sujeitos mencionados na alínea em referência, fazendo-se quanto a isso os mesmos comentários do tópico anterior. Como tais atitudes não seriam adotadas em caráter meramente gratuito (ou seja, tão-somente a intenção de causar prejuízo sem contrapartida), certamente na outra ponta de alguma forma elas viriam a favorecer o controlador ou pessoas físicas ou jurídicas a ele ligadas.

Lembre-se que a menção a valores mobiliários sempre tem em conta uma companhia aberta.

(d) eleger administrador ou fiscal que sabe inapto, moral ou tecnicamente

Considerando que a condição de controlador proporciona, justamente, o poder da eleição da maioria dos administradores e, também, dos conselheiros fiscais, o controlador tem responsabilidade no tocante às indicações efetuadas à Assembléia-Geral e, evidentemente, por ele mesmo aprovadas. Apresenta-se, no caso, uma responsabilidade que vai além da *culpa in eligendo*. Isto porque, segundo o texto, ao eleger tais administradores ou fiscais, o controlador tem consciência clara no sentido de que eles não preenchem os requisitos de moralidade ou de conhecimento técnico para o exercício de suas funções na companhia.

A conduta do controlador, neste caso, equivaleria ao chamado *dolo preterintencional*, ou seja, ao eleger tais pessoas ele sabe perfeitamente que elas poderão se valer do cargo para a obtenção de vantagens indevidas ou que administrarão a companhia de forma tão inábil, que a levarão a experimentar prejuízos, assumindo conscientemente o risco em causa. Muitas vezes esse resultado não é colocado tão-somente no plano do risco, mas no da intenção efetiva de utilizar tais pessoas como cúmplices de planos destinados a prejudicar a sociedade. No caso de administradores sabidamente inaptos, a intenção do controlador poderá estar fundada na atribuição àqueles da responsabilidade pela quebra da empresa, por exemplo, fazendo deles a conhecida figura do *bode expiatório*. Evidentemente, nas situações sob exame, o controlador procurará demonstrar que não tinha conhecimento dos aspectos negativos das pessoas que ele elegeu.

(*e*) *induzir, ou tentar induzir, administrador ou fiscal a praticar ato ilegal, ou, descumprindo seus deveres definidos nesta Lei e no estatuto, promover, contra o interesse da companhia, sua ratificação pela Assembléia-Geral*

Duas condutas interligadas encontram-se nas hipóteses acima.

Em primeiro lugar, o controlador, usando do seu poder de fato, induz ou tenta induzir administradores ou fiscais a praticarem atos ilegais ou a descumprirem suas obrigações perante a companhia, tomando-se como parâmetros de conduta as determinações legais e/ou estatutárias, tais como relacionadas nos arts. 153 a 157 da LSA, adiante examinados.

Observe-se, a propósito, que não se vislumbra a possibilidade de prejuízo causado à sociedade quando o administrador ou o conselheiro não aceita a imposição ilegal do controlador e o ato ou a omissão pretendida não se realiza, permanecendo-se tão-somente no campo da tentativa. Sem prejuízo não haveria responsabilidade no plano cível.

A experiência demonstra que dificilmente o controlador deixa de alcançar o seu intento ilícito em relação ao administrador porque este se vê diante de uma situação de iminente demissão *ad nutum*, com perda do seu *emprego*.[4] Caso aquele administrador se negue a atender as pretensões do controlador renunciar ao cargo (antes de sua demissão) o controlador elegerá alguém por *encomenda*.

Além disso, poderá o administrador negar-se a atender o controlador e denunciar por escrito ao órgão competente as pressões indevidas às quais está sendo submetido. Esta atitude – não muito freqüente na experiência prática – deveria levar a sociedade, naturalmente à convocação de uma AGE para apurar-se a responsabilidade do controlador por abuso de poder de controle e, em tese, poder-se-ia chegar até mesmo à sua exclusão do quadro social.

Quanto ao conselheiro fiscal, este tem um mandato fixo e não pode ser demitido *ad nutum* pelo controlador, tendo segurança para resistir às pressões e cumprir o seu dever de exercer as suas funções de forma regular e de denunciar o administrador por abuso de poder de controle.

O segundo ponto a examinar neste tema consiste na atitude que vem a ser tomada pelo controlador depois que os administradores e/ou os conselheiros fiscais praticaram atos comissivos ou omissivos em detrimento dos seus deveres e aquele utiliza o seu poder na Assembléia-Geral para o fim de ratificá-los e, assim, deles tirar a pecha de irregularidade que poderia levar à responsabilidade dos agentes. Esta é uma modalidade de abuso de poder de controle bastante comum na prática societária. Contra ela terão os acionistas minoritários os instrumentos previstos na lei, a fim de tornar ineficazes ratificações assim deliberadas.

Em relação a este ilícito, respondem solidariamente com o controlador o administrador ou o fiscal pelos prejuízos causados à companhia.

(*f*) *contratar com a companhia, diretamente ou através de outrem ou de sociedade na qual tenha interesse, em condições de favorecimento ou não eqüitativas*

Não está o controlador por si mesmo ou por meio de outra sociedade da qual faça parte ou em relação à qual tenha algum interesse econômico, de realizar negócios com a companhia. O que o legislador proíbe, considerando caso de abuso de poder de controle, são os negócios realizados em

4. O termo *emprego* aqui, que não corresponde à natureza de órgão da sociedade de que se reveste o cargo de administrador, objetiva demonstrar uma relação fática de subordinação.

favorecimento unilateral do controlador ou da sociedade cujos interesses venha a defender, negócios estes cujas economias não sejam as de mercado, de maneira a causar um favorecimento econômico indevido, em detrimento dos interesses da companhia que veio a ser *usada*.

Observe-se que, embora a lei mencione expressamente o termo *companhia*, aplicando-se a teoria geral do direito societário, o tipo acima também alcança a limitada.

(*g*) *aprovar ou fazer aprovar contas irregulares de administradores, por favorecimento pessoal, ou deixar de apurar denuncia que saiba ou devesse saber procedente, ou que justifique fundada suspeita de irregularidade*

Dotado do poder de controle, que lhe assegura a maioria dos votos na Assembléia-Geral, o controlador tem plenas condições para a aprovação de contas irregulares dos administradores. Este procedimento resulta de favorecimento pessoal do controlador, a lhe ser outorgado de alguma forma pelo administrador.

Outro aspecto de abuso de poder de controle, também colocado dentro de uma teia de interesses escusos entrelaçados, diz respeito à não apuração de denuncia contra algum administrador, em relação à qual o controlador tem conhecimento de serem verdadeiros os fatos denunciados ou que apresente elementos suficientes de prova quanto à sua irregularidade.

O dever do controlador nestes casos é o de convocar uma AGE para a apuração da denúncia em tela, o que ele normalmente faz quando está sendo ludibriado pelo administrador, o qual esteja se aproveitando individualmente ou em conluio com outros administradores do seu cargo para lograr proveito pessoal indevido.

A falta de ação no sentido acima é demonstradora da existência de conluio entre o controlador e os administradores acusados, caso em que os acionistas minoritários deverão tomar as providências cabíveis na defesa dos seus interesses.

(*h*) *subscrever ações, para os fins de aumento de capital da sociedade, com a realização em bens estranhos ao objeto da companhia*

Como se sabe os bens conferidos ao capital da sociedade deverão ser idôneos à realização do seu objeto social. Trata-se de obrigação intrínseca do subscritor e da proibição de recebê-los por parte da sociedade. Caso isto ocorra quando se trata do controlador, estamos diante de mais uma hipótese de abuso de poder de controle.

Em se tratando de limitada, o tipo sob exame dirá respeito à aquisição de quotas com a mesma finalidade.

Com a concessão da recuperação judicial, os direitos e obrigações do controlador passam a ser afetados concomitantemente pelo plano correspondente, situação a ser precisamente examinada neste trabalho quanto ao seu conteúdo e extensão. Antes de verificarmos esta condição, necessitamos verificar qual é o novo cenário jurídico no qual as atividades do controlador passam a desenvolver-se.

Para este efeito tenha-se em conta que a atuação do controlador se dá diretamente nas Assembléias-Gerais da sociedade e, indiretamente, por meio das orientações (melhor dizendo, na prática, *determinações*) que transmite aos administradores quanto ao exercício das funções deste, sob pena de afastá-los sem necessidade de justa causa. A única restrição para o controlador nesta área diz respeito ao administrador da sociedade limitada nomeado no contrato social caso em que sua destituição depende da aprovação de iniciativa em tal sentido pelos titulares de quotas correspondentes a dois terços, no mínimo, do capital social, salvo disposição contratual diversa (NCC, art. 1.063, § 1º).

1.3 O exercício da atividade dos administradores na sociedade "in bonis". Aspectos relevantes

Como é sabido, na sociedade *in bonis* incumbe aos administradores a sua gestão, conforme as competências legais e estatutárias ou contratuais dos órgãos em funcionamento (somente a Diretoria ou a Diretoria e Conselho de Administração).

Estão neste caso os administradores sujeitos aos deveres previstos na lei – fundamentalmente diligência, lealdade e informação, conforme os arts. 153 a 157 da LSA e art. 1.011 do NCC, este último dirigido à sociedade simples, mas aplicável à limitada por força do art. 1.053 do mesmo diploma legal – sob pena de poderem ser responsabilizados mediante indenização por perdas e danos causados à sociedade, além da perda do cargo.

Existindo somente a Diretoria, esta se subordina diretamente à Assembléia-Geral, na qual o controlador deverá atuar sem a prática de atos de abuso de poder de controle, obrigação cujo descumprimento, por sua vez, gera a responsabilidade legal correspondente. No caso do modelo dual, a Diretoria está subordinada ao Conselho de Administração e este se submete à Assembléia-Geral. Verifique-se, no entanto, que tal subordinação é vinculada às competências legais e estatutárias ou contratuais. Um órgão inferior não está obrigado a cumprir determinações ilegais ou contrárias ao estatuto ou ao contrato social. De outro lado, não existe conflito entre os órgãos societários, tendo em vista que suas competências são específicas e exclusivas, proibida a delegação de atribuições entre um e outro, conforme a regra do art. 139 da LSA, destinada diretamente aos órgãos de administração.

O tema deste trabalho consiste em verificar, precisamente, a possibilidade da existência de conflitos entre o controlador e os órgãos societários *normais* da sociedade e os órgãos que passam a funcionar concomitantemente com os primeiros em vista da decretação de uma recuperação judicial.

2. Aspectos pertinentes da Lei de Recuperação de Empresas e Falências (LREF)

2.1 A vida da sociedade em recuperação judicial na LREF. Funções do Controlador e dos Administradores

Concedida a recuperação judicial nos termos do art. 58 da LREF, algumas modificações estruturais importantes ocorrem na sociedade que passa a funcionar sob tal regime, conforme abaixo esquematizado:

(*a*) O controlador permanece com a titularidade das ações ou quotas que lhe outorgam o *status* correspondente, mas agora sujeito a um novo regime de atuação;

(*b*) Permanecem em funcionamento os órgãos *normais* da sociedade até então existentes (Conselho de Administração – se for o caso –, Diretoria, Conselho Fiscal e conselhos estatutários);

(*c*) São instituído dois novos órgãos obrigatórios que funcionarão durante todo o processo de recuperação judicial, quais sejam o Administrador Judicial e a Assembléia de credores (arts. 21 e 35);

(*d*) São eventualmente instituídos dois novos órgãos não obrigatórios para o mesmo período, o Comitê de Credores e o Gestor Judicial (arts. 26, 64 e 65).

Durante a recuperação judicial o estatuto ou o contrato da sociedade no qual aquele regime se aplica, bem como os órgãos que a formavam passam a atuar de forma limitada e condicionado aos termos do plano de recuperação e à competência do Administrador Judicial, da Assembléia de credores e do Gestor Judicial, conforme o caso concreto.

Do ponto de vista dos órgãos de administração, sua competência, implicando direitos, deveres e responsabilidades, continua regida pela legislação pertinente (Lei

6.404/1976 ou NCC, neste último caso quanto à sociedade limitada). Assim sendo, mantém-se como obrigação dos administradores a realização do objeto social, condicionada aos termos e limites do plano de recuperação.

Quanto ao plano de recuperação em foco, o art. 53 da LREF estabelece que ele deverá conter (*i*) a discriminação pormenorizada dos meios de recuperação a serem empregados, conforme as disposição do art. 50; (*ii*) a demonstração de sua viabilidade econômica; e (*iii*) laudo econômico-financeiro e de avaliação dos bens e ativos do devedor, subscrito por profissional legalmente habilitado ou por empresa especializada.

As diversas possibilidades de construção do plano de recuperação judicial encontram-se enumeradas no art. 50, de forma meramente exemplificativa, podendo-se entender, inclusive, cabível a mudança direta do objeto social, a qual pode ser alcançada também por via reflexa nas hipóteses de cisão, incorporação e fusão.

De outro lado, a alteração do controle societário é uma das alternativas expressamente apresentadas pelo legislador dentre as referidas no art. 50 (inciso III). Mas isto depende de iniciativa do próprio controlador, via convocação de AGE na qual *solicitará* autorização para o ajuizamento do pedido de recuperação judicial, ocasião em que apresentará proposta de terceiro no sentido da aquisição do controle e os demais mecanismos que este terá em vista para o salvamento da empresa, inclusive pelo aporte de novos recursos via aumento do capital social.

Portanto, uma primeira conclusão parcial nos leva a entender que o controlador passará a observar nos termos do art. 116, parágrafo único da LSA, nesta ordem hierárquica, o plano de recuperação e o estatuto ou contrato social, sob pena de incidir em ato de abuso de poder de controle.

Os administradores, por sua vez, ficam igualmente vinculados ao cumprimento do plano de recuperação judicial, continuando a aplicar o estatuto ou contrato social nos pontos não atacados pelo primeiro.

Quanto à Assembléia-Geral de credores, esta não tem atuação direta sobre a atividade social depois de aprovado o plano de recuperação judicial, a não ser que os administradores incitados ou não pelo controlador tomem qualquer medida contrária aos interesses dos seus membros. Neste caso, tal órgão deverá instalar-se extraordinariamente para tomar as medidas adequadas, seja por convocação do juiz, seja por auto-convocação, na forma do art. 36 da LREF, *caput* e § 2º).

Lembre-se que a Assembléia-Geral de credores poderá deliberar sobre a convolação da recuperação judicial em falência no caso do descumprimento de obrigações do plano respectivo. Já tivemos a oportunidade de nos manifestar a respeito da exegese da expressão "*descumprimento de qualquer obrigação assumida no plano de recuperação*", havendo opinado que a interpretação deve ser restrita, ou seja, descumprimento de obrigação que apresente efeitos sensíveis sobre a efetivação do plano de recuperação, essencialmente prejudicado pela sociedade por ato dos seus administradores. Obrigações que podem ser classificadas de fato como *acessórias* ao plano de recuperação não devem dar base à convolação da recuperação judicial em falência, considerando que podem ser sanadas sem maiores dificuldades e sem causar prejuízos efetivos àquele plano.[5]

Acrescente-se, ainda, que a Assembléia-Geral de credores poderá deliberar sobre a constituição do Comitê de Credores (LREF, art. 35, I, *b*). Na recuperação judicial este órgão não tem qualquer função relacionada com a atividade social cabendo-lhe fundamentalmente fiscalizar a

5. In *Comentários à Lei de Recuperação de Empresas e Falência*, coord. de Francisco Satiro de Souza Júnior e Antônio Sérgio A. de Moraes Pitombo, p. 171.

atuação dos administradores e a execução do plano correspondente (LREF, art. 27, II, *a* e *b*).

O administrador judicial também não exerce qualquer função ligada à vida diuturna da sociedade, exercendo um papel semelhante ao do comissário da antiga concordata (LREF, art. 22). Sua função essencial na recuperação judicial é a de fiscalizar a atuação do devedor (administradores) e o cumprimento do plano de recuperação (art. 22, II, *a*).

2.2 A nomeação de um gestor judicial

No plano da condução dos negócios sociais, a regra geral é a da manutenção dos administradores da sociedade em recuperação judicial, tal como ocorria na concordata (LREF, art. 64).

Apenas nos casos expressamente mencionados na lei em *numerus clausus* é que se dará o afastamento dos administradores da sociedade em recuperação judicial (LREF, art. 64, itens I a VI). Presente alguma das circunstâncias enumeradas nos itens retro mencionados, o juiz destituirá os administradores e nomeará um gestor judicial, que assumirá a administração das atividades da sociedade sob recuperação judicial, sendolhe aplicáveis, no que couber, todas as normas sobre deveres, impedimentos e remuneração do administrador judicial. A diferença está no fato de que o gestor judicial passará a conduzir a atividade empresarial da sociedade em causa, cabendo-lhe batalhar para que o plano de recuperação judicial seja bem sucedido, tal como houvera sido aprovado anteriormente.

3. A questão da "destituição" do controlador. A interpretação do termo "devedor" como sinônimo de "controlador". Considerações críticas nos planos dos direitos nacional e comparado

Esta situação é aventada como fruto de uma interpretação peculiar apresentada por Eduardo Munhoz em comentários aos arts. 64 e 65 da LREF.[6] Desde já adiantando que não concordamos com a interpretação em causa, vejamos quais os fundamentos adotados pelo autor citado, a fim de podermos refutá-los com os argumentos pertinentes.

A fim de melhor situarmos as discussões, é importante reproduzirmos os textos dos mencionados dispositivos, bastando, quanto ao art. 64 o seu *caput* e o parágrafo único:

> Art. 64. Durante o procedimento de recuperação judicial, *o devedor ou seus administradores* serão mantidos na condução da atividade empresarial, sob fiscalização do Comitê, se houver, e do administrador judicial, salvo se qualquer deles:
>
> (...).
>
> Parágrafo único. Verificando-se qualquer das hipóteses do *caput* deste artigo, o juiz destituirá o administrador judicial, que será substituído na forma prevista nos *atos constitutivos do devedor* ou do plano de recuperação judicial (destaques nossos).

Em seguida o texto traz algumas situações específicas dentro das quais se dará o afastamento do devedor ou de seus administradores, que não nos interessa examinar.

> Art. 65. Quando do afastamento do devedor, nas hipóteses previstas no art. 64 desta Lei, o juiz convocará a assembléia-geral de credores para deliberar sobre o nome do gestor judicial que assumirá *a administração das atividades do devedor*, aplicando-se-lhe, no que couber, todas as normas sobre deveres, impedimentos e remuneração do administrador judicial.
>
> § 1º. O administrador judicial exercerá as funções de gestor enquanto a assembléia-geral não deliberar sobre a escolha deste.

6. Idem, pp. 270 a 313, especialmente as pp. 301 e 302.

§ 2º. Na hipótese de o gestor indicado pela assembléia-geral de credores recusar ou estar impedido de aceitar o encargo para gerir os negócios do devedor, o juiz convocará, no prazo de 72 (setenta e duas horas), contado da recusa ou da declaração do impedimento nos autos, nova assembléia-geral, aplicado o disposto no § 1º deste artigo.

De acordo com o autor citado, a interpretação literal do art. 64 da LREF apresentaria três possibilidades sobre o entendimento do termo *devedor*: (*i*) no caso de empresário individual, seria a pessoa natural que exerce o negócio; (*ii*) no caso das sociedades de responsabilidade ilimitada, devedores seriam a própria sociedade e os sócios ilimitadamente responsáveis; e (*iii*) tratando-se de sociedades de responsabilidade limitada personificadas, o termo estaria referido à própria sociedade e não aos seus sócios.

Nos termos acima, entende Eduardo Munhoz que a melhor interpretação do termo *devedor* nos arts. 64 e 65 da LREF, tendo em vista as sociedades personificadas de responsabilidade limitada (a própria sociedade limitada e a companhia, como se sabe), corresponderia à de *sócio controlador*.

Aplicando, portanto, o termo *devedor* como sinônimo de *controlador*, o autor em foco entende que a lei brasileira teria sido "*tímida no tratamento das hipóteses de afastamento do devedor e seus administradores, o que poderia resultar em altos custos de transação, em excessivos desvios da 'absolute priority rule' e na inviabilização da aprovação de planos de recuperação que, embora contem com o esmagador apoio dos credores e venham de encontro ao interesse social, serão rejeitados pela discordância do devedor* (leia-se *controlador*), *nos termos do § 3º do art. 56*".[7]

Data máxima vênia, não concordamos com a interpretação do ilustre autor acima citado, conforme se procurará demonstrar abaixo.

Em primeiro lugar, atente-se cuidadosamente para os termos da lei. No *caput* do art. 64 ela faz referência ao "*devedor ou seus administradores*", os quais poderão ser afastados se incidirem em alguma das hipóteses previstas nos incisos do dispositivo em questão.

Se nós pudéssemos entender que *devedor* significa *controlador*, então deveríamos aceitar que este, como tal, teria sob sua tutela *administradores*, todos eles sujeitos a afastamento nos termos da lei. Ora, o conceito de controlador puro (que não exerce concomitantemente a atividade de administrador) é dado pelo art. 116 da LSA. Assim sendo, tratando-se de controlador pessoa natural ou grupo de pessoas naturais vinculadas por acordo de voto, este como tal não teria *administradores*, uma vez que esta possibilidade não se apresenta no modelo societário brasileiro. Pode ocorrer, como se sabe, que o controlador eleja os administradores da sociedade por ele controlada (conselheiros de administração e diretores), mas, segundo a teoria organicista, a administração da sociedade está subordinada à Assembléia-Geral ou, no caso do modelo dual, a diretoria está subordinada ao conselho de administração, nos termos acima mencionados.

Mas em nenhum caso pode-se dizer que o *devedor* (*controlador*) possua ou muito menos seja *dono* de administradores, sob qualquer tipo de regime jurídico.

De outro lado, nos casos em que o controlador de uma sociedade em recuperação judicial seja, de sua parte, outra sociedade, os administradores da segunda igualmente não são posse ou propriedade do seu controlador, mostrando-se muito clara a separação ditada pela teoria organicista.

Desta forma, não há como se aceitar que o termo *devedor* apresente a conotação adotada por Eduardo Munhoz no texto sob exame, do que decorre, necessariamente, a

7. Ob. cit., pp. 306 e 307.

inadequação de suas conclusões ao tema do afastamento daquele ou *de seus administradores*.

Verifica-se que, à semelhança da lei atual, o legislador no regime do Decreto-lei 7.661/1945 ao utilizar o termo *devedor* desejava referir-se ora ao comerciante individual, ora à sociedade comercial em regime de falência ou de concordata.

Veja-se que o *caput* do art. 1º da antiga Lei de Falências referia-se ao *comerciante* como o sujeito passivo da decretação da falência. E nos incisos I e II do § 1º o termo devedor era aplicável tanto para o comerciante individual quanto para a sociedade comercial. Mas, logo em seguida, no inciso I do art. 3º estaria tão-somente fazendo referência ao comerciante individual quando determinava que podia ser declarada a falência do *espólio do devedor comerciante*. Como se sabe, sociedades não deixam espólios.

No entanto, quando se examina particularmente o art. 64 da LREF entende-se sem qualquer sombra de dúvida que o termo *devedor* significa ali *empresário* (individual), e jamais sociedade empresária, sendo impossível assimilá-lo ao *controlador*.

Desta forma, o art. 64 estabelece, contrariamente à opinião de Eduardo Munhoz, que durante o procedimento de recuperação judicial, o devedor (empresário *individual*) ou os administradores da sociedade empresária estão submetidos à regra geral de sua permanência na gestão do estabelecimento comercial ou da sociedade comercial correspondentes, conforme o caso, somente podendo ser afastados nas condições legalmente expressas.

E, na medida em que o controlador permanece durante a recuperação judicial no regular exercício de suas atribuições (exclusivamente o uso do direito de voto nas Assembléias-Gerais), cujos limites vieram temporariamente a ser afetadas pelos termos do plano de recuperação aprovado, não se pode falar em seu afastamento. Afastados, conforme o caso, serão o empresário ou os administradores da sociedade empresária que se encontrarem em uma das situações predeterminadas no art. 64 da LREF.

Suponhamos, no entanto, que o controlador viesse a abusar do seu direito de voto e, nas Assembléias-Gerais da sociedade em processo de recuperação judicial tivesse aprovado deliberações contrárias ao plano aprovado e/ou ao próprio estatuto da sociedade. Qual seria o remédio jurídico para tal situação?

Inicialmente, quanto ao administrador judicial, a competência que a LREF lhe atribui no art. 22, embora envolva "*outros deveres*" nela previstos, não encerra nos seus incisos qualquer providência que possa tomar diretamente contra o controlador de má-fé. Entre as alternativas possíveis, poderá o administrador judicial requerer ao juiz a convocação da Assembléia-Geral de credores para que seja ouvida sobre tal circunstância (inciso I, alínea *g*). Entrevê-se, além disto, a faculdade de vir a requerer a falência da sociedade em recuperação judicial caso entenda descumprida alguma obrigação assumida no plano correspondente, tendo em vista as decisões contrárias àquelas que o controlador haja determinado em assembléias-gerais da sociedade (inciso II, alínea *b*).

Do lado do Comitê de Credores, se em funcionamento, o art. 27 da LREF, no campo que nos interessa examinar, lhe dá competência para zelar pelo bom andamento do processo de recuperação judicial e pelo cumprimento da lei, podendo requerer ao juiz a convocação da Assembléia-Geral de credores e fiscalizar a execução do plano de recuperação judicial. Nenhuma destas medidas tem a ver diretamente com a atuação abusiva do controlador.

A inocuidade da Assembléia-Geral de credores no exame ora feito fica demonstrada pela competência que a LREF lhe determina no seu art. 35, exceto, por interpretação extensiva, quanto à deliberação que possa tomar em relação à rejeição ou à modificação do plano de recuperação que tenha sido objeto de reunião da Assembléia-Geral da sociedade sob orientação indevida do controlador (não nos referimos aqui à Assembléia-Geral de credores, mas ao órgão societário *normal*). Neste caso, a decisão da mencionada assembléia poderia ser anulada pelo juiz se entender que teria o órgão exorbitado de sua competência, a qual veio a ser modificada por via transversa pela indevida intromissão do controlador no plano de recuperação judicial (inciso I, alínea *b*).

Outra competência indireta da atuação da Assembléia-Geral de credores residiria na sua convocação para deliberar sobre "*qualquer outra matéria que possa afetar os interesses dos credores*", tomando por base a atuação abusiva do controlador em tal sentido (art. 35, inciso II, alínea *f*).

De sua parte, o juiz de um processo de recuperação judicial encontra-se limitado em relação às deliberações da Assembléia-Geral de sócios, em vista de não haver a legislação tratado do tema. Se, por exemplo, o administrador judicial acumpliciou-se ou foi cooptado pelo controlador, o juiz poderá afastá-lo do cargo e esperar que o substituto tome contra o controlador as medidas adequadas, dentro da competência a ele atribuída pela LREF sob pena de outro afastamento. Mas não tem o juiz poderes para excluir o controlador ou, até mesmo, para anular ou declarar nulas as deliberações da Assembléia-Geral de sócios que tenham contrariado o plano de recuperação judicial de forma específica ou pontual.

Reforce-se a noção de que, quanto ao afastamento direto do controlador como tal (que implicaria na *desapropriação privada de suas ações*) não se vê base legal para medida desta natureza, tanto no plano da LREF, quanto em relação às hipóteses de perda da propriedade previstas no Código Civil ou na Constituição Federal.

Mesmo que a deliberação da Assembléia-Geral de sócios tenha sido adotada em situação de conflito de interesses por parte do controlador, ainda assim a competência para opor-se a ela em juízo é dada pela legislação societária e não pela LREF.

Evidentemente, entre os meios de recuperação encontra-se no art. 50, III, a alteração do controle societário. Mas esta medida deve partir da própria sociedade que apresenta o plano de recuperação, por meio de deliberação que tenha sido aprovada em Assembléia-Geral Extraordinária, na qual o controlador a sugere e faz aprovar, tendo em vista que ele reconhece não ter condições, inclusive financeiras, para aportar os necessários recursos para que a sociedade venha a ser salva.

3.1 A solução da lei espanhola

Inicialmente verifique-se que o art. 1.1 da nova Lei concursal espanhola 22/2003, de 9 de julho, reconhece que o devedor pode ser pessoa física ou jurídica. Neste último caso, tratando-se de uma sociedade, ela tem, naturalmente, os seus órgãos e é comandada por um controlador.

O art. 40.1 da lei acima citada estabelece que, no caso do *concurso voluntário* (semelhante à nossa recuperação judicial), o devedor conservará o direito de administração e disposição do seu patrimônio, submetido à intervenção do administrador concursal mediante autorização ou conformidade.

De outra parte, o n. 7 do mesmo dispositivo acima citado disciplina a tutela dos atos do devedor que infrinjam as limitações nele presentes. Neste caso, os atos em causa somente poderão ser anulados no plano da administração concursal quando esta não os houver convalidado ou confirmado. Para tal efeito, qualquer credor e quem haja sido parte da relação afetada pela infração poderá requerer da administração concursal que se pronuncie acerca do exercício da ação judicial correspondente ou da convalidação ou conformação do ato. A ação vertente tramitará na categoria de incidente concursal.

A leitura a contrário senso da regra do direito espanhol acima examinada permite entender que haja a possibilidade dos administradores da sociedade em *concurso voluntário* na falta de convalidação ou confirmação dos atos praticados por aqueles. No caso do controlador, não se percebe a possibilidade de sua exclusão, mas, pelo menos, no próprio processo do *concurso voluntário*, poderia ser declarada nula ou anulada pelo juiz a deliberação da Assembléia-Geral da sociedade que deliberou contra os interesses do plano de recuperação em obediência à orientação daquele.

Como se verifica, o legislador brasileiro tinha diante de si um parâmetro no direito comparado para não permitir, ao menos, a presença desta lamentável lacuna na LREF.

3.2 O direito português

O Código da Insolvência e da Recuperação de Empresas (CIRE) foi objeto em Portugal do Decreto-lei 53.2004, de 18 de março. Nesse direito, nos termos da Exposição de Motivos da lei em causa, "deu-se a supressão da dicotomia recuperação/falência, a par da configuração da situação de insolvência como pressuposto objetivo único do processo, torna também aconselhável a mudança de designação do processo, que é agora a de 'processo de insolvência'. A insolvência não se confunde com a 'falência', tal como atualmente entendida, dado que a impossibilidade de cumprir obrigações vencidas, em que a primeira noção fundamentalmente consiste, não implica a inviabilidade econômica da empresa ou a irrecuperabilidade financeira postuladas pela segunda". Assim, a insolvência torna-se gênero do qual os institutos da falência e da recuperação da empresa são espécies.

Cuidando dos sujeitos passivos da declaração de insolvência o art. 1º estabelece que pode tratar-se de pessoas singulares ou coletivas, entre as quais as sociedades comerciais, com as exceções ali expressamente indicadas.

A lei em foco prevê a nomeação de um administrador judicial provisório e do administrador da insolvência (art. 31). A regra geral é no sentido de que o administrador provisório tem competência apenas para assistir o devedor na administração do seu patrimônio, observando-se que o juiz tem a prerrogativa de fixar deveres e competências daquele, de forma genérica ou específica (art. 32). Ao administrador podem ser atribuídos poderes exclusivos de administração do patrimônio do devedor, cabendo-lhe zelar pela manutenção e administração de tal patrimônio, bem como pela continuidade da exploração da empresa, a não ser que se considere ser mais vantajosa para os interesses dos credores a suspensão da atividade, na dependência de autorização do juiz.

De acordo com o art. 53, os credores podem eleger outra pessoa que não o mesmo administrador judicial provisório para a função de administrador da insolvência. Neste sentido, dispõe o mesmo dispositivo que incumbe ao administrador da insolvência, além de outras tarefas que lhe sejam cometidas, (*i*) preparar o pagamento das dívidas do insolvente à custa das quantias em dinheiro existentes na massa insolvente, designadamente das que constituem produto da alienação, que lhe incumbe promover, dos bens que a integram; e (*ii*) prover, no entretanto, à conservação e frutificação dos direitos do insolvente e à continuação da exploração da empresa, se for o caso, evitando quanto possível o agravamento da sua situação econômica.

Do seu lado, segundo o art. 68, compete à Comissão de Credores, a par de outras tarefas não que lhe sejam especialmente cometidas, fiscalizar a atividade do administrador da insolvência e prestar-lhe colaboração. Considerando-se que este órgão é eventual no processo de insolvência, a competência que lhe é atribuída reside naturalmente na Assembléia de credores.

Dispõe o art. 198 do CIRE que, sendo o devedor uma sociedade comercial, o plano de insolvência pode ser condicionado à adoção e execução, pelos órgãos sociais competentes, de medidas que não consubstanciem meros atos de disposição do patrimônio societário. Além disto, porém, ser adotados pelo próprio plano de insolvência:

(*i*) Uma redução do capital social para cobertura de prejuízos, incluindo para zero ou outro montante inferior ao mínimo estabelecido na lei para o respectivo tipo de sociedade, desde que, neste caso, a redução seja acompanhada de aumento do capital para montante igual ou superior àquele mínimo;

(*ii*) Um aumento do capital social, em dinheiro ou em espécie, a subscrever por terceiros ou por credores, nomeadamente mediante a conversão de créditos em participações sociais, com ou sem respeito pelo direito de preferência dos sócios legal ou estatutariamente previsto;

(*iii*) A alteração dos estatutos da sociedade;

(*iv*) A transformação da sociedade noutra de tipo distinto;

(*v*) A alteração dos órgãos sociais;

(*vi*) A exclusão de todos os sócios, tratando-se de sociedade em nome coletivo ou em comandita simples, acompanhada da admissão de novos sócios; e

(*vii*) A exclusão dos sócios comanditados acompanhada da redução do capital a zero nos termos da alínea a), tratando-se de sociedade em comandita por ações.

Observe-se, inicialmente no dispositivo sob comentário, que o termo *devedor* é genérico e não pode ser entendido como referido ao controlador, da mesma forma como mostramos em relação ao direito brasileiro. De outro lado, segundo se verifica, a demissão dos administradores e a exclusão do controlador não foram expressamente contempladas no texto lusitano, a não ser, quanto ao último caso, para os tipos de sociedades e de sócios mencionados acima. Fica a dúvida no sentido de se saber se a relação acima seria taxativa ou meramente exemplificativa.

3.3 O direito norte-americano

O conhecido *Chapter 11* do *Bankruptcy Code* do direito norte-americano trata do instituto equivalente à nossa recuperação judicial, no qual o interessado assume automaticamente a posição de *debtor in possession*, ou seja, o devedor que mantém a posse e o controle dos seus ativos normalmente sem a indicação de um *case trustee*. Esta qualidade perdurará até a confirmação do plano de reorganização, a extinção do feito ou sua convolação em outro regime.

A Seção 1.107 do *Bankruptcy Code* coloca o devedor sob um regime de fidúcia, com os direitos e poderes do *trustee* tratado pelo Capítulo 11, do qual se requer o exercício de funções de investigação e os deveres de um *trustee*.

No sentido acima, sabendo-se que a figura do *trustee* não existe no direito brasileiro, podemos dizer que na recuperação judicial prevista naquele Código, o devedor passa a atuar fiduciariamente em favor dos credores como seu objetivo fundamental. Se o projeto der certo a partir de um plano efetivamente viável de recuperação e o devedor vier a conseguir retomar plenamente a sua empresa, então os acionistas serão beneficiados, especialmente o controlador. Na esteira do sucesso da recuperação, os antigos administradores que não tenham sido penalizados de alguma forma poderão manter os seus cargos.

Como se verifica, há uma diferença de perspectiva econômica e jurídica em relação ao devedor colocado na recuperação judicial como *trustee* em relação à sua própria empresa, não presente no direito brasileiro.

Conforme foi visto acima, existe, ainda, a possibilidade da adoção naquele ordenamento jurídico da figura do *U.S. trustee* ou *bankruptcy administrator*. Quando nomeado ele exerce papel importante no acompanhamento do instituto equivalente à nossa recuperação judicial, supervisionando a atuação do devedor. Ao lado dos credores, ele tem competência para fiscalizar os atos praticados pelo devedor.

Caso o devedor falhe no cumprimento das determinações do *U.S. trustee* ou do juízo falimentar, não tomando as providências apropriadas ao processo, o primeiro tem o poder de tomar uma medida perante a corte objetivando a convolação do feito em outro capítulo do *Bankruptcy Code* (providência que abortará a recuperação judicial) ou, no limite, a extinção do processo.

Mas, diante da estrutura do instituto do *trustee*, podemos afirmar que o papel do *U.S. trustee* vai bem mais além, cabendo-lhe poder substituir o devedor no desenvolvimento do plano de recuperação, tomando todas as providências necessárias, inclusive de natureza patrimonial ou até mesmo estrutural.[8]

No sentido acima, no limite, entende-se que o sistema do *Chapter 11* permitiria a substituição dos administradores e do controlador da sociedade devedora, diferentemente do que se pode entender a respeito do direito brasileiro. Isto não porque há no direito norte-americano um conceito extensivo da figura do controlador, mas por causa das particularidades daquele ordenamento jurídico.

Conclusão

O presente estudo não é conclusivo no sentido de apresentar soluções embrulhadas em papel de presente para os operadores do direito que atuam na área em questão. Aqui se procurou suscitar uma discussão que deverá servir para a identificação dos pontos de conflito entre o microssistema da recuperação da empresa e da falência e outros com os quais o primeiro vier a interagir especialmente aquele relacionado ao direito societário, objetivando o aprimoramento da Lei 11.101, de 9 de fevereiro de 2005.

Bibliografia

BRUNET, André. "Propos critiques sur le projet de réforme du droit français de la faillite", in *Revista de Direito Bancário e do Mercado de Capitais* 36/122.

MACHADO, Nelson Marcondes. "A Assembléia-Geral de credores e seus conflitos com a Assembléia-Geral de acionistas", in MONTEIRO DE CASTRO, Rodrigo R. e SANTOS DE ARAGÃO, Leandro (coords.). *Direito Societário e a Nova Lei de Recuperação de Empresas*. São Paulo, Quartier Latin, 2006, pp. 148 e ss.

MUNHOZ, Eduardo Secchi. In SOUZA JÚNIOR, Francisco Satiro de, e MORAES PITOMBO, Antônio Sérgio A. de (coords.). *Comentários à Lei de Recuperação de Empresas e Falência*. São Paulo, Ed. RT, 2005, pp. 270 a 313, especialmente as pp. 301 e 302.

VERÇOSA, Haroldo Malheiros Duclerc. "Pessoas sujeitas e não sujeitas aos regimes de recuperação de empresas e ao da falência", in VALENTE DE PAIVA, Luiz Fernando (coord.). *Direito Falimentar e a Nova Lei de Falências e de Recuperação de Empresas*. São Paulo, Quartier Latin, 2005, pp. 63 e 62.

______, in SOUZA JÚNIOR, Francisco Satiro de, e MORAES PITOMBO, Antônio Sérgio A. de (coords.). *Comentários à Lei de Recuperação de Empresas e Falência*. São Paulo, Ed. RT, 2005, p. 171.

8. Informações colhidas no endereço *http://www.uscourts.gov/bankruptcycourts/bankruptcybasics/chapter11.html#claim*, em 13.1.2008.

LIVRE-DOCÊNCIA: APONTAMENTOS DE UMA ARGÜIÇÃO*

JOÃO BAPTISTA VILLELA

Nota de Mauro Rodrigues Penteado, do Comitê de Redação

O breve texto, abaixo, exemplar e de grande valia, entretanto, é publicado em homenagem aos alunos, professores e à comunidade jurídica e empresarial, enfim, a todos os leitores desta *Revista*. Aos primeiros, para que conheçam os critérios pelos quais se pautam as argüições de teses nos concursos públicos nas Arcadas; aos segundos, porque há muito o que aprender nesta inexcedível lição sobre como argüir; e aos últimos, para que constatem o significado e o valor de uma titulação obtida na Faculdade de Direito da Universidade de São Paulo, em que, via de regra, procura-se seguir padrões próximos àqueles tão bem articulados pelo emérito Mestre das Minas Gerais. Parcimonioso e humilde – predicado dos grandes pensadores – o Professor João Baptista Villela resistiu bravamente a esta publicação, que sugerimos quando tivemos a honra de com ele participar da Banca Examinadora em que esta lição foi proferida; após repetidos apelos, finalmente cedeu, pois não é irredutível, ante o argumento de que estes ensinamentos não poderiam restar confinados ao conhecimento das poucas pessoas presentes à sessão pública de argüição em que foram ministrados, e de que seria de grande utilidade para as novas gerações de estudiosos do Direito (com o que ele ainda não concorda). Uma instituição quase bicentenária, como a nossa, não se fez e nem se afirma sem a contribuição dos melhores expoentes intelectuais da nação, que com espírito público e por amor ao ensino a ela prestam a sua colaboração na seleção de seus quadros docentes e na atribuição de títulos. Nem se faz com "*sprit de corps*" ou com medidas corporativistas; é exatamente por isso que o regulamento para a composição das comissões julgadoras de concursos públicos para a obtenção de títulos ou ingresso e ascensão na carreira acadêmica exige que a maioria de seus membros seja composta, no caso de Doutor e Professor Doutor, por professores de fora do Departamento (Regimento Geral da USP, art. 182, § 2º), e no caso de Professor Titular e Livre-Docente, de professores estranhos à Faculdade (idem, arts. 186, *caput*, e 191). Para o cumprimento dessa norma o engajamento do Professor João Baptista Villela tem sido inestimável: já em 1996 participava da Comissão Julgadora que indicou o atual

* Extrato de argüição produzida em exame para a habilitação em Livre-Docência na Faculdade de Direito da USP, em 30.8.2007.

Professor Titular de Direito Civil, Rui Geraldo Camargo Vianna; em 1999, da Comissão Julgadora do concurso de ingresso na carreira do atual Professor Doutor de Direito Comercial, Erasmo Valladão Azevedo e Novaes França; em 2000, da Comissão que conferiu o título de Livre-Docente ao atual Professor Titular de Direito Civil, Ignácio Maria Poveda Velasco; em 2002, da Comissão que conferiu o título de Livre-Docente à atual Professora Associada de Direito Comercial, Paula Andrea Forgioni; em julho de 2007, do concurso de Livre-Docência no Departamento de Direito do Trabalho, de Guilherme Guimarães Feliciano, e em agosto, da banca de Livre-Docência a que se refere o texto. Na Pós-Graduação integrou, desde 1991, nada menos do que doze Bancas Examinadoras de teses de Mestrado e Doutorado. O seu apreço às Arcadas fica evidenciado, ainda, ao aceder a convite e proferir conferência histórica sobre a vida do Professor Julius Frank, em agosto de 2006, na semana do 179º aniversário da Faculdade de Direito, por ocasião da inauguração do Restauro e do Paisagismo do "Pátio e Túmulo de Julius Frank". E sua colaboração prossegue: no mês de novembro de 2007 comporá as Comissões Julgadoras de mais dois concursos públicos, um para Livre-Docência e outro para Professor Titular, ambos de Direito Civil.

***

Começo minha intervenção sob o forte constrangimento que me causa ter de revelar o peso de duas lealdades. De regra, essas lealdades – inerentes à função de examinador – são caladas por imposição do pudor ou, no mínimo, da discrição.

O mal-estar que me oprime consiste precisamente na convicção em que estou de que as devo expressar, ao invés de as omitir ou simplesmente as subentender.

Tais lealdades são, nomeadamente, de um lado, o dever de transparência em relação ao candidato, e, de outro, a boa execução do mandato em que se investe o argüente pelo ato de confiança da instituição a cujo serviço se põe.

O candidato tem o direito de conhecer, sem subterfúgios ou edulcorações de qualquer espécie, a opinião do argüente sobre o respectivo desempenho. E a instituição quer ver observadas, com não menor direito, as expectativas que alimenta em relação ao mandatário. Designadamente as de rigor, isenção e caráter.

É na confluência de uma e outra destas lealdades que me vejo conduzido a dizer que a tese posta sob exame mal merece a honra de ser discutida.

O candidato se declara expressamente na "busca do grau de livre-docência na Faculdade de Direito Largo São Francisco" (p. 6 da tese). Devo dizer-lhe, preliminarmente, que a Livre-Docência não é um grau que se possa buscar. É, antes, uma habilitação a que se candidata e que, obtida, se traduz no reconhecimento da *venia legendi*, se posso retomar a expressão de bom e decantado sabor medieval (cf., a propósito, J. F. Niermeyer & C. van de Kieft, *Mediae Latinitatis Lexicon Minus*, v. 1, 2. überarb. Aufl., Darmstadt: Wissenschaftl. Buchgesellschaft, 2002, verbo *legere*).

Conferir a habilitação significa certificar que o candidato se encontra capacitado ao exercício do magistério na sua expressão plena e acabada. Isto é, que está apto a:

1. lecionar, com proficiência em todos os níveis do ensino superior;

2. formar recursos humanos para a constituição e reposição dos quadros docentes;

3. dirigir e fomentar grupos de estudo;

4. fazer nascer escola ou linha de pensamento pela mobilização de experiência, talento e espírito criativo;

5. intervir, com representatividade e níveis aceitáveis de excelência, em congressos e reuniões científicas no País e no Exterior;

6. produzir textos doutrinários de qualidade.

Para que a certificação deste conjunto de faculdades possa ser emitida, sem sérios riscos de erro, o candidato deve revelar, no mínimo:

1. domínio da linguagem;

2. cultura jurídica

3. poder de criação;

4. conhecimento das fontes de expressão do direito.

Vejamos, pois, no tempo sucinto que me cabe, o que mostra a tese do candidato em cada um desses aspectos.

• A sua linguagem é pobre, obscura, repetitiva e canhestra.

[*Seguem-se exemplificações concretas*]

• O déficit de densidade cultural é generalizado e começa por se manifestar no título da tese: "Diretrizes para a Compreensão do Princípio da Função Social dos Contratos Empresariais". *Diretrizes* pertence bem ao rol das palavras – seguramente necessárias à língua – em que, ao mesmo tempo, tudo cabe nada se contém. Da palavra *compreensão* pode-se dizer aproximadamente o mesmo. É intencionalmente vaga. E *função social do contrato* é pouco mais ou menos que uma excrescência criada por desatenção do legislador do Código Civil de 2002. Algo equivalente ao que dizia meu otorrinolaringologista do raio laser em medicina: uma brilhante solução à procura de problemas.

• Poder de criação

[*Seguem-se exemplificações concretas*]

• Fontes

[*Seguem-se exemplificações concretas*]

Conclusão

E assim por diante.

Filigranas? Questões de lana-caprina? Alguns pensam assim. E continuarão apostrofando os que fazem do apreço ao pormenor matéria de relevância. Mas o fato é que, sem rigor e acribia, a ciência não passa de um divertido exercício de amadorismo.

Não vi e continuo não vendo em que sua tese contribui significativamente para o progresso do Direito Comercial.

Em síntese e conclusão: faltou a V. Sa. ter encontrado uma alma caridosa que a advertisse de sua prematuridade para pleitear da Universidade de São Paulo o reconhecimento que pretende.

Revisto em Belo Horizonte, aos 7.10.2007.

PONTO DE EMPRESA *VIRTUAL*. PRETENSÃO RENOVATÓRIA E DEMAIS INSTRUMENTOS DE TUTELA. VEDAÇÃO À USURPAÇÃO *INDIRETA* DO *PONTO DE NEGÓCIO* (POR MEIO DA RETOMADA DO OBJETO DA LOCAÇÃO). ATOS SUBSEQÜENTES DE CONCORRÊNCIA DESLEAL PRATICADOS PELO RETOMANTE

ESTEVAN LO RÉ POUSADA

I – Apresentação do problema. II – Qualificação e análise funcional do contrato celebrado entre as partes: o paulatino desenvolvimento do "ponto" empresarial da empresa "A". III – O ponto de atividade como elemento do fundo de empresa. IV – Identidade da empresa: ponto empresarial e sinais distintivos. V – O desenvolvimento das novas tecnologias de informação e a subversão do fundo de empresa: perda de centralidade do ponto de empresa "real" e o advento do ponto empresarial "virtual". VI – Ação renovatória de locação não residencial como um dos instrumentos de proteção ao "ponto de negócio" (e ao fundo de empresa). VII – Pretensão renovatória de contrato de locação não residencial que implique constituição de ponto de empresa "virtual" – Tutela indenizatória decorrente de (re)tomada de "ponto de empresa" mesmo que na ausência de pretensão renovatória – Contrato celebrado entre a empresa "A" e a emissora "B" – Prática ulterior de atos de concorrência desleal: deveres de indenizar cumulativos. VIII – Conclusões. IX – Bibliografia.

Ementa: Fundo de empresa e atuação *exclusivamente* por meio de via eletrônica (radiodifusão de sons e imagens), mediante veiculação realizada durante 22 (vinte e duas) horas diárias ao longo da execução de contrato verbal que vigorou (ininterruptamente) por 11 (onze) anos – utilização superveniente de grade horária pela emissora-denunciante, que passa a explorar programa de televisão similar ao desenvolvido pela denunciada – preponderância da obrigação de outorga do uso e gozo pela emissora e qualificação da avença estabelecida pelas partes – estabelecimento real, ponto de empresa *virtual* e aplicabilidade subsidiária da legislação do inquilinato – indenização decorrente da valorização do ponto de empresa (benfeitoria útil e direito de retenção) e indenização pela prática de atos de concorrência desleal.

I – Apresentação do problema

Ressalva preliminar. Antes que se dê início ao presente estudo, faz-se necessário observar que os fatos a seguir descritos são reais – tendo resultado, inclusive, em uma demanda judicial sem decisão de mérito até o momento em que foi redigido este ensaio. Fazemos questão de ressaltar tal circunstância uma vez que as particularidades que envolvem a matéria de fato a seguir descrita podem ensejar dúvidas quanto às peculiaridades do ajuste havido entre as partes, quanto a extensão das faculdades contratuais estabelecidas e ainda no que concerne ao prazo de vigência do contrato concluído pelas mesmas.

Critério de escolha do caso concreto selecionado. A despeito de não havermos participado da discussão judicial nas qualidades de interessado ou advogado, nossa atenção foi despertada pela fundamentação jurídica utilizada pelas partes para a defesa de suas respectivas pretensões; e em particular, pela ausência de qualquer remissão ao instituto do ponto de empresa – bem como à riqueza que a matéria de fato oferece para o desenvolvimento do conceito de ponto *virtual* adiante abordado.[1]

Síntese da questão I: da celebração do ajuste. O problema havido entre as partes pode ser assim sintetizado: a empresa "A" – que tem por objeto social a exploração comercial de televendas – celebrou verbalmente contrato com "B" (emissora de radiodifusão de sons e imagens), a fim de que esta, à custa do pagamento de uma retribuição mensal "x", veiculasse programação inteiramente produzida pela primeira, durante um intervalo de cerca de 22 (vinte e duas) horas diárias.

Síntese da questão II: da eficácia do ajuste. A avença perdurou por aproximadamente 11 (onze) anos, ao cabo dos quais a emissora "B" dirigiu notificação à empresa "A", comunicando seu desinteresse em prosseguir na execução do contrato, outorgando a esta o prazo de 90 (noventa) dias para a veiculação das últimas produções por meio da infra-estrutura da denunciante.

Síntese da questão III: o comportamento das partes após a denúncia do contrato. Após o encerramento das transmissões do programa "alfa" – produzido por "A" – pela denunciante, a empresa "A" passou a exibi-lo por meio de canal de televisão recém-adquirido pelo grupo econômico por ela representado. Paralelamente, a emissora "B" passou a transmitir em seu canal de televisão programa "beta" (por ela própria desenvolvido) destinado ao mesmo público alvo do programa "alfa"; além disso, sobreveio notícia tanto da contratação pela emissora "B" de ex-funcionários da empresa "A" (apresentadores e pessoal técnico-administrativo), como da captação de clientela mediante divulgação de informações falsas – dentre as quais a de que a o programa "alfa" somente seria veiculado em canais de televisão por assinatura (televisão fechada).

Síntese da questão IV: do ajuizamento de ação judicial pela empresa "A". Tal ordem de acontecimentos ensejou o ajuizamento de ação de indenização pela empresa "A" contra a emissora "B", tendo por fundamento não apenas a violação a direitos patrimoniais e morais de autor (de titularidade daquela e de terceiro), como a alegação de prática de atos de concorrência desleal.

Objeto de investigação: prática de atos de concorrência desleal. A despeito de eventual excesso quanto à síntese promovida, este nos parece o relato da matéria de fato que representa a controvérsia dedu-

1. A partir do processo de distinção quanto à matéria de fato *relevante*, tanto os jurisconsultos romanos (período do direito romano clássico) quanto os aplicadores do direito no sistema do *Common Law* erigiram construções bastante significativas. A respeito do significado das expressões *overruling* e *distinguishing* no sistema anglo-americano, cf. H. Berman, *Talks on American Law*, trad. port. *Aspectos do Direito Americano*; pela análise do método casuístico empregado pelos jurisconsultos romanos clássicos, cf. L. Vacca, *Contributo allo Studio del Metodo Casistico nel Diritto Romano*, *passim* (onde se enceta uma aproximação entre os modelos referidos). Por uma comparação entre as aplicações do método casuístico de desenvolvimento jurídico nos sistemas do *Common Law* e do *Civil Law*, cf. J. Frank, "Civil Law influences on the Common Law – Some reflections on 'comparative' and 'contrastive' law", in *University of Pennsylvania Law Review* 104/887-926.

Quanto à cotidiana aplicação – mesmo que talvez inconsciente – do método casuístico para o desenvolvimento do direito dos países do *Civil Law*, cf. a distinção feita pelo STJ entre os *depósitos em confiança* e os *depósitos em garantia*, a propósito da aplicação da prisão civil coercitiva do depositário infiel (p. ex., cf. STJ, REsp 12.507-0-RS, Rel. Ministro Athos Gusmão Carneiro).

zida em juízo e ora submetida à apreciação; por oportuno, merece destaque a circunstância de que não pretendemos abordar, neste estudo, eventual violação a direitos patrimoniais e morais de autor – o que poderá e deverá ser efetuado em sede própria – estando nossa investigação centrada na análise da prática de atos de concorrência desleal pela emissora "B", sob um aspecto muito peculiar.

Objeto de investigação: análise do ponto de empresa exclusivamente virtual e eventual prática de atos de concorrência desleal. Com efeito, não pretendemos analisar as implicações da forma de apresentação dos programas "alfa" e "beta", nem suas eventuais semelhanças (necessárias ou parasitárias); nossa linha de indagação é consideravelmente mais estreita e poderia ser sintetizada nas seguintes questões: como poderia ser qualificado o contrato celebrado entre a empresa "A" e a emissora "B"? Qual a finalidade da contratação sob a perspectiva da empresa "A"? Qual a relevância do objeto contratual (vinte e duas horas diárias de veiculação ininterrupta durante um intervalo de onze anos) em face do fundo de empresa de "A"? Poderia ser vislumbrado um ponto de empresa *virtual* na grade de programação da emissora "B"? Qual a disciplina jurídica subsidiariamente aplicável à avença estabelecida pelas partes? Caberia prorrogação compulsória do contrato por iniciativa de "A"? Teria a empresa "A" direito a indenização em decorrência da sobrevalorização da grade de programação da emissora "B" após o interregno de vigência contratual? Teria a empresa "A" alguma *exceção de direito material* a ser manejada contra a denúncia formulada pela emissora "B"? O contexto do comportamento das partes após a extinção da relação jurídica contratual evidencia a prática de atos de concorrência desleal?

Encerramento da apresentação e início das investigações. A fim de responder a tais questionamentos é que iniciamos a presente pesquisa.

II – Qualificação e análise funcional do contrato celebrado entre as partes: o paulatino desenvolvimento do "ponto" empresarial da empresa "A"

O problema da qualificação contratual. Conforme relatado pouco acima, ao concluírem verbalmente sua avença, as partes contratantes não fizeram menção à qualificação do ajuste celebrado – e tão pouco à disciplina jurídica a este subsidiariamente aplicável. Preocupando-se tão-somente com as prestações respectivas, tinham em mente tão-somente a eficácia contratual, não levando adiante maiores perquirições sobre a natureza jurídica do acordo estabelecido.[2] Tendo-se em vista a complexida-

2. Embora A. Teixeira de Freitas não contasse com os avanços promovidos pela pandectística do final do século XIX para tornar mais clara a separação metodológica entre a Parte Geral e a Parte Especial do Código Civil, já divisava no *Esboço do Código Civil* e na *Carta de 20 de Setembro de 1867* (ao Ministro da Justiça Martim Francisco Ribeiro de Andrada) a diferença de destinatários do *Código Geral* e do *Código Civil*: o primeiro para os iniciados, os especialistas, os juristas; o segundo para o povo, nos moldes liberais decorrentes da Revolução de 1789. A respeito, cf. A. Teixeira de Freitas, "Carta de Teixeira de Freitas, de 20 de setembro de 1867", in *Revista de Direito Civil, Imobiliário, Agrário e Empresarial* 1/362-367.

O nascimento dos direitos, eventuais defeitos de formação (invalidades absolutas e relativas) competem não ao leigo, mas ao jurista que o assessora. Todavia, a eficácia – direitos, deveres, pretensões, obrigações, ações e exceções (bem como sua respectiva extensão) – correspondem a matérias às quais estão mais imediatamente jungidos os interesses da população. Embora obviamente todo e qualquer sujeito de direito tenha interesse em que seus contratos sejam plenamente válidos, a parte não deseja nem o *comodato* nem o *mútuo*: quer o *empréstimo*, cabendo especificamente ao jurista o estudo das diferenças entre as categorias. Tivemos oportunidade de analisar tais questões em outra ocasião (*Preservação da Tradição Jurídica Luso-Brasileira: Teixeira de Freitas e a Introdução à Consolidação das Leis Civis*, p. 124).

Isso não significa que a eficácia jurídica não tenha seu indiscutível valor; entretanto, como ressaltado por F. K. Comparato (a propósito das fusões e incorporações societárias) "as concentrações contratuais de empresas privadas, não são os juristas que as fazem, muito menos os juristas docentes; são os empresários. É deles, portanto, que se pode de das obrigações estipuladas, cabe indagar: a que modelo normativo (tipo contratual) pode ser reconduzido o negócio jurídico celebrado?[3]

Estrutura contratual: obrigações cometidas às partes contratantes. A análise puramente estrutural das obrigações cometidas às partes – seja à emissora "B" [*cessão de uso e gozo* de grade de programação (durante vinte e duas horas diárias) e *veiculação* das produções previamente desenvolvidas pela empresa "A"]; seja à empresa "A" (pagamento da importância mensal "x") – por si somente, não permite entrever com a clareza necessária qual das obrigações da emissora prepondera. De fato, sob uma perspectiva puramente estrutural, podemos tão-somente afirmar que se tem um contrato bilateral, sinalagmático (genética e funcionalmente), oneroso, comutativo e de execução não-simultânea;[4] entretanto, resta saber se dentre as obrigações atribuídas à emissora "B" prevalece a cessão de uso e gozo da grade de programação ou a obrigação de veicular o material previamente entregue pela empresa "A" – vale dizer, se temos diante dos olhos um contrato de locação com obrigação secundária de veicular (fazer) ou um contrato de prestação de serviços técnicos especializados (realizados por meio da infra-estrutura representada pelo canal de televisão de titularidade da emissora "B").

Funcionalidade contratual: utilidade. A análise *funcional* do contrato celebrado entre as partes é de extrema valia; descoberta qual das obrigações da emissora "B" prepondera, imediatamente se tem definido o regramento jurídico aplicável, subsidiariamente, à espécie discutida (por meio da alusão ao *tipo* contratual predominante).[5]

esperar algum ensinamento nesta matéria" ("Novas formas jurídicas de concentração empresarial", in *RDM* 5/133). Resta ao estudante de direito diagnosticar a personagem jurídica mais parecida com a vestimenta escolhida pelo agente econômico.

3. Por um tratamento do problema da qualificação contratual na definição do regramento jurídico aplicável aos diversos negócios jurídicos, sirva-se o leitor do ensaio de L. de Camargo Penteado, "Causa concreta, qualificação contratual, modelo jurídico e regime normativo – Notas sobre uma relação de homologia a partir de julgados brasileiros", in *Revista de Direito Privado* 20/235-265 (em especial pp. 260-263, nas quais o autor discorre sobre o papel da (re)qualificação de contratos de *leasing* pelo STJ).

Por um exemplo prático (e singular) de qualificação contratual, cf. F. K. Comparato, "Qualificação do contrato relativo a vasilhames e engradados, na distribuição e na venda de bebidas a consumidor – Concorrência desleal na sistemática destruição de vasilhames de bebida fabricada por concorrente", in *Novos Ensaios e Pareceres de Direito Empresarial*, pp. 331-349 (especialmente pp. 334-343).

4. A possibilidade de cumulação atípica de prestações inerentes aos contratos legislativamente conformados (cogente ou dispositivamente) já era entrevista, entre nós, na década de 1970 por Álvaro Villaça de Azevedo. A respeito do estado último de suas idéias a respeito da questão, cf. A. Villaça de Azevedo, *Teoria Geral dos Contratos Típicos e Atípicos*, 2ª ed., *passim*.

Distinguindo os conceitos de contratos *complexos*, contratos *mistos*, contratos *unidos* e *redes contratuais*, cf. R. X. Leonardo, *Redes Contratuais no Mercado Habitacional*, pp. 95-127 (especialmente pp. 96-121).

Os contratos mistos podem ser definidos como aqueles em que são reunidas eficácias decorrentes de tipos contratuais distintos (estabelecidos em lei ou regra geral e abstrata com efeito equivalente). A respeito, cf. J. de M. Antunes Varela, *Das Obrigações em Geral*, p. 191.

Quanto ao caráter sinalagmático do contrato referido, necessário observar que enquanto o sinalagma *genético* implica a relação de *dependência* entre as obrigações das partes – p. ex., em um contrato *atípico* de mútuo, de natureza puramente consensual, a obrigação de restituição somente exsurge quando da efetiva entrega da coisa mutuada, razão pela qual não *pode* ser cumprida sem que tal dação se dê – o sinalagma *funcional* enseja faculdades decorrentes da vinculação recíproca das prestações (p. ex., a utilização da *exceptio non adimpleti contractus*). A respeito da distinção, cf. T. Ascarelli, *Problemas das Sociedades Anônimas e Direito Comparado*, p. 309 (notas 114 e 115).

No caso em exame, há tanto sinalagma *funcional* (como se verifica em todo e qualquer contrato bilateral) como sinalagma *genético* (uma vez que a emissora "B" somente pode veicular a programação do programa "alfa" após a prévia entrega do material pela empresa "A").

5. A análise do binômio estrutura e função no âmbito do direito privado é antiga, tendo sido bastante explorada a propósito da discussão do concei-

Comparação entre as obrigações da emissora "B": preponderância da cessão de uso e gozo da grade de programação. De que vale à empresa "A" a obrigação, por si só, de veicular os programas de televisão por ela previamente produzidos, sem que tenha sido assegurada a esta a *disponibilidade* quanto ao *uso* e *fruição* de parcela fixa da grade horária de programação da emissora "B"? Parece-nos que muito pouco.[6] Em contrapartida, seria possível à empresa "A" veicular por si própria a produção por ela inteiramente desenvolvida – se assim o permitisse a emissora "B" (franqueando acesso à sua infra-estrutura e utilização de suas instalações)? Certamente sim. A simplicidade de tal análise nos parece revelar que a obrigação de *cessão de uso e fruição de grade horária de programação* sobreleva a obrigação de *veicular a produção de "A"*.

Análise funcional da relação entre as obrigações da emissora "B": caráter secundário do dever de veicular. Por que razão a emissora "B" não cedeu a *infra-estrutura* de seu canal de televisão, celebrando um contrato de locação que tivesse por objeto esta última? Talvez para não ter de suportar o inconveniente do exploração direta de suas dependências e equipamentos por prepostos de "A" (circunstância essa que redundaria na locação de parte do próprio estabelecimento empresarial da emissora "B"); para superar tal impasse, "B"

to de função social (cf. K. Renner, *Die Rechtsinstitute des Privatrechts und ihre soziale Funktion: ein Beitrag zur Kritik des bürgerlichen Rechts*, trad. it. de *Gli Istituti del Diritto Privato e la loro Funzione Sociale: un Contributo alla Critica del Diritto Civile*).

Entretanto, em comentário a uma decisão da *Corte d'Appello di Milano* (28 de fevereiro de 1923), A. Weiller discorreu sobre o caráter *instrumental* de determinados contratos – que deveriam ser analisados de acordo com a *função* econômica a ser por meio deles atendida – dentre os quais a *sociedade* e o *mandato*; com efeito, assim como a sociedade não tem um fim em si mesma (mas sim na atividade empresarial por meio dela desenvolvida) e o mandato remonta a um ato de gestão que lhe sucede temporal e finalisticamente, abre-se em diversas outras hipóteses a oportunidade para uma separação entre a estrutura jurídica latente e seu aspecto funcional. A respeito, cf. A. Weiller, "Corte d'Appello di Milano Udienza 28 febbraio 1933", in *Il Foro Italiano* 58/1607-1624.

Não é por acaso que a análise mais conhecida do contrato de sociedade empreendida por Tullio Ascarelli é permeada por uma separação entre as perspectivas estruturais e funcionais do contrato plurilateral (cf. T. Ascarelli, "O contrato plurilateral", in *Problemas das Sociedades Anônimas e Direito Comparado*, pp. 284-285 e pp. 291-293).

Por uma das análises mais bem conceituadas do binômio estrutura-função (fora dos estreitos limites do direito privado) cf. N. Bobbio, *Dalla Struttura alla Funzione: Nuovi Studi di Teoria del Diritto*, *passim*.

6. Eis a riqueza dos fatos que mencionamos há pouco: a obrigação de *cessão de uso e fruição de parcela fixa de grade de programação* (de canal de televisão de titularidade da emissora "B") passa à frente da obrigação de *veicular*; aquele que ceder o uso e gozo da grade de programação terá de veicular ou deixar que veiculem por meio de sua infra-estrutura – e não o inverso [uma vez que o encarregado da veiculação pode não dispor de concessão de serviço de radiodifusão de sons e imagens (isso para não aventar a hipótese de veiculação pelo próprio contratante, o que caracterizaria locação da própria infra-estrutura de radiodifusão de sons e imagens)]. A análise da função econômica do contrato, nesta hipótese, é muito elucidativa.

Observe-se que, a respeito da questão, C. do Couto e Silva nos traz um exemplo importante: "'A', comerciante, convenciona com 'B' a fabricação e a colocação de um anúncio luminoso para efeitos de propaganda. 'B' fabrica o anúncio, conforme o convencionado mas, ao invés de colocá-lo em local de intenso tráfego, instala-o em lugar pouco freqüentado, de sorte que o anúncio nenhum reflexo teria na venda dos produtos. Em tal hipótese, 'A' não poderá considerar o adimplemento como satisfatório, apesar da convenção não determinar o local em que seria colocado o anúncio. 'B' deveria levar em consideração que quem contratava era comerciante e, por conseguinte, o anúncio só poderia ter interesse se situado em local adequado a sua finalidade. O 'plus' que integra o fim do negócio jurídico pode surgir, imediatamente, da atividade da pessoa com quem se contrata" (*A Obrigação como Processo*, pp. 40-41).

Não basta a compreensão da estrutura contratual, mas é necessário descer às circunstâncias negociais naquilo que têm a informar sobre a imbricação dos fatos no jurídico, extrapolando os limites dos meros motivos e repercutindo na própria causa contratual.

reservou a si própria a obrigação de veicular o programa "alfa". Ora, como à empresa "A" seria economicamente inútil a disponibilidade da grade horária sem a garantia de veiculação do material produzido – e uma vez que a emissora "B" acataria tão-somente à cessão de uso e fruição da *grade de programação* (e não à cessão de uso e fruição da *infra-estrutura do canal de televisão* de que é titular) – no interesse de ambas as partes se estabeleceu uma prestação secundária de "B", consistente na obrigação de veicular o material representativo do programa "alfa" (previamente produzido pela empresa "A").[7]

Análise funcional da relação entre as obrigações da emissora "B": prevalência da obrigação de cessão de uso e fruição de grade de programação e qualificação como contrato de locação de grade horária de programação. Como elemento indispensável à satisfação da empresa "A" quanto ao exercício das faculdades decorrentes do contrato celebrado com a emissora "B", a obrigação principal inerente à *cessão de uso e fruição* de grade de programação é complementada pelo estabelecimento de uma obrigação acessória de *veiculação* – sem que se tenha pervertido o arranjo prestacional básico deduzido no contrato.[8]

Análise funcional do contrato celebrado entre as partes sob a perspectiva do fundo de empresa da empresa "A". Ora, se a análise *funcional* do contrato sob a estreita perspectiva das partes envolvidas já produz resultados – revelando o predomínio da obrigação de *cessão de uso e fruição da grade de programação* (durante 22 horas diárias) sobre a obrigação de *veiculação* do programa "alfa" previamente produzido por "A" – a abordagem do negócio jurídico celebrado sob a perspectiva da atividade empresarial de "A" é ainda mais reveladora. A propósito, pergunta-se: o que *objetivamente* pretendia a empresa "A" ao concluir o referido ajuste com a emissora "B"?[9]

Análise funcional do contrato celebrado entre as partes sob a perspectiva do fundo de empresa da empresa "A": objeto social. Fosse a empresa "A" uma indústria de calçados, não poderíamos dizer que a veiculação pretendida por meio da contratação com a emissora "B" constituiria o objeto central de sua atividade empresarial; entretanto, voltando-se à "exploração

7. Voltemos ao exemplo mencionado por C. do Couto e Silva: sem a obrigação secundária de instalação do anúncio, de nada serviria ao contratante sua confecção; confecção e instalação, em nexo funcional inquestionável, constituem o núcleo da relação jurídica obrigacional acima delineada. No caso ora estudado, a simples disponibilidade, sem garantia de veiculação do programa "alfa" seria desinteressante à empresa "A"; entretanto, esta poderia veicular por si própria ou por terceiros contratados especialmente para tanto, só não o fazendo pois tal situação não atendia aos interesses da emissora "B". E para a composição de tais interesses primários (cessão de uso e gozo + garantia de veiculação = A; remuneração sem exploração direta do canal de televisão por "A" ou seus prepostos = B) é que a emissora "B" assume o dever de veicular o programa "alfa" previamente produzido por "A".

8. Sobre a possibilidade de locação de coisas incorpóreas (como a grade de programação da emissora "B"), cf. F. C. Pontes de Miranda, *Tratado de Direito Privado XL – Direito das Obrigações. Locação de Coisas. Locação de Uso. Locação de Uso e Fruição*, 3ª ed., p. 97, quando o autor discorre a respeito da possibilidade de locação de *clientela*.

9. Observe-se que ainda aqui prossegue a análise do contrato celebrado sob a perspectiva funcional; entretanto, não se confunde a análise com a desenvolvida no parágrafo anterior, uma vez que naquela oportunidade tínhamos em vista tão-somente a utilidade decorrente do contrato, sob a perspectiva da contraposição de interesses no momento de conclusão e execução do acordo. Todavia, nesta ocasião temos sob mira o papel do contrato (função) no contexto da atividade empresarial desenvolvida por "A"; ou seja, a imbricação do ajuste no desenvolvimento da empresa representada por esta última.

A simplicidade do contrato não pode resultar em um menosprezo da relevância do contrato quando relacionado ao fundo de empresa de "A"; em algumas hipóteses de contrato de franquia, o contrato entre o franqueador e o franqueado constitui praticamente todo o fundo de empresa deste último.

No caso discutido neste estudo, a relevância econômica do contrato é inquestionável; implica parcela significativa do fundo de empresa de "A"; entretanto, a ausência de qualquer influxo (contratualmente estabelecido) da emissora "B" sobre a aticomercial de televendas" – para o atingimento da finalidade social (lucro) deverá a empresa "A" observar o trilho estabelecido por seu contrato social – para o desenvolvimento de suas atividades *depende* do contrato celebrado com a emissora "B" (ou com qualquer outra emissora de televisão).

Análise funcional do contrato celebrado entre as partes sob a perspectiva do fundo de empresa da empresa "A": centralidade do contrato celebrado com a emissora "B". Neste contexto, a contratação estabelecida com a emissora "B" adquire posição central – e não meramente marginal – no panorama do exercício da atividade empresarial de "A". Entenda-se: sem a disponibilidade de *uso e fruição da grade de programação* em televisão, por horários fixos, a empresa "A" estaria impedida de exercer suas atividades. Com isso, pode-se chegar a uma primeira conclusão: a apresentação ao público consumidor era uma necessidade vital à sobrevivência da empresa "A" – compreendida como atividade empresarial.[10]

Análise funcional do contrato celebrado entre as partes sob a perspectiva do fundo de empresa da empresa "A": circunstâncias de relevo. Adotado tal enfoque, cabe indagar: durante os 11 (onze) anos de vigência do contrato celebrado com a emissora "B", realizou a empresa "A" alguma veiculação comercial em outro canal de televisão que não aquele de titularidade desta última? Do que consta das informações prestadas, não. Desta informação pode-se extrair uma segunda conclusão: a de que houve uma preocupação de "A" em desenvolver suas atividades de modo que o consumidor, *querendo*, pudesse a ela se dirigir e acompanhar, *quando bem lhe aprouvesse*, as ofertas por ela apresentadas – desde que durante o horário compreendido entre as 22 horas diárias de programação do canal "z" de titularidade da emissora "B".

Sede administrativa e ponto empresarial. Não se pode confundir a *sede administrativa*, domicílio da empresa "A" e centro de sua imputação jurídica – na qual se centraliza seu contato (*determinado* ou *determinável*) com seus respectivos fornecedores e clientes – com o *ponto de empresa* à sua atividade afeto, dirigido a um público indeterminável (com relação ao qual não se pode presumir que tivesse conhecimento do local em que se situa a sede administrativa da empresa); de fato, seria desnecessário ao público conhecer a *sede administrativa* quando a ciência do *locus* de exercício da empresa era de conhecimento geral: o canal "z" – de titularidade da emissora "B" – durante o intervalo de 22 (vinte e duas) horas diárias de grade de programação objeto de contrato de locação.[11]

vidade empresarial desenvolvida pela empresa "A" impede que seja invocada a hipótese de *controle externo* da empresa. A respeito do poder de controle externo aplicado à sociedade anônima, cf. F. K. Comparato, *O Poder de Controle na Sociedade Anônima*, 2ª ed., pp. 63-77.

10. Aludimos a *empresa* como *atividade* (aspecto funcional) para distingui-la das outras acepções que a doutrina lhe emprestou depois da obra de A. Asquini – vale dizer, os aspectos subjetivo (empresário), objetivo (*azienda*) e institucional. A respeito, cf. A. Asquini, "Profili dell'impresa" in *Rivista del Diritto Commerciale e del Diritto Generale delle Obbligazioni I* 41/1-20.

11. Note-se que as circunstâncias em que se dava a *ordinária* captação de sons e imagens que subsidiava a "exploração comercial de televendas" ensejam dúvida quanto à ciência dos próprios clientes quanto à *sede* da empresa "A" – uma vez que as gravações dos "anúncios" eram realizadas nos estabelecimentos dos próprios clientes-anunciantes.

T. Ascarelli já entrevia a possibilidade de dissociação entre a *sede administrativa* e o *ponto de empresa*, revelando a relevância do problema proposto: "Sede dell'impresa sarà dunque, per le società, la sede statutaria della società. Anche a questo proposito dovremmo porci una domanda analoga a quella che ci siamo posta per altri problemi (per es. per lo scopo): *quid juris* quando la società tuttavia, in fatto, non esercita la propria attività nella sede statutaria? (...) Sarà all'attività effettivamente esercitata, ancorchè diversa da quella statutaria, che si farà capo per l'applicabilità di norme che concernono i rapporti dell'imprenditore con terzi" (*Corso di Diritto Commerciale – Introduzione e Teoria dell'Impresa*, 3ª ed., p. 276).

Com efeito, a sede administrativa compreendida como domicílio da empresa "A" (centro de im-

Sede administrativa e ponto empresarial não coincidentes: conseqüências. A sede administrativa da empresa "A" (domicílio) poderia estar localizada em um lado da cidade, distante tanto da emissora "B" quanto de seus respectivos anunciantes (clientes). Mas o *exercício* da empresa, em contrapartida, não se dava na sede da sociedade, mas *via* grade de programação do canal "z" – de titularidade da emissora "B"; assim, foi paulatinamente criado o "ponto" empresarial de "A".

Construção do ponto empresarial de "A" na grade de programação locada pela emissora "B"; edificação de um ponto exclusivamente virtual. Ponto de empresa que embora situado no canal "z" (de titularidade da emissora "B") integra fundo de empresa de "A". Ao longo de 11 (onze) anos de execução contratual, diariamente foi sendo construído o ponto empresarial de "A" – durante a veiculação do programa "alfa" ao longo do horário da *grade de programação locada* – de natureza exclusivamente *virtual.*[12]

Regramento jurídico subsidiariamente aplicável ao contrato de locação celebrado entre as partes. Uma vez demonstrado o fato de preponderar contrato de locação na avença estabelecida entre a empresa "A" e a emissora "B", faz-se necessário, ainda, determinar o regramento jurídico *subsidiariamente* aplicável à espécie: haveria de ser invocada a disciplina estabelecida na Lei Federal n. 8.245/1991 (Lei de Locação de Imóveis Urbanos) ou deveria ser aplicado o Código Civil Brasileiro?[13]

Análise funcional da relação jurídica decorrente de contrato de locação: a na-

putação objetiva dos direitos e deveres de "A") não se confunde com o modo de apresentação desta perante o público, no desenvolvimento da atividade empresarial. A sede administrativa concerne ao contrato de sociedade (mesmo quanto à sua eficácia perante terceiros decorrente do registro público – forma *ad regularitatem*); o *ponto* empresarial concerne à atividade desenvolvida pela sociedade (perfil funcional da empresa).

12. Não se confunda *ponto virtual* – na acepção emprestada à expressão neste estudo – com o "estabelecimento virtual" a que alude parte da doutrina consumerista a propósito da interpretação do *caput* do art. 49 da Lei Federal n. 8.078/1990 (Código de Defesa do Consumidor). O "estabelecimento virtual", a que se alude a respeito da análise do mencionado dispositivo legal, é estabelecimento em sentido atécnico, menos abrangente do que o sentido técnico – objeto de análise mais adiante. Mesmo o *ponto virtual* a que aludimos, nesta hipótese, tem um significado distinto daquele atribuído pelos adeptos da "virtualidade" do estabelecimento (para os efeitos da análise do exercício de faculdade de arrependimento estabelecida pelo art. 49 do Código de Defesa do Consumidor).

Tratamos neste estudo do *ponto virtual* excludente do *ponto real* (sem que coexistam, portanto, a modalidade virtual e a modalidade real do ponto empresarial) e defluente da exploração de um dado "espaço" por quem tem *título* e *posse*, mas não tem *domínio* sobre este. Assim, toda e qualquer crítica a respeito de nossas conclusões a respeito do ponto empresarial *virtual* deverá ter em conta esses dois requisitos elementares: *posse imprópria* do ponto virtual e apresentação ao público *exclusivamente* à custa de tal modalidade de divulgação.

13. N. Nery Jr. e R. M. de Andrade Nery destacam que a locação de imóvel urbano está sujeita à Lei do Inquilinato, sem efetuar qualquer distinção quanto à finalidade da celebração do contrato pelo locatário (N. Nery Jr. e R. M. de Andrade Nery, *Código Civil Comentado*, 4ª ed., p. 477).

Por sua vez, F. U. Coelho insinua a discriminação entre as várias espécies de locação de imóveis urbanos (*de fins residenciais*, *para temporada* e *de fins não-residenciais*) mas se atém à natureza do bem para determinar a aplicação do Código Civil: "as locações de bem diverso de imóvel urbano estão sujeitas, como já assinalado, à disciplina no Código Civil" (*Curso de Direito Civil III*, pp. 167-216, em especial pp. 171 e 212). Note-se que o autor, em exemplo constante de p. 213 de sua obra, assevera de modo categórico que a locação de bem móvel para fins empresariais não enseja direito de inerência do locatário: "desse modo, se o caminhoneiro *Antonio* aluga seu caminhão ao colega de profissão *Benedito*, por doze meses, para que ele o utilize no frete de mercadorias, o vínculo submeter-se-á ao Código Civil" (*Curso de Direito Civil III*, p. 213). Cabe observar que o exemplo invocado pelo autor não é dos mais felizes, eis que o direito de inerência a que alude a Lei do Inquilinato pressupõe vigência do contrato de locação por mais de cinco anos (e não doze meses).

A nosso ver acertadamente, T. Ancona Lopez parece admitir a possibilidade de locação de imóveis que não seja regida pela Lei do Inquilinato: "em suma, o Capítulo V, que trata da locação de coisas, *tureza imobiliária do objeto da locação e sua mitigação.* Novamente se faz necessária uma análise funcional do problema. Ora, se é certo que a própria praxe não desconhecia que antes do advento da Lei Federal n. 8.245/1991 (Lei de Locação de Imóveis Urbanos) a locação predial urbana já vinha sendo disciplinada desde 1921 (pela Lei Federal n. 4.403 e pelos diplomas que a sucederam), mais certo ainda é que melhor conheciam a legislação especial os autores do Anteprojeto do Código Civil Brasileiro promulgado em 2002; os quais, todavia, no art. 576 (§§ 1º e 2º) dispuseram sobre a locação imobiliária – a propósito da análise da cláusula de vigência em caso de alienação pelo locador. Ora, teria o Código Civil Brasileiro revogado a Lei do Inquilinato?[14]

Análise funcional da relação jurídica decorrente de contrato de locação: sua natureza principiológica. Nos parece fora de dúvida que o Código Civil não revogou a Lei do Inquilinato, uma vez que esta – assim como o Código Brasileiro de Defesa do Consumidor – é uma lei especial, principiológica, vincada na análise *funcio-*

sempre dará o conceitos, a natureza jurídica, toda estrutura jurídica do contrato de locação de coisas móveis ou imóveis que não estejam em leis especiais ou na Lei do Inquilinato, que trata da locação dos imóveis urbanos residenciais ou comerciais" (T. Ancona Lopez, *Comentários ao Código Civil – Parte Especial: Das Várias Espécies de Contratos – Da Locação de Coisas; do Empréstimo; da Prestação de Serviço; da Empreitada; do Depósito (arts. 565 a 652) VII*, p. 4). No entanto, a autora não se pronuncia sobre a possibilidade de aplicação da Lei do Inquilinato sobre a locação de bens móveis para fins empresariais.

F. C. Pontes de Miranda é categórico ao excluir os bens móveis do âmbito de aplicação da legislação específica da época, reputando as peculiaridades da locação imobiliária exclusivamente aplicáveis a tal sorte de bens. A respeito, cf. *Tratado de Direito Privado XLI: Locação de Coisas. Renovação de Contrato de Locação. Fretamento*, 3ª ed., p. 97.

Não nos parece assistir razão a tais autores, uma vez que à frente da *finalidade* da Lei do Inquilinato fazem passar a *natureza* tão-somente ordinária do bem objeto da contratação. Com efeito, oportuna a crítica de F. K. Comparato ao anacronismo dos juristas diante da ameaçadora realidade econômica: "o labor intelectual do jurista tem se limitado, pouco mais ou menos, à tradicional discussão dos conceitos, visando a encaixar o fenômeno da empresa no mundo fechado de suas categorias. Reproduzimos, assim, no século XX, embora desprovidos de cultura humanística (o que é uma agravante), a estéril atitude dos juristas cultos do Renascimento, que tomaram o universo bibliográfico por substituto da realidade vital" ("A reforma da empresa", in *RDM* 50/57).

14. Compreenda-se a questão proposta: se o critério de aplicação da Lei do Inquilinato for a natureza móvel ou imóvel do bem, forçoso será concluir que há conflito de leis na medida em que o Código Civil (lei geral posterior) disciplina matéria abarcada pela Lei do Inquilinato (lei especial anterior). De antemão já antecipamos que tal conflito não nos parece existir. Explicamo-nos.

Tome-se por hipótese a contratação de um depósito de gênero alimentício perfeitamente individualizado em função da declaração negocial conjunta (negócio jurídico bilateral) estabelecida consensualmente pelas partes. Tratar-se-ia de depósito regular ou de depósito irregular? Certamente uma primeira análise vai concluir pela irregularidade do depósito, uma vez que se está a tratar de bem fungível (e nada tão fungível quanto o gênero alimentício). Entretanto, em virtude não da natureza da *res*, mas do intuito das partes, podem estas estipular a restituição da própria coisa, e não de outra do mesmo gênero, quantidade e qualidade. A *res* deixaria de ser naturalmente fungível? Não. Entretanto, a infungibilidade negocial, estabelecida pelas partes pode provocar a aplicação não da regra contida no art. 645 do Código Civil, mas sim dos arts. 627 e ss. do mesmo diploma. Não se trata de discussão puramente acadêmica e sem relevância prática; a jurisprudência do STJ, quanto a esse aspecto, é bastante elucidativa: "*Depósito de bens fungíveis*. Nem sempre a fungibilidade do objeto cria o depósito irregular. Se ficar caracterizada a obrigação de devolver a coisa, embora fungível, o depósito é regular. Recurso não conhecido" (STJ, REsp 2.326-RS, Rel. Ministro Gueiros Leite).

Ou seja: a classificação dos bens em si mesmos (*Parte Geral – Livro II – Título Único – Capítulo I – Dos Bens Considerados em Si Mesmos*), por vezes, permite a flexibilização dos contratos, tornando viável a consideração do naturalmente fungível como juridicamente infungível. Este fruto da técnica jurídica (e não de simples retórica) apresentará reflexos na questão ora analisada: quem observa somente a epígrafe da Lei Federal n. 8.245/1991 tem acesso a apenas parte da realidade por ela deflagrada; além da epígrafe, será muito útil compreender a estrutura da Lei do Inquilinato, analisada mais adiante.

nal da locação predial urbana (com um caráter protetivo da figura do locatário).[15]

Análise funcional da relação jurídica decorrente de contrato de locação: a estrutura da Lei do Inquilinato. Estudada a estrutura da Lei de Locação de Imóveis Urbanos, chega-se à conclusão de que ela disciplina sob o Título II os *procedimentos* e sob o Título I a *locação* (propriamente dita);[16] este título, por sua vez, é dividido em dois capítulos: *Disposições Gerais* (Capítulo I) e *Das Disposições Especiais* (Capítulo II). Ora, nas disposições especiais vamos encontrar as modalidades de locação que o legislador intentou resguardar, conferindo um tratamento especial (apartado da disciplina tradicional): a locação *residencial*, a locação *para temporada* e a locação *não residencial*. Pergunta-se: se alugo uma casa a terceiro, sem finalidade residencial ou empresarial, mas para que este, por prazo indeterminado, a utilize como depósito de livros, haveria de se aplicar a disciplina estabelecida pelo Código Civil ou as disposições e princípios da Lei Federal n. 8.245/1991? Se não tivesse sido expressamente invocada pelas partes contratantes como repositório subsidiário de normas potencialmente aplicáveis – por não se tratar de locação para fim *residencial*, *não residencial* (ou de *temporada*) – nos parece que seria incensurável a aplicação do Código Civil.

Análise funcional da relação jurídica decorrente de contrato de locação: aplicação analógica da Lei do Inquilinato ao contrato celebrado entre a empresa "A" e a emissora "B". Se a finalidade da Lei de Locação de Imóveis Urbanos é a de proteger o inquilino (inclusive o empresário que desenvolve com base no contrato de locação o *ponto* de empresa), poderia a Lei do Inquilinato ser – analogicamente – aplicada à hipótese do contrato celebrado entre a empresa "A" e a emissora "B"?[17] Pensa-

15. A respeito da natureza principiológica da Lei do Inquilinato, pronunciara-se no começo da década de 1980 O. Gomes, ora reproduzido em seus próprios termos: "algumas leis especiais, como o estatuto da mulher casada e o regime do inquilinato, poderiam ser enxertadas no corpo de um novo Código Civil, mas de duas, uma: ou seriam alteradas para ajustamento ao sistema, provavelmente com retrocesso, ou seriam transplantadas na íntegra, reduzindo a simples e inútil consolidação com outro nome e com a mesma função coagulante. De qualquer modo, o enxerto provocaria antinomias pelo conflito inevitável entre as velhas e as novas matrizes do híbrido corpo de leis, e deixá-las de fora seria confessar a inutilidade do propósito recodificatório" (O. Gomes, "A caminho dos micro-sistemas", in *Novos Temas de Direito Civil*, pp. 45-46).

Pela análise mais acurada e profunda do processo de gradativa perda de centralidade do Código (Civil) no âmbito do Direito Civil – com o influxo seja da matriz constitucional, seja mesmo da legislação esparsa dotada de princípios próprios – cf. N. Irti, *L'Età della Decodificazione*, 4ª ed. (particularmente pp. 44-49 sobre a função residual atribuída ao Código Civil).

16. O Título III volta-se às Disposições Finais e Transitórias.

17. Como fizemos menção há pouco, a doutrina preponderante reserva a aplicação da Lei do Inquilinato à locação imobiliária, reservando o Código Civil para a disciplina da locação mobiliária, atendo-se, pois, à natureza do objeto da prestação. Observe-se que atentam tão-somente à natureza do *objeto da prestação*, descurando sobre o *objeto do contrato* (locação para fins residenciais, não residenciais ou para temporada).

A distinção entre objeto da prestação e objeto da obrigação não é bizantina e sem significado: o objeto da prestação é disciplinado na parte geral do Código Civil, em seu Livro II que dispõe sobre os bens; o objeto da relação jurídica obrigacional tem sua disciplina estabelecida na parte especial (como título primeiro do Livro sobre o direito das obrigações – das modalidades das obrigações).

Aqueles que se apegam ao objeto da prestação, concentram suas forças na natureza mobiliária ou imobiliária da *res*; não nos parece adequado, como já dito, uma vez que existe um intuito específico do legislador ao disciplinar as três modalidades de locações especialmente protegidas. Não é por acaso que A. Tomasetti Jr. esclarece que "a definição legal de *imóvel* é aquela que se extrai dos arts. 43 e 44 do Código Civil, mas o adjetivo *urbano* e a *teleologia* da Lei n. 8.245/1991 limitam-na" (A. Tomasetti Jr., "Comentário ao art. 1º", in J. de Oliveira (coord.), *Comentários à Lei de Locação de Imóveis Urbanos (Lei n. 8.245, de 18 de outubro de 1991)*, p. 15).

Já tratamos logo acima sobre a possibilidade de que as partes, convencionalmente, reputem especificamente infungível aquilo que ordinariamente fungível é; em verdade, somos obrigados a reconhemos que sim. Passemos, pois, a expor as razões de nossas conclusões em tal sentido.

III – O ponto de atividade como elemento do fundo de empresa

Estabelecimento e seus elementos constitutivos: bens corpóreos e incorpóreos. O estabelecimento empresarial é integrado por uma série de elementos (corpóreos e incorpóreos) unidos entre si por uma destinação comum que lhes confere o empresário: qual seja, o exercício da atividade empresarial (a empresa em seu aspecto funcional); eis o sentido emprestado ao termo *azienda* pelo Código Civil Italiano – e trazido ao Brasil com o Código Civil Brasileiro de 2002.[18]

cer que seria necessário engenho incomum para que o legislador da década de 1920 pudesse pensar em um contrato de locação de bem móvel que consistisse em um dos principais elementos do estabelecimento comercial, vale dizer, o *ponto* de empresa. Entretanto, a técnica jurídica adaptou um dos principais reflexos do *direito de inerência do locatário* (tal como designado por F. U. Coelho) à hipótese de bens móveis. Não seria uma adaptação a corriqueira opção entre *compra, renovação* ou *extinção* afetas ao contrato de arrendamento mercantil (*leasing*)?

Se a direito privado conseguiu vislumbrar a necessidade de extensão da faculdade renovatória a um contrato de locação sobre bens móveis que serviriam de *insumo à produção*, por que não ampliá-la a uma hipótese em que o próprio *ponto de empresa* verte-se em bem móvel? O fato de não se querer reconhecer a necessidade de que a técnica se adapte aos imperativos estabelecidos pelo desenvolvimento do capitalismo remonta ao apego desmesurado à tradição.

Destaque-se, por fim, que a doutrina e a jurisprudência – embora muito tivessem debatido a respeito da possibilidade de aplicação da prisão coercitiva do depositário – tranqüilamente admitiram a possibilidade de ajuizamento de *ação de depósito* (procedimento especial de jurisdição contenciosa) em hipóteses em que relação jurídica decorrente de prévia celebração de contrato de depósito (fundado em relação de confiança) não havia, restando somente posição de depositário defluente de equiparação legislativa, em tranqüilo enquadramento sob a hipótese de depósito necessário (legal); razão pela qual podemos concluir pela já comprovada flexibilidade dos conceitos jurídicos ante as necessidades evidenciadas pelo desenvolvimento da economia de mercado.

18. O art. 2.555 do Código Civil Italiano traz a seguinte definição de estabelecimento comercial: "L'azienda è il complesso dei beni organizzati dall'imprenditore per l'esercizio dell'impresa". O Código Civil Brasileiro de 2002, por seu art. 1.142 assim definiu o estabelecimento empresarial entre nós: "considera-se estabelecimento todo complexo de bens organizado, para exercício da empresa, por empresário, ou por sociedade empresária".

A despeito de eventuais imprecisões de nosso legislador ao reputar imprescindível a menção a sociedade empresária (como se esta já não estivesse abarcada no termo empresário), cabe destacar que tal definição já encontrava respaldo na doutrina que, *ex professo*, havia se dedicado ao estudo do tema. Entre nós, parece-nos oportuna a menção a O. Barreto Filho, que conceituou o estabelecimento *comercial* como o

"complexo de bens, materiais e imateriais, que constituem o instrumento utilizado pelo comerciante para a exploração de determinada atividade mercantil" (O. Barreto Filho, *Teoria do Estabelecimento Comercial*, p. 75). Nesta definição podemos surpreender o estabelecimento empresarial como complexo de bens que serve de instrumento à atividade desenvolvida pelo empresário – pessoa natural ou pessoa jurídica – que se encarrega do exercício da empresa.

Cabe ressalvar, entretanto, que F. C. Pontes de Miranda – a propósito da análise do conceito de estabelecimento – proclama a necessidade de uma ampliação do conceito, para que em lugar do simples fundo de *comércio*, alcance outras atividades empresariais não comerciais. Eis a definição de fundo de *empresa* desenvolvida pelo autor: "complexo de bens que se destina ao exercício do empreendimento; se comercial, chama-se fundo de comércio, termo que se estendeu a qualquer fundo, com prejuízo para a terminologia científica. *Fundo de empresa diz melhor e mais acertadamente*. Empresa e fundo são dois aspectos, um mais nítido no que respeita à atividade das pessoas, e outro, no que se refere à massa de bens e serviços, objetivamente" (*Tratado de Direito Privado – Parte Especial XV – Direito das Coisas: Propriedade Mobiliária (Bens Corpóreos)*, pp. 355-356). Tal observação é corroborada, p. ex., por A. Tomasetti Jr. que destaca que "a realidade [do] fundo de empresa já penetrou, e explicitamente, na jurisprudência do país" ("Comentário ao art. 1º", in J. de Oliveira (coord.), *Comentários à Lei de Locação de Imóveis Urbanos*, cit., p. 25). De fato, tal ampliação do conceito de estabelecimento pretendida pelos autores acima referidos foi admitida pelo legislador ao discipliná-lo no Código Civil Brasileiro de 2002, por seu art. 1.142 transcrito acima.

Estabelecimento e seus elementos constitutivos: o ponto como elemento incorpóreo. Dentre os elementos *incorpóreos* do fundo de empresa pode-se surpreender o *ponto* empresarial, correspondente ao "*lugar do comércio*, em determinado espaço, em uma cidade, por exemplo, ou na beira de uma estrada, em que está situado o estabelecimento comercial, e para o qual se dirige a clientela".[19] Sendo parte integrante do fundo, com este o ponto de empresa não se confunde; em função disso a doutrina italiana distingue o estabelecimento (*azienda*) do local em que as atividades empresariais se exercem (*stabilimento*).[20]

Relevância do ponto empresarial: inscrição e domicílio. Entre nós – em estudo monográfico a que temos aludido com freqüência – O. Barreto Filho entrevê duas principais conseqüências jurídicas da fixação do *ponto de negócio* pelo empresário: a fixação de seu domicílio legal e a determinação do órgão de registro competente para sua inscrição.[21]

Ponto empresarial e direito de inerência do locatário – Reflexos: pretensão renovatória quanto ao contrato de locação. A despeito da inquestionável correção das conclusões do autor, seja-nos lícito aludir a um terceiro efeito da fixação do *ponto de empresa*: sua proteção na hipótese de prévia celebração de contrato de locação empresarial (para fins não residenciais) – inclusive mediante *ação renovatória* (como

De todo modo, nos é suficiente a conclusão de que o fundo de empresa envolve tanto bens corpóreos como bens incorpóreos (dentre os quais posições jurídicas inerentes a relações pessoais e reais) – e que o progresso das relações econômicas desenvolvidas em mercado provocou a expansão do conceito para abranger não apenas a atividade comercial, mas a atuação empresarial em geral.

19. Esta é uma das definições de ponto de empresa mais tradicionais em nossa doutrina (R. Requião, *Curso de Direito Comercial I*, 8ª ed., pp. 197-198). Observe-se que o próprio R. Requião ressalta que o surgimento do ponto de empresa enseja um desdobramento do domínio, convergindo sobre um único bem corpóreo direitos de titularidade de sujeitos distintos: "o *ponto*, portanto, surge ou da localização da propriedade imóvel do empresário, acrescendo-lhe o valor, ou do contrato de locação do imóvel pertencente a terceiro. Nesse caso, o *ponto* se destaca nitidamente da propriedade, pois pertence ao comerciante locatário, e constitui um bem incorpóreo do estabelecimento" (R. Requião, *Curso de Direito Comercial I*, cit., p. 198). No mesmo sentido, cf. R. M. Christini, "Breves comentários ao regime jurídico do ponto comercial", in *Revista Jurídica* 263/41-46.

Enquanto as *mercadorias*, *instalações* e *insumos* (máquinas e utensílios) correspondem aos bens *corpóreos* que concorrem para a formação do estabelecimento empresarial, os *contratos*, o *ponto de empresa*, os *créditos* (e *dívidas*), a *propriedade industrial* e o *aviamento* integram a categoria dos bens incorpóreos que o compõem. Especificamente a respeito da *clientela* como bem incorpóreo integrante do conceito de fundo de empresa, cf. T. Ascarelli, *Panorama do Direito Comercial*, pp. 206-208.

Merece destaque a parte final do trecho transcrito no corpo do texto ("para o qual se dirige a clientela"). Teremos oportunidade de destacar a diferença entre a identificação do *produto*, do *local* em que se dá o acesso ao público e do *estabelecimento* que o produz.

20. De maneira que não se mostra adequada a promiscuidade com que a doutrina francesa emprega o termo *établissement*, inclusive, para designar o local em que a atividade empresarial se concentra e se desenvolve. A respeito, cf. O. Barreto Filho, *Teoria do Estabelecimento Comercial*, pp. 141-142.

Pela distinção entre os conceitos de *stabilimento* e *azienda*, cf. a lição de T. Ascarelli: "il termine 'esercizio' è uttilizzato anche nella legge (esercizio aperto al pubblico) e nella dottrina in senso oggettivo per indicare singoli locali nei quali viene svolta l'attività di esercizio dell'azienda; è ovvia allora la diversità di significato del termine (Che meglio potrebbe essere in detto caso essere sostituito da 'stabilimento')" (T. Ascarelli, *Corso di Diritto Commerciale – Introduzione e Teoria dell'Impresa*, 3ª ed., p. 317).

21. Apartando os conceitos de *ponto de empresa* e de *estabelecimento*, assim os relaciona O. Barreto Filho, definindo os aspectos juridicamente relevantes da definição do *ponto de negócio*: "estabelecimento é sempre o organismo econômico, na sua complexidade de bens instrumentais, de que o *local* ou *ponto* é apenas um dos elementos constitutivos. Isto não obsta que o lugar – base natural do estabelecimento, localizada no espaço – seja considerado especificamente pela lei, sobretudo para dois efeitos: para a inscrição do comerciante no registro do comércio, e para a determinação do seu domicílio" (*Teoria do Estabelecimento Comercial*, p. 142).

teremos oportunidade de verificar mais adiante).[22]

IV – Identidade da empresa: ponto empresarial e sinais distintivos

Identificação e sede da empresa: sinais distintivos e ponto empresarial. Antes de estudar a disciplina da atividade empresarial – em obra clássica da literatura comercialista italiana – G. Ferri dedica cerca de quinze páginas à discussão de um único assunto: "identificação e sede da empresa". Com efeito, sob uma única epígrafe o autor aborda não apenas as *firmas*, *insígnias* e *marcas*, como também a *sede* da empresa – o ponto empresarial (o *stabilimento*) – todos reunidos diante de sua função comum de identificação da empresa.[23]

Formas de identificação da empresa: contato com o público consumidor. A identificação da empresa pode se dar de diferentes maneiras, sob distintos aspectos e tendo por perspectiva diversos destinatários; por exemplo, enquanto as relações com o fisco e com os fornecedores estão vinculadas, principalmente, à sede (administrativa) da empresa (empresário), as relações com o público consumidor estão adstritas a elementos outros, como o *nome empresarial*, as *insígnias*, as *marcas* e – inclusive – o *ponto empresarial*.[24]

22. A expressão *direito de inerência ao ponto* é utilizada por F. U. Coelho, que assim o define (relacionando-o ao conceito de ponto de empresa): "o *ponto* – também chamado de 'propriedade comercial' – é o local em que o empresário se estabelece. É um dos fatores decisivos para o sucesso do empreendimento. Por essa razão, o interesse voltado à permanência no ponto é prestigiado pelo direito. Não apenas porque a mudança do estabelecimento empresarial costuma trazer transtornos, despesas, suspensão da atividade, perda de tempo, mas principalmente porque pode acarretar prejuízos ou redução do faturamento em função da nova localização, o empresário tem interesse em manter o seu negócio no local em que se encontra (...) se ele considera mais útil ao seu negócio permanecer no local em que se encontra estabelecido, este seu interesse é legítimo e goza de tutela jurídica. Proponho denominar-se *direito de inerência ao ponto* o interesse, juridicamente protegido, do empresário relativo à permanência de sua atividade no local onde se encontra estabelecido" (F. U. Coelho, *Curso de Direito Comercial*, 6ª ed., pp. 102-103).

Como teremos oportunidade de observar mais à frente, a pretensão à renovação compulsória do contrato de locação é uma conseqüência (eficácia jurídica, pois) da tutela jurídica ao *ponto empresarial* já constituído. Essa ressalva é importante, uma vez que ainda que não exista pretensão à renovação compulsória da relação *ex locato*, *ponto de empresa* poderá existir, ensejando-se sua tutela para outros fins que não a prorrogação da locação.

23. Assim se pronuncia G. Ferri a respeito da "sede da empresa" (*ponto empresarial*): "come la legge ammette e tutela i mezzi di individuazione dell'impresa, così la legge fissa territorialmente l'impresa, attribuendo rilevanza giuridica, a determinati fini, al luogo nel quale si svolge l'attività imprenditrice. Come vi è un domicilio della persona física e una sede della persona giuridica, così vi è una sede dell'impresa" (*Manuale di Diritto Commerciale*, 4ª ed., p. 130). Merece destaque o fato de que a "sede da empresa" a que alude o autor não se confunde com a sede administrativa da pessoa jurídica empresária; como bem ressaltado no trecho *supra* transcrito, assim como existe o domicílio da pessoa jurídica (empresária) existe uma sede da empresa. Assim como existe uma sede administrativa da pessoa jurídica empresária, existe um ponto empresarial que viabiliza o contato entre o empresário e sua respectiva clientela. Logo adiante teremos oportunidade de tratar do assunto com mais minúcia, ao diferençarmos a identificação dos produtos, do lugar em que se desenvolve a empresa e do próprio estabelecimento.

24. Assim preleciona T. Ascarelli quanto à imprescindibilidade da diferenciação entre os vários sinais distintivos de acordo com a sua função para os fins de identificação da empresa: "é (...) lógico que a teoria dos sinais distintivos se subdistingua consoante o diverso objeto de identificação. O primeiro entre os vários casos é o da marca que diz respeito ao produto; é o *princeps* da categoria e se funda no fato de que o produto, tendo um mercado, pode encontrar-se nos mais diversos lugares e deve portanto ser tutelado num âmbito o mais vasto possível. Passa-se, por isso, rapidamente em matéria de marcas, da tutela nacional à tutela internacional e talvez é este um dos capítulos do direito em que mais operosa e fecunda se revela a cooperação internacional. Objeto de identificação pode ser o local em que está instalado o estabelecimento. Há, por assim dizer, produtos ou serviços que o consumidor vai buscar em determinado lugar (...) é então necessária a identificação do local e este é o caso da insígnia que, parece-me, claramente se distingue da firma embora, às vezes, seja confundida com esta. Há, afinal, a

Identificação da empresa pelo público consumidor: freguesia e clientela. Para que se possa distinguir a forma segundo a qual se dá a identificação da empresa pelo público consumidor – tendo por base ora os *sinais distintivos*, ora o *ponto empresarial* – faz-se necessário destacar que enquanto a *clientela* está vinculada ao empresário em virtude de seus específicos atributos (aspecto *subjetivo*), a *freguesia* adstringe-se ao titular da empresa em decorrência de aspectos meramente *objetivos* – como a *proximidade* do estabelecimento, a *comodidade* por ele oferecida, etc.[25]

Relevância dos aspectos objetivos no âmbito dos "shopping centers". A "prova dos nove" quanto aos conceitos de *clientela* e *freguesia* pode ser produzida a partir daquela que é uma das mais representativas organizações da atividade comercial – nos grandes centros urbanos – da segunda metade do século XX: os *shopping centers*. A análise da estrutura do *shopping center* pressupõe uma tripla abordagem das relações jurídicas estabelecidas entre as partes envolvidas: despontam relações jurídicas *shopping center*/empresário (*a*), *shopping center*/consumidor (*b*) e empresário/consumidor (*c*).[26]

Evolução da relação "shopping center"/consumidor: da freguesia inicial à formação gradativa de clientela: clientela do "shopping center" e freguesia mediata dos estabelecimentos individuais. Não deve surpreender, assim, a conclusão de que, sob a perspectiva da relação *shopping center*/ consumidor sobreleve – em um primeiro contato – a *imediata* comodidade decorrente do atendimento das mais diversas necessidades deste último pelo *tennant mix* representado pelo estabelecimento comercial coletivo. Em um segundo momento, to-

necessidade, às vezes, de identificar o próprio estabelecimento comercial num dos sentidos em que pode ser usada esta palavra, infelizmente uma das mais equívocas da terminologia jurídica. Em todos estes três casos, a identificação não se refere a um sujeito de direito, mas ao contrário a coisas; os nomes servem, é sabido, quer para identificar pessoas, quer para identificar coisas. Nos três casos anteriores temos uma identificação de coisa: do produto; do lugar onde é vendido; do próprio conjunto das instalações que o produzem" (T. Ascarelli, *Panorama de Direito Comercial*, pp. 192-193). Sobre o significado do *ponto empresarial* como elemento de identificação da empresa, confrontar a nota seguinte, com a distinção entre os conceitos de *clientela* e *freguesia*.

25. O. Barreto Filho estrema com muita tranqüilidade os conceitos de *clientela* e *freguesia*: "as pessoas que habitualmente adquirem produtos do estabelecimento ou se valem de seus serviços, muitas vezes se prendem mais ao *lugar* ou *ponto* de exercício do negócio (centro comercial, estação ferroviária). Outras vezes, porém, são influenciados pela reputação da casa, adquirida graças às qualidades pessoais do comerciante ou, em alguns casos, de um colaborador. Os franceses utilizam os termos *achalandage*, para designar o conjunto de compradores (*chalands*) ligados ao estabelecimento em razão de considerações objetivas (vizinhança, comodidade, etc.); e *clientèle* para nomear a reunião de pessoas (*clients*) atraídos pela confiança nas qualidades especiais do titular do estabelecimento (...) com efeito, a palavra *freguesia*, que provém do direito canônico, corresponde a paróquia, que é o território sobre o qual se estende a jurisdição espiritual de um pároco, abrangendo a coletividade dos paroquianos ou fregueses. Fregueses da igreja paroquial passaram a sê-lo dos estabelecimentos, que ao seu derredor se instalaram, vulgarizando-se esta nova acepção do vocábulo. Possui o termo *freguesia* acentuada conotação de lugar, donde a vantagem de empregá-lo para exprimir a idéia de conjunto de pessoas ligadas a certo estabelecimento, em vista de sua localização ou outros fatores objetivos, reservando-se o termo *clientela* para o conjunto de pessoas relacionadas com as qualidades subjetivas do titular da casa comercial" (*Teoria do Estabelecimento Comercial*, pp. 180-181).

26. Pelo impacto da estrutura do *shopping center* sobre a teoria do estabelecimento comercial, cf. M. E. G. Verri, *Shopping Centers*, pp. 42-50. Cf. ainda, J. S. Arruda e C. A. da S. Lobo, *Shopping Centers – Aspectos Jurídicos*; R. W. R. Pinto e F. A. A. de Oliveira, *Shopping Centers (Questões Jurídicas)*.

No que concerne à relação mantida entre o empresário individual e o consumidor, parece prevalecer a proximidade objetiva decorrente do fato de já estar o "cliente" do *shopping center* em suas respectivas dependências (*stabilimento*). Com isso – como teremos oportunidade de verificar mais adiante – não apenas se sobrevalora o *ponto empresarial* como também exsurge uma autêntica *freguesia* – mediatizada pela relação de *clientela* mantida entre o consumidor e o *shopping center*.

davia, aquela mera comodidade converte-se em um autêntico *aviamento* – exsurgindo a confiança do público consumidor quanto aos atributos sintetizados no empresário coletivo (despontando aí uma *clientela* incipiente que toma o lugar da *freguesia* do *shopping center*).[27]

Ponto empresarial do "shopping center" e ponto empresarial do empresário individual (lojista). A discussão a respeito dos contratos de locação no âmbito dos *shopping centers* se põe, no mais das vezes, sob a ótica do empresário-individual locatário (o lojista); entretanto, reflexos outros poderia ter a questão quando se tenha em mente a locação de todo o *ponto de empresa* inerente ao estabelecimento coletivo. A propósito, seja-nos permitido indagar: *superados eventuais óbices econômicos, como é que deveria ser disciplinada a relação entre o locador de um imóvel e seu inquilino – que instala um "shopping center" no "terreno nu" por ele locado?* Embora a questão possa parecer inusitada, não parece estar muito distante do caso trazido a exame quando do início de nossas investigações.

V – O desenvolvimento das novas tecnologias de informação e a subversão do fundo de empresa: perda de centralidade do ponto de empresa "real" e o advento do ponto empresarial "virtual"

O desenvolvimento das novas tecnologias de informação e seu emprego pela empresa contemporânea. O incremento das novas tecnologias de comunicação e informação ensejou uma indiscutível ampliação das potencialidades empresariais de uma série de estabelecimentos de reduzidas dimensões físicas; o emprego da telefonia, do rádio, da televisão e da internet – bem como dos diversos outros meios de comunicação de massa em geral – despontaram como subsídio tecnológico indispensável a uma série de transações comerciais caracterizadas por uma oferta ao público (pollicitatio) que exige a adequação dos modelos jurídicos tradicionais aos imperativos técnicos e práticos afetos à prática comercial contemporânea.[28]

Perda de centralidade do ponto real. Neste quadro, o que se observa é que o

27. Diversos foram os elementos *objetivos* característicos da estrutura comercial dos *shopping centers* que serviram de atrativos potenciais ao mercado consumidor potencial: comodidade quanto à localização dos estabelecimentos comerciais individuais (relacionados por gênero de produtos e serviços oferecidos); mecanismos, equipamentos e funcionários especificamente voltados à segurança dos consumidores; facilidade quanto ao estacionamento de veículos; infra-estrutura de alimentação e entretenimento, etc.. Todos esses fatores provocaram um crescente afluxo de consumidores às novas estruturas de comércio de bens e serviços; com o passar do tempo, a *freguesia* vinculada ao estabelecimento coletivo por um liame de natureza meramente objetiva, passou a reconhecer na super-estrutura representada pelo *shopping center* uma reputação particular, por meio da qual, *mediatamente*, passaram a ser legitimados novos empresários inicialmente desvinculados da empresa coletiva. Com isso, a *clientela* do *shopping center* aos poucos passou a se tornar *freguesia* dos próprios empresários individuais nele situados.

28. Com efeito, O. Gomes destaca a imprescindibilidade de adequação das encanecidas estruturas jurídicas às novas necessidades decorrentes da economia de mercado: "qualquer estudioso do Direito, mas que não seja subserviente ao tecnicismo jurídico, reconhece a revolta dos fatos contra o Código, há tantos anos denunciada e sempre esquecida ou ignorada pelo legislador, pelo professor e pelo escritor de obras de texto. Tem-se a impressão de que não se aperceberam ainda dos impulsos renovatórios provenientes das transformações operadas na sociedade pelo desenvolvimento do capitalismo. Falta-lhes espírito crítico e sobra-lhes apego à tradição" (O. Gomes, "A caminho dos micro-sistemas", in *Novos Temas de Direito Civil*, p. 41).

Eis a razão pela qual se pretende, com este estudo, o reconhecimento da existência – em determinadas hipóteses aferíveis caso a caso – de *pontos de empresa* meramente *virtuais*, a reclamarem proteção jurídica semelhante àquela outorgada às locações imobiliárias para fins não-residenciais, que envolva, inclusive, a possibilidade de ajuizamento de ação renovatória de locação – uma vez presentes os requisitos legais estabelecidos pelo art. 51 da Lei Federal n. 8.245/1991.

ponto empresarial real sofre uma gradativa perda de sua centralidade; no mais das vezes, passa a compartilhar espaço com seu correlato ponto virtual; como diagnosticado por T. Ascarelli, o afluxo dos consumidores ao empresário passa a ser mediatizado não mais por um stabilimento real – mas por um ponto de empresa virtual.[29]

Reconhecimento do ponto de empresa virtual: exercício da empresa via virtual. Como já tivemos oportunidade de observar pouco atrás, nem toda apresentação ao público via virtual vai ensejar, a nosso ver, a constituição de um autêntico ponto de empresa virtual. Para tanto, além da oferta ao público por meio da via virtual, há que se reconhecer que o próprio exercício da empresa se faz por meio desta; ou seja, o objeto social descrito no contrato de sociedade (quando de pessoa jurídica empresária se estiver a tratar) deverá prever o exercício da empresa pela via virtual.[30]

Reconhecimento do ponto de empresa virtual: posse imprópria da via virtual. Além disso, para que se possa reconhecer a constituição de um ponto de empresa virtual – nos limites propostos pela presente análise de caso – necessário será que se esteja a tratar de seu desenvolvimento em uma via virtual que não pertença ao próprio empresário. Embora não se possa discutir a agregação de valor econômico na hipótese desta pertencer a este último (o que ficará evidente diante da possibilidade de trespasse do fundo de empresa), para os fins estabelecidos nesta específica análise, tomamos por premissa o fato de que o locatário desenvolve empresa em "espaço" que não lhe pertence.[31]

O contrato celebrado entre a empresa "A" e a emissora "B" – Gradativa constituição de ponto de empresa virtual: circunstâncias do caso e maior ou menor importância do ponto de empresa virtual. O ponto virtual sobre o qual acima discorremos é apenas e tão-somente "um" dos elementos integrantes do fundo de empresa – ao lado de outros elementos incorpóreos e corpóreos. Todavia, consideradas as circunstâncias do caso submetido à análise ao início de nossa exposição, podemos concluir que sobre a locação celebrada entre a empresa "A" e a emissora "B" repousa parcela considerável do valor deste específico estabelecimento empresarial.[32]

O contrato celebrado (entre a empresa "A" e a emissora "B") e a constituição de um ponto de empresa virtual: circunstâncias do caso, possibilidade técnica de transferência para outra via virtual e va-

29. Pela menção ao afluxo dos consumidores ao local em que está situado o estabelecimento (onde se exerce a empresa), cf. T. Ascarelli, *Panorama de Direito Comercial*, p. 192.

Pela menção ao processo de "perda de centralidade" do ponto de empresa *real* – em detrimento do ponto de empresa *virtual* – servimo-nos do já mencionado modelo desenvolvido por Natalino Irti (a propósito do estudo do papel da codificação civil oitocentista no âmbito do Direito Civil contemporâneo).

30. Com isso se exclui a possibilidade de alegação da aplicação generalizada do ponto virtual a toda e qualquer publicidade ou propaganda (institucional) desenvolvida por meio da via virtual. Apenas e tão-somente as empresas que atuem *necessariamente* por meio da via virtual é que teriam direito (potencial) a uma aplicação analógica do disposto nos arts. 51 e ss. da Lei de Locação de Imóveis Urbanos (Lei Federal n. 8.245/1991). Por uma análise dos conceitos de publicidade e propaganda (institucional) a que nos referimos logo acima, cf. D. Gozzo, "Publicidade", in A. J. Pereira Jr. e G. H. Jabur, *Direito dos Contratos*, pp. 212-214.

31. Cf. nota 12. De fato, estabelecemos aqui os dois critérios básicos para o reconhecimento, em nossa opinião, do chamado *ponto de empresa virtual* que enseja *direito de inerência* do empresário. Para tanto, necessário será – como visto – que a empresa não apenas se utilize (mas que verdadeiramente se exerça) por meio de uma via virtual que não pertença ao próprio empresário. Sobre os conceitos de *posse titulada* e de *posse imprópria*, cf. F. C. Pontes de Miranda, *Tratado de Direito Privado X – Parte Especial: Direito das Coisas: Posse*, 4ª ed., *passim*.

32. Observe-se, p. ex., uma *pizzaria* que não receba seus "clientes" em salão próprio, mas tão-somente os atenda por meio de linha telefônica que lhes mediatiza o contato; terá esta consideráveis prejuízos caso a disponibilidade *física* (técnica) ou *jurídica* da linha telefônica fique comprometida: praticamente todo o estabelecimento comercial da empresa, pois, estará "por um fio".

lorização da grade de programação (espaço virtual) objeto de locação para fins não residenciais. Embora a confiabilidade do titular da empresa "A" possa ser transferida para outro "espaço" virtual, parece-nos fora de dúvida que ao longo dos 11 (onze) anos em que se exibiu o programa "alfa" por meio do canal "z" (de titularidade da emissora "B"), foi potencialmente sobrevalorizado o ponto virtual representado pela grade de programação da emissora – anteriormente empenhada [durante cerca de 22 (vinte e duas) horas diárias] na exibição das produções inteiramente elaboradas pela própria locatária.[33]

Constituição do ponto virtual e critério de aferição de seu valor. A apuração do incremento dos índices de audiência durante o lapso temporal que medeia o "ingresso" e a "saída" da locatária do "espaço virtual" arrendado pela emissora "B" parece-nos um critério adequado – e seguro – para a apuração da sobrevaloração do ponto de empresa promovida durante o período de vigência da locação celebrada entre aquela e a empresa "A".

Encerramento. Cabe indagar, pois: teria a empresa "A" direito à renovação do contrato de locação? Em caso negativo, teria direito a alguma indenização? Sob que fundamento?

VI – Ação renovatória de locação não residencial como um dos instrumentos de proteção ao "ponto de negócio" (e ao fundo de empresa)

Constituição do ponto de empresa e respectiva proteção jurídica: pretensão renovatória como um dos instrumentos de sua tutela. Primeiramente cabe destacar que assim como posse é fato – muito embora venha a ser reconhecida como produtora de efeitos jurídicos – a constituição de um *ponto de empresa* não se dá tão-somente diante do preenchimento dos requisitos necessários ao surgimento da pretensão à renovação da locação não residencial de bem imóvel; a constituição de um *ponto de empresa* é um *prius* a que se segue a outorga de tutela pelo ordenamento jurídico. Entretanto, como se mostra variável – caso a caso – o período e a intensidade com que se tem de dedicar o empresário (locatário) para a constituição do *ponto de negócio*, em sentido uniformizador, a Lei Federal n. 8.245/1991 (Lei de Locação de Imóveis Urbanos) estabeleceu, à margem de outros requisitos, o período *objetivamente* necessário à formação do ponto empresarial suscetível de tutela renovatória – 5 (cinco) anos de vigência ininterrupta da locação com exercício da empresa pelo locatário ao menos durante os últimos 3 (três) anos de execução do contrato.[34]

33. Eis a observação de R. M. Christini sobre a valorização do ponto de empresa à custa do empenho do locatário: "partindo do princípio de que o valor incorpóreo do fundo de comércio integra em parte no valor do imóvel, ao passo que surge ele do trabalho do comerciante-locatário, não seria justo que, exclusivamente, só o proprietário se beneficiasse da valorização do imóvel, sem nada sobejar àquele que sem qualquer sombra de dúvida obrou para que fluísse demanda ao local com a intenção de adquirir

34. Sobre a menção à posse como *fato* – e não fato jurídico (que já é sua transposição para o mundo do direito e juridicização, pois) – cf. F. C. Pontes de Miranda, *Tratado de Direito Privado X – Parte Especial: Direito das Coisas: Posse*, cit., pp. 1-20.

A respeito da distinção entre ponto de negócio *existente* e ponto de negócio que enseja pretensão renovatória, necessária a menção aos precisos termos utilizados por R. Requião: "está bem claro que somente em face da ocorrência desses requisitos legais a lei concede proteção ao empresário – locatário – para que defenda o seu *ponto* comercial com a *ação* judicial própria, obtendo compulsoriamente a renovação do contrato de locação por sentença do juiz, caso essa renovação não seja conseguida amigavelmente. Isso não quer dizer, contudo, que o *ponto* comercial somente exista quando houver a coincidência desses requisitos. Não. O *ponto* existe desde que o comerciante, estabelecido em determinado local, comece a chamar a atenção e atrair a clientela. Pode não haver contrato escrito e nem serem satisfeitos aqueles requisitos do Decreto n. 24.150, mas o *ponto* continuará existindo" (R. Requião, *Curso de Direito Comercial I*, pp. 198-199).

Veremos mais adiante que embora não atendidos, em certas hipóteses, os requisitos estabelecidos pelo art. 51 da Lei Federal n. 8.245/1991, haverá

Sobre o fundamento da ação renovatória de locação não residencial. Perquirindo a respeito do fundamento da ação renovatória de locação, A. Buzaid conclui que, *a priori*, o fundamento da renovação compulsória (da relação *ex locato* de fim não residencial) não estaria na *teoria do enriquecimento sem causa* (como cria A. Vianna) – assim como não deitaria raízes nem na *teoria do abuso do direito* (como reputava adequado D. Bessone de Oliveira Andrade) e nem na *teoria da concorrência desleal* – mas sim na exigência da prevalência do *bem comum* sobre o *bem individual*; entretanto, ao repelir a *concorrência desleal* como fundamento da pretensão renovatória, o autor destaca que aquela existiria tão-somente em algumas hipóteses, sendo necessária, para sua caracterização, a demonstração da *culpa* do locador – que houvesse se utilizado de algum *ardil* para evitar a prorrogação da execução contratual, seja em benefício próprio, seja mesmo de terceiro.[35]

ponto comercial. Como estabelecido pelo art. 75 do Código Civil Brasileiro de 1916 – que embora não tenha sido reproduzido pelo Código Civil vigente é regra indiscutível do nosso ordenamento jurídico civil – "a todo direito corresponde uma ação que o assegura". O direito ao ponto de empresa existe desde que este juridicamente exsurja – muito embora possa decorrer de uma relação jurídica *ex locato* derivada da celebração de um mero ajuste verbal; hipótese em que existirá, sim, direito ao ponto de empresa e proteção jurídica respectiva. Embora inexista pretensão à renovação compulsória da relação *ex locato*, teremos oportunidade de constatar eventual direito do locatário em hipóteses previstas pelo próprio legislador do inquilinato.

Por tais razões nos parece completamente equivocado F. U. Coelho quando declara que "de acordo com a regra estabelecida [pelo art. 51 da Lei do Inquilinato], sem a exploração de uma mesma atividade no prédio locado, pelo prazo em questão, o empresário locatário não cria, com o seu estabelecimento, nenhuma referência aos consumidores digna de tutela jurídica" (F. U. Coelho, *Curso de Direito Comercial I*, p. 106); equivoca-se quando reputa a pretensão renovatória *toda* a tutela jurídica do *ponto de empresa*; veremos logo adiante que essa tutela existe noutras hipóteses que não aquela em que estejam atendidos os requisitos do art. 51 da Lei de Locação de Imóveis Urbanos, mas em que *ponto empresarial*, de fato, existe.

35. Como o objeto de nosso estudo específico não é a *ação renovatória* mas sim a proteção ao *ponto do negócio* virtual como elemento do fundo de empresa, mostra-se-nos muito interessante a justificativa utilizada por A. Buzaid para repelir a teoria da *concorrência desleal* como fundamento da ação renovatória, uma vez que a "causa de rejeição" ali invocada adquire importância singular para a análise por nós pretendida; com efeito, observa o autor que "o eminente Prof. Darcy Bessone encontra na lei nacional pelo menos uma aplicação inequívoca, *ainda que incorreta*, da teoria do enriquecimento – a do art. 21, § 4º - que provê para a hipótese de o locador, depois da retomada, explorar ou permitir que se explore, no prédio, o mesmo ramo de comércio ou indústria explorado pelo inquilino, cujo contrato não tenha sido renovado por oposição do proprietário. Este enriquecimento pode parecer injusto, porque o proprietário tira proveito da atividade e da habilidade do antigo inquilino, e beneficia-se da rivalidade entre comerciantes e das lutas, cada vez mais ásperas, suscitadas pela concorrência. Mas a concorrência *desleal*, reprovada pelo direito, tem por pressuposto a culpa. *Excluída a hipótese de manobra tendente ao aproveitamento da clientela formada pelo inquilino despejado*, não se divisa culpa no ato do proprietário ou do novo locatário, que ocupa o prédio, destinando-o ao exercício do comércio ou indústria diferente do que era nele explorado" (*Da Ação Renovatória e das demais Ações Oriundas do Contrato de Locação de Imóveis Destinados a Fins Comerciais I*, 2ª ed., pp. 191-196, especialmente p. 189 – itálicos do original e negritos nossos).

Ou seja: diante da existência de pretensão renovatória, se o locador se opõe à renovação (por meio de qualquer das exceções em sentido material constantes das alíneas do art. 52), nada resta ao locatário além da desocupação do "espaço" em que se situa o *ponto de empresa*, "*desintegrando-se*" este último. Todavia, se a lei pretere o locatário sem pretensão renovatória em detrimento do domínio do locador, não se compadece, entretanto, com a retomada do imóvel sem a "*desintegração*" do *ponto de empresa*, sob pena de enriquecimento injustificado deste último (que além de retomar o *objeto da locação* retoma também o *ponto de empresa*). Assim, diante da hipótese de existência de pretensão renovatória, o locador pode excepcioná-la argüindo qualquer das exceções de direito material previstas no art. 52 da Lei do Inquilinato; com a ressalva de que, invocando a alínea II, estará impedido de explorar o mesmo ramo de atividade do locatário, sob pena de se prevalecer do empenho deste último ao longo da execução do contrato – despontando o dever de indenizar (decorrente da retomada indireta do *ponto de empresa* através da retomada do "espaço"

Sobre o fundamento da vedação de retomada do ponto de empresa para exploração do mesmo ramo de atividade a que se dedica o locatário (retomada diante da presença de pretensão renovatória). Ora, na teoria dos atos de concorrência desleal repousaria não o fundamento doutrinário da ação renovatória – como acertadamente entreviu A. Buzaid – mas a razão de ser do § 1º do atual art. 52 da Lei do Inquilinato (que proíbe ao locador a retomada do imóvel para o exercício de atividade empresarial similar àquela anteriormente desenvolvida pelo locatário); com efeito, a despeito da implicitude do elemento *culpa* destacado por A. Buzaid, resulta evidente que terá o inquilino, na hipótese, direito à renovação do contrato *maliciosamente* frustrada pelo locador, acrescida da indenização decorrente da retomada indireta do *ponto de empresa*.[36]

Sobre a retomada do objeto da locação na hipótese de ausência de pretensão renovatória: possibilidade e vedação do § 1º do art. 52 da Lei Federal n. 8.245/1991. Muita confusão parece decorrer da interpretação do art. 52 da Lei do Inquilinato. Com efeito, tal dispositivo em nenhum momento autoriza a retomada do *ponto de empresa* pelo locador; de fato, a lei não vai tão longe, permitindo tão-somente a retomada do "espaço" locado – *ex vi legis*, imóvel. A Lei Federal n. 8.245/1991 pressupõe a "desintegração" do *ponto de empresa* do locatário; caso esta não se verifique (hipótese do art. 52, § 1º) haverá evidente enriquecimento indevido do locador. Uma vez por este retomado o "espaço" (imóvel), com a exploração do mesmo ramo de atividade do locatário, obviamente que desintegrado não foi o *ponto de negócio*; e em razão disso, o legislador acertadamente proíbe tal conduta, garantindo não apenas a indenização pela exploração indevida do *ponto de empresa* (pertencente ao locatário), como também a renovação compulsória do contrato de locação não residencial frustrada *maliciosamente* pelo locador.[37]

locado) *mais* a prorrogação do contrato de locação fraudulentamente obstada pelo locador.

Pela posição de A. Vianna a respeito da questão, cf. *Processos Cíveis Especiais*; pela posição de D. Bessone de Oliveira Andrade, cf. *Do Direito do Comerciante à Renovação do Arrendamento*.

36. Ou seja: se o locatário tem pretensão à renovação compulsória da locação e o locador a excepciona com fundamento na retomada para uso próprio, não pode explorar o ramo de negócio em que atua o locatário, uma vez que estaria fraudando o exercício de direito formativo gerador do inquilino (qual seja, o de prosseguir na execução da locação). Nesse caso, como ressaltado em nota de rodapé anterior, haverá responsabilidade civil do locador pela retomada "indireta" do *ponto de empresa*, além da prorrogação do contrato de locação não residencial *maliciosamente* frustrada pelo locador. Se a lei veda a simples retomada do "espaço" (imóvel) locado pelo senhorio – que não deixara em momento algum de a este pertencer (a despeito de pretensão renovatória do locatário) – com maioria de razão interdita a retomada "indireta" daquilo que ao locador nunca pertenceu (o *ponto de empresa*), restando induvidoso o dever de indenizar pela indevida exploração do *ponto de negócio* que tão-somente ao inquilino pertence.

A despeito de nossa posição – respaldada, diga-se de passagem, não apenas no texto da própria Lei Federal n. 8.245/1991 como na doutrina majoritária (cf. R. M. Christini, "Breves comentários ao regime jurídico do ponto comercial", in *Revista Jurídica* 263/44; bem como S. Capanema de Souza, *Da Locação do Imóvel Urbano – Direito e Processo*, pp. 347-349) – de se ressaltar que F. U. Coelho considera inconstitucional o disposto no § 1º do art. 52 da Lei do Inquilinato; por suas razões, cf. F. U. Coelho, "Comentário ao art. 52", in J. de Oliveira (coord.), *Comentários à Lei de Locação de Imóveis Urbanos*, cit., pp. 335-336.

37. A doutrina é clara quanto à vedação do enriquecimento sem causa do locador à custa do *ponto de empresa* desenvolvido pelo locatário. Entretanto, cabe destacar, que nos mais das vezes não compreende com a clareza necessária que em nenhuma hipótese poderá o locador dar ao "espaço" locado o mesmo destino que lhe conferia o locatário empresário; haja ou não pretensão renovatória, enriquecimento ilícito exsurgirá, uma vez que, mais que o "espaço" (imóvel), o locador retomará indiretamente o *ponto de empresa* do locatário; assim como o judeu Shylock somente poderia cobrar sua libra de carne (sem tirar uma gota de sangue do devedor Antônio), o locador pode retomar o "espaço" locado – se não há pretensão renovatória – desde que inexista usurpação do *ponto de empresa*; nesta última hipó-

Sobre a retomada do objeto da locação na hipótese de ausência de pretensão renovatória: possibilidade e vedação do § 1º do art. 52 da Lei Federal n. 8.245/1991 (cont.). Ora, a Lei do Inquilinato deve ser interpretada como sistema que é; em função disso, deve-se compreender a *exceção* (de direito material) *de retomada* como meio de defesa do locador contra a *pretensão* (em sentido material) do inquilino de prosseguir na locação. Eis o efeito da exceção de retomada – e tão-somente esse lhe cabe: viabilizar o acesso do locador ao "espaço" (imóvel) objeto da locação; mas não um título que o legitime a ir mais adiante, apropriando-se indevidamente do *ponto de empresa* desenvolvido pelo locatário durante o prazo de execução do contrato. Com isso, pode-se concluir que a *retomada do imóvel* é permitida na hipótese do art. 52, II, da Lei Federal n. 8.245/1991 – desde que não se verifique, indiretamente, a retomada *inclusive* do *ponto de empresa* desenvolvido pelo locatário. Caso a retomada *indireta* do *ponto de empresa* se dê [como um *plus* à retomada do "espaço" (imóvel) locado], obviamente que se estará diante de enriquecimento indevido do locador, suscetível da sanção indenizatória em favor do inquilino – haja ou não *pretensão renovatória*. Mais: se houver pretensão renovatória, além da indenização devida em virtude da retomada "indireta" do *ponto de empresa*, de rigor será de se conferir ao locatário a prorrogação do contrato de locação anteriormente frustrada – de modo *malicioso* – pelo locador.[38]

Ação renovatória como um dos instrumentos de tutela imediata ao ponto de negócio – Tutela mediata do fundo de empresa. A análise da ação renovatória como "um" dos instrumentos de proteção ao ponto de negócio no sistema estabelecido pela Lei Federal n. 8.245/1991 revela que, enquanto se proporciona a tutela *imediata* ao ponto de empresa, mediatamente se resguarda, pois, o próprio fundo empresarial. Nesse particular, cabe indagar: poderia o *ponto de empresa virtual* ser objeto de pretensão renovatória? E na hipótese ventilada no caso concreto submetido a nossa análise inicial? Caso inexista a possibilidade *in concreto* de tutela renovatória, haveria pretensão indenizatória decorrente da retomada "indireta" do *ponto de empresa* de "A"? Quais as conseqüências da constatação de que a emissora "B" se utilizou de pessoal administrativo e de apresentadores que outrora trabalharam para a empresa "A"? Quais as implicações de haver a emissora "B" divulgado informações inverídicas a respeito da empresa "A" [como a de que o programa "alfa" somente seria exibido em circuito de televisão por assinatura (fechada)]? Quais os reflexos de ter a emissora "B" negociado a preços mais baixos que aqueles praticados pela empresa "A" – tendo por destinatários de suas ofertas clientes que ainda estavam contratualmente vinculados a esta última?

Encerramento. A essas indagações pretendemos oferecer as respostas a seguir deduzidas.

tese, ausente pretensão renovatória, caberá ao locatário tão-somente a pretensão indenizatória pela utilização indevida de "seu" *ponto de empresa* pelo locador.

38. Entendendo cabível a renovação compulsória do contrato de locação não residencial nesta hipótese, valiosa a manifestação de F. C. Rocha de Barros: "a restrição (...) deve ser interpretada em favor do locatário. Assim, atividade declamada pelo locador, ainda que não idêntica, mas semelhante àquela desenvolvida pelo locatário, não deve ser aceita como apta para impedir a renovação. Se o locador quer retomar o prédio para explorar atividade empresarial, deve-se evitar, ainda que seja por aproximação, que tire proveito do 'ponto' criado ou valorizado pelo locatário. Ponto, todos sabem, é o lugar do estabelecimento da atividade empresarial; acrescenta valor ao imóvel em razão de se tornar local de referência da clientela" (F. C. Rocha de Barros, *Comentários à Lei do Inquilinato (Lei n. 8.245, de 18.10.1991 – Doutrina e Jurisprudência do STJ, TACSP, TAMG, TACRJ e TARS, Artigo por Artigo)*, p. 277).

VII – Pretensão renovatória de contrato de locação não residencial que implique constituição de ponto de empresa "virtual" – Tutela indenizatória decorrente de (re)tomada de "ponto de empresa" mesmo que na ausência de pretensão renovatória – Contrato celebrado entre a empresa "A" e a emissora "B" – Prática ulterior de atos de concorrência desleal: deveres de indenizar cumulativos

Hipótese de cabimento da pretensão renovatória. Como tivemos oportunidade de ver, a Lei Federal n. 8.245/1991 estabelece – por seus arts. 51 e 52 – a proteção ao ponto empresarial, por meio da outorga de pretensão renovatória (de locação não residencial) ao locatário que preencha os requisitos legais estabelecidos pelo primeiro dispositivo, desde que não verificada uma das hipóteses excepcionantes do art. 52; *a contrario sensu*, não atendidas as exigências previstas no art. 51 ou verificada uma das possibilidades aventadas pelos incisos do art. 52, o locatário não terá direito à renovação – desde que não se esteja a cogitar do § 1º deste último dispositivo legal.[39]

Contrato celebrado entre a empresa "A" e a emissora "B": desenvolvimento de ponto de empresa virtual e aplicação analógica da pretensão renovatória estabelecida no art. 51 da Lei do Inquilinato. Com isso, desde logo é de se rechaçar a aplicação, mesmo que analógica – uma vez que, como visto, a Lei Federal n. 8.245, a pretexto de regular a locação de bens imóveis, tencionou resguardar, inclusive, a exploração do ponto de negócio – do art. 51 da Lei do Inquilinato ao caso em exame, eis que não se verifica, na hipótese, tanto a forma escrita da contratação quanto o prazo determinado de vigência do contrato. De modo que, analogicamente, parece ser aplicável à hipótese tão-somente o estabelecido no art. 57 da Lei do Inquilinato.

Contrato celebrado entre a empresa "A" e a emissora "B": desenvolvimento de ponto de empresa virtual e aplicação analógica da vedação do § 1º do art. 52 da Lei Federal n. 8.245/1991 (a despeito de ausência de pretensão renovatória). Como vimos, uma vez não preenchidos os requisitos legais estabelecidos pelo art. 51 da Lei do Inquilinato, não há qualquer possibilidade de pretensão renovatória da locação por parte da empresa "A". Todavia, a despeito da ausência de tal pretensão, terminantemente vedada se evidencia – em virtude de aplicação analógica do art. 52, § 1º, da Lei Federal n. 8.245/1991 – a (re)tomada do ponto de empresa virtual desenvolvido pelo locatário, eis que parte integrante de "seu" fundo de empresa, insuscetível de apropriação legítima pelo locador que pretende a retomada – única e exclusiva – da via virtual objeto de contrato de locação. Caso tal (re)tomada "indireta" se evidencie, necessária se faz a reparação civil do locatário, eis que indevidamente explorado pelo senhorio ponto de negócio desenvolvido pelo inquilino ao longo de 11 (onze), durante 22 (vinte e duas) horas diárias de veiculação do programa "alfa".

Contrato celebrado entre a empresa "A" e a emissora "B": retomada de "espaço" locado pelo senhorio acrescida de (re)tomada "indireta" de ponto de empresa desenvolvido pelo inquilino – Prática ulterior de atos de concorrência desleal. Embora o locatário não tenha pretensão renovatória contra o locador, fundada no art. 51 da Lei do Inquilinato, poderia se socorrer da pretensão indenizatória fundada no art. 186 (c/c art. 927) do Código Ci-

39. São requisitos estabelecidos pelo art. 51 da Lei Federal n. 8.245/1991: a celebração de contrato de locação não residencial por escrito e com prazo determinado (inciso I); a vigência ininterrupta da locação por um prazo igual ou superior a 5 (cinco) anos; a exploração pelo inquilino, ininterruptamente, do mesmo ramo de atividade durante os três últimos anos antes do ajuizamento da ação renovatória; o ajuizamento da ação renovatória durante o período compreendido entre 1 (um) ano e 6 (seis) meses imediatamente anteriores ao encerramento de vigência do contrato celebrado.

vil em vigor – combinada com o disposto no art. 207 da Lei Federal n. 9.279/1996 – uma vez demonstrada a prática pelo locador retomante (emissora "B") de atos de concorrência desleal contra o locatário denunciado (empresa "A"), previstos no art. 195 da Lei de Propriedade Industrial, dentre os quais se pode enumerar: a veiculação do programa "beta" (destinado ao mesmo público consumidor do programa "alfa") por meio do canal "z"; a cooptação de clientes da empresa "A" à custa da oferta de preços mais baixos que os praticados por esta; a utilização de ex-funcionários da área administrativa da empresa "A" (e inclusive de ex-apresentadores do programa "alfa" que passaram a apresentar o programa "beta"); a divulgação de informações inverídicas a respeito da empresa "A" [como a de que o programa "alfa" somente seria exibido em circuito de televisão por assinatura (fechada)].

Conclusão parcial. Todos os elementos acima coligidos revelam a existência de uma segunda pretensão indenizatória de titularidade da empresa "A", fundada na prática de atos de concorrência desleal – manobra a que aludira A. Buzaid em seu clássico Da Ação Renovatória reproduzido páginas atrás – cumulável com aquela decorrente da ruptura da locação e a exploração "indireta" do ponto de empresa virtual constituído pelo locatário, eivadas ambas da culpa a que aludia o autor acima mencionado.[40]

VIII – Conclusões

À guisa de conclusões, parece-nos lícito admitir que:

a) o *ponto* empresarial mereceu proteção específica do legislador brasileiro, concentrada sobretudo na tutela do imóvel locado, *ex vi* do estabelecido nos arts. 51 e 52 da Lei Federal n. 8.245/1991;

b) a ação renovatória surge como uma – e apenas uma – das formas de proteção do locatário de imóvel não residencial, tutelando *imediatamente* o *ponto empresarial* e *mediatamente* o *fundo de empresa*;

c) modalidades outras de tutela do *ponto* empresarial existem – que não a exclusivamente decorrente da tutela renovatória – fundadas na retomada "indireta" do *ponto de empresa* (do locatário) a pretexto da retomada do "espaço" (imóvel) locado, sob pena de enriquecimento ilícito do locador, locupletando-se do desenvolvimento do *ponto de negócio*, cuja desintegração não se deu;

d) o *ponto empresarial* não se confunde com os *sinais distintivos* relacionados à atividade empresarial (marcas, insígnias e nome empresarial) estando este objetivamente vinculado ao "local" a que se dirige a *clientela* do empresário, do qual se originaria uma relação de *freguesia* (como no caso dos *shopping centers*) em favor de *terceiros*;

e) o advento das novas tecnologias de comunicação e informação proporcionaram uma "perda de centralidade" do ponto empresarial *real*, em detrimento do progressivo fortalecimento do ponto empresarial *virtual*;

f) *in casu*, ausentes os requisitos de contrato escrito e de prazo determinado do ajuste, descaberia a aplicação – mesmo que analógica – do art. 51 da Lei Federal n. 8.245/1991, não prosperando pretensão renovatória pela em favor da empresa "A" contra a emissora "B";

g) em virtude da (re)tomada "indireta" do *ponto de empresa virtual* desenvolvido pela empresa "A" na grade de programação do canal "z" – de titularidade da emissora "B" – a propósito da retomada do "espaço" (via virtual) objeto de contrato de locação, mostra-se exigível indenização em decorrência da exploração indevida de parte do *fundo de empresa* de "A", pela emissora "B" – a ser apurada, em sede de liquidação, mediante constatação de eventual in-

40. A. Buzaid, *Da Ação Renovatória e das demais Ações Oriundas do Contrato de Locação de Imóveis Destinados a Fins Comerciais I*, 2ª ed., p. 189.

cremento dos índices de audiência afetos à grade locada durante o interregno que separa o ingresso e a saída de "A" do objeto da locação;

h) à vista das informações que nos foram trazidas – informação de que a emissora "B" passou a veicular programa "beta", destinado ao mesmo público consumidor do programa "alfa"; informação de que o programa "beta" teria por anunciantes antigos clientes da empresa "A"; informação de que o programa "beta" estaria se utilizando de ex-apresentadores do programa "alfa"; informação de que a emissora "B" contratara pessoal da área administrativa da empresa "A"; informação de que a emissora "B" estaria oferecendo preços menores do que aqueles praticados não apenas pela empresa "A", como inclusive do que os vigentes em mercado; informação de que a emissora "B" estaria divulgando informações inverídicas a respeito da empresa "A" [como a de que o programa "alfa" somente seria exibido em circuito de televisão por assinatura (fechada)] – evidencia-se a prática de atos de concorrência desleal, *ex vi* dos disposto no art. 186 c/c art. 927 do Código Civil Brasileiro em vigor (c/c art. 207 da Lei Federal n. 9.279/1996), resultando pretensão indenizatória autônoma – cumulável com a decorrente da (re)tomada indevida do *ponto de negócio* desenvolvido pela empresa "A".

IX – Bibliografia

ANCONA LOPEZ, Teresa. *Comentários ao Código Civil – Parte Especial: Das Várias Espécies de Contratos – Da Locação de Coisas; Do Empréstimo; Da Prestação de Serviço; Da Empreitada; Do Depósito (arts. 565 a 652) VII*. São Paulo, Saraiva, 2003.

ANTUNES VARELA, João de Matos. *Das Obrigações em Geral*. Coimbra, Almedina, 1970.

ARRUDA, José Soares, e LOBO, Carlos Augusto da Silveira. *Shopping Centers – Aspectos Jurídicos*. São Paulo, Ed. RT, 1984.

ASCARELLI, Tullio. *Corso di Diritto Commerciale – Introduzione e Teoria dell'Impresa*. 3ª ed., Milão, Giuffrè, 1962.

______. *Panorama do Direito Comercial*. São Paulo, Saraiva, 1947.

______. *Problemas das Sociedades Anônimas e Direito Comparado*. São Paulo, Saraiva, 1945.

ASQUINI, Alberto. "Profili dell'impresa", in *Rivista del Diritto Commerciale e del Diritto Generale delle Obbligazioni I* 41, 1943.

BARRETO FILHO, Oscar. *Teoria do Estabelecimento Comercial*. São Paulo, Saraiva, 1969.

BERMAN, Harold. *Talks on American Law*. Trad. port., *Aspectos do Direito Americano*. Rio de Janeiro, Forense, 1963.

BESSONE DE OLIVEIRA ANDRADE, Darcy. *Do Direito do Comerciante à Renovação do Arrendamento*. Belo Horizonte, Imprensa Oficial de Minas Gerais, 1940.

BOBBIO, Norberto. *Dalla Struttura alla Funzione: Nuovi Studi di Teoria del Diritto*. Milão, Edizioni di Comunità, 1977.

BUZAID, Alfredo. *Da Ação Renovatória e das demais Ações Oriundas do Contrato de Locação de Imóveis Destinados a Fins Comerciais I*. 2ª ed., São Paulo, Saraiva, 1981.

CAMARGO PENTEADO, Luciano de. "Causa concreta, qualificação contratual, modelo jurídico e regime normativo – Notas sobre uma relação de homologia a partir de julgados brasileiros", in *Revista de Direito Privado* 20, 2004.

CAPANEMA DE SOUZA, Sylvio. *Da Locação do Imóvel Urbano – Direito e Processo*. Rio de Janeiro, Forense, 2000.

CHRISTINI, Rodrigo Marinho. "Breves comentários ao regime jurídico do ponto comercial", in *Revista Jurídica* 263, 1999.

COELHO, Fábio Ulhôa. *Curso de Direito Civil III*. São Paulo, Saraiva, 2005.

______. *Curso de Direito Comercial*. 6ª ed., São Paulo, Saraiva, 2002.

COMPARATO, Fábio Konder. "A reforma da empresa", in *Revista de Direito Mercantil, Industrial, Econômico e Financeiro* 50, 1983.

______. "Novas formas jurídicas de concentração empresarial", in *Revista de Direito Mercantil, Industrial, Econômico e Financeiro* 5, 1972.

______. *O Poder de Controle na Sociedade Anônima*. 2ª ed., São Paulo, Ed. RT, 1977.

______. "Qualificação do contrato relativo a vasilhames e engradados, na distribuição e na venda de bebidas a consumidor – Concorrência desleal na sistemática destruição de vasilhames de bebida fabricada por concorrente", in *Novos Ensaios e Pareceres de Direito Empresarial*. Rio de Janeiro, Forense, 1981.

COUTO E SILVA, Clóvis do. *A Obrigação como Processo*. São Paulo, José Bushatsky, 1976.

FERRI, Giuseppe. *Manuale di Diritto Commerciale*. 4ª ed., Turim, UTET, 1976.

FRANK, Jerome. "Civil Law influences on the Common Law – Some reflections on 'comparative' and 'contrastive' law", in *University of Pennsylvania Law Review* 104, 1956.

GOMES, Orlando. "A caminho dos micro-sistemas", in *Novos Temas de Direito Civil*. Rio de Janeiro, Forense, 1983.

IRTI, Natalino. *L'Età della Decodificazione*. 4ª ed., Milão, Giuffrè, 1999.

LEONARDO, Rodrigo Xavier. *Redes Contratuais no Mercado Habitacional*. São Paulo, Ed. RT, 2003.

NERY JR., Nelson, e ANDRADE NERY, Rosa Maria de. *Código Civil Comentado*. 4ª ed., São Paulo, Ed. RT, 2006.

OLIVEIRA, Juarez de (coord.). *Comentários à Lei de Locação de Imóveis Urbanos (Lei n. 8.245, de 18 de outubro de 1991)*. São Paulo, Saraiva, 1992.

PEREIRA JR., Antonio Jorge, e JABUR, Gilberto Haddad. *Direito dos Contratos*. São Paulo, Quartier Latin, 2006.

PINTO, Roberto Wilson Renault, e OLIVEIRA, Fernando A. Albino de. *Shopping Centers (Questões Jurídicas)*. São Paulo, Saraiva, 1991.

PONTES DE MIRANDA, Francisco Cavalcanti. *Tratado de Direito Privado X – Parte Especial: Direito das Coisas: Posse*. 4ª ed., São Paulo, Ed. RT, 1983.

______. *Tratado de Direito Privado – Parte Especial XV – Direito das Coisas: Propriedade Mobiliária (Bens Corpóreos)*. Rio de Janeiro, Borsói, 1956.

______. *Tratado de Direito Privado XL – Direito das Obrigações. Locação de Coisas. Locação de Uso. Locação de Uso e Fruição*. 3ª ed., São Paulo, Borsói, 1972.

POUSADA, Estevan Lo Ré. *Preservação da Tradição Jurídica Luso-Brasileira: Teixeira de Freitas e a Introdução à Consolidação das Leis Civis*. São Paulo, Dissertação de Mestrado (Universidade de São Paulo), 2006.

RENNER, Karl. *Die Rechtsinstitute des Privatrechts und ihre soziale Funktion: ein Beitrag zur Kritik des bürgerlichen Rechts*. Trad. it. por Cornelia Mittendor-fer, *Gli Istituti del Diritto Privato e la loro Funzione Sociale: un Contributo alla Critica del Diritto Civile*. Bolonha, Il Mulino, 1981.

REQUIÃO, Rubens. *Curso de Direito Comercial I*. 8ª ed., São Paulo, Saraiva, 1977.

ROCHA DE BARROS, Francisco Carlos. *Comentários à Lei do Inquilinato (Lei n. 8.245, de 18.10.1991 – Doutrina e Jurisprudência do STJ, TACSP, TAMG, TACRJ e TARS, Artigo por Artigo)*. São Paulo, Saraiva, 1995.

TEIXEIRA DE FREITAS, Augusto. "Carta de Teixeira de Freitas, de 20 de setembro de 1867", in *Revista de Direito Civil, Imobiliário, Agrário e Empresarial* 1, 1977.

VACCA, Letizia. *Contributo allo Studio del Metodo Casistico nel Diritto Romano*. Milão, Giuffrè, 1976.

VERRI, M. E. G. *Shopping Centers*. São Paulo, Dissertação de Mestrado (Universidade de São Paulo), 1994.

VIANNA, Ataliba. *Processos Cíveis Especiais*. Rio de Janeiro, Borsói, 1966.

VILLAÇA DE AZEVEDO, Álvaro. *Teoria Geral dos Contratos Típicos e Atípicos*. 2ª ed., São Paulo, Atlas, 2004.

WEILLER, Augusto. "Corte d'Appello di Milano Udienza 28 febbraio 1933", in *Il Foro Italiano* 58, 1933.

Atualidades

EXCERTO DO *DIREITO SOCIETÁRIO I – FUNDAMENTOS*, de HERBERT WIEDEMANN

Tradução de

ERASMO VALLADÃO A. E N. FRANÇA* **

Em memória do ProfessorWaldirio Bulgarelli

A – Introdução

O texto a seguir constitui tradução de um trecho constante das páginas 16 a 24 da obra clássica de Herbert Wiedemann, *Direito Societário I – Fundamentos* (*Gesellschaftsrecht I – Grundlagen*), publicado pela Editora Beck, de Munique, em 1980 (em 2004 Wiedemann fez publicar, pela mesma editora, o *Direito Societário II*, dedicado às sociedades de pessoas). A presente tradução, dedicada à memória do Prof. Waldirio Bulgarelli, tem sua razão de ser. Uma das constantes preocupações do ilustre autor foi com a teoria da empresa, à qual, inclusive, dedicou uma de suas teses de concurso.[I] O conceito de empresa em direito, como se sabe, pode ser examinado sob diversos perfis, segundo o texto clássico de Asquini:[II] o perfil subjetivo (a empresa como empresário ou sociedade empresária), o objetivo ou patrimonial (a empresa como patrimônio aziendal e como estabelecimento), o funcional (a empresa como atividade) e o corporativo (a empresa como instituição). Pois bem. A abordagem feita na mencionada obra de Wiedemann, cujo trecho ora traduzimos, sugere a visualização desses perfis sob as lentes do direito societário.[III] Com efeito, no capítulo II de seu livro, dedicado aos "princípios estruturais do direito societário", Wiedemann afirma constituir objeto desse ramo do direito estabelecer uma disciplina ou ordenamento *da sociedade*, uma disciplina ou ordenamento *do patrimônio*, e uma disciplina ou ordenamento *da empresa* (para as sociedades empresárias, evidentemente, e aqui compreendendo a empresa como ativida-

* O tradutor agradece as valiosas contribuições trazidas ao seu trabalho pelos amigos e colegas Drs. Nilson Lautenschleger Jr., mestre e doutor pela Faculdade de Direito da Universidade de Munique, Marcelo Vieira von Adamek, orientando e constante interlocutor do tradutor, mestre e doutorando pela Faculdade de Direito da Universidade de São Paulo, e *last but not least*, pela mestra de alemão, Profa. Beatriz Rose. Os erros e as omissões, todavia, são de responsabilidade exclusiva do tradutor.

** As notas em números arábicos são do autor; as notas em números romanos do tradutor.

I. *A Teoria Jurídica da Empresa: Análise Jurídica da Empresarialidade*, Ed. RT, 1985.

II. *Profili dell'Impresa* (*Perfis da Empresa*), publicado na *Rivista del Diritto Commerciale*, 1943, v. 41, I; tradução de Fábio Konder Comparato, nesta *Revista*, vol. 104, p. 109.

III. A observação nos foi feita pelo grande amigo e notável societarista Dr. Edmur de Andrade Nunes Pereira Neto.

de, mas também trazendo à tona aspectos institucionais[IV]). A partir desse ângulo de visão é que Wiedemann elaborou sua obra magistral. No capítulo introdutório, porém, há um resumo dos mencionados princípios estruturais, no item em que o eminente autor examina o objeto do direito societário. Como, ao que consta, inexistem traduções do livro de Wiedemann, pareceu-nos oportuno trazer aos leitores pátrios a sua singular abordagem da matéria.

B – Tradução

II. Objeto e desenvolvimento [do direito societário]

1. O regramento da vida societária

a) O ordenamento societário (Recht der Verbandsordnung)

A situação da vida que o direito societário regula, em primeira linha, é a comunidade de pessoas que se associaram para atingir um fim comum. Tarefa do direito societário, para as associações (*Vereinigung*[V]) privadas, é a de desenvolver regras de conduta justas e adequadas.

Se se questionar mais de perto acerca do conteúdo das necessárias normas societárias, salientam-se – abstraídas a constituição e a dissolução – três áreas para as quais o legislador e, complementarmente, os próprios membros devem atentar: a determinação da finalidade (*Zweckbestimmung*[VI]), a organização e o *status socii* (*Mitgliederstatus*). A cláusula do objeto ou *cláusula da finalidade* (*Zweckklausel*) dos estatutos constitui a "estrela polar" do universo societário, pela qual todos os órgãos e membros devem se orientar. Isso pode até

IV. Aspectos institucionais esses, todavia, num sentido evidentemente diverso daquele enfocado por Asquini, ligado à ideologia corporativa do regime fascista, então vigente na Itália. O sentido de institucional, aqui, refere-se ao fato de a empresa societária, ao menos aquela de maior relevância econômica, não dizer respeito apenas aos interesses dos sócios, mas também a outros interesses, tais como os dos trabalhadores, no regime da co-gestão, da comunidade em que a empresa atua, etc. V., sobre o assim chamado "institucionalismo integracionista ou organizativo", Calixto Salomão Filho, *O Novo Direito Societário*, 3ª ed., São Paulo, Malheiros Editores, 2006, pp. 32-35.

V. Aqui em sentido lato, abrangendo as associações propriamente ditas e as sociedades. Esclareça-se que o direito societário, na Alemanha, abrange o estudo de ambas essas formas associativas. Atualmente, no Brasil, essa visão unitária do fenômeno associativo encontra exata correspondência no direito positivo. O § 2º, do art. 44, do Código Civil, determina que "as disposições concernentes às associações aplicam-se subsidiariamente às sociedades que são objeto do Livro II da Parte Especial deste Código". Na Parte Geral, portanto, são disciplinadas as associações, como modelo genérico que compreende as sociedades, reguladas na Parte Especial. As associações propriamente ditas se caracterizam, nos termos do art. 53, "pela união de pessoas que se organizem para fins não econômicos" (i.e., por não ter a finalidade de distribuir lucros aos seus associados, ainda que algumas delas possam exercer atividade econômica), e as sociedades justamente pelo oposto, ou seja, pela união de pessoas "que reciprocamente se obrigam a contribuir, com bens ou serviços, para o exercício de atividade econômica *e a partilha, entre si, dos resultados*", nos termos do art. 981. É lícito dizer, pois, que, tal como ocorre na Itália, "a sociedade é sempre um fenômeno associativo que se caracteriza não por uma sua particular estrutura, mas pela especialidade do objeto e do escopo: precisamente a sociedade é, no sistema do Código, uma associação que se caracteriza por ser criada para o exercício em comum de uma atividade econômica com o escopo de dividir os seus lucros. Quando subsistem esses elementos, a associação se qualifica juridicamente como uma sociedade e é sujeita à disciplina ditada para as sociedades, quaisquer que possam ser os particulares propósitos de sua estrutura organizativa – assuma a associação uma estrutura fechada, como normalmente se verifica nas sociedades por ações, ou ao contrário uma estrutura aberta, como normalmente se verifica nas sociedades cooperativas – quaisquer que sejam as modalidades através das quais as vantagens econômicas realizáveis mediante o exercício em comum da atividade econômica concretamente se atuem, vale dizer automaticamente e com caráter de imediatidade, ou, ao invés, só mediatamente e por meio da sociedade; nas proporções preestabelecidas, ou, ao invés, de modo diferenciado" (cf. Giuseppe Ferri, *Le Società*, 2ª ed., Turim, UTET, 1985, pp. 10-11, tradução livre).

VI. A expressão *Zweck* (finalidade, objetivo, intenção) é utilizada por Wiedemann nas locuções *Gesellschaftszweck* ou *Verbandszweck* (finalidade ou objetivo social) em sentido amplo, abrangendo tanto o objeto, como o fim social (cf. *Direito Societário I – Fundamentos*, citado em nossa introdução, p. 155).

mesmo levar a que uma associação,[VII] somente em conseqüência da fixação da finalidade (por exemplo, como associação profissional) na elaboração do estatuto esteja, no mais, vinculada (aqui com relação ao círculo dos membros). Além disso, a determinação da finalidade delimita a esfera coletiva da vida societária perante os membros e perante terceiros, porque os sócios coletivizaram os seus interesses nos exatos limites desta fixação de objetivo. As regras correspondentes do estatuto preenchem, portanto, duas fundamentais tarefas simultaneamente, na medida em que fixam os princípios orientadores e o raio de ação da associação.[VIII] A segunda área que necessita de regulamentação é a *organização*, mediante a qual a formação da vontade interna e a sua manifestação externa são disciplinadas. Visto que uma associação de pessoas, como tal, não tem capacidade de manifestar a vontade ou de exercer direitos, tanto a decisão (*Willensentschluss*), quanto a sua implementação fática, necessitam de uma certa ordem. Quando os sócios não deliberam de forma unânime e não implementam medidas conjuntamente, deve ser determinado quem deve ser competente para determinadas questões, como se realizarão as deliberações e por quem as mesmas deverão ser executadas. Estas normas representam, em regra, como estatuto organizatório, parte preponderante das determinações legais ou estatutárias, especialmente quando a sociedade (*Verband*[IX]) explora uma empresa. O terceiro grupo diz respeito à disciplina dos direitos e deveres dos sócios perante a organização societária e perante os outros sócios, por conseguinte, ao *status socii*. Entre os direitos, distinguimos os direitos de participação[X] (direito de voto, poderes de gestão social), os direitos patrimoniais (participação nos lucros, direitos de fruição), os direitos de informação e fiscalização, bem como, por fim, o direito de se retirar da organização societária (direito de retirada). Entre os deveres, enumeram-se o dever de contribuir, o dever de colaborar para a gestão social e o dever de lealdade.

As áreas supracitadas são reguladas, em parte diretamente pelo legislador – e, então, conforme os arts. 74, incisos 1, 3 e 11, da Constituição, pelo legislador federal –, ou projetadas pelos próprios fundadores e posteriores sócios, no exercício da autonomia associativa assegurada pelo art. 9º, primeiro parágrafo, da Constituição.[XI] Até que ponto o legislador deve limitar-se a propor condutas ou estabelecer regras cogentes depende, de um lado, se é provável esperar das convenções privadas uma justa composição dos interesses, de outro, em que medida os direitos de terceiros e da coletividade podem ser afetados.

O direito societário caracteriza-se como um "pequeno estado de direito" ("*kleines Staatsrecht*"),[1] porque também

VII. Aqui no sentido de associação propriamente dita (*Verein*).

VIII. Aqui novamente em sentido lato. V. nota "V" supra.

IX. A palavra *Verband* também tem sentido plurívoco em alemão. Em sentido estrito, designa as associações que perseguem fins políticos e exercem influência social (associações de categorias profissionais ou econômicas). Em sentido lato, abrange as associações propriamente ditas e as sociedades, como esclarece Wiedemann (*Direito Societário I – Fundamentos*, p. 4). Por vezes, traduzimo-la também como "organização societária", a indicar em um só termo tanto as associações como as sociedades.

X. *Mitverwaltungsrechte*, literalmente "direitos de co-administração".

XI. Que assim consagra a liberdade de associação (*Vereinigunsfreiheit*): "Art. 9. (...) (1) Todos os alemães têm o direito de constituir associações e sociedades" (*Alle Deutschen haben das Recht, Vereine und Gesellschaften zu bilden*). Com a adesão da Alemanha à Convenção dos Direitos Humanos da ONU em 4.11.1950, essa disposição constitucional aplica-se também aos estrangeiros, em função do disposto no art. 11 da mencionada Convenção (cf. Ina Warncke Ashton, *Curso de Alemão para Juristas*, Porto Alegre, Sérgio Antonio Fabris Editor, 1990, p. 103, resumindo ensinamentos do Prof. Gerhart Binder).

1. Cf. a respeito desse paralelo, H. P. Westermann, *Archiv für die civilistische Praxis* 175 (1975), pp. 375, 399 e ss.; Wieacker, em *Festschrift für Ernst Rudolf Huber* (1973), pp. 339, 373; sobre a demo-

nas sociedades a formação da vontade deve ser organizada e surge uma relação de supremacia e de subordinação, uma vez que sejam permitidas decisões por maioria. Por isso, o direito societário (*Verbandsrecht*) tem, tematicamente em comum com o direito público, a organização do poder coletivo e os direitos e deveres dos "cidadãos societários" (*Verbandsbürger*). Enumeram-se, outrossim, uma série de problemas paralelos: a distribuição de competências, a renúncia à soberania, a estruturação dos órgãos, a votação nas assembléias, a exclusão do direito de voto, a incompatibilidade de muitas funções, a vigência de direitos individuais perante a maioria, o exercício do poder repressivo e assim por diante. Abstraídas as questões mais técnico-jurídicas (p. ex., a condução dos debates ou da votação),[2] prossegue a comparação entre o direito público, de um lado, e o direito empresarial e societário, de outro, apenas de modo limitado, porque o estado não pode ser entendido como uma supra-sociedade de sujeitos de direito privado e porque falta a ele a voluntariedade (*Freiwilligkeit*) e a orientação finalística (*Zweckrichtung*) características da sociedade.[3]

Em casos isolados, todavia, não está excluído o recurso a princípios do direito público também no direito societário, quando uma associação possui caráter público (associações de categorias econômicas e profissionais), ou quando o associado está submetido ao poder da organização societária de forma semelhante ao poder público. Não apenas os direitos fundamentais, mas também os princípios estruturais do direito constitucional permitem a propagação da sua eficácia sobre outras regras (*Drittwirkung*[XII]). A transplantação de princípios de direito público necessita, no entanto, especial fundamentação e não pode ser deduzida simplesmente da presença de uma relação de supremacia e de subordinação, ou de um grande número de sócios.[4]

b) O ordenamento do patrimônio especial (Recht der Sondervermögensordnung)

Ao lado do ordenamento societário, abrange o direito societário, como uma parte essencial, o ordenamento do patrimônio especial próprio da organização societária (*Verband*), com o qual a finalidade social deve ser alcançada. Quando esse patrimônio é também patrimônio de todos os sócios – que, nessa esfera, também são chamados de "co-proprietários" – é ele necessariamente, todavia, mais ou menos rigorosamente separado dos respectivos patrimônios privados, surgindo uma massa patrimonial especial, que necessita de regras jurídicas independentes. O significado do ordenamento do patrimônio especial varia de acordo com o tipo e a dimensão da organização societária. Para as associações ideais, as energias sociais são empregadas, em primeiro lugar, na consecução dos projetados objetivos políticos, científicos, artísticos ou esportivos, e a administração do patrimônio social é compreendida mais como uma providência de apoio. Quando, ao contrário, uma empresa deve ser explo-

cracia acionária, especialmente Wiethölter, *Interessen und Organisation der Aktiengesellschaft* (1961), pp. 28 e ss.; bem como infra § 6 III, pp. 323 e ss.

2. O art. 61 da Lei Acionária belga de 1873 previa que, para a condução dos debates e a forma da votação, vigoravam, na dúvida, as regras parlamentares.

3. Cf. a respeito das doutrinas sobre a finalidade do Estado, G. Jellinek, *Allgemeine Staatslehre* (3ª ed., 1914), pp. 230 e ss.; e sobre o abandono destes princípios, Herzog, *Allgemeine Staatslehre* (1971), pp. 152 e ss.; H. Krüger, *Allgemeine Staatslehre* (1964), pp. 759 e ss.

XII. Entende-se por *Drittwirkung* a controvertida questão constitucional da eficácia imediata dos direitos fundamentais (*Grundrechte*) fora da relação Estado-indivíduo (cf. Gerhard Köbler, *Juristiches Wörterbuch*, 13ª ed., Munique, Alemanha, Editora Vahlen, 2005, p. 116, verbete *Drittwirkung*).

4. Reservado, no tocante a uma aceitação acrítica de princípios constitucionais ou de direito público, Teichmann, *Gestaltungsfreiheit in Gesellschaftsverträgen* (1970), pp. 114 e ss.; Teubner, *Zeitschrift für Unternehmens- und Gesellschaftsrecht*, 1975, pp. 459, 462 e ss. Cf. além disso infra § 12 I 3, pp. 679 e ss.

rada com o patrimônio, como é o caso nas sociedades comerciais,[XIII] a estruturação da esfera patrimonial é deslocada fortemente para o centro da vida da sociedade.

Nos limites do ordenamento patrimonial entendido em sentido amplo, devem ser tomadas providências acautelatórias com relação à *competência* para o exercício de direitos e sua execução, à transferência do patrimônio entre a organização societária e os sócios e à responsabilidade nas relações internas e externas. Para isso acorrem, relativamente às sociedades de capital, regras especiais abrangentes, que dizem respeito à provisão de capital próprio e à sua manutenção. O direito das coisas e os demais direitos patrimoniais são, no direito vigente, relacionados ao indivíduo: é enunciada a relação de uma pessoa com um determinado objeto patrimonial. Regras que dizem respeito a uma unidade patrimonial, e semelhantes, que atribuem um patrimônio especial a uma coletividade de pessoas, não se acham nos §§ 854 e ss. do Cód. Civil. Os §§ 1.007 e ss. do Cód. Civil compreendem apenas a situação de condômino com relação a um único direito, p. ex. sobre um imóvel, e assim mesmo de modo parcial. Deve o direito societário, conseqüentemente, encontrar suas próprias formas de atribuição, que indiquem quem deve ser encarado como titular do direito (*Rechtsträger*) e quem pode exercer, de forma vinculante, os direitos reais absolutos (*sachenrechtlichen Herrschaftsrechte*), ou seja, como devem harmonizar-se a organização do patrimônio e da sociedade. Do ordenamento do patrimônio especial resulta, por fim, a quem os credores devem voltar-se, quando eles querem ajuizar e executar dívidas da sociedade, porquanto a possibilidade de excussão (*Zugriffsmöglichkeit*) dos credores é o necessário reverso da titularidade do direito.

Como ordenamento do patrimônio especial, o direito vigente coloca dois institutos jurídicos à disposição: a propriedade em mão comum (ou propriedade comum) ou coletiva (*Gesamthand*[XIV]) e a pessoa jurídica. Sua aplicação não é limitada às organizações societárias privadas. A propriedade em mão comum é utilizada também para outras coletividades de pessoas privadas (cônjuges, comunhão de herdeiros), enquanto a pessoa jurídica é utilizada independentemente de uma coletividade de pessoas (fundação) e também no direito público (organismos [*Körperschaften*[XV]] e institutos de direito público). Ambos esses institutos jurídicos preenchem, no direito vigente, a mesma tarefa, a saber, formam um "direito das coisas coletivo" ("*Kollektivsachenrecht*"), para cuja realização eles utilizam, todavia, caminhos distin-

XIII. Diferentemente do que ocorre na Itália e agora no Brasil (ao menos parcialmente, já que o Código Comercial continua vigente na parte do direito marítimo), na Alemanha existe a separação formal entre o direito civil, regido pelo *Bürgerliches Gesetzbuch – BGB* (Código Civil), e o direito comercial, regido pelo *Handelsgesetzbuch – HGB* (Código Comercial), com a conseqüente existência de sociedades civis e comerciais.

XIV. *Gesamthand*, literalmente, "mão comum ou coletiva", constitui espécie de condomínio, instituto típico do direito alemão e desconhecido dos demais direitos, conforme reconhece, na obra que vimos traduzindo (I I § 5, p. 243, n. 1), o próprio Wiedemann (que é, além do mais, um grande estudioso do direito comparado). Pode-se fazer, com todas as reservas, um ligeiro paralelo, no direito brasileiro, com o patrimônio especial dos sócios na sociedade em comum (art. 988 do Código Civil).

XV. A expressão *Körperschaft* (literalmente, corporação) é virtualmente intraduzível. As *Körperschaften* fazem um contraste com as *sociedades de pessoas*, mas o seu conceito é mais abrangente do que o de sociedades de capitais, pois as associações também constituem *Körperschaften*. A distinção está na dependência que a organização societária tem com relação às pessoas dos sócios. Tanto nas sociedades de capitais, como nas associações, não se levam em conta as qualidades individuais dos seus membros. A distinção encontra paralelo, no direito anglo-saxão, entre *corporations* e *partnerships*. Aqui também as associações podem ser consideradas *corporations*: "If an association has sufficient corporate atributes, such as centralized management, continuity of existence, and limited liability, it may be classified and taxed as a corporation" (cf. *Black's Law Dictionary*, 8ª ed., Thomson West, 2004, verbete *association*, p. 132).

tos: o diverso grau de autonomia do patrimônio especial perante os sócios individualmente considerados é fortemente pronunciado.[5]

Ao direito patrimonial especial do direito societário pertence, ainda, a *transferência patrimonial* entre a sociedade e seus sócios, ou seja, o regramento das contribuições e da distribuição dos resultados. As contribuições podem consistir em dinheiro, coisas, prestações de serviço ou outros objetos patrimoniais objetivamente avaliáveis. O seu ingresso no patrimônio social não obedece, no tocante ao direito das obrigações, às regras da compra e venda ou outros contratos bilaterais, mas ao contrato social ou estatuto; o compromisso de integralização (*Einlageversprechen*) é parte integrante da declaração de vontade de constituição [da sociedade] ou de ingresso [na mesma]. Seu efetivo adimplemento, ao contrário, ocorre de acordo com os princípios gerais da tradição, tal como eles são previstos para a transferência dos respectivos bens de um titular para outro. As retiradas podem ser efetuadas, quer provisoriamente como antecipações, quer definitivamente como distribuição de lucros, ou por ocasião da liquidação. Também nesse sentido as pretensões dos sócios, em seu conteúdo, regulam-se exclusivamente pelo direito societário, mas sua execução, ao contrário, outra vez segue o direito das coisas. As questões sobre quem determina o balanço e pode deliberar sobre a distribuição dos lucros pertencem aos problemas centrais de toda sociedade comercial.

A terceira área do ordenamento patrimonial diz respeito à *responsabilidade*. A sociedade responsabiliza-se, naturalmente, por todas as obrigações que ela mesma contraiu. Ela é, além disso, responsável pela conduta de seus órgãos. O direito societário deve, adicionalmente, responder à questão sobre se e em qual extensão os sócios devem responder pelas dívidas sociais e sobre se essa responsabilidade deve ter lugar diretamente perante os credores ou apenas indiretamente por via de uma obrigação subsidiária de suprimento de capital para a sociedade. Se toda a responsabilidade for excluída, como em regra nas associações dotadas de capacidade jurídica[XVI] e nas sociedades de capital, então a proteção dos credores deve ser assegurada de outra forma, a saber, através de exigências para a entrada e manutenção de capital.

Em contraposição à disciplina da organização societária, a disciplina patrimonial das sociedades configura-se de forma preponderantemente cogente. Tal como o direito das coisas individual, voltam-se os ordenamentos do patrimônio especial ao titular do direito e à coletividade; eles estão relacionados ao público. As questões relativas à atribuição, transferência e responsabilidade não podem ser deixadas à autonomia dos estatutos e não são também, por essa razão, parte integrante da garantia constitucional do art. 9º, primeiro parágrafo, da Constituição. Os dispositivos aplicáveis ao ordenamento patrimonial encontram-se nas respectivas leis, não no contrato social ou nos estatutos. Unicamente para a repartição interna das obrigações relativas às contribuições e aos direitos de distribuição dos resultados possuem os sócios liberdade de ação (*Gestaltungsspielraum*).

c) O ordenamento da empresa (Recht der Unternehmensordnung)

O direito das sociedades comerciais, de vez que estas regularmente exploram uma empresa, compreende, em larga medida, simultaneamente o poder de elaborar o

5. Cf. além disso pormenorizadamente infra §§ 4 und 5, pp. 188 e ss. e 242 e ss.

XVI. *Rechtsfähige Körperschaften* (aqui Wiedemann utiliza a expressão *Körperschaft* como sinônima de associação). O Código Civil alemão, tal como o italiano, disciplina as associações com e sem personalidade jurídica (*Rechtsfähige e Nicht-rechtsfähige Vereine*). Não tem personalidade jurídica a associação não registrada no respectivo registro.

ordenamento interno ou "constituição da empresa" (*Unternehmensverfassung*).[6] O legislador e, complementarmente, os próprios sócios – que aqui são designados "proprietários do capital" – determinam por quem e segundo quais diretrizes o planejamento, direção e fiscalização da empresa devem ser executados, e, portanto, de que forma a unidade econômica "empresa" ("*Untemehmung*") deve ser organizada.

A relação entre o direito societário e o direito da empresa é controvertida.[7] Várias interpretações são possíveis:

(1) O direito da empresa é o direito societário unificado, contendo, portanto, aquelas regras que valem mais ou menos igualmente para os diversos tipos societários (publicidade, grupos e co-gestão); trata-se de uma categoria sistemática;

(2) O direito da empresa é parte integrante do direito societário que regula o ordenamento interno da empresa (organização da administração, grupo de empresas e prestação de contas); trata-se de uma categoria fática;

(3) O direito da empresa deve regular a unidade econômica emancipada dos proprietários do capital, seja como um instituto privado (*private Kapitalanstalt*), seja como uma unidade social (*Sozialverbund*); trata-se de uma categoria político-legislativa.

O ordenamento interno da empresa – entendido em contraposição às regras de conduta pertinentes a uma empresa como participante do mercado, da vida econômica em geral e do comércio jurídico[8] – não deve necessariamente estar assentado no direito societário.

Essa ligação se esclarece historicamente porque se identificava a empresa com seu titular e, pela distribuição de poder entre vários titulares formou-se simultaneamente o direito (interno) da empresa. Não está excluído conceber um direito da empresa independente e abrangente – no direito em vigor, todavia, nós encontramos poucos sinais nesse sentido. Leis independentes da forma jurídica [da empresa] (Lei da Co-Gestão,[XVII] Lei da Publicidade de Demonstrações Financeiras[XVIII]) ou uma reunião de diversas questões sobre todas as sociedades comerciais[9] fundamentam apenas um direito da empresa *formal*, mas não *substancialmente* independente, na medida em que não é configurada a empresa como uma instituição independente da sociedade dela titular e para essa configuração não são estabelecidas regras correspondentes.

Se se perguntar também aqui sobre as áreas que hão de ser ordenadas pelo direito societário, coloca-se em primeiro plano a *direção*, e portanto como a administração deve ser organizada, se uma ou mais instâncias são competentes, quem pode nomear e destituir os administradores, segundo quais princípios eles devem agir, se a eles é concedida certa independência e assim por diante. Desse quadro, faz parte também a co-gestão dos trabalhadores ao nível da empresa, minuciosamente discutida na República Federal [da Alemanha], que o legislador introduziu, em parte no ramo es-

6. Do mesmo modo, Köhler, *Zeitschrift für die gesamte Staatswissenschaft* 115 (1959), pp. 716, 730; Paillusseau, *La Société Anonyme. Technique d'Organization de l'Entreprise* (1967), pp. 107 e ss.; Tschäni, *Funktionswandel des Gesellschaftsrechts* (1978), p. 38.

7. Cf. Ballerstedt, em *Festschrift für Konrad Duden* (1977) pp. 15-36; Duden, em *Festschrift für Wolfgang Schilling* (1973), pp. 309-331; Kunze, em *Festschrift für Ernst Gessler* (1971), pp. 47-57; Th. Raiser, em *Festschrift für Robert Fischer* (1979), pp. 561-578; Wiedemann, em *Festschrift für Robert Fischer* (1979), pp. 883, 884 e ss.

8. Cf. Ballerstedt, *Zeitschrift für das gesamte Handelsrecht* 135 (1971), pp. 479, 486; Hopt, *Der Kapitalanlegerschutz im Recht der Banken* (1975), pp. 228 e ss.

XVII. *Mitbestimmungsgesetz* de 4.5.1976.

XVIII. *Publizitätsgesetz* de 15.8.1969.

9. Cf. as determinações conjuntas para todas as sociedades comerciais dos arts. 340/418 da Lei francesa de Sociedades Comerciais sobre contabilidade das sociedades filiadas e de participação, sobre nulidade e alterações estruturais.

pecífico da indústria mineira e metalúrgica, em parte amplamente na Lei da Co-Gestão de 1976, em parte dependendo da forma jurídica [da empresa] nos §§ 76, 77 da Lei sobre Comitês de Fábrica,[XIX] de 1952.

Para a administração das sociedades por ações criou o legislador alemão, com a reforma de 1884, um característico órgão duplo: diretoria (*Vorstand*) e Conselho de Supervisão (*Aufsichtsrat*) (o assim chamado sistema dualístico). Esta distribuição de poderes interna da sociedade difundiu-se para outras formas jurídicas no país (sociedade limitada, cooperativa) e no exterior (Holanda, França) e também lá levou a uma bipolarização obrigatória ou ao menos facultativa. O contraste com isso forma o órgão de administração unitário anglo-americano *board*, no qual a direção e a fiscalização estão reunidas.

Uma outra matéria do direito da empresa é o *grupo de* empresas,[XX] por conseguinte a relação jurídica entre empresas dependentes [controladas] e empresas dominantes [controladoras] e a influência da fatispécie da dependência na estrutura interna da sociedade controlada, de um lado, e da sociedade controladora, de outro. Caindo uma sociedade comercial sob a esfera de influência de outra empresa e tornando-se dependente de suas instruções, de forma a surgir um grupo, sua autonomia e, com isto, a persecução dos seus interesses, será afetada de forma semelhante à da conclusão de uma relação trabalhista: as pessoas submetidas a instruções não mais participam autonomamente do mercado, mas subordinam a sua força de trabalho a uma organização econômica alheia. A sociedade controlada trabalha, em conseqüência, não mais em favor de todos os sócios e de seus próprios trabalhadores, mas no interesse da sociedade controladora. Por essa razão, necessitam os sócios minoritários, credores e trabalhadores da sociedade controlada, proteção jurídica adicional. A relação de dependência repercute, porém, não só sobre a sociedade-filha, mas também sobre a sociedade-mãe, porque a administração das participações, aí, pertence à competência dos administradores, cuja posição perante a assembléia da sociedade é fortalecida de forma não insignificante. Os problemas abordados são disciplinados pela lei apenas parcialmente, a saber, para as sociedades controladas e sua relação com uma empresa controladora, no livro terceiro da Lei de S/A de 1965.[XXI] Isso não esgota a matéria, uma vez que relações de dependência podem se dar para todas as formas societárias. Pertence ao campo do direito empresarial, no direito societário, finalmente, a disciplina da *prestação de contas*, sua fiscalização e publicação – uma área que, em razão de sua ligação com a economia e administração de empresas, desenvolveu-se de forma mais intensa a partir do direito societário. Prestação de contas e fiscalização são de fato somente ligadas à organização societária, quando uma sociedade oferece direitos de participações societárias no mercado, a fim de obter capital. No mais, constitui, porém, a modalidade da atividade econômica um melhor ponto de contato com a regulamentação da contabilidade do que a forma societária. No direito vigente, nós encontramos por isso, ao lado das normas societárias, normas setoriais específicas para as instituições financeiras, seguradoras, empresas de transporte e da construção civil residencial, entes municipais e outras. Enquanto a disciplina da direção da empresa e do grupo de empresas somente podem ser parcialmente estruturadas independentemente da forma jurídica, portanto

XIX. *Betriebsverfassungsgesetz*.

XX. Esclareça-se que, diversamente do que ocorre no Brasil, em que o grupo é de *sociedades*, na Alemanha o grupo é de *empresas*, pois existe a possibilidade de englobar pessoas físicas e até o próprio Estado (cf. Fábio Konder Comparato e Calixto Salomão Filho, *O Poder de Controle na Sociedade Anônima*, 4ª ed., Forense, 2005, p. 42, nota 45, e ainda, do primeiro autor, o estudo sobre grupos societários publicado em *Ensaios e Pareceres de Direito Empresarial*, Forense, 1978, p. 197, nota 1, e nesta *Revista*, vol. 23, p. 91).

XXI. *Aktiengesetz* de 1965.

como puro "direito da empresa", tal estruturação seria possível em maior grau para a prestação de contas.

d) Delimitações

As áreas mencionadas não se excluem reciprocamente e não representam uma descrição definitiva do regramento da vida da sociedade pelo direito societário. Muitas questões societárias dizem respeito tanto à esfera da sociedade, como ao ordenamento do patrimônio e da empresa. A adequação e legitimidade de uma regulamentação deve, assim, ser analisada sob diversos aspectos.

Exemplo: Um aumento de capital numa sociedade comercial conduz, nas relações internas entre os sócios, a uma ampliação do círculo social ou a um deslocamento de forças entre eles. Patrimonialmente, é introduzido novo potencial de responsabilidade ou capital adicional. Do ponto de vista da empresa, por fim, apresenta-se o aumento do capital como uma providência de financiamento – seja para fins de saneamento, seja para fins de ampliação. Societariamente, proporcionam as novas participações estados de sócio, portanto "propriedade societária" (*gesellschaftsrechtliches Eigentum*); os antigos sócios devem ser por isso questionados, em princípio, se eles desejam assumir as novas posições de sócio. Relativamente à empresa, configuram as novas ações um instrumento de financiamento; sob esse ângulo, põe-se a indagação a respeito de quem e em que condições a empresa, da forma mais favorável, pode adquirir capital próprio adicional.

O sentido dessa distribuição não é organizar o direito societário por assunto, mas sim – semelhantemente à diferenciação feita por *Laband* entre relação externa e interna na representação – fazer conhecidos os diversos aspectos de um mesmo fenômeno.

Cada uma das leis societárias, especialmente o direito acionário, ultrapassam, de um lado, as áreas nomeadas, de outro é o direito societário mediata ou imediatamente influenciado também por outras disciplinas jurídicas. No direito societário, acham-se parte do direito sobre firmas e registros públicos, ou seja, do direito (externo) da empresa, normas jurídicas sobre a profissão de auditor e particularidades do direito bancário e bursátil (direito de voto dos bancos relativamente às ações em depósito[XXII]), ou seja, do ordenamento do mercado de capitais. Inversamente, há muito o direito societário é marcado pelo direito tributário e, mais recentemente, também pelo direito concorrencial. De fato, teoricamente aceita-se a primazia do direito civil e, com isso, também do direito societário, perante o direito tributário. Ambos realizam diferentes tarefas: o direito societário deve antes de tudo atingir a justa ordem das coisas, o direito tributário, em seguida, uma adequada tributação. Na realidade, os pesos quase que se inverteram. Na elaboração de contratos sociais e estatutos dirige-se a escolha da forma jurídica e das particulares determinações estatutárias mais de acordo com ponderações de direito tributário do que de direito societário.[10] Àquele agradecem a sua popularidade, por exemplo, a *GmbH & Co. KG*[XXIII] e a combinação ultimamente preferida de sociedade limitada com sociedade em conta de participação. O direito tributário tornou-se uma indesejada fonte do direito societário.[11] A relação do direito societário e do direito concorrencial é caracterizada no sentido de que o direito societário seria configurado como "neutro" do ponto de vista concorrencial ("*wettbe-*

XXII. *Depotstimmrecht*.

10. Cf., para esse fim, ultimamente Costede, *Rundschau für GmbH*, 1979, pp. 4-14; bem como, do ponto de vista da economia do estabelecimento Lanz, *Die Wahl der Rechtsform als Entscheidungsproblem* (1978).

XXIII. Literalmente: sociedade limitada & cia. – comandita simples. Trata-se de uma sociedade em comandita simples que tem, como sócio comanditado (i.e., ilimitadamente responsável), uma sociedade limitada.

11. Cf., além disso, também infra § 12 II 2, pp. 695 e ss.

werbsneutral"). A imagem é correta, mas não completa. O direito societário não encara como sua tarefa exercer influência sobre a interdependência ou concentração na economia, mas ele disponibiliza, na prática, o instrumental para a limitação concorrencial – aquisição de participação, acordos pessoais (*Personalunion*), grupo de empresas e fusão – à disposição. Daí não pode ser extraída a conclusão de que o direito societário sirva para enriquecer o direito concorrencial, mas a conclusão de que o direito societário seja complementado através do direito concorrencial.[12] A fiscalização (*Kontrolle*), no entretempo, iniciou-se com os §§ 22 e ss. da Lei da Concorrência (GWB[XXIV]) e continuará a desenvolver-se.

A distinção usual no direito inglês e americano entre o direito societário (geral) e ramos específicos de organizações comerciais – conhecida na Inglaterra como *specialized types of business organisations* e nos EUA como *regulated industries* – não é comum na República Federal [da Alemanha]. De fato, existe a distinção também no direito alemão: para as instituições financeiras (inclusive caixas de fomento imobiliário [*Bausparkasse*] e sociedade de investimentos) ou uma empresa de seguros, e para as sociedades nas quais os membros de profissões liberais se associaram (auditores, corretores), vigoram inúmeros preceitos especiais, sobretudo a respeito da provisão de capital e prestação de contas.[13] Os limites com relação ao direito econômico geral, que dirige a conduta das empresas no mercado, são fluidos.

12. Cf., para tal, detalhadamente infra § 13 I 2, pp. 725 e ss.

XXIV. *Gesetz gegen Wettbewerbsbeschränkungen* (literalmente: lei contra as limitações à concorrência), de 27.7.1957, com a redação dada pela lei de 4.4.1974 (a mencionada lei teve sua redação alterada por uma lei de 26.8.1998).

13. Cf. a compilação das respectivas prescrições legais no *Wirtschaftsprüfer-Handbuch* (1977), pp. 288-534.

THE EFFICACY OF INTRA-CORPORATE APPROVALS IN NEGOTIATED MERGERS BETWEEN CONTROLLING SHAREHOLDER AND ITS CORPORATION UNDER DELAWARE AND BRAZILIAN LAW

MAURO BARDAWIL PENTEADO

Introduction. I. Long-Form Mergers between Controlling Shareholder and its Corporation under Delaware Case Law: A) Weinberger "v." UOP, Inc.; B) Post-Weinberger Cases: 1. In re Trans World Airlines, Inc. Shareholders Litigation and Business; Judgment; 2. In Citron "v." E. I. DuPont de Nemours & Co. and Entire Fairness; 3. Kahn "v." Lynch Communication Systems; 4. Relevant Delaware Case Law after Lynch Communications; C) Critical Observations on the Efficacy of Intra-Corporate Approval Mechanisms for Controlling Shareholders' Transactions under Delaware Law. II. Long-Form Mergers between Controlling Shareholder and its Corporation under Brazilian Law: A) General Rule concerning Conflict of Interest under Brazilian Law – Section 115 of Brazilian Corporation Law; B) Special Rule for Mergers of Controlled Corporations – Section 264 of the Brazilian Corporation Law: 1. In Pursuit of an Equitable Share Exchange Ratio; 2. The Share Exchange Ratio to be Adopted in a Merger of Controlled Corporation; 3. The Two Functions of Section 264 of the Brazilian Corporation Law: a – Informative Function; b – Legitimizing the Merger Process; C) "Ex Post" Liability for Directors: Section 245 of the Brazilian Corporation Law. III. Conclusion. Bibliography.

INTRODUCTION

Transactions between a corporation and its controlling shareholder[1] pose the danger that the latter will misuse her voting power to approve a deal to extract private benefits unavailable to shareholders in

1. The term "controlling shareholder" under both Delaware and Brazilian law may be defined as the person or group of persons with power to (i) control the election of the majority of the corporation's directors, and (ii) exercise actual dominance over the corporate activities. Under Delaware law the term "controlling shareholder" refers to a person or group with the power to control election of a majority of the corporation's directors. This power is perfectly visible when a person or group has more than half of the corporation's shares. However, it is also possible that a shareholder or group of shareholders holding less than half of the corporation's shares be deemed "controlling shareholder" under Delaware case law. For that purposes, it has to be proved that the shareholder dominated the corporation through actual control (*see* Kahn *v.* Lynch Communications Systems, Inc., 638 A.2d at 1114 (Del. 1994), holding that a "shareholder who owns less than 50% of a corporation's outstanding stocks does not, without more, become a controlling shareholder of that corporation, with a concomitant fiduciary duties. For a dominating relationship to exist in the absence of controlling stock ownership, a plaintiff must allege domination by a minority stockholder through actual control of corporation conduct"). Section 116 of the Brazilian Corporation Law (as defined in note 16 *infra*), by its turn, sets forth that a "controlling shareholder is defined as an individual or a legal entity, or

general.[2] This is possible because the controlling shareholder stands on both sides of the transaction and has the ability to unilaterally define its terms and approve it.[3] Such characterization makes a transaction between a company and its controlling shareholder a type of self-dealing transaction.[4]

Notwithstanding the threat posed, self-dealing transactions are generally allowed under Delaware[5] and Brazilian law for some compelling practical reasons. It seems to exist a common understanding that a self-dealing transaction may be more profitable to the company than a transaction with less informed outsiders.[6] This is evidenced by the large number of corporate groups and parent-subsidiary structures in today's market environment.[7]

Because of this fact neither Brazil nor Delaware bans transaction between companies and their controlling shareholders, although in some rare cases *per se* prohibition may apply.[8] Rather, Brazilian and Delaware law adopt a wide range of legal mechanisms to control self-dealing transactions. Generally speaking, Brazilian and Delaware law require that a self-interest transaction be scrutinized by one or more of the following mechanisms: (a) mandatory disclosure for transactions involving controlling shareholders, (b) board and/or shareholders ratification, (c) fiduciary duties and fairness norms, and, to a reduced range of cases, (d) *per se* prohibition on self-dealings transactions.[9]

a group of individuals or legal entities by a voting agreement or under common control, which: (a) possesses rights which permanently assure it a majority of votes in resolutions of general shareholders meetings and the power to elect a majority of the corporation directors; and (b) in practice uses its power to direct the corporate activities and to guide the operations of the departments of the corporation".

2. Gerard Hertig & Hideki Kanda, "Related Party Transactions", in Reiner R. Kraakman *et all*, *The Anatomy of Corporate Law – A Comparative and Functional Approach*, 118.

3. Robert Charles Clark, *Corporate Law*, 472.

4. Clark maintains that there are basically four self-dealing transactions regulated by Corporation law: (1) basic self-dealing; (2) executive compensation; (3) the taking of corporate opportunity; and (4) corporate action with mixed motives. The traditional self-dealing transactions involves the idea that insiders such as officers, director or a influential controlling shareholder will deal with the company on terms less favorable then could be obtained in arm's-length negotiation. Compensation agreements, while technically a form of self-dealing, are unavoidable for companies and therefore less suspect. The taking of a corporate opportunity occurs when officers and directors appropriate value belonging to the corporation or its shareholders. In the corporate action with mixed motives, officers or directors appropriate the market value of the company's investments from outside shareholders rather than appropriating investment projects from the company itself; the classical example is when an officer causes the company to buy off a raider with greenmail (*see*, *id*. at 140-147).

5. This paper will rely almost on its entirely on the case law of State of Delaware for it is by far the most developed and important body of case law dealing with corporations in United States of America. *See generally* Michael P. Dooley & Michael D. Goldman, "Some Comparisons between the Model Business Corporation Act and the Delaware General Corporation Law", 56 *Bus. Law*. 737 ("[t]here is no question that Delaware is the major producer of corporation law, in its most general sense. For many years, Delaware has been chosen as the state of incorporation by more than half of all Fortune 500 companies and more than 45% of the New York Stock Exchange listed companies. Delaware enjoys an overwhelming advantage in reincorporations: more than 82% of firms switching from their initial state of incorporation choose Delaware. The influence of the Delaware judiciary cannot be overstated. Corporation law students are fed a heavy, nearly exclusive diet of opinions from the Delaware Court of Chancery and the Supreme Court of Delaware, and this learning carries over to their post-graduation careers in practice. In transactions or disputes involving firms incorporated elsewhere, lawyers regularly look to Delaware case law for guidance if there is no binding precedent or controlling statute in the relevant state of incorporation").

6. *See generally* Hertig & Kanda, *supra* note 2, at 123.

7. *Id*.

8. *Compare* Luca Enriques, "The Law on Company Director's Self-Dealing: a Comparative Analysis", 2 *Int'l & Comp. Corp. L. J.* 297 (2000) (analyzing transactions involving members of the board and the company and concluding that *per se* prohibition on self-dealing transactions does not accomplish much).

9. *See* Zohar Goshen, "The Efficiency of Controlling Corporate Self Dealing: Theory Meets Reality", 91 *Cal. L. Rev*. 393, and Hertig & Kanda, *supra* note 2.

Despite the existence of such mechanisms to control controlling shareholder transactions, this paper will focus on the efficacy of certain intra-corporate approvals mechanisms for long-form mergers between the controlling shareholder and its corporation. The examine of the board and/or shareholders ratification procedures and the fairness test as techniques to ensure the reasonableness and adequacy of a merger of controlled corporation will be an important part of this study because both Brazil and Delaware rely heavily on these mechanisms to control self-dealing transactions.

As part of this analysis, this study intends to survey Delaware law governing transactions between corporations and their controlling shareholders.[10] It will be shown that Delaware courts, in the absence of a clear legislative guidance,[11] review controlling shareholders transactions under the most demanding standard of review in corporate law, the entire fairness.[12]

This paper also attempts to demonstrate that no matter the intra-corporate "cleansing process" undertook by the controlling shareholder when presenting the merger of the controlled corporation – for instance, by submitting the conflicted transaction to the approval of the majority of minority shareholders or by independent directors –, Delaware courts will continue to scrutinize such transactions under entire fairness, even though the burden of proving unfairness can ultimately shift to those challenging the transaction provided that an affirmative vote of an informed majority of the minority shareholders is obtained.[13]

Thus, differently from a self-dealing transaction effected by interested directors – where Delaware Code provides for a safe harbor applying business judgment standard of review to independently approved transactions between directors and their corporation[14] –, the treatment of controlling shareholders transactions given by Delaware courts, refusing to apply the business judgment rule even to independently approved transaction, reveals a distrust in the statutory mechanisms of independent director and minority shareholders approval to "cleansing" interested transactions involving controlling shareholders.[15]

By way of comparison, this study intends to address the efficacy of the intra-corporate approval mechanism adopted by the Brazilian Corporation Law[16] to merger of controlled corporations. It will be demonstrated that the Brazilian Corporation Law, recognizing the submission of the controlled corporation's interest to the interest of the controlling corporation, authorizes the latter to vote and ultimately approve the self-dealing transaction.

In this case, it will be advocated that the minority shareholders' protection af-

10. One important limitation of this paper is that it will cover only one specific controlling shareholder transaction, that is, the long-form merger under section 251 of Delaware Code. Accordingly, it is beyond the scope of this study the debatable issue of controlling shareholders transaction effected through tender offers coupled with short form mergers. Likewise, this study will not cover the reverse stock-splits under section 242 of Delaware Code. In any event, for the sake of simplicity, in the course of this paper we may sometimes refer to the long-form merger of section 251 simply as "controlling shareholder transaction".

11. Neither the Delaware General Corporation Law ("Delaware Code") nor the Revised Model Business Corporation Act ("Model Act") has enacted statutes addressing controlling shareholders transactions.

12. Weinberger *v.* UOP, Inc., 457 A.2d 701 (Del. 1983).

13. *Id.*, at 703 ("where corporate action [between controlling shareholders and the corporation] has been approved by an informed vote of a majority of the minority shareholder, we conclude that the burden entirely shifts to show that the transaction was unfair to the minority").

14. *See* § 144 of Delaware Code.

15. *See* Steven M. Haas, "Toward a Controlling Shareholder Safe Harbor" 2.247, 90 *Va. L. Rev.* 2.245 (proposing applying safe harbor doctrine when reviewing controlling shareholder transaction).

16. Federal Statute n. 6.404, dated December 15, 1976 (as amended and restated by Federal Statutes ns. 7.730/1989; 8.021/1990; 9.249/1995; 9.457/1997; 10.194/2001 and 10.303/2001, hereinafter referred to as "Brazilian Corporation Law").

forded by the Brazilian Corporation Law is the guarantee of a fair share exchange ratio. Section 264 of the Brazilian Corporation Law provides for an unbiased and objective standard for computing the share exchange ratio, which shall be based on the net value of the shares of both the controlling and controlled corporations, the assets and liabilities of both corporations being valued according to the same criteria and on the same date, at market prices, or according to another criteria indicated by the Brazilian Securities Commission ("CVM") for publicly-held corporations. Importantly, the appraisal of the assets and liabilities at market values of the two corporations shall be carried out by an independent third party.

In addition, the minority shareholder can also rely on the protection of section 245 of Brazilian Corporation Law which directs officers and directors of controlled corporations not to favor a controlling shareholder to the detriment of their own corporation and to ensure that the transaction between the corporations shall be equitable or be compensated by adequate payment. Such section imposes liabilities on officers and directors for any loss resulting from an infringement of such rule.

With this scenario in mind, this paper purports to reveal the interactions between the Brazilian and Delaware's solutions with respect to mergers between controlling and controlled corporations. It intends to examine the strategies employed by each jurisdiction to regulate such transactions. Of course, this paper does not attempt to deal completely with all of the controlling shareholders transactions challenges encountered in Brazil and Delaware. That task goes well beyond the scope of this article. Nevertheless, as suggested above, this study does intend to raise some issues in order to emphasize at least a few challenges and tensions involving the regulation of controlling shareholders transactions.

Part I of this paper is an overview of the relevant cases in Delaware involving controlling shareholder transactions. It introduces the judicial standard of review for one of the most relevant and challenging controlling shareholders transaction, that is, the long-form negotiated merger under section 251 of the Delaware Code. This examination begins with the doctrine for independent approval set out in Weinberger *v.* UOP, Inc.[17] It then turns to the discussion of the most relevant cases involving controlling shareholders in Delaware. Special attention is devoted to the discussion as to whether Delaware cases involving controlling shareholder ever applied either business judgment or entire fairness to independently approved transactions.

Part II addresses the regulation of merger of controlled corporations under a Brazilian law perspective. It begins with an examination of the general rule concerning conflict of interest under the Brazilian Corporation Law. It then turns to the special regulation that the Brazilian Corporation Law offers to merger of controlled corporation. It is advocated that because the Brazilian Corporation Law recognizes the prevailing interest of the controlling shareholder in mergers of controlled corporation, the controlling shareholder is entitled to vote and ultimately approve the transaction. Then it will be sustained that the minority shareholder interest is protected by two sets of rules. First, the minority shareholder is provided with an objective method of valuation of the merged corporation, which shall be made by an independent third party. Second, the minority shareholder is protected against violation of fiduciary duties of the officers and directors of both controlling and controlled corporations involved in the merger.

While discussing Part I and Part II, this study will attempt to illustrate the differences and interactions between the controlling shareholders' regulation of conflicting transactions under Brazilian and Delaware law. It will be demonstrated that each ju-

17. *See* Weinberger *v.* UOP, Inc., *supra* note 12.

risdiction can enhance its approach toward a fair and effective regulation of transactions between a corporation and its controlling shareholder. A short conclusion is launched in Part III.

I. Long-Form Mergers between Controlling Shareholder and its Corporation under Delaware Case Law

This Part describes the evolution of Delaware case law dealing with controlling shareholders transactions. It begins with the recount of the most seminal case on controlling shareholders transactions in the modern era, Weinberger *v.* UOP.[18] It then turns to the analysis of the relevant cases post Weinberger, that is: In re Trans World Airlines, Inc. Shareholders Litigation,[19] Citron *v.* E. I. DuPont de Nemours & Co.,[20] and Kahn *v.* Lynch Communications Systems, Inc.[21] – which, together with Weinberger, establishes the basic framework of controlling shareholder's transactions implemented pursuant to section 251 of Delaware Code.[22]

These cases, taken together, express the importance of independent boards, special negotiating committees, and conditions requiring the approval of a majority of the minority shareholders for controlling shareholders transactions. The efficacy of these safeguards from the controlling shareholders perspective, however, is questionable. This is so because, as will be seen, Delaware courts continue to apply entire fairness as the appropriate standard of review for controlling shareholders transactions under section 251 of the Delaware Code. As a result, the controlling shareholder enjoys no meaningful safe harbor when proposing an interested transaction. Even if the controlling shareholder agrees to adopt all the cleansing devices listed above in structuring the conflicting transaction, it will still be subject to entire fairness.

A) Weinberger "v." UOP, Inc.

Weinberger *v.* UOP, Inc. is a 1983 Delaware Supreme Court decision dealing with a cash-out merger of a subsidiary, UOP, Inc., by its 50.5% majority shareholder, Signal Companies, Inc.[23] A merger between these two corporations at a price of $21 per share was approved by a committee of independent directors and also by a majority of the minority shareholders.[24] Notwithstanding the approval of the merger by supposedly independent directors and the majority of the minority shareholders, the court invalidated the merger.[25]

The Delaware Supreme Court seemed particularly troubled by the fact that the conduction of the merger had the involvement of two UOP's directors – Charles Arledge and Andrew Chitiea – that were also Signal's officers.[26] Notably, the court condemned the fact that Messrs. Arledge and Chitiea, at the request of Signal, had prepared a feasibility study using information they obtained acting as directors' of UOP and never shared such study with others UOP's directors or officers.[27] In such feasibility study, Arledge and Chitiea con-

18. For this assessment, *see* Guhan Subramanian, "Fixing Freeze Outs", 115 *Yale L. J.* 2, 11-13 (discussing the development of procedural protections for minority shareholders in freeze out transactions).

19. Not reported in A.2d., 1988 WL 111271 (Del. Ch.), 14 *Del. J. Corp. L.* 870.

20. 584 A.2d. 490 (Del. Ch. 1990).

21. *See* Kahn *v.* Lynch Communications Systems, Inc., *supra* note 1.

22. As mentioned in the Introduction, this paper will not analyze all transactions involving controlling shareholders and the corporation. One important transaction beyond the reach of this study is the tender offer proposed by the controlling shareholder followed by a short-form merger.

23. Weinberger *v.* UOP, Inc., *supra* note 12, at 704.

24. *Id.*

25. *Id.* at 712.

26. *Id.* at 708.

27. *Id.* at 707.

cluded, for the benefit of Signal only, that it would be a good investment for Signal to acquire the remaining 49.5% of UOP shares at any price up to $24 each.[28] The court emphasized that "this conduct hardly meets the fiduciary standards applicable to such a transaction".[29]

Another factor that concerned the court was the casualness of the fairness opinion rendered by Lehman Brothers to UOP's board.[30] The court noted that the senior member of Lehman Brothers responsible for rendering the fairness opinion reviewed all relevant information relating to the opinion on the flight to the UOP's board meeting and, even at this late stage, the actual price being assessed as "fair" in the fairness opinion had been left blank until either during or immediately prior to the directors' meeting.[31]

Finally, the court disapproved the conduct of James Crawford, President and CEO of UOP, for failing to negotiate in response to Signal's first offer of $21. According to the court, Mr. Crawford "voiced no objection to the $20 to $21 price range, nor did he suggest that Signal should consider payment more than $21 per share for the minority interest".[32]

Hence, because of these problems, the court in Weinberger held that the transaction was neither "fair" nor conducted at "arm's length".[33] And along with this conclusion came the Delaware Supreme Court well-known explanation of fairness:

> The concept of fairness has two basic aspects: fair dealing and fair price. The former embraces questions of when the transaction was timed, how it was initiated, structured, negotiated, disclosed to the directors, and how the approvals of the directors and the stockholders were obtained. The latter aspect of fairness relates to the economic and financial considerations of the proposed merger, including all relevant factors: assets, market value, earnings, future prospects, and any other elements that affect the intrinsic or inherent value of a company's stock (...). However, the test of fairness is not a bifurcated one as between fair dealing and price. All aspects of the issue must be examined as a whole since the question is one of entire fairness. However, in a non-fraudulent transaction we recognize that price may be that preponderant consideration outweighing other features of the merger.[34]

Because of such clarification and other aspects, the decision held in Weinberger is remarkable.[35] However, perhaps its most important contribution was the identifica-

28. *Id.* at 706.

29. *Id.* at 708 ("[c]ertainly, this was a matter of material significance to UOP and its shareholders. Since the study was prepared by two UOP directors, using UOP information for the exclusive benefit of Signal, and nothing whatever was done to disclose it to the outside UOP directors or the minority shareholders, a question of breach of fiduciary duty arises. This problem occurs because there were common Signal-UOP directors participating, at least to some extent, in the UOP board's decision-making process without full disclosure of the conflicts they faced").

30. *Id.* at 707.

31. *Id.*

32. *Id.* at 705.

33. *Id.* at 710 ("[g]iven the absence of any attempt to structure this transaction on an arm's length basis, Signal cannot escape the effects of the conflicts it faced, particularly when its designees on UOP's board did not totally abstain from participation in the matter. There no 'safe harbor' for such divided loyalties in Delaware. When directors of a Delaware corporation are on both sides of a transaction, they are required to demonstrate their utmost good faith and the most scrupulous inherent fairness of the bargain").

34. *Id.* at 711.

35. For instance, the court in Weinberger held that the business purposes rule is no longer the law of Delaware and overruled the trilogy of Singer *v.* Magnavox Co.; Tanzer *v.* International General Industries, Inc., 379 A.2d 1121 (1977); and Roland International Corp. *v.* Najjar, 407 A.2d 1032 (1979). In addition, with respect to the appraisal rights, the court in Weinberger held that "the standard 'Delaware Block' or weighted average method of valuation, formerly employed in appraisal and other stock valuation cases, shall no longer exclusively control such proceedings. We believe that a more liberal approach must include proof of value by any techniques or methods which are generally considered acceptable in the financial community and otherwise admissible in court, subject to our interpretation of 8 Del.C § 262(h)" (*id.* at 712-13).

tion of the procedural protections that minority shareholders should receive in a cash-out merger.[36] Weinberger is deemed to have held real impact on future controlling shareholders transactions.[37] In this connection, *in dicta*, the court in Weinberger paused to provide guidance to transactional lawyers as to the procedures to be adopted in structuring deals involving controlling shareholders and their corporations:

> Although perfection is not possible, or expected, the result here could have been entirely different if UOP had appointed an independent negotiating committee of its outside directors to deal with Signal at arm's length (...). Since fairness in this context can be equated to conduct by a theoretical, wholly independent, board of directors acting upon the matter before them, it is unfortunate that this course apparently was neither considered nor pursued (...). Particularly in a parent-subsidiary context, a showing that the action taken was a though each of the contending parties had in fact exerted its bargaining power against the other at arm's length is strong evidence that the transaction meets the test of fairness.[38]

Following the lessons of Weinberger, transactional lawyers started to structure controlling shareholders deals using a special committee of independent directors.[39]

Nevertheless, the court in Weinberger made also clear that the use of independent approval structures involving disinterested directors and majority of the minority shareholders does not suffice to subject the transaction to the business judgment rule.[40] The court stressed that entire fairness is the proper standard to review conflicting shareholder transactions under Delaware.[41] But the use of special committees and approval by the majority of the minority will not be in vain: the court in Weinberger ruled that by entrusting the approval of the conflicted transaction to a majority of the minority shareholders and to a committee of independent directors with power to negotiate and pass on the merits of interested transactions, the controlling shareholders will be in position to actually shift the burden of proof back to plaintiffs who must then demonstrate that a challenged transaction is not entirely fair.[42]

To be sure, the Delaware Supreme Court in Weinberger established that while a properly functioning committee of independent directors and approval by the majority of the minority shareholders will shift the burden of proving entire fairness, that standard will nevertheless continue to apply.[43] Thus, irrespective of which party bears the burden of proof, a controlling shareholders transaction is reviewed in Delaware under the entire fairness and not by the business judgment rule.[44]

Thus, the efficacy of the intra-corporate procedural mechanism indicated in Weinberger for a conflicting transaction between a controlling shareholder and its corporation does not insulate the transaction in such a fashion that business judgment would apply.

B) Post-Weinberger Cases

Following Weinberger, an interesting debate was held in Delaware's courts in connection with the level of deference that should be afforded to a transaction entered

36. *See* Subramanian, *supra* note 18, at 11.

37. *See* Haas, *supra* note 15, at 2.252.

38. Weinberger *v.* UOP, Inc., *supra* note 12, at 709.

39. *See*, among others, Subramanian, *supra* note 18, at 12 ([after Weinberger], "[t]ransactional lawyers took the hint: an SC [special committee] of independent directors quickly became standard practice in freeze out merger").

40. Weinberger *v.* UOP, Inc., *supra* note 12, at 703.

41. *Id.*

42. *Id.* at 703 ("where corporation action has been approved by an informed vote of a majority of the minority shareholders, we conclude that the burden entirely shifts to the plaintiff to show that the transaction was unfair to the minority").

43. *Id.*

44. *Id.*

by a controlling shareholder and its corporation where intra-corporate approval had been obtained by either an informed majority of the minority shareholders vote and/ or a special committee of disinterested directors.

There existed two different views in the Delaware Chancery Court with respect to that question. On one case, In re Trans World Airlines, Inc. Shareholders Litigation,[45] Chancellor Allen held that where a special committee operated effectively and independently, such committee approval would invoke the business judgment standard of review.[46] In other case, In Citron *v.* E. I. DuPont de Nemours & Co.,[47] Vice Chancellor Jacobs, applying Rosenblatt *v.* Getty Oil Co.,[48] held that a special committee approval only shifted the burden of proving entire fairness from the defendant to the plaintiff. The split was resolved by the Delaware Supreme Court decision on Kahn *v.* Lynch Communications Systems.[49] The next sections discuss briefly each of these cases.

1. In re Trans World Airlines, Inc. Shareholders Litigation and Business Judgment

In this case, the minority shareholders of Trans World Airlines, Inc. ("TWA") voted to approve a proposed merger by which entities controlled by TWA's dominating shareholder, Carl C. Icahn, would acquire all of the voting stock of TWA (except 10% to be owned by an Employee Stock Ownership Plan).[50] The vote was cast pursuant to a commitment from Mr. Icahn, who controlled 77% of TWA's common stock, to vote his shares in the same proportion as the public shares were voted. Over 96% of the public shares voting approved the transaction.[51] In addition, a special committee of independent directors was appointed to evaluate as to whether the rights of the minority shareholders had been properly considered and protected.[52]

Later, the minority shareholders filed a consolidated class action seeking to enjoin the merger. The complaints included allegations that the special committee of independent directors was passive, ill-informed and confused as to its mission to protect the minority shareholders,[53] and that majority of minority vote could not be considered because there were problems with the adequacy of the proxy disclosures.[54]

Based on the above allegations, Chancellor Allen granted a preliminary injunction to enjoin the proposed merger.[55] It did so concluding that the "special committee did not supply an acceptable surrogate for the energetic, informed and aggressive negotiation that one would reasonably expect from an arm's length adversary".[56] Also, Chancellor Allen held that because of the "number of unresolved doubts concerning the adequacy of the proxy disclosures" the approving vote of a majority of disinterested shareholders did not have the effect to withhold the granting of the preliminary injunction in favor of the minority shareholders.[57]

Although the court in In re Trans World Airlines enjoined the merger in favor of the minority shareholders, what is significant was the fact that it endorsed the use of business judgment rule where the transaction is approved by special committee of truly in-

45. *See* In re Trans World Airlines, Inc. Shareholders Litigation, *supra* note 19.

46. *Id.*

47. *See* Citron *v.* E. I. DuPont de Nemours & Co., *supra* note 20.

48. 493 A.2d 929 (Del. 1985).

49. *See* Kahn *v.* Lynch Communications Systems, Inc., *supra* note 1.

50. *See* In re Trans World Airlines, Inc. Shareholders Litigation, *supra* note 19, at 874.

51. *Id.*

52. *Id.* at 878.

53. *Id.* at 884.

54. *Id.* at 885.

55. *Id.* at 884.

56. *Id.*

57. *Id.* at. 885.

dependent directors and by an affirmative vote of an informed majority of the minority. As the court stated:

> Both the device of the special negotiating committee of disinterested directors and the device of a merger provision requiring approval by a majority of disinterested shareholders, when properly employed, have the judicial effect of making the substantive law aspect of the business judgment rule applicable and, procedurally, of shifting back to plaintiffs the burden of demonstrating that such transaction infringes upon rights of minority shareholders.[58]

It seems that the court in In re Trans World Airlines applied the business judgment rule drawing an inference from Weinberger.[59] However, as Vice Chancellor Jacobs noted in In Citron *v.* E. I. DuPont de Nemours & Co.,[60] the court did not cite the Supreme Court's Rosenblatt decision, fact that casts doubts on the Trans World Airlines court's application of the business judgment rule standard of review.[61]

2. *In Citron "v." E. I. DuPont de Nemours & Co. and Entire Fairness*

In 1990 the Delaware Chancery Court decided the case In Citron *v.* E. I. DuPont de Nemours & Co. in which a minority shareholder of Remington Arms Company ("Remington") challenged the merger of Remington into E. I. DuPont de Nemours & Co. ("DuPont") alleging that the terms of the merger were grossly unfair and that the proxy statement relating to the merger was false and misleading.[62]

Because DuPont expected the merger to be judicially challenged,[63] it decided to adopt a process where the transaction would be negotiated on Remington's behalf by a committee of directors totally independent from DuPont.[64] DuPont also agreed to subject to merger to the approval of a majority of Remington's minority shareholders.[65] Finally, DuPont caused its Remington director nominees to absent themselves from the negotiations and decision-making process.[66]

In reviewing the adequacy of these cleansing mechanisms, the court held that the special committee was not influenced by DuPont or Remington's management representatives, and throughout the process the committee acted independently, advised by attorneys and investment bankers that it had selected and overseen.[67] It also ruled that Remington's minority shareholders overwhelmingly approved the merger based upon full disclosure of all material facts.[68] And concluded that "the presence of those procedural safeguards is strong inference of fair dealing".[69]

The principal question that the court addressed in the context of such parent-subsidiary merger referred to as to what liability standard should be applied in reviewing the merger, if entire fairness or business judgment. Remington's minority shareholders contented that because the majority shareholder stood on both sides of the transaction, it had the burden of demonstrating,

58. *Id.* at 887.

59. When reasoning, the court in In re Trans World Airlines cited Weinberger as the binding Supreme Court precedent several times. *See id.* at 883-84.

60. *See* Citron *v.* E. I. DuPont de Nemours & Co., *supra* note 20, at 501.

61. *Id.* at 501, specifically footnote 15.

62. *Id.* at 492.

63. *Id.* at 493 ("[i]n considering on what basis to acquire the Remington minority interest, DuPont was aware of its legal responsibilities as Remington's majority shareholder. It also knew that litigation challenging the acquisition was highly likely. Accordingly, one of DuPont's important objectives was to assure that the merger would be both fair to Remington's minority shareholders and economically justifiable to DuPont").

64. *Id.*

65. *Id.*

66. *Id.*

67. *Id.* at 504.

68. *Id.*

69. *Id.*

after careful scrutiny by the court, that the transaction was fair to the minority.[70] DuPont, by its turn, contented that because it did not compel Remington's agreement to the merger or otherwise dictate its terms, and that because the merger was negotiated and approved by fully independent and disinterested Remington's directors, DuPont should not be required to prove the merger's entire fairness and that its conduct should be evaluated under the business judgment rule.[71]

The court first noted that "[t]he precise circumstances that will trigger the 'entire fairness' standard of review have not been consistently articulated in the Delaware cases". It observed, for example, that in Sinclair Oil Corp. *v.* Levien,[72] the Delaware Supreme Court held that, in order to apply entire fairness, the plaintiff must demonstrate that the parent corporation stood on both sides of the transaction *and* have dictated its terms. But relying on the most recent authoritative pronouncements of the Delaware Supreme Court in Weinberger and, principally in Rosenblatt,[73] the court held that DuPont's conduct as Remington's majority stockholder must be evaluated in accordance with the entire fairness standard of review; however, because the merger had been ratified by a fully informed majority of Remington's minority stockholders, the burden should be shifted to the plaintiff to prove that the merger was unfair.[74]

70. *Id.* at 500.

71. *Id.*

72. 280 A.2d. 712, 720 (Del. 1971).

73. Rosenblatt *v.* Getty Oil Co., *supra* note 48. In Rosenblatt, a special committee of the subsidiary's independent directors negotiated adversarily a merger with the corporate parent. The merger was later ratified by the subsidiary's minority stockholders. The court in Rosenblatt held that minority ratification shifts the burden of proving the unfairness of the merger entirely to the plaintiffs. However, in evaluating the claims against the parent corporation, the Supreme Court did not apply the business judgment rule. Rather, it employed the entire fairness, imposing the ultimate burden of persuasion upon the plaintiff.

74. In Citron *v.* E. I. DuPont de Nemours & Co., *supra* note 20, at 500.

Differently from the court in In re Trans World Airlines, the court in Citron fully articulated the reasons of why entire fairness – and not business judgment – should govern parent-subsidiary mergers. Relying heavily on Rosenblatt, the court reaffirmed the principle that in a parent-subsidiary context, shareholder ratification operates only to shift the burden of persuasion, not to change the substantive standard of review.[75] Nor does the fact that the merger was negotiated by a committee of independent directors alter the review standard.[76]

The court also recognized and attempted to explain the reasons for the different treatment given by the Delaware courts to self-interest transactions undertaken by controlling shareholders, on one hand, and directors and officers, on the other. Significantly, the court in Citron made clear that the safe harbor provided by section 144 of the Delaware Code – which establishes that approval of self-interested transactions between directors and the corporation by fully informed disinterested directors under section 144(a)(1) or disinterested shareholders under section 144(a)(2), permits invocation of the business judgment rule – should not be extended to controlling shareholders transactions. The policy rationale for the exclusive application of the entire fairness standard to interested merger transactions is justified by Vice Chancellor Jacobs in the following manner:

> Parent subsidiary mergers, unlike stock options, are proposed by a party that controls, and will continue to control, the corporation, whether or not the minority stockholders vote to approve or reject the transaction. The controlling shareholder relationship has the potential to influence, however, subtly, the vote of [ratifying] minority stockholders in a manner that is not likely to occur in a transaction with a noncontrolling party. Even where no coercion is intended, shareholders voting on a par-

75. *Id.* at 502.

76. *Id.*

ent subsidiary merger might perceive that their disapproval could risk retaliation of some kind by the controlling shareholder. For example, the controlling shareholder might decide to stop dividend payments or to effect a subsequent cash out merger at a less favorable price, for which the remedy would be time consuming and costly litigation. At the very least, the potential for that perception, and its possible impact upon a shareholder vote, could never by fully eliminated. Consequently, in a merger between the corporation and its controlling shareholder – even one negotiated by disinterested, independent directors – no court could be certain whether the transaction terms fully approximate what truly independent parties would have achieved in an arm's length negotiation. Given that uncertainty, a court might well conclude that even minority shareholders who have ratified a parent-subsidiary merger need procedural protections beyond those afforded by full disclosure of all material facts. One way to provide such protections would be to adhere to the more stringent entire fairness standard of review.[77]

With this well-reasoned decision, a split in connection with how to review controlling shareholders transactions arose in the Delaware Chancery Courts. It was only in Kahn *v.* Lynch Communication Systems[78] that the competing approaches in Citron and Trans World Airlines were reconciled by the Delaware Supreme Court.

3. Kahn "v." Lynch Communication Systems

Alcatel U.S.A. Corporation ("Alcatel") owned 43% of Lynch Communication Systems, Inc ("Lynch") and had the right to appoint five of eleven members of Lynch's board of directors.[79] Lynch's certificate of incorporation contained a provision that required an affirmative vote of 80% of its shareholders for approval of any business organization.[80]

In the spring of 1986, Lynch determined that in order to remain competitive in the telecommunication field, it would need to enter into certain strategic consolidation process so that it would have access to fiber optics technology to complement its existing digital capabilities.[81] Lynch's management identified a target company which also showed interest of being acquired by Lynch. However, because of the supermajority voting provision in Lynch's certificate of incorporation, in order to proceed ahead with the combination, Lynch would have to obtain the approval of Alcatel.[82]

Alcatel opposed to the consolidation with the identified third party and proposed a similar combination with one of its indirect subsidiary. An independent committee was formed at Lynch to negotiate and evaluate the feasibility of the consolidation with Alcatel's indirect subsidiary.[83] Later, the independent committee expressed its unanimous opposition to such consolidation.[84]

Alcatel responded to the independent committee's action by withdrawing the consolidation proposal with its indirect subsidiary and offering to acquire the entire equity of Lynch not owned by Alcatel for $14 cash per shares.[85] Lynch's independent committee had its mandate revised by the Lynch's board of directors and started to evaluate the cash out merger proposed by Alcatel. Lynch's independent committee negotiated actively and rejected a total of four Alcatel's proposals.[86]

According to a colorful description of one author, "the decisive moment arrived

77. *Id.*
78. Kahn *v.* Lynch Communication Systems, *supra* note 1.
79. *Id.* at 1.112.

80. *Id.*
81. *Id.*
82. *Id.*
83. *Id.* 1.113.
84. *Id.*
85. *Id.*
86. *Id.*

when Alcatel played its trump card: third-party proposal vote power combined with a bear hug. In order words, Alcatel warned the Lynch special committee that it would launch a hostile tender offer if the committee rejected its final offer".[87] Put differently, Alcatel made clear its intention to retaliate by stating that it was "ready to proceed with an unfriendly tender offer at a lower price".[88] After considering the Alcatel's threat, the independent committee viewed itself without any other option but to accept Alcatel's offer; and Lynch board also approved the Alcatel's proposal.[89]

On appeal, Justice Holland held first that Alcatel, although not owning a majority interest in Lynch, exercised control and dominated Lynch's business affairs.[90] Subsequently, the question addressed by the Supreme Court was as to what standard of review should govern a cash out merger between parent-subsidiary: business judgment as applied in Trans World Airlines or entire fairness as in Citron? Recognizing that the Court of Chancery had expressed "difference views"[91] regarding the effect that an approval of a cash-out merger by a special committee of disinterested directors had upon the controlling shareholder's burden of demonstrating entire fairness, the Supreme Court, relying on Weinberger, Rosenblatt and Citron, wrote unequivocally that:

> Once again, this Court holds that the exclusive standard of review in examining the propriety of an interested cash-out merger transaction by a controlling or dominating shareholder is entire fairness (...). The initial burden of establishing rests upon the party who stands on both sides of the transaction. However, an approval of the transaction by an independent committee of directors shifts the burden of proof on the issue of fairness form the controlling or dominating shareholder to the challenging shareholder-plaintiff (...). Nevertheless, even when an interested cash-out merger transaction receives the informed approval of a majority of minority stockholders or an independent committee of disinterested directors, an entire fairness analysis is the only proper standard of judicial review.[92]

By holding unmistakably that the "exclusive standard of review in examining the property of interested cash-out merger transaction by controlling shareholder or dominating shareholder is entire fairness",[93] Delaware Supreme Court in fact eliminated any possibility for future courts to invoke the business judgment in reviewing controlling shareholders transactions.

After determining the proper standard of review of interested cash-out merger transactions between controlling shareholder and the corporation, the Supreme Court went further and explained the conditions under which the burden of proof should shift from the defendant controlling shareholder to the plaintiff minority shareholder.[94] To that effect, the court clarified that special attention shall be given to the factual circumstances underlying the independency of the special committee.[95] Particularly, the special committee should be truly independent, fully informed, and need to have freedom to negotiate at arm's length.[96] Thus, the court rejected the view that the use of an independent committee *ipso facto* establishes the procedural fairness of an interested merger transaction.[97]

In the case at issue, the Delaware Supreme Court held that Lynch's special committee did not demonstrate the necessary independency.[98] Specifically, the court

87. Haas, *supra* note 15, at 2.266.
88. Kahn *v.* Lynch Communications Systems, Inc., *supra* note 1.
89. *Id.*
90. *Id.* at 1.114.
91. *Id.* at 1.115.
92. *Id.* at 1.117.
93. *Id.*
94. *Id.* at 1.120.
95. *Id.*
96. *Id.* at 1.120-1.121.
97. *Id.* at 1.121.
98. *Id.*

noted that the limitations on the alternatives to Alcatel's offer did not mean that the independent committee should have agreed to a price that they knew it was not fair.[99] In this context, the Supreme Court emphasized that "the power to say no is a significant power. It is the duty of directors to serving on [an independent] committee to approve only a transaction that is in the best interest of the public shareholders, to say no to any transaction that is not fair to those shareholders and is not the best transaction available. It is not sufficient for such directors to achieve the best price that a fiduciary will pay if that price is not a fair price".[100]

Thus, the court ruled that the factual circumstances *in casu* reflected that the ability of Lynch's special committee to effectively negotiate at arm's length was compromised by Alcatel's threats to proceed with a hostile tender offer if the $15.50 price was not approved by the special committee and Lynch's board.[101] As a result the case was reversed and remanded to the further proceedings at the Chancery Court, including redetermination of the entire fairness with the burden of proof remaining on Alcatel, the dominant and interested shareholder.[102]

Lynch Communications differentiated a controlling shareholder proposed merger from a third party merger transaction based on two policy reasons: the inherent coercion and retaliation theories.[103] The inherent coercion theory was colorfully described by Chancellor Strine as "premised on the notion that when an 800-pound gorilla wants the rest of the bananas, little chimpanzees, like independent directors and minority stockholders, cannot expect to stand in the way, even if the gorilla putatively gives them veto power".[104] Complementarily, the retaliation theory maintains that, due to a controlling shareholder's specter of coercion, decision-makers allegedly vote out of fear of retaliation rather than on the merits of the transaction.[105]

Therefore, one of Lynch's implicitly endorsed view is that independent directors cannot be truly independent from the controlling shareholders and, because of this fact, courts shall continue to scrutinize controlling shareholders transactions under the entire fairness. Put differently, because of the inability to replicate an arm's length process between the controlling shareholder and the special committee, courts in Delaware will apply entire fairness to review controlling shareholders transactions.[106]

4. Relevant Delaware Case Law after Lynch Communications

After the decision in Lynch Communications, some commentators start questioning whether a holding applying entire fairness to a final-period controlling shareholders transaction (as it was the case of

99. *Id.* at 1.119.

100. *Id.*

101. *Id.* at 1.121.

102. *Id.*

103. *See*, in this sense, Peter V. Letsou & Steven M. Haas, "The Dilemma that Should Never Have Been: Minority Freeze Outs in Delaware", 61 *Bus. Law.* 25, 73. Relating to this discussion and going private transactions in general, *see* Christopher A. Iacono, "Tender Offers and Short-Form Mergers by Controlling Shareholders under Delaware Law: the '800-Pound Gorilla' Continues Unimpeded – In Re Pure Resources, Inc., Shareholders Litigation", 28 *Del. J. Corp. L.* 645; Bradley R. Aronstam, R. Franklin Balotti & Timo Rehbock, "Delaware's Going-Private Dilemma: Fostering Protections for Minority Shareholders in the Wake of Siliconix and Unocal Exploration", 58 *Bus. Law.* 519; Zohar Goshen, "The Efficiency of Controlling Corporate Self-Dealing: Theory Meets Reality", 91 *Cal. L. Rev.* 393; Bradley R. Aronstam, R. Franklin Balotti & Timo Rehbock, "Revisiting Delaware's Going-Private Dilemma Post Pure Resources", 59 *Bus. Law.* 1.459; Jon E. Abramczyk, Jason A. Cincilla & James D. Honaker, "Going Private 'Dilemma'? Not in Delaware", 58 *Bus. Law.* 1.351.

104. Leo E. Strine, "The Inescapably Empirical Foundation of the Common Law of Corporations", 27 *Del. J. Corp. L.* 499, 509.

105. Letsou & Haas, *supra* note 103, at 73.

106. *See* Subramanian, *supra* note 18, at 15.

the cash-out merger in Lynch) should also be extended to nonfinal-period transactions.[107] This problem, in fact, poses a depth question concerning to the precedential value of Puma *v.* Marriot, which established that business judgment applies to a controlling shareholder's going-concern transaction with its corporation if that transaction has been approved by independent directors.[108] The argument is that it is not cost effective to apply entire fairness to an ordinary transaction that does not *per se* represent a real threat of oppression to the minority shareholder by the controlling shareholder, such as a freeze out[109] final period transaction.[110] It is argued that "the time and expense involved in a chancellor's review for fair price and fair dealing of the sale of property to the corporation would be disproportionate to the value of the transaction".[111]

For more that such justification seems perfectly reasonable, recent Delaware decisions express that entire fairness is to be applicable to all controlling shareholders transactions no matter the transaction is a going-concern or a final period transaction. In Kahn *v.* Tremont Corporation, Chancellor Allen indicated that, after Lynch Communications, "the invocation of business judgment [to review controlling shareholder transactions] (...) can no longer be advanced in this jurisdiction".[112] When faced with the issue as to whether there should exist any distinction between freeze out transactions and going-concern transactions in determining whether to apply entire fairness, Chancellor Allen argued that the defendant could offer "no plausible rationale for a distinction between mergers and other corporate transactions and in principle I can perceive none".[113] The Delaware Supreme Court, analyzing this case, upheld the decision of the Chancery Court as to the application of entire fairness to all controlling shareholder transactions.[114]

107. *See* Haas, *supra* note 15, at 2.270.

108. 283 A.2d 693 (Del. Ch. 1971).

109. A freeze out transaction, also known as "takeout" or "cashout", has the primarily objective of eliminating the minority shareholder's equity in the corporation while preserving the interest of a controlling shareholder o other insider (see Michael P. Dooley, *Fundamentals of Corporation Law*, 632-633 47). Generally speaking, controlling shareholder carries out freeze out transactions for three reasons (*see* Letsou & Haas, supra, note 103, at 30: "[c]ontrolling shareholders may choose to effect freeze out transactions for a number of reasons. First, if the controlled subsidiary is part of a family of related corporations, the controlling shareholder may wish to operate the family of companies as a single economic unit without worrying about the fairness of the inter-company transactions to a subsidiary's minority shareholders. Second, the controlling shareholder could want to escape the reporting and other obligations of public companies under the Security Exchange Act of 1934, obligations that have become particularly burdensome since the passage of the Sarbanes Oxley Act in 2002. And third, controlling shareholders might wish to eliminate minority shareholders from the enterprise to capture the full economic benefits of any future increase in the subsidiary's profitability, especially as a result of the controlling shareholder's decision").

110. *See* Haas, *supra* note 15, at 2.270.

111. *Id.*

112. Not reported in A.2d, 1996 WL 145452 (Del. Ch.), 21 *Del. J. Corp. L.* 1161.

113. *Id.*

114. Kahn *v.* Tremont Corp., 694 A.2d 422, 428-29 ("[e]ntire fairness remains applicable even when an independent committee is utilized because the underlying factors which raise the specter of impropriety can never be completely eradicated and still require careful judicial scrutiny. *Weinberger*, 457 A.2d at 710. This policy reflects the reality that in a transaction such as the one considered in this appeal, the controlling shareholder will continue to dominate the company regardless of the outcome of the transaction. Citron *v.* E. I. DuPont de Nemours & Co., Del. Ch., 584 A.2d 490, 502 (1990). The risk is thus created that those who pass upon the propriety of the transaction might perceive that disapproval may result in retaliation by the controlling shareholder. *Id.* Consequently, even when the transaction is negotiated by a special committee of independent directors, "no court could be certain whether the transaction fully approximate [d] what truly independent parties would have achieved in an arm's length negotiation". *Id.* Cognizant of this fact, we have chosen to apply the entire fairness standard to "interested transactions" in order to ensure that all parties to the transaction have fulfilled their fiduciary duties to the corporation and all its shareholders. Kahn, 638 A.2d at 1.110").

As a result, relying on Kahn *v.* Tremont Corporation,[115] Chancery Court's decisions start applying entire fairness to all controlling shareholders transactions. In T. Rowe Price Recovery, L. P. *v.* Rubin, for example, the court stated that the "Supreme Court's implicit[ly] endorse[d] Chancellor Allen's explicitly stated inability to find such distinction [between going-concern and freeze out controlling shareholders transactions]. In any event, both the Supreme Court and this court explicitly held that the entire fairness standard of review applies in the non-merger context to interested transaction involving controlling stockholders".[116]

Perhaps more troubling than the holding of Kahn *v.* Tremont Corporation is the decision of the Delaware Chancery court in In re Cox Communication, Inc. Shareholders Litigation.[117] Here, the Chancery Court's interpretation of Weinberger lead to what some commentators called *per se* rule requiring entire fairness review of all traditional freeze out transactions, no matter how carefully undertaken.[118] Specifically, in Cox Communication, Vice Chancellor Strine wrote: "Given the Lynch standard, the plaintiffs also knew that the defendants would have an incentive to settle because the defendants would have no ability under Lynch, to get an amended complaint alleging financial unfairness dismissed if the plaintiffs choose to sue on the final negotiated deal".[119] This means that mere allegation of price inadequacy is capable of subjecting the case under the strict entire fairness standard of review. However, what one should always remember is that in Weinberger the Supreme Court expressed that "plaintiff in a suit challenging a cash-out merger must allege specific acts of fraud, misrepresentation, or other items of misconduct to demonstrate the unfairness of the merger terms to the minority".[120] And in Rabkin *v.* Philip A. Hunt Chemical Corp., Supreme Court stated that such allegations of misconduct must include specific allegations of unfair dealing that "go (...) beyond issues of 'mere inadequacy of price'".[121]

Therefore, the holding in In re Cox Communication, Inc. Shareholders Litigation[122] must be read with some limitation. This because Delaware Supreme Court's decisions in Weinberger and Rabkin impose to the Court of Chancery the obligation to scrutinize minority shareholders complaints for specific allegations of faithless – acts that go beyond the mere allegation of price inadequacy –, before permitting an entire fairness claim to proceed.[123]

C) Critical Observations on the Efficacy of Intra-Corporate Approval Mechanisms for Controlling Shareholders' Transactions under Delaware Law

The triad Weinberger-Citron-Lynch Communication provides the framework for controlling shareholders transactions in Delaware. Taken together, these cases express a distrust of Delaware courts to intra-corporate cleansing processes of independent director and minority shareholder approval. The risk perceived by Delaware is that even independent directors who ultimately pass upon the propriety of the transaction may have done so fearing some sort of retaliation by part of the controlling shareholders. Thus, in the context of a controlling shareholder transaction negotiated

115. Not reported in A.2d, 1996 WL 145452 (Del. Ch.), 21 *Del. J. Corp. L.* 1161.

116. 770 A.2d 536, 552 (Del. Ch. 2000).

117. 879 A.2d 604 (Del. Ch. 2005).

118. Letsou & Haas, *supra* note 103, at 28-29.

119. In re Cox Communication, Inc. Shareholders Litigation, *supra* note 117, at 641.

120. Weinberger *v.* UOP, Inc., *supra* note 12.

121. 498 A.2d 1099, 1107 (Del. 1985).

122. In re Cox Communication, Inc. Shareholders Litigation, *supra* note 117.

123. *See* Letsou & Haas, *supra* note 103, at 72.

by an allegedly special committee of independent directors, the courts in Delaware will remain uncertain as to whether the transaction reflects a deal that would have been otherwise achieved in an arm's length negotiation. In addition, some commentators argue that majority of minority approval cannot be taken so seriously by the courts because that shareholders are relatively detached from the corporation to offer a meaningful approval mechanism.[124] These policies reasons explain why Delaware elects to apply entire fairness to any controlling shareholder transactions.

The scheme outlined in Weinberger-Citron-Lynch Communications gives rise to at least two important reflections. The first is that the controlling shareholders cannot count with an effective cleansing mechanism that would lead the transaction to be reviewed under the business judgment. The second reflection is that Weinberger-Citron-Lynch created a legal framework that disincentive the use of an approving majority of the minority shareholder vote.

As to the first point, as touched before,[125] when in Lynch Communications Delaware Supreme Court declared that all controlling shareholder transactions are subject to entire fairness,[126] it ruled, as a practical matter, that, no matter the adequacy of the cleansing process undertaken by the corporation to approve the transaction, the controlling shareholder cannot enjoy a meaningful safe harbor. Put another way, there is no liability insulation on the controlling shareholder if it conditioned the interested transaction on approval of independent director or majority of minority. Business judgment rule, therefore, should not attach to any transaction effected by the controlling shareholder.

This conclusion brings the objection that imposing entire fairness on nonfinal-period transaction seems an excessive and unnecessary protection to the minority shareholder. While may be reasonable to defend the application of entire fairness to final-period transaction like in Lynch Communications, the extension of this rule to all controlling shareholder transactions would do nothing more than increase the use of significant resources to review an independently approved going-concern business transaction where all shareholders' interest are aligned and that, absent the presence of a controlling shareholder, would be a routine matter of business judgment.[127]

Similarly, some commentators argue that the use of entire fairness as the appropriate standard of review for controlling shareholder transactions is questionable even if the transaction subject to review is a final period transaction like in Lynch. As argued before, Lynch justified the use of entire fairness based on inherent coercion and retaliation theories.[128] However, some scholars contend that directors and minority shareholder are not, as a matter of fact, always subject to coercion by controlling shareholder.[129] Chancellor Allen, Vice Chancellor Strine and now-Justice Jacobs wrote that, "in our opinion, experience has shown that that concern [that even an fully informed disinterested shareholder approving vote may be coerced] is too insubstantial to justify a review standard that required judges to second-guess a business transac-

124. *See* Melvin Aron Eisenberg, "The Divergence of Standards of Conduct and Standards of Review in Corporate Law", 62 *Fordham L. Rev.* 437, 456.

125. *See* I.B)3 *supra*.

126. Kahn *v.* Lynch Communications Systems, Inc., *supra* note 1.

127. *See* Haas, *supra* note 15, at 2.270, footnote 128, quoting William J. Carney, "The ALI's Corporate Governance Project: the Death of Property Rights?", 61 *Geo. Wash. L. Rev.* 898, 917, 1993: "the costs of dispute resolution in the courts are so high that they make enforcement of fiduciary duties a negative-sum game".

128. *See* item I.B)4.

129. *See*, among others, William T. Allen, Jack B. Jacobs & Leo E. Strine, Jr, "Function Over Form: a Reassessment of Starndards of Review in Delaware Corporate Law", 56 *Bus. Law.* 1.287, 1.308; Subramanian, *supra* note 18, at 50; Letsou & Haas, *supra* note 103, at 75-76.

tion that rational investors have approved".[130] Further, empirical research reveals that special committees have stood their ground to controlling shareholder by rejecting freeze out proposals.[131] Finally, recently decided Delaware cases as Hollinger International *v.* Black[132] and In re Siliconix Inc. Shareholders Litigation[133] are good examples of situations where even interested directors have rebuffed controlling shareholder.[134]

As to the second point, it is usually argued that when the Supreme Court of Delaware resolved the split of authority in Lynch, the court unintentionally created a disincentive to seek an approving majority of minority shareholder vote.[135] To the extent that the burden shift developed in Weinberger can be obtained by using only the special committee as sanitary mechanism, the board of the acquired company or the controlling will not have sufficient incentives to condition the transaction to the approval of the majority of the minority shareholders.[136] This is so because either special committee approval or majority of minority vote shifts the burden on entire fairness review, but the combination of both procedural protections provides no further benefit to the controlling shareholder in terms of judicial standard of review.[137] Accordingly, whenever the controlling shareholder feels that the transaction may not pass on the vote of the majority of the minority, she will instruct the board to subject the transaction only to the special committee approval and even so the burden of proof will shift to the challenging shareholder.

130. Allen, Jacobs & Strine, *supra* note 109, at 1.308.

131. *See* Subramanian, *supra* note 18, at 50.

132. 844 A.2d 1022 (Del. Ch. 2004).

133. N. Civ. A. 18700, 2001 WL 716787 (Del. Ch. June 19, 2001).

134. Defending this point, *see* Letsou & Haas, *supra* note 103, at 75-76.

135. Allen, Jacobs & Strine, *supra* note 109, at 1.306.

136. *Id.*

137. *See* Subramanian, *supra* note 18, at 16.

According to an empirical data collection made by an author, 94% of post-Siliconix merger freeze outs went through a special committee approval and only one third of these transactions were conditioned upon the approval of the majority of the minority vote. This shows empirically that once the burden is shifted by the use of only a well-functioning special committee, controlling shareholders will have no further incentive to set forth the majority of minority approval.[138]

Advocating a reexamination of Lynch Communications – and, accordingly, the treatment of controlling shareholders transactions by Delaware courts –, Chancellor Allen, Vice Chancellor Strine and now-Justice Jacobs raised the question as to the appropriateness of continuing to use entire fairness to review independently approved interested mergers between controlling shareholder and corporation. They answer that question as follows:

> In today's environment there is insufficient justification for giving less than full cleansing effect to a self-interested merger that is conditioned on approval of a majority of minority stockholders. That is especially true now that disclosure regulation by the Securities and Exchange Commission and the efforts of the private plaintiff' bar are being augmented by the increased activism of institutional investors, and being facilitated by the enormous information flow made possible by new technology. Also strained is the rationale for not giving full ratification effect to approval by a genuinely effective special committee of independent directors. As practical matter, a judicial analysis of the special committee's effectiveness will involve a close examination of the transaction's fairness. To obtain liability-insulation from using a special committee, the directors must demonstrate that the special committee functioned in a manner such that the controlling stockholder did not dictate the terms of the transaction and

138. *See* Subramanian, *supra* note 18, at 17-18.

> that the committee exercised real bargaining power at an arms-length (...). Informed by a decade of experience since Citron was decided, we propose that the more sound approach would be for the courts to defer to the business decision reached in good faith by the elected independent direction of the corporation.[139]

Based upon these considerations, the authors maintain that the better policy is to afford business judgment to self-interested mergers that are approved by either an effective independent director committee or by a majority of the minority vote.[140] Note that they propose that business judgment should apply even if only one of the cleansing mechanisms is used.[141] However, recognizing that the integrity of the special disinterested director committee process remains subject to debate, they argue that, at minimum, business judgment should apply to interested transactions approved by an informed majority of the minority of the shareholders.[142]

Finally, it is worth noting that if the minority shareholder challenging the controlling shareholder proposed long-form merger could not evidence "specific acts of fraud, misrepresentation, or other items of misconduct to demonstrate unfairness of the merger terms to the minority",[143] the only remedy available to them will be the appraisal under section 262 of the Delaware Code, and as construed by the Delaware Supreme Court in Weinberger.[144]

As the scope of this paper is to analyze the efficacy of intra-corporate safeguard procedures for long-form mergers with controlling shareholder, no details will be discussed about the appropriateness of the appraisal as remedy for unsatisfied minority shareholder in cash-out mergers.

II. Long-Form Mergers between Controlling Shareholder and its Corporation under Brazilian Law

This Part describes the solution adopted by the Brazilian Corporation Law to govern long-form negotiated mergers between a controlling shareholder and its corporation. It begins with a brief overview on the regulation of conflicted transactions under the Brazilian Corporation Law. It then turns to the special treatment assigned by the Brazilian Corporation to merger of controlled corporations. Finally, it addresses the analysis of the liabilities that directors and officers are exposed when entering into a conflicted or self-interest transaction.

That analysis will illustrate how the Brazilian Corporation Law opted to create a special regulation for mergers of controlled corporation, departing from its general rule for conflict of interest set forth in section 115. The drafters of the Brazilian Corporation Law justified the departure in treatment of merger of controlled transactions from the general provision dealing with conflict of interest on the basis of the need of special protections and safeguards to minority shareholders in case of long form mergers proposed by controlling shareholders. It will be advocated that a merger of controlled corporation undertaken in compliance with the cleansing mechanism stipulated in section 264 provides a satisfactory safe harbor to the controlling shareholder. And this because, once all safeguards described in section 264 are

139. *Id.*
140. *Id.*
141. *Id.*
142. *Id.* at 1.309.
143. Weinberger *v.* UOP, Inc., *supra* note 12.
144. The court in Weinberger made clear that ordinarily plaintiff's remedy in a cash-out merger should be confined to appraisal. However, the court also recognizes that "the appraisal remedy we approve may not be adequate in certain cases, particularly where fraud, misrepresentation, self-dealing, deliberate waste of corporate assets, or gross and palpable overreaching are involved". Under these circumstances, the Supreme Court grants the Court of Chancery powers to grant plaintiff any "form of equitable and monetary relief as may be appropriate, including rescissory damages". *See* Weinberger *v.* UOP, Inc., *supra* note 12.

met, the only remedy available to the dissenting minority shareholder is withdrawal from the corporation, if available.

A) General Rule concerning Conflict of Interest under Brazilian Law – Section 115 of Brazilian Corporation Law

The Brazilian Corporation Law recognizes the fact that the shareholder's interest may diverge from or conflict with the interest of the corporation. Section 115 of the Brazilian Corporation Law sets forth that a shareholder, when exercising her right to vote, shall not do so disregarding the corporation's interest and, accordingly, her vote may be deemed abusive if "it is exercised with the intent to cause damage to the corporation or to other shareholders, or of obtaining an advantage for the shareholder or for a third party to which neither is entitled, and which results or may result in damage to the corporation or to other shareholders".[145]

This general rule, usual in civil-law countries, contrasts with the well-settled U.S. corporate common law principle in the sense that a shareholder acting as a shareholder is entitled to vote her shares without regard to the interest of others.[146] In Delaware, this rule continues to apply and shareholders of U.S. corporations can act selfishly in deciding how to vote their shares.[147] It is generally sustained that shareholders are the best judges of their self-interest.[148] As a result, "[t]he exercise of their franchise in approving even fundamental changes such as liquidation or merger will not be reviewed, nor will their motives in voting be questioned so long as all shareholders are treated alike".[149] This is true even when a shareholder stands to gain personally from the transaction and even when the interest would be disqualifying were the shareholder acting as a director.[150] The position of the controlling shareholder, nevertheless, is different from ordinary shareholders and the law usually imposes to such class of shareholder fiduciary duties towards the corporation and the general shareholders.[151]

With the objective of refraining shareholders in a Brazilian corporation from exercise their vote in conflict with the corporation's interest, § 1 of section 115 of the Brazilian Corporation Law determines that certain resolutions cannot be passed with the vote of a shareholder that conflicts with the corporation's interest. Such section describes three types of shareholders' resolutions in which a stockholder – whether a controlling shareholder or not – is legally prohibited to vote. These refer to (a) the corporate resolution to approve an appraisal report of an asset that will be contributed by a shareholder to form or to raise the corporation's capital stock, (b) to the approval of officer's account when the shareholders is also an officer of the corporation, and (c) any other resolution which may benefit the shareholder personally. In any of these circumstances, the shareholder cannot vote. This rule applies indistinctly to all shareholders and, as far as it concerns to controlling shareholders' conflicted transactions, it can be argued that it de-

145. *See* section 115 of the Brazilian Corporation Law, *supra* note 16.

146. *See, e.g.*, Haldeman *v.* Haldeman, 197 S.W. 376, 381 (Ky. 1917) ("A stockholder may in a stockholders' meeting vote with the view of his own benefit; he represents himself only").

147. *See, e.g.*, Thorpe *v.* CERBCO, Inc., A.2d 436 (Del. 1996).

148. *See* Dooley, supra 109, at 602 ("shareholders are not agents of the firm nor are they charged with any formal responsibility for the conduct of corporate affairs. As residual claimants, they are the ultimate beneficiaries of the firm; indeed, the interest of the firm *is* the aggregate interests of the shareholders").

149. *Id.*

150. *Id.*

151. *See* Stephen M. Bainbridge, *Corporation Law and Economics*, 336 ("[a]bsent cumulative voting, such a [controlling] shareholder's voting power will suffice to elect the entire board of directors. Recognizing that such a board may not act independently of the controlling shareholder, courts early began to extend the board's fiduciary duties to the controlling shareholder").

mands a majority of minority shareholders approval.

In the situations listed above, the existence of a conflict of interest between the corporation and the shareholder is presumed *ex ante*, by a purely formal and objective criterion. Here, there is no analysis of the factual circumstances that may have led to a conflict of interest transaction.

However, it is worth mentioning that this is not the general rule of conflict of interest under Brazilian law. In fact, these resolutions reflect the three most important situations where a shareholder of a Brazilian corporation is not entitled to vote.[152] Given the apparent omission of the Brazilian Corporation Law, after some debate on whether conflict of interest should be determined *ex ante* or *ex post*, Brazilian scholars and the Brazilian Securities and Exchange Commission (CVM) have taken the view that any shareholder may vote in a resolution that she may have a conflict of interest with the corporation. The analysis of whether the controlling shareholder extracted any private benefit from the conflicted transaction it voted to approve is made *ex post*.[153] If later it was evidenced that the controlling shareholders benefited from the conflicted transaction at the expenses of the corporation and the general shareholders, the controlling shareholder will be held liable for any damages caused to the corporation or its shareholders and will be required to transfer to the corporation any benefits it may have obtained.[154]

To be sure, the last part of the section 115 of the Brazilian Corporation Law refers to what the Brazilian's scholars call "substantial conflict of interest" (*conflito de interesse substancial*).[155] In this case, the Brazilian Corporation Law mandates an *ex post* control of the exercise of the voting right. The content of the shareholders' resolution passed with the vote issued in conflict of interest will be scrutinized *ex post* to detect if there is actual or potential damage to the corporation or to the shareholders in general.[156] This means that the conflicted transaction will not be considered void or voidable solely because a potential conflict of interest is present in the proposed transaction. It shall be proved that the conflicted transaction caused actual or potential damages to the corporation or its shareholders.

This is similar with the regulation of the conflict of interest transactions under the Delaware Code and Model Act with respect to interested transactions between directors ant their corporation. Today, most statutes permit interest director transactions to the extent disclosure and fairness are showed.[157] Therefore, the antiquate common law orientation that held interested director transactions void at the option of the corporation regardless of its fairness is no longer good law in most jurisdiction of the U.S.[158]

152. There are others situation where a shareholder may be not entitled to vote. For instance, if the corporation is proposing changes in preference, privileges or a condition of redemption or amortization conferred upon one or more classes of preferred shares, or creating a new more favored class, the shareholder resolution will only take effect if the holders of more than one-half of the affected class of preferred shares prejudiced by such resolution, assembled at a special shareholders meeting to approve or ratify such change within a period of one years. *See* section 136, I, II and § 1 of the Brazilian Corporation Law, *supra* note 16.

153. § 4 of section 115 of the Brazilian Corporation Law, *supra* note 16, sets forth that: "[r]esolutions passed with the vote of a shareholder who has interests which conflict with the interests of the corporation can be made void; the shareholder shall be liable for any damage caused and shall be required to transfer to the corporation any benefits he may have obtained".

154. *See, generally*, section 115 of the Brazilian Corporation Law, *supra* note 16.

155. *See* Erasmo Valladão Azevedo e Novaes França, *Conflito de Interesses nas Assembléias das S/A*, 90.

156. *Id.*

157. *See, e.g.*, § 144 of the Delaware Code and Subchapter 8F of the Model Act.

158. *See* Dooley, *supra* note 109, at 590.

In Brazil, if the *ex post* examination of the resolution passed with the vote issued with conflict of interest demonstrates that the corporation or its shareholders suffered actual or potential damage such resolution shall be deemed void and the conflicted shareholder shall be liable for any damage caused to the corporation and shall be required to transfer to the corporation any benefits she may have obtained.[159]

This interpretation of § 4 of section 115 of the Brazilian Corporation Law has been upheld by the Brazilian Securities and Exchange Commission (CVM). In the Administrative Proceeding n. RJ 2002/1.155, the CVM, speaking through its former Director Luiz Antonio de Sampaio Campos, established that "a conflict of interest transaction should be analyzed *ex post*, *a posteriori*, and seeking to determine if the conflict at issue is strident, colliding and non-reconcile [with the interest of the corporation]".[160]

It is worth mentioning that the discussion held above dealt with the situation where the conflicted shareholder indeed voted to approve the conflicted transaction. Once the conflicted shareholder issues her vote and it is decisive to approve the self-dealing transaction, then all consequences of section 115 described above will apply.

However, if the conflicted shareholder does not issue her vote and nevertheless the self-dealing transaction is approved by the affirmative vote of the majority of the non-conflicted shareholders, no liability will attach to the conflicted shareholder, even if an *ex post* evaluation of such transaction showed that damages had been caused to the corporation. This means that the shareholder that does not vote is shielded from any liability that may arise as a result of the approval of the conflicted transaction.

It follows that the approval of a transaction by the majority of the minority shareholders will provide an efficient safe harbor to the controlling shareholder intending to enter into a self-dealing transaction with the corporation. Thus, the adoption of the cleansing mechanism of subjecting a conflicting transaction to the approval of the majority of the minority will insulate the conflicted controlling shareholder from any liability. As a result, the conflicting shareholder will have the legal certainty that it can pursue a self-dealing transaction without being exposed to any potential liability. This is so because the rule of law of section 115 of the Brazilian Corporation targets only the shareholders that have issued their votes; those who have not voted or participated in the shareholders' resolution are not reached by section 115 and, accordingly, cannot be held liable for any damages incurred by the corporation as a result of the approval of such transaction. That is the understanding of the Brazilian scholars,[161] as well as the Brazilian Securities and Exchange Commission (CVM).[162]

The Brazilian Corporation Law's option of granting full effect to the cleansing mechanism of conditioning the conflicted transaction to the vote of the non-conflicted shareholders antagonizes with the solution encountered by the case law of Delaware. As demonstrated above,[163] when examining a controlling shareholder transaction, Delaware courts refuse to apply business judgment rule even to independently approved transactions, in an apparent distrust to any cleansing procedure used by the controlling shareholder to approve the self-dealing transaction.[164]

Brazilian scholars and CVM are of the opinion that there is sufficient justification

159. *See* § 4 of the Brazilian Corporation Law, *supra* note 16.

160. *See* Processo Administrativo Sancionador CVM RJ 2002/1.155, available at *www.cvm.gov.br*.

161. *See*, among others, Novaes Franca, *supra* note 155.

162. *See* CVM Administrative Process RJ 2006/7.204 and RJ 2006/7.213.

163. *See* Part I.B) *supra*.

164. Kahn *v.* Lynch Communications Systems, Inc., *supra* note 1.

in today's environment for giving full cleansing effect to a self-dealing transaction that is conditioned on approval of the minority shareholders.[165] Accordingly, liability-insulation will be afforded to an interested shareholder that abstains from voting in a self-dealing transaction. This rule applies indistinctly to any shareholders' resolution approved without the vote of the conflicted shareholder. Thus, either the controlling or minority shareholder can benefit from the liability-insulation by not issuing her vote.

To summarize, in one hand, the Brazilian Corporation Law general rule with respect to conflict of interest transactions authorizes the shareholder to vote in the any stockholders resolution no matter the potential conflict that said shareholder may have when issuing her vote.[166] The determination as to whether such vote caused any harm to the corporation will be assessed *ex post*.[167] If the conflicted shareholder does not issue her vote and conditions the transaction on the approval of the non-conflicted shareholders, then the conflicted shareholder is shielded from liability. On the other hand, the Brazilian Corporation Law described three specific situations where the shareholder cannot vote.[168] Here, the Brazilian Corporation Law creates a *per se* prohibition to vote on the grounds that the interests of corporation and the shareholders are irreconcilable. But this is the exception. The common understanding supported Brazilian scholars and the Brazilian Securities and Exchange Commission (CVM) is that shareholders are free to vote and an *ex post* evaluation will be made in order to detect if the conflicted vote had prejudiced the corporation in any manner.[169]

B) Special Rule for Mergers of Controlled Corporations – Section 264 of the Brazilian Corporation Law

The treatment afforded by the Brazilian Corporation Law to merger of controlled corporations – that is, long-form mergers proposed by the controlling shareholder – departs from the general rule described above concerning conflict of interest transactions under section 115. To be sure, in cases of merger of corporations under common control, the Brazilian Corporation Law recognizes the submission of the corporation's interest to the interest of the controlling shareholder.[170] Accordingly, the rule regarding conflict of interest transaction will not apply for this self-dealing transaction and the vote issued by the controlling shareholder will not be *ex ante* or *ex post* scrutinized by the Brazilian Securities and Exchange Commission (CVM) or the Brazilian courts.

Therefore, when dealing with merger of controlled corporations, the question as to whether the controlling shareholder exercised its vote aligned with the interest of the corporation is a moot issue. The Brazilian Corporation Law expressly authorizes the controlling shareholder's vote in the stockholders' resolution to be passed to approve the transaction.[171] The drafters of the Brazilian Corporation Law justify that rule on the grounds that the decision about the convenience of implementing the merger of the controlled corporation shall rest upon the controlling shareholder, in observance of the majority rule.[172]

But this rule does not mean that minority shareholders will be left without protection or subject to abuses from controlling shareholders. On the contrary. The

165. *Id.*

166. *See* section 115 of the Brazilian Corporation Law, *supra* note 16.

167. *Id.*

168. *See* § 1 section 115 of the Brazilian Corporation Law, *supra* note 16.

169. *See* Novaes Franca, *supra* note 155, at 90.

170. *See* section 264 of the Brazilian Corporation Law, *supra* note 16.

171. *Id.*

172. *See* Alfredo Lamy Filho & José Bulhões Pedreira, "A relação de substituição de ações na incorporação de subsidiária", in *A Lei das S/A*, v. 2, 579.

drafting process of section 264 – that governs merger of controlled corporations – has been conducted with the sole purpose of protecting the minority shareholder. The official comments of Brazilian Corporation Law emphasizes this point by admitting that the merger of controlled corporation requires a special set of rules for the minority shareholders' protection. The reason for that is well-known and lies on the fact that in self-dealing transaction one party stands on both sides of the transaction and, thus, is capable of unilaterally approving the shareholder's resolution without the cooperation of non-controlling shareholders.[173]

1. In Pursuit of an Equitable Share Exchange Ratio

The special commands created by the drafters of the Brazilian Corporation Law for protecting the minority shareholders are mostly related to the calculation of a second share exchange ratio in addition to the one proposed by the controlling shareholder.[174] In this sense, the first protection designed by section 264 of the Brazilian Corporation Law is to require the management of the corporations involved in the transaction to present the calculation of the share exchange ratio based on the net worth at market values.[175] This means that the net value of the shares of both the controlling and controlled corporations will be a result of the division of their net worth by the number of issued shares. In turn, the net worth will be based on their respective assets and liabilities evaluated at market prices (and not simply by book value) according to the *same criteria* and on the *same date*.[176] Accordingly, when calculating the share exchange ratio, the management of both corporations will present a balance sheet in which all assets and liabilities will be reevaluated *individually* at market prices.[177]

The Brazilian Corporation Law's reliance on the calculation of a second share exchange ratio as a way to protect the minority shareholders' interest in a merger of controlled corporation may be explained on the basis that, in a merger of controlled corporation under Brazilian law, the only possible and acceptable consideration is equity shares. No cash or other securities can be tendered to the minority shareholders of the controlled corporation to be merged; only shares of the surviving corporation are acceptable consideration under Brazilian law. This is distinguishable from Delaware law that authorizes other forms of consideration – such as cash and securities – in a merger of a controlled corporation.

Another point that must be emphasized is the fact that section 264 establishes that the net value of the shares of both the controlling and controlled corporations and their respective assets and liabilities will be valued according to the *same criteria* and on the *same date*, at *market prices*. Put differently, this means that in merger of controlled corporation the shares of the controlling corporation will be valued without any allowance for a control premium. The Brazilian Securities and Exchanges Commission (CVM) stated that in mergers of controlled corporation there is no sale of control since the controlling shareholder remains the same and, therefore, no control premium will be allowed to be part of the calculation of the share exchange ratio.[178]

Specifically, section 15, I, of CVM's Instruction n. 319 expressly prohibits cal-

173. *See* Official Comments to Section 264 of to the Brazilian Corporation Law, published on the official gazette on December 15, 1976 (hereinafter "Official Comments").

174. *See* Modesto Carvalhosa, *Comentários a Lei de Sociedades Anônimas*, 275.

175. *See* section 264 of the Brazilian Corporation Law, *supra* note 16.

176. *Id.*

177. *See* Carvalhosa, supra note 169, at 288.

178. *See* CVM Administrative Process RJ 2006/7.204 and RJ 2006/7.213.

culation of the share exchange ratio in merger of controlled corporation that takes into consideration control premium.[179] The infringement of such provision is deemed an abusive conduct by the controlling shareholder and may result in personal liability on the latter.[180]

The Brazilian Corporation Law determines that the appraisal (or reevaluation) of the assets and liabilities of the two corporations must be conducted by an independent third party firm.[181] Such firm is expected to prepare a objective appraisal of the assets and liabilities at market value. To assure that goal, the Brazilian Corporation Law subjects said firms to the payment of damages caused to the corporation, shareholders and third parties, by their negligence or fraud in evaluating the assets and liabilities.[182] Criminal liability may also be imposed on these firms depending on the nature and extent of the infraction.[183]

2. The Share Exchange Ratio to be Adopted in a Merger of Controlled Corporation

To be sure, the reevaluation of both controlling and controlled corporations based on market values has one well known and defined purpose, that is, to serve as an additional resource to the non-controlling shareholders decide if they will accept the share exchange ratio proposed in the merger or if they shall ask for their withdrawal rights, when available.[184] Here it is worth mentioning that in general the Brazilian Corporation Law does not require a specific valuation method for calculating the share exchange ratio in a merger transaction. For non-conflicted merges, section 224 of the Brazilian Corporation Law – following the principle of full disclosure – requires that before the shareholders' resolution called to vote a merger, the management of both corporations (merged and surviving) discloses "the number, type and class of shares which shall be attributed in substitution for extinguished rights of shareholders and the criteria used to determine the relations between such substitutes shares".[185] But the Brazilian Corporation Law does not mandate a specific valuation process in case of merger. The actual criteria to be adopted by the merging corporations is left to the discretion of the management and approval of the shareholders.[186]

Hence, under the structure of the Brazilian Corporation Law, in case of a non-conflicting merger, the management of the two corporations has significant discretion to adopt the *criteria* under which the net worth of the corporation to be merged will be valued and to determine the *method of calculating* the share exchange ratio.[187] Normally, the only requirement of the Brazilian Corporation Law is that such data be provided well before the date of the shareholders' resolution called to vote on the merger.[188]

Of course, the substantial autonomy and discretion given to the management of the corporations involved a merger transaction to determine the criteria of valuation and method of calculating the share exchange is only practically sustained under the assumption that the two corporations have different controlling shareholders and, accordingly, the shareholders' interests of

179. *See* Instrução CVM n. 319 dated December 3, 1999, as amended by Instrução 320/1999 and 349/2001.

180. *See* CVM Instruction n. 319, Section 15, I, *supra* note 179.

181. *See* § 1 of section 264 of the Brazilian Corporation Law, *supra* note 16.

182. *See* section 8 of the Brazilian Corporation Law, *supra* note 16.

183. *Id.*

184. *See* Carvalhosa, *supra* note 169, at 288.

185. *See* Section 224, I of the Brazilian Corporation Law, *supra* note 16.

186. *See* Carvalhosa, *supra* note 169, at 287.

187. *See generally* sections 223, 224, 225 and 226 for an overview of the formal procedures provided by the Brazilian Corporation Law in case of mergers, *supra* note 16.

188. *See* Carvalhosa, *supra* note 169, at 273.

each corporation are defended and protected through a real bargaining power where the designees of each corporation negotiates at arm's length seeking to achieve the best deal for the shareholders. Under these conditions, it seems reasonable to recognize that the valuation of the merged corporation and the respective share exchange ratio are pure negotiable discussions, and that the shareholders of each corporation can rely on the ability of their representatives to furiously bargain at arm's length as a way to obtain a fair value for both merged and surviving corporations.[189]

It follows that in a merger transaction between controlling and controlled corporations there is no real or effective bilateral bargain process between the corporations. To be sure, in a merger of controlled corporation there is only one party with real bargain power: the controlling shareholder. To the extent that the controlling shareholder stands on both sides of the transaction, there is no real bargaining process in a merger of controlled corporation. And the lack an effective bargaining process has the undesirable consequence of leaving the minority shareholders' interest unattended.[190]

3. *The Two Functions of Section 264 of the Brazilian Corporation Law*

a – Informative Function

Trying to balance the relationship between the controlling and minority shareholders on mergers of controlled corporation, section 264 of the Brazilian Corporation Law provides that the minority shareholders on merger of controlled corporation must have access to a valuation report based on the net worth of both corporations calculated at market values.[191] To the extent authorized by the Brazilian Securities and Exchange Commission (CVM), public corporations are authorized to present a valuation report of both corporations using a method other than net worth at market values.[192] Thus, discounted cash flow's rather than net worth at market values could be used for the purposes of section 264 of the Brazilian Corporation Law as the method to be used on the valuation report. However, as a practical standpoint, almost all mergers of controlled corporation submitted to CVM are made based on net worth at market values of both controlled and controlling corporation. The probable cause for this fact is that the appraisal rights are to be based on the method adopted by the companies for the purpose of section 264 and net worth at market values normally provides, at least in Brazilian corporations, a more attractive share exchange ratio for the controlling shareholder than, for example, discounted cash flow method.

But again, this does not mean that the share exchange ratio calculated based on that procedure will be the one necessarily adopted by the parent-subsidiary to effect the merger. The wording of section 264 of the Brazilian Corporation Law mandates that the calculation of the share exchange ratio made based on market values of the net worth of both controlled and controlling corporation be used for purposes of *comparison* with the method actually embraced by the management of the both corporations.[193] Hence, the Brazilian Corporation Law does not prohibit the merger to take place with the share exchange ratio calculated based on other criteria. The valu-

189. *Id.*

190. *Id.* at 275.

191. *See* Official Comment, *supra* note 168.

192. This possibility was introduced by the Brazilian Corporation reform of 2001, implemented through Federal Statute 10.303/2001.

193. Such comparison function of the share exchange ratio based on market values is expressed in 2nd paragraph of section 264, *in verbis*: "[f]or purposes of the comparison mentioned in this Section, the shares in the controlled corporation owned by the controlling corporation shall be valued according to the provisions of this Article 264 (first part)" (free transaction).

ation mechanism based on market values – or other valuation method to be approved by the CVM – will serve to demonstrate whether the share exchange rate proposed by the controlling shareholders is ultimately equitable or not. This role of the section 264 is frequently called "informative function" of section 264.[194]

b – Legitimizing the Merger Process

But section 264 of the Brazilian Corporation Law has a much more important role in the framework of protecting the minority shareholder's interest. This role deals with the granting of legitimacy to the whole merging process.[195] Ordinarily, the share exchange ratio in a merger is legitimated when it is approved by the majority of the shareholders in a stockholders' meeting. By contrast, in a parent-subsidiary merger the share exchange ratio is legitimated when it turns out to be higher than share exchange ratio achieved based on the valuation of both companies at market values. In this situation, the comparative function of section 264 of the Brazilian Corporation Law will be used by the management of both corporations to demonstrate that share exchange ratio proposed to effectuate the deal is equitable.[196]

However, when the share exchange ratio proposed by the management of the parent-subsidiary corporations is lower than the one calculated based on the assumptions of section 264 of the Brazilian Corporation Law, that is, at market values, then the legitimacy of the transaction will only occur if the minority dissenting shareholder be authorized to withdraw from the corporation by receiving the refund of her shares based on the valuation prepared at market values, in accordance with the provisions of section 264.

Put differently, if the conditions of the share exchange ratio provided by the management of both corporations are less advantageous than that resulting from the comparison provided for in section 264, the shareholders dissenting from the resolution of the general meeting of the controlled corporation which approved the transaction will be entitled to choose between the refund value determined in accordance with section 45 and the value adjusted in accordance with this section 264.[197] Thus, the legitimacy of the transaction occurs when the dissenting shareholder exercises a withdrawal right in such a fashion that the refund paid to her will be based on the fair value of the stock, according to the valuation method outlined by section 264 of the Brazilian Corporation Law.

Notice that § 3 of section 264 of the Brazilian Corporation determines that the dissenting shareholder will have the option to ask for the refund of her shares based on the valuation prepared in accordance with the criteria of section 264 – that is, net worth of both corporation being assessed based on market values – or based on the pure accounting net worth of the corporation as mandated in section 45 of the Brazilian Corporation Law. Here it is important to note that, as general rule, when a shareholder of a Brazilian corporation exercises her right to withdraw, the actual amount of refund will be calculated in accordance with section 45 of the Brazilian Corporation Law. Such section provides that the method to calculate the refund is to be book value or any other value established in the bylaws of the corporation to the extent such value is not lower than book value. Such rules will usually stipulate that the amount of the refund will be calculated based on the book value's net worth.[198]

Accordingly, § 3 of section 264 of the Brazilian Corporation Law provides for the

194. *See*, in this sense, the vote of CVM's Director Pedro Oliva Marcílio de Sousa in the Administrative Process CVM RJ 2006/3.160.

195. *Id.*

196. *See* Carvalhosa, *supra* note 169, at 276.

197. *See* § 3 of section 264 of the Brazilian Corporation Law, *supra* note 16.

198. *See* § 1 of section 45 of the Brazilian Corporation Law, *supra* note 16.

dissenting shareholder of the controlled corporation to be merged two options with respect to the calculation of the refund: the first one is to ask for the refund based on the valuation method provided by section 264, that is, net worth at market value; the second option is to ask for the refund based on accounting net worth of the corporation as provided by section 45. As practical matter, the dissenting shareholder will exercise its withdrawal right according to the market value net worth method provided by section 264 if such amount is higher than the one calculated based on the accounting net worth of the corporation. The withdrawal right based on one of these two options will serve to legitimate the merger of the controlled corporation under the Brazilian Corporation.

Another point to considerer in the system created by the Brazilian Corporation Law for merger of controlled corporation is that a withdrawal right will only be an option to the dissenting shareholder if the merged corporation is not widely traded on the national stock exchange. To be sure, the Brazilian Corporation Law – embracing a framework similar to the Delaware Code and the Model Act – provides for the stock market exception – also known as market-out solution. Thus, to the extent that the dissenting shareholder can sell her shares in the market, the withdrawal rights will not apply. In this situation, withdrawal right is considered unnecessary since the market value of the share is deemed the best method to valuate it and, therefore, no harm would be caused to the minority shareholder in case of substantial change in the corporate structure.

Under the Brazilian Corporation Law, whenever a liquid and disperse trade market exists for the controlled corporation, the dissenting shareholder will be in position to trade her shares in the market. The Brazilian Corporation Law establishes a test to define whether the shares of a corporation are actively traded so as to authorize the market-out solution. The standards of the test defining the concept of liquidity and dispersion are outlined by the Brazilian Corporate Law in section 137, II, items (a) and (b).[199]

But when the market-out solution does not apply because neither liquidity nor dispersion is found, then the dissenting shareholder will be in a position to exercise her withdrawal rights, choosing her refund between the valuation methods of section 264 and 45 of the Brazilian Corporation Law.

To summarize, the protection afforded by the Brazilian Corporation Law to minority shareholders of the controlled corporation being merged into its controlling shareholder relies on the definition of an objective method of valuation of both corporations involved in the merger process. Such valuation process demands that the management of both corporations present an independent appraisal report of the net worth of both corporations based on *individual* market value of each asset and liability of the corporations. This valuation report at market value will serve as an informational tool, and the minority shareholder will be able to assess whether the share exchange ratio proposed by the management of both corporation is equitable or not. If the share exchange ratio proposed by the management of the corporations is higher than the one calculated based on the market value of the net worth, then the minority shareholder will have the assurance that the proposed exchange ratio is fair. However, if the share exchange ratio proposed by the management turns out to be lower, then the dissenting minority shareholders of the controlled corporation will have the right to

199. "Section 137: (...) a) liquidity is evidenced when the type or class of share, or the certificate that represents it, is part of a general index representing a portfolio of securities in Brazil or abroad, defined by the Brazilian Securities Commission; and b) dispersion is evidenced when the majority shareholder, the controlling corporation or other corporations under their control hold less than half of issued shares of the applicable type or class;" (free translation).

exercise their withdrawal right based on the net worth calculated at market prices (or if this amount is lower than the accounting net worth, by such amount, according to section 45 of the Brazilian Corporation Law). This solution will only apply if the corporation being merged does not have a liquid and disperse trade market for its shares, that is, when the market-out solution does not apply.

When compared to the structure of the Delaware law for merger of controlled corporation, the first difference that comes up is that the Brazilian Corporation Law solution, while granting a satisfactory protection to the minority shareholder, affords to the controlling shareholder a meaningful safe harbor when entering into the transaction. This is so because the unique remedy available for the dissenting minority shareholder is the withdrawal right based on the net worth of the corporation at market or accounting values. Once the controlling shareholder complies with the procedure described in section 264, the minority shareholder will have no grounds to challenge the transaction. Accordingly, the solution encountered by the Brazilian Corporation Law seems to satisfy both the controlling and the minority shareholders.

C) "Ex Post" Liability for Directors: Section 245 of the Brazilian Corporation Law

Section 264 of the Brazilian Corporation Law, as seen above,[200] grants a satisfactory safe harbor for controlling shareholder intending to propose a merger with its controlled corporation. To the extent that the controlling shareholder follows the procedure of section 264 – principally the one intended to assure an equitable share exchange ratio for the minority shareholder –, the dissenting shareholder will have fewer grounds to challenge the transaction for infraction of any controlling shareholder duties. For this specific transaction the Brazilian Corporation Law rules pertaining to conflict of interest will not apply and, as a result, the controlling shareholder is entitled to vote in the shareholder resolution taken to approve the merger and nothing can be done to impose liability to the controlling shareholder on the grounds that it issued its vote in conflict with the corporation's interest.[201]

The safe harbor granted by section 264 to the controlling shareholder, however, is not extended to members of the board of directors and officers of the corporations involved in the merger transaction. It is generally argued that section 264 of the Brazilian Corporation Law is clear when it granted the safe harbor to the controlling shareholder only, authorizing it to vote on a shareholder resolution that it was supposedly conflicted.[202] The members of the board of directors of both controlled and controlling corporations remain bound to their fiduciary duties to the corporation and its constituents.

As a result, section 245 of the Brazilian Corporation Law continues to govern the conduct of officers and directors in case of merger of controlled corporations. Such section sets forth that the directors and officers of a corporation may not favor an associated, controlling or controlled corporation to the detriment of their own corporation and shall ensure that the transaction between the corporations, if any, shall be equitable or be compensated by adequate payment. The officers and directors shall also be liable to the corporation for any loss resulting from an infringement of the provisions of this article.[203]

200. *See* item II.B) *supra*.

201. *See* item II.A) *supra*.

202. *See* the vote of CVM's Director Wladimir Castelo Branco Castro in the Administrative Process CVM RJ 2004/5.494.

203. *See* section 245 of the Brazilian Corporation Law, *supra* note 16.

The impact of this section to the safe harbor provided by section 264 is significant but not enough to undermine its utility. While the minority shareholder may have grounds to challenge the transaction based on misconduct of the corporation's directors or officers, the controlling shareholder will continue to be insulated from any claim or liability. Particularly, the minority shareholder challenging the transaction will carry the burden of proving that the director or officer had not complied with its fiduciary duties. Corporate litigation in Brazil shows that this burden is difficult to overcome. Accordingly, as a practical matter, the safe harbor of section 264 continues to play an important role in conciliating controlling and minority shareholder's interest in a merger of controlled corporation.

III. Conclusion

The primary objective of this study was to contribute to a better understanding of the controlling shareholders' transactions under Brazilian and Delaware law and the causes that have led each jurisdiction to adopt stringent control mechanisms for self-dealing transactions.

It started with a survey of Delaware most recent controlling shareholders' case law. It was argued that Weinberger continues to dictate the basic framework for controlling shareholders by establishing that entire fairness standard of review shall be used to scrutinize such transactions. It was also maintained that recent Delaware cases such as Lynch Communications and In re Cox Communication, Inc. Shareholders Litigation reaffirmed Delaware's distrust of any meaningful cleansing mechanism to insulate controlling shareholder's transactions. This paper suggested that a better policy would be to afford business judgment to self-interested mergers that are approved by either an effective independent director committee or by a majority of the minority vote.

This study then turned to the examination of the controlling shareholders' transactions under Brazilian law. It was sustained that Brazilian Corporation Law provided a satisfactory safe harbor for controlling shareholder proposing a merger of controlled corporation. It was maintained that both minority and controlling shareholder's interests have been satisfactorily conciliated by section 264 of the Brazilian Corporation Law. On one hand, minority shareholders' interest had been safeguarded when they were afforded with an alternative valuation method of the share exchange ratio. On the other, the controlling shareholder can enjoy a meaningful safe harbor by not being subject to the conflict of interest rule of section 115 of the Brazilian Corporation Law.

Accordingly, when compared to the structure of the Delaware law for merger of controlled corporation, the most notable distinction is that Brazilian Corporation Law, while granting a satisfactory protection to the minority shareholder, affords to the controlling shareholder a safe harbor when entering into the transaction. Delaware law, by its turn, continues to subject all controlling shareholders transactions to the most demanding standard of review in corporate law, entire fairness.

Bibliography

1. Books and articles

Alfredo Lamy Filho & José Bulhões Pedreira. "A relação de substituição de ações na incorporação de subsidiária", in *A Lei das S/A*. v. 2, Renovar.

Bradley R. Aronstam, R. Franklin Balotti & Timo Rehbock. "Delaware's Going-Private Dilemma: Fostering Protections for Minority Shareholders in the Wake of Siliconix and Unocal Exploration", 58 *Bus. Law*. 519.

______. "Revisiting Delaware's Going-Private Dilemma Post Pure Resources", 59 *Bus. Law*. 1.459.

Christopher A. Iacono. "Tender Offers and Short-Form Mergers by Controlling Shareholders under Delaware Law: the '800-Pound Gorilla' Continues Unimpeded – In Re Pure Resources, Inc., Shareholders Litigation", 28 *Del. J. Corp. L.* 645.

Erasmo Valladão Azevedo e Novaes França. *Conflito de Interesses nas Assembléias das S/A*. Malheiros Editores, 1993.

Gerard Hertig & Hideki Kanda. "Related Party Transactions", in Reiner R. Kraakman *et all*, *The Anatomy of Corporate Law – A Comparative and Functional Approach*. Oxford, University Press, 2004.

Guhan Subramanian. "Fixing Freeze Outs", 115 *Yale L. J.* 2, 11-13, 2005.

Jon E. Abramczyk, Jason A. Cincilla & James D. Honaker. "Going Private 'Dilemma'? Not in Delaware", 58 *Bus. Law.* 1.351.

Leo E. Strine. "The Inescapably Empirical Foundation of the Common Law of Corporations", 27 *Del. J. Corp. L.* 499, 509, 2002.

Luca Enriques. "The Law on Company Director's Self-Dealing: a Comparative Analysis", 2 *Int'l & Comp. Corp. L. J.* 297, 2000.

Melvin Aron Eisenberg. "The Divergence of Standards of Conduct and Standards of Review in Corporate Law", 62 *Fordham L. Rev.* 437, 456.

Michael P. Dooley. *Fundamentals of Corporation Law*. The Foundation Press, 1995.

______ & Michael D. Goldman. "Some Comparisons between the Model Business Corporation Act and the Delaware General Corporation Law", *56 Bus. Law.* 737.

Modesto Carvalhosa. *Comentários a Lei de Sociedades Anônimas*. Saraiva, 2002.

Peter V. Letsou & Steven M. Haas. "The Dilemma that Should Never Have Been: Minority Freeze Outs in Delaware", 61 *Bus. Law.* 25, 73, 2005.

Robert Charles Clark. *Corporate Law*. Aspen Law & Business ed., Aspen Publisher, 1986.

Stephen M. Bainbridge. *Corporation Law and Economics*. New York, Foundation Press, 2002.

Steven M. Haas. "Toward a Controlling Shareholder Safe Harbor", 90 *Va. L. Rev.* 2.245.

William T. Allen, Jack B. Jacobs & Leo E. Strine, Jr. "Function Over Form: a Reassessment of Standards of Review in Delaware Corporate Law", 56 *Bus. Law.* 1.287.

Zohar Goshen. "The Efficiency of Controlling Corporate Self Dealing: Theory Meets Reality", 91 *Cal. L. Rev.* 393.

2. Cases

Citron *v.* E. I. DuPont de Nemours & Co., 584 A.2d 490 (Del. Ch. 1990).

Haldeman *v.* Haldeman, 197 S.W. 376, 381 (Ky. 1917).

Hollinger International *v.* Black, 844 A.2d 1022 (Del. Ch. 2004).

In re Cox Communication, Inc. Shareholders Litigation, 879 A.2d 604 (Del. Ch. 2005).

In re Siliconix Inc. Shareholders Litigation, n. Civ. A. 18700, 2001 WL 716787 (Del. Ch. June 19, 2001).

In re Trans World Airlines, Inc. Shareholders Litigation, not reported in A.2d, 1988 WL 111271 (Del. Ch.), 14 *Del. J. Corp. L.* 870.

Kahn *v.* Lynch Communications Systems, Inc., 638 A.2d at 1114 (Del. 1994).

Kahn *v.* Tremont Corporation, not reported in A.2d, 1996 WL 145452 (Del. Ch.), 21 *Del. J. Corp. L.* 1161.

Kahn *v.* Tremont Corp., 694 A.2d 422, 428-29.

Puma *v.* Marriot, 283 A.2d 693 (Del. Ch. 1971).

Rabkin *v.* Philip A. Hunt Chemical Corp., 498 A.2d 1099, 1107 (Del. 1985).

Roland International Corp. *v.* Najjar, 407 A.2d 1032 (1979).

Rosenblatt *v.* Getty Oil Co., 493 A.2d 929 (Del. 1985).

Sinclair Oil Corp. *v.* Levien, 280 A.2d 712, 720 (Del. 1971).

Singer *v.* Magnavox Co., 380 A.2d 969.

T. Rowe Price Recovery, L. P. *v.* Rubin, 770 A.2d 536, 552 (Del. Ch. 2000).

Tanzer *v.* International General Industries, Inc., 379 A.2d 1121 (1977).

Thorpe *v.* CERBCO, Inc., A.2d 436 (Del. 1996).

Weinberger *v.* UOP, Inc., 457 A.2d 701 (Del. 1983).

AGÊNCIA E REPRESENTAÇÃO COMERCIAL: A NECESSIDADE DE HARMONIZAÇÃO DA DISCIPLINA JURÍDICA

CARLOS ALBERTO HAUER DE OLIVEIRA

1. Introdução. 2. A especialidade da representação comercial. 3. As diferentes posições da doutrina a respeito do tema: 3.1 O entendimento de que inexiste diferença entre agência e representação; 3.2 A posição dos que entendem tratar-se de contratos distintos. 4. A diferença entre a agência e a representação comercial. 5. Conclusão. 6. Referências bibliográficas.

1. Introdução

Várias são as questões polêmicas que resultaram da vigência do Código Civil de 2002 e que ainda não foram sanadas. Uma delas é a que decorre do disciplinamento, a partir do art. 710 do Código Civil, do contrato de agência, figura que inexistia no âmbito do Código de 1916.

A maior polêmica não resulta do regramento estabelecido pelo novo Código em si, mas sim do fato de já existir há quarenta anos um outro contrato típico bastante semelhante e detalhadamente regulamentado: a representação comercial, disciplinada pela Lei 4.886/1965, na redação conferida pela Lei 8.420/1992.

É que uma leitura dos dispositivos que definem as diferentes atividades abre ensanchas a dúvidas: trata-se da mesma figura contratual? Se positiva a resposta, como harmonizar os diferentes regimes jurídicos? Na hipótese negativa, qual critério deverá ser utilizado para divisar um contrato do outro?

Reside a dificuldade na imensa similitude entre os conceitos utilizados em ambas as figuras, até porque o núcleo das atividades que lhe são inerentes gravita em torno da mesma idéia: a mediação para realização de negócios, no exercício de uma dada atividade econômica.

O fato é que o art. 1º da Lei 4.886/1965 assim define a representação comercial: "exerce a representação comercial autônoma a pessoa jurídica ou a pessoa física, sem relação de emprego, que desempenha, em caráter não eventual por conta de uma ou mais pessoas, a mediação para a realização de negócios mercantis, agenciando propostas ou pedidos, para transmiti-los aos representados, praticando ou não atos relacionados com a execução dos negócios".

O art. 710 do Código Civil, por sua vez, registra que "pelo contrato de agência, uma pessoa assume, em caráter não eventual e sem vínculos de dependência, a obrigação de promovem à conta de outra, mediante retribuição, a realização de certos negócios, em zona determinada".

A proximidade entre as duas figuras, como se deflui, é evidente. Aliás, convém frisar que, pelo menos até o advento do novo Código Civil, a expressão "agência" era tida como sinônima de "representação comercial", sendo esta a posição dos doutrinadores clássicos,[1] valendo destacar que muitos ainda entendem desta forma, conforme será adiante demonstrado.

Veja-se que tamanha é a proximidade entre as figuras que, no conceito legal de representação comercial, verifica-se a presença do verbo *agenciar*, flexionado no gerúndio, o que serve para confundir ainda mais a situação.

Como a questão é bastante recente, ainda não houve tempo para que a jurisprudência trouxesse luz à situação. A doutrina, por sua vez, está muito distante de apontar para um caminho seguro, porquanto diametralmente opostas são as soluções que já foram apresentadas ao problema, que, mais adiante, serão devidamente expostas.

No âmbito da doutrina, aparentemente só há uma unanimidade: a opinião no sentido de que o Código Civil não revogou ou derrogou a Lei 4.886, na medida em que o seu art. 721 foi expresso ao ressalvar a aplicação da lei especial, que, no caso, é justamente a Lei 4.886/1965, parcialmente alterada pela Lei 8.420/1992. Isso, no entanto, em nada auxilia para simplificar o problema. Ao contrário, serve para majorá-lo ainda mais, pois impõe a necessidade de harmonizar dois conjuntos de regras que, além de conflitantes, ostentam caráter distinto: a Lei 4.886 encerra regras impositivas, de ordem pública, ao passo que os preceitos do Código Civil que tratam o tema têm natureza eminentemente dispositiva, na medida em que no mais das vezes somente têm aplicação quando o ajuste entre as partes não estabelecer de modo diverso.

É neste cenário que se situa o propósito deste artigo, cuja pretensão é expor as posições que até então foram apresentadas, para, ao final, propor um novo critério para distinguir o contrato de agência do de representação comercial, com a conclusão de que se tratam de dois contratos distintos, regidos por normas de caráter bastante diferentes.

2. A especialidade da representação comercial

O contrato de representação comercial, embora seja um dos mais utilizados no meio empresarial, é bastante diferente dos demais contratos que até então se classificavam como *mercantis*. Isso porque rege-se por lei que encerra preceitos de ordem pública, o que não é muito usual no âmbito do contratos que são firmados por exercentes de atividade econômica.

Em geral, os contratos que integram a seara do direito de empresa costumam reservar amplo espaço para a autonomia da vontade das partes. Mesmo contratos típicos, no mais das vezes, encontram na lei apenas a definição da moldura básica da figura contratual, sem que haja necessariamente o detalhamento das posturas que nele deverão ser adotadas.

Exemplo típico disso é o contrato de franquia empresarial, regido pela Lei 8.955/1994. Referida lei, em síntese, ocupa-se em criar mecanismo para garantir a transparência contratual, apresentando uma longa lista dos aspectos que deverão ser definidos na circular de oferta de franquia e no contrato correspondente. Mas a lei – felizmente, aliás – não estabelece o conteúdo obrigatório dos direitos e deveres das partes; apenas determina que deve haver a definição em torno dos aspectos mínimos que elenca.

Veja-se que a lei que regulamenta a franquia determina que deverá constar da circular de oferta de franquia, por exemplo e em relação ao território, "se é garantida ao franqueado exclusividade ou preferência sobre determinado território e, caso positivo, em que condições o faz". O que é

1. Fran Martins, por exemplo e anteriormente ao advento do Código Civil de 2002, afirmou que o "contrato de representação comercial é também chamado de contrato de agência, donde representante e agente comercial terem o mesmo significado" (*Contratos e obrigações comerciais*, 14ª ed., p. 267).

muito diferente de a própria lei garantir a uma das partes a exclusividade em uma região ou a preferência para a instalação de novas unidades. Obriga as partes, assim, a regular um determinado assunto, mas não impõe como; elas é que deverão definir.

Na maioria dos contratos comerciais, com efeito, prevalece a idéia de que as partes são livres para, observados os postulados básicos do direito das obrigações, estabelecer suas regras da forma que melhor lhes aprouver, garantindo o espaço para a autonomia da vontade.

Muito diferente é a situação quando a atividade empresarial envolve a representação comercial. A Lei 4.886, em verdade, vai muito além de indicar os aspectos que devem necessariamente constar do contrato de representação comercial (art. 27), na medida em que garante direitos mínimos ao representante. É o caso, por exemplo, da alínea "j" do art. 27, que prevê a obrigatoriedade de constar do instrumento contratual a indenização pelo rompimento do ajuste sem justa causa, ao mesmo tempo em que prevê que a indenização "não poderá ser inferior a 1/12 (um doze avos) do total da retribuição auferida durante o tempo em que exerceu a representação".

O fato é que a Lei 4.886 estabelece uma série de regras impositivas que, por isso mesmo, não podem ser afastadas pela vontade das partes. Convém pôr em realce algumas delas:

(*i*) o prazo só pode ser determinado no primeiro ciclo contratual, de modo que não é lícita a sucessão de contratos com prazo determinado, salvo se houver um hiato de pelo menos seis meses entre um e outro – art. 27, §§ 2º e 3º;

(*ii*) a base de cálculo das comissões deve necessariamente ser o "valor total das mercadorias" (art. 32, § 4º), o que restringe a possibilidade de as partes preverem a melhor sistemática para a justa remuneração, impedindo, p.ex., que se deduzam da base de cálculo despesas determinadas, tais como alguns tributos, frete, embalagem, mesmo que haja suficiente justificativa econômica para tal;

(*iii*) vedação de alterações, ainda que consensuais, que impliquem na diminuição da média dos resultados auferidos pelo representante nos seis meses anteriores (art. 32, § 7º);

(*iv*) a impossibilidade de transferir ao representante comercial o risco relacionado à inadimplência do comprador – a conhecida cláusula *del credere*, hoje vedada pelo art. 43; dentre outras.

Assim é porque a lei que rege a representação comercial teve um propósito claro e inequívoco: o de proteger a categoria dos representantes comerciais, que, até então, eram considerados "párias de nossa organização econômica e social", nas palavras de Rubens Requião.[2] Referido autor noticia que a lei em questão teve origem em reivindicação classista de 1949, aprovada por ocasião da II Conferência Nacional das Classes Produtoras, ocorrida na estância mineira de Araxá. O projeto de lei que daí resultou foi finalmente aprovado pela Câmara dos Deputados em 1965, mas foi inteiramente vetado pelo Presidente Castelo Branco, sob a justificativa de que o projeto aproximava em demasia o contrato de representação comercial ao contrato de trabalho dos vendedores, viajantes e pracistas. Ao vetar tal projeto de lei, determinou o Presidente que o Ministério da Indústria e do Comércio avaliasse o assunto e, com urgência, encaminhasse novo projeto ao Congresso, o que acabou por ocorrer no mesmo ano de 1965, sendo aprovado, às pressas, o projeto que resultou na Lei 4.886.

Por outro lado, é certo que a Lei 4.886 buscou inspiração em regras do direito do trabalho, em especial a indenização pela despedida sem justa causa e o pré-aviso. Frise-se bem: não que o representante comercial autônomo tenha a proteção do direito do trabalho; mas a lei especial, para

2. Rubens Requião, *Do Representante Comercial*, 5ª ed., p. 10.

protegê-lo, abeberou-se da mesma fonte que empolgou o disciplinamento da relação trabalhista.

Em conseqüência, para garantir a proteção, foi preciso dotar a lei de caráter cogente, impositivo, típico das leis que ostentam caráter social. Aliás, é conveniente frisar que o Supremo Tribunal Federal, em julgado de 1975, expressamente ressaltou o "caráter social" da Lei 4.886, destacando que esta "inspirou-se no contrato de trabalho".[3]

Também Waldirio Bulgarelli destacou este aspecto, ao afirmar que os "representante comerciais autônomos provieram, historicamente, dos viajantes, que ao se instalarem definitivamente numa praça acabaram também por adquirir caráter autônomo; daí ainda decorrer certo resquício de dependência, como se observa, na tentativa de disciplina legal, ao se dar uma proteção legal bem assemelhada à dos empregados. A propósito, a Lei n. 4.886/1965 é exemplo manifesto, tendo colhido, por certo, na Consolidação das Leis do Trabalho, subsídios para regular a situação do representante comercial autônomo, estipulando figuras afins, como o prévio aviso, a indenização etc.".[4]

É por isso que se pode afirmar que o contrato de representação comercial é, de certa forma, *perigoso*. Funda-se a afirmação por ser um dos poucos contratos mercantis que se orienta muito fortemente por princípios protetivos de ordem social, equiparável à proteção oferecida ao trabalhador. O *perigo* antes referido resulta da prática não rara de os empresários e até mesmo advogados menos avisados tratarem da representação comercial sem observar esta sua nuança, enfrentando-a como se fosse um contrato mercantil como os outros. Exemplo concreto: é muito comum em contratos do gênero estabelecer-se amiúde a sistemática a ser observada para o cálculo da comissão, com claríssima regra prevendo a dedução da base de cálculo de algumas verbas bem discriminadas, tais como tributos, despesas com transporte, embalagem etc., muitas vezes até com uma fórmula matemática para chegar-se ao valor devido. Em praticamente todos os outros contratos, pactuação desta jaez seria absolutamente legítima. Mas não na representação comercial, porquanto o § 4º do art. 32 da Lei 4.886, de forma impositiva, determina que a base de cálculo da comissão deverá ser o valor total da mercadoria.

O risco, então, é o de enfrentar a representação comercial com o espírito típico de quem avalia relações interempresariais, o que costuma, resultar, ao final, na surpresa de que a prática adotada era ilegítima. Aliás, convém destacar que uma grande quantidade de empresários sequer tem conhecimento que a desconstituição de um contrato de representação comercial em vigor por prazo indeterminado gerará forçosamente indenização em favor do representante, salvo se ficar demonstrada a justa causa. E muitas vezes mostram-se surpresos com a exigência de tal verba, até porque os contratos que firmaram excluíam, mutuamente, qualquer espécie de indenização.

Daí o *perigo*, que na verdade resulta da falta de informação. E a preocupação sobe de ponto quando se compara que qualquer dona de casa, por menor instrução que tenha, sabe que ao demitir sua empregada doméstica terá de arcar com o ônus das verbas rescisórias. Mas, por mais absurdo que pareça, considerável quantidade de empresários bem instruídos (e até advogados que lhes assessoram) não têm a menor idéia do custo social que gravita em torno da representação comercial, razão pela qual sequer consideram este elemento na formação de seu cálculo empresarial, não sendo raras as situações em que a posterior descoberta de passivos relacionados ao tema acaba por comprometer a viabilidade de seu negócio.

3. Decisão proferida no RE n. 81.128, em 12.8.1975, pela 2ª T. do STF, Rel. Ministro Cordeiro Guerra.

4. Waldirio Bulgarelli, *Contratos Mercantis*, p. 500.

3. As diferentes posições da doutrina a respeito do tema

3.1 O entendimento de que inexiste diferença entre agência e representação

Há autores que, apesar da vigência do Código Civil, entendem que o contrato de agência e o de representação comercial continuam sendo a mesma coisa, como se fossem expressões sinônimas.

Maria Helena Diniz, por exemplo, trata simultaneamente de ambos, oferecendo inclusive o mesmo conceito,[5] sem justificar a razão pela qual entende tratar-se de um só contrato. Ao expor os característicos do contrato, apóia-se basicamente nos dispositivos do Código Civil, silenciando sobre aspectos relevantes previstos na Lei 4.886, a exemplo da indenização pelo rompimento do contrato.

A versão atual da obra de Washington de Barros Monteiro, atualizada por Carlos Alberto Dabus Maluf e Regina Beatriz Tavares da Silva, segue a mesma toada, afirmando-se enfaticamente que o "contrato de agência e distribuição nada mais é do que o contrato de representação comercial regulado pela Lei n. 4.886, de 9 de dezembro de 1965, com as alterações feitas pela Lei n. 8.420, de 8 de maio de 1992".[6]

O entendimento de Humberto Theodoro Júnior é no mesmo sentido. Para ele, o "novo Código Civil, a exemplo do direito europeu, abandonou o *nomem iuris* de 'representante comercial', substituindo-o por 'agente'. Sua função, porém, continua sendo exatamente a mesma do representante comercial autônomo".[7]

Jairo Saddi segue exatamente a mesma linha, registrando que a "definição de agência no Código Civil é idêntica à definição de representação comercial na Lei do Representante Comercial".[8]

Tanto Theodoro Júnior[9] quanto Saddi,[10] que mais detalhadamente enfrentaram a questão, consideram que as normas da Lei 4.886 continuam em vigor, uma vez que as previsões do Código Civil são genéricas, devendo ser considerados como revogados apenas os dispositivos da lei especial cuja matéria tenha sido regulada de forma diferente no Código Civil. O segundo autor, exemplificando as situações em que deve prevalecer a previsão do Código Civil, aponta a exclusividade implícita de agenciamento em favor do proponente e a alteração do prazo do pré-aviso, que passaria a ser de 90 dias.

Não parece ser esta, no entanto, a melhor forma de interpretar a situação.

Com exceção dos dois últimos autores referidos, os demais nem mesmo indicam a maneira de compatibilizar a situação resultante da lei geral nova. Afinal, qual seria o regramento a ser observado: o da lei especial ou o Código Civil?

Conforme já comentado anteriormente, o problema não está apenas no fato de haver distinção entre a maneira pela qual os diferentes diplomas tratam da questão. A maior dificuldade resulta do caráter das normas que compõem os diferentes regimes jurídicos.

5. "A *agência* ou *representação comercial* vem a ser o contrato pelo qual uma pessoa se obriga, mediante retribuição, a realizar negócios, em zona determinada, com caráter de habitualidade, em favor e por conta de outrem, sem subordinação hierárquica" (Maria Helena Diniz, *Curso de Direito Civil*, 3º v., 19ª ed., p. 395).

6. Washington de Barros Monteiro, *Curso de Direito Civil*, v. 5, 34ª ed., rev. e atual. por Carlos Alberto Dabus Maluf e Regina Beatriz Tavares da Silva, 2ª parte, p. 309.

7. Humberto Theodoro Júnior, *Do Contrato de Agência e Distribuição no Novo Código Civil*, disponível em *http://www.mundojuridico.adv.br/sis_artigos/artigos.asp?codigo=645* (acesso em 5.2.2006).

8. Jairo Saddi, "Considerações acerca da representação comercial frente ao novo Código Civil", in *RDM* 129/55.

9. Ob. cit.

10. Ob. cit., p. 58.

Na forma como exposto no item anterior, a Lei 4.886 encerra regras cogentes e impositivas, cuja aplicação não pode ser afastada pela vontade das partes. A maioria dos dispositivos do Código Civil que tratam do assunto, por seu turno, tem claríssima natureza dispositiva, na medida em que somente tem aplicação quando o ajuste entre as partes não estabelecer de modo diverso. Para comprovar a assertiva, basta ler, a título exemplificativo, as primeiras palavras dos arts. 711, 713 e 714 do Código Civil, que apresentam, antes de enunciar a regra, a expressão "salvo ajuste" ou "salvo estipulação diversa".

Enfim, para os que defendem que agência é sinônimo de representação comercial, falta resposta para a seguinte indagação: a figura contratual deixará de ser aquele tipo de pouca flexibilidade a que se refere a Lei 4.886 para passar a ser o modelo contratual previsto a partir do art. 710 do Código Civil, que oferece maior espaço para a autonomia da vontade?

Mantendo-se a aplicação das regras da Lei 4.886, que é norma especial, a conseqüência seria o esvaziamento quase que completo dos preceitos do Código Civil. Ou seja: seria preciso admitir que o Capítulo XII, compreendido entre os arts. 710 e 721 do Código Civil, não serviria para praticamente nada, com exceção da majoração do prazo de pré-aviso de 30 para 90 dias ou da implícita exclusividade instituída em favor do proponente.

Não obstante, mais uma conseqüência resultaria da prevalência desta orientação: a inclusão de outras relações jurídicas no pouco flexível bojo do contrato de representação comercial, fazendo com que este regime especial, que teve o propósito básico de proteger o vendedor não-empregado, fosse estendido a outras situações concretas em que sequer haveria uma parte hipossuficiente para proteger. Pois, conforme será adiante demonstrado, há hipóteses que se inserem no conceito de agência mas não se subsumem à noção clássica da representação comercial, não podendo, portanto, enquadrar-se no regime protetivo de que trata a Lei 4.886.

3.2 A posição dos que entendem tratar-se de contratos distintos

A doutrina também registra a posição dos que entendem que os contratos de agência e representação comercial não são sinônimos.

Num primeiro grupo, situam-se Fábio Ulhoa Coelho e Paulo Nader. Ambos entendem tratar-se de contratos assemelhados.

O primeiro trata separadamente as duas figuras, mas não chega a fazer o confronto entre uma e outra. Apenas afirma, em uma primeira passagem, que o novo Código "empregou a expressão 'agência' na identificação do contrato de colaboração assemelhado ao da representação comercial".[11] Em outra passagem, aponta a possibilidade de prorrogação do contrato de agência por novo período de prazo determinando como uma das diferenças com a representação comercial, o que faz revelar mais claramente o seu entendimento de que são contratos distintos.[12] Faltou, no entanto, indicar o que diferenciaria a atividade do agente da atividade do representante comercial.

Paulo Nader, na definição inicial, vai um pouco mais além. Registra que o contrato de agência é análogo ao de representação comercial "porque se assemelha e ao mesmo tempo é mais amplo do que a representação comercial".[13] No entanto, na seqüência deixa de explicitar a razão pela qual entende que a agência é mais ampla que a representação comercial, deixando, de igual modo, de realizar o confronto entre as duas figuras.

Ousada é a posição abraçada por Sílvio de Salvo Venosa, para quem "não há

11. Fábio Ulhoa Coelho, *Curso de Direito Comercial*, v. 3, 5ª ed., p. 113.

12. Ob. cit., p. 123.

13. Paulo Nader, *Curso de Direito Civil*, v. 3, p. 425.

razão para identificar a representação autônoma com a agência". Para distingui-las, assim afirma: "O representante comercial é mais do que um agente, porque seus poderes são mais extensos. O agente prepara o negócio em favor do agenciado; não o conclui necessariamente. O representante deve concluí-lo. Essa é a sua atribuição precípua".[14]

Verifica-se, assim, que, na ótica deste autor, a diferença estaria justamente na extensão dos poderes de cada um, partindo da premissa de que o representante comercial teria poderes para concluir o negócio em nome do representado.

Essa exegese foi posteriormente aplaudida por Jean Carlos Fernandes, que, a par de entender que o contrato de representação comercial não é sinônimo de agência, endossa a posição de Venosa, na medida em que transcreve e qualifica como "precisas e atuais as palavras" realçadas anteriormente.[15]

Não há, porém, como prevalecer este critério para a distinção entre as duas figuras contratuais, por uma razão essencial: o representante comercial, no geral, não tem poderes para concluir o negócio.

E isso está expresso na própria Lei 4.886, uma vez que é o conceito constante de seu art. 1º que estabelece, ao final, a ressalva de que o representante praticará "ou não atos relacionados com a execução dos negócios". O parágrafo único deste artigo, por sua vez, esclarece que "quando a representação comercial incluir poderes atinentes ao mandato mercantil, serão aplicáveis, quanto ao exercício deste, os preceitos próprios da legislação comercial".

Da leitura destes dispositivos, conclui-se que nada obsta que o representante comercial possa praticar os atos relacionados à execução dos negócios. Mas, para tanto, será necessário agregar um elemento novo: a concessão de mandato. Significa dizer, assim, que somente haverá *representação* propriamente dita se houver mandato; em outras palavras: se não houve mandato, que não é figura essencial para a definição da representação comercial, não terá o representante comercial poderes para concluir os negócios em nome do representado.

A percepção de que o representante comercial não dispõe de poderes para concluir negócios em nome do representado, por outro lado, sempre foi tranqüila na doutrina. Clássica tornou-se a posição de Rubens Requião, para quem "o instituto da representação está bem posto na Lei n. 4.886, que não a confundiu com o mandato. O representante comercial apenas representa quem o tenha contratado para agenciar negócios. Com isso, se resume ele a entabular as negociações, encaminhando, através de 'pedidos' os contratos cujas conversões inicia. Não tem ele poderes de mandato, para agir em nome do mandante na conclusão dos negócios que promove. Quando está ele armado de poderes para concluir as operações mercantis, torna-se mais do que um representante, para se fazer um colaborador jurídico, atuando com sua vontade posta a serviço do comitente. Nesse caso, a relação é de mandato e, prevendo-a o parágrafo único do artigo, em comentário, dispõe que então se apliquem, no seu exercício, os preceitos do mandado mercantil ('da legislação comercial')".[16]

O entendimento de Sílvio de Salvo Venosa parece ter origem no pensamento de Pontes de Miranda, que, de fato, entendia haver distinção entre a função do *representante de empresa* e o *agente comercial*, Argumentava ele que o "representante de emprêsa é mais do que o agente, por serem diferentes os seus podêres e mais amplos. O agente não representa, pôsto que lhe possam ser outorgados podêres de representação. Quando se fala de representante de emprêsa, além da diferença quali-

14. Sílvio de Salvo Venosa, *Direito Civil*, v. 3, 4ª ed., p. 588.

15. Jean Carlos Fernandes, "Aspectos do contrato de agência no Código Civil de 2002", in *Revista de Direito Privado* 23/99.

16. Rubens Requião, ob. cit., p. 19.

tativa em relação ao agente, há a diferença qualitativa em relação ao procurador, ao representante, se para algum ou para alguns negócios jurídicos determinados, e não para o que abrange o ramo de negócio".[17]

Esta mesma distinção, conforme apostila Requião,[18] existia no Esboço de Anteprojeto de Código Comercial de autoria de Florêncio de Abreu. De igual sorte, o Projeto 1.171/1949, que não chegou a ser aprovado, fazia a distinção, consoante se verifica da análise de seu art. 1º.[19]

Efetivamente, melhor seria se referido projeto tivesse vingado, uma vez que seria possível, na prática cotidiana da atividade econômica, saber se o interlocutor dispõe ou não de poderes para concluir o negócio pela simples análise do enunciado de sua denominação, conforme bem destacou Rubens Requião.[20]

No entanto, o mesmo autor destacou, de um lado, que a posição de Pontes de Miranda é anterior ao advento da Lei 4.886; de outro, deixou claro que o "sistema legal ora adotado em nosso país impede, a não ser complementado por construção doutrinaria, que se institua a distinção cuja utilidade e excelência aqui se defendem, ao lado da incontestável autoridade de Pontes de Miranda".[21]

Significa dizer, então, que a distinção hoje adotada por Sílvio de Salvo Venosa não pode prevalecer, pois a Lei 4.886, decididamente, não prestigiou o entendimento de Pontes de Miranda, que, por conta disso, não pode hoje ser aplicado sem que haja alteração da lei de 1965, que, repita-se, foi superveniente à divulgação de seu entendimento.

Embora também entendendo que os contratos sob enfoque são distintos, Rubens Edmundo Requião utilizou-se de outros critérios para estabelecer a diferença entre eles. Após realçar as semelhanças que inequivocamente existem entre os tipos contratuais, fixou dois elementos diferenciadores: (*i*) o fato de a representação comercial ser restrita aos negócios mercantis, o que não se verifica no âmbito da agência;[22]

17. Pontes de Miranda, *Tratado de Direito Privado*, 3ª ed., t. XLIV, p. 32.

18. Ob. cit., p. 47.

19. "Art. 1º. Caracteriza-se agente comercial quem de maneira estável, em caráter profissional, sem dependência econômica e subordinação hierárquica, realiza numa determinada zona, por conta de uma ou mais empresas, os atos de comércio peculiares à promoção de negócios, agenciando propostas e transmitindo-as aos seus representados para aceitação. Parágrafo único. Denomina-se especificamente representante comercial o agente que tem poderes de representação para concluir os negócios promovidos, aplicando-se-lhe as disposições desta Lei no que forem compatíveis com o mandado mercantil" (Rubens Requião, ob. cit., p. 47).

20. Ob. cit., p. 48.

21. Ob. cit., pp. 48 e 49.

22. "Assim, como o art. 1º da Lei n. 4.886/1965 reserva para a representação comercial a intermediação de *negócios mercantis*, no conceito clássico fundado na teoria dos atos do comércio (adotada à época da edição da Lei n. 4.886/1956 e que orientava toda a organização do sistema jurídico privado do direito brasileiro, bifurcado em direitos de natureza civil ou de natureza comercial), segue-se que a representação comercial, além de continuar existindo como contrato típico, permanecerá especializada aos negócios mercantis, já que o regime jurídico da intermediação especializada em negócios mercantis foi preservado pelo Código Civil.

"Em contrapartida, ao contrato de agência ou distribuição ficará debitada a missão de promover a intermediação, independente mas de modo permanente e de forma onerosa, de outros negócios, que não eram tradicionalmente tratados como negócios mercantis. Em nossa vivência, tivemos contatos com inúmeros negócios de intermediação dessa categoria, que contemplavam principalmente a alienação de direitos, como era o caso de venda de ossários, de títulos de clubes recreativos, de participação em consórcios para aquisição de bens, de 'venda' de jazigos etc., os quais não tinham o característico de negócios mercantis.

"Um dos traços marcantes do contrato de representação comercial é que este se desenvolve na missão primordial do representante de intermediar a celebração de contrato de compra e venda de efeitos móveis, corpóreos, elemento dos atos comerciais. Já o contrato de agência poderá compreender a intermediação na celebração de contrato de cessão de direitos, ou de direitos, simplesmente" (Rubens Edmundo Requião, *Nova Regulamentação da Representação Comercial Autônoma*, 2ª ed., São Paulo, Saraiva, 2003, p. 19).

e (*ii*) a impossibilidade de uma pessoa jurídica atuar na condição de agente, com a conseqüente restrição desta espécie contratual às pessoas físicas.

O primeiro critério apontado, contudo, não se mostra suficiente para divisar os contratos em questão. É que, no atual estágio da tecnologia jurídica, não há mais espaço para qualificar-se negócios de civis ou mercantis, especialmente porque o vigente Código Civil, de uma vez por todas, aboliu do direito brasileiro a teoria dos atos de comércio como sendo o núcleo central para a aplicação das normas do direito comercial.

O direito obrigacional, em especial, foi o que experimentou maior repercussão em decorrência disso, pois acabou-se a dualidade que existia até então, no sentido de um mesmo contrato ser disciplinado pelo Código Civil e pelo Código Comercial, tal como ocorria, *e.g.*, com os contratos de compra e venda e mandato.

Diante deste quadro, parece certo que o Código Civil, ao disciplinar o contrato de agência, não poderia mesmo limitá-lo aos negócios mercantis, até porque, hoje, não mais faz sentido essa particularização. O fato de a lei fazer referência a *certos negócios*, ao invés de negócios *mercantis*, não quer significar que se optou por excluir o característico para divisar a agência da representação comercial, mas sim para adaptar a noção da atividade à realidade atual, que tem na teoria da empresa o núcleo para a aplicação do sistema do direito comercial.

Neste aspecto, mostra-se conveniente referir que, embora o conceito de agência não faça alusão a negócios mercantis, não se pode negar o fato de o agente ser empresário, na medida em que, na dicção do art. 710, a atividade do agente deve ser conduzida "em caráter não eventual" e "mediante retribuição", vale dizer, com habitualidade e profissionalidade, no âmbito do exercício de uma atividade econômica, certamente com o propósito de fazer circular bens ou serviços, o que leva a concluir que estão presentes os elementos para que o agente seja classificado como empresário (art. 966 do Código Civil).

Isto é: mesmo sem fazer referência a *negócios mercantis*, a atividade do agente situa-se no âmbito do direito empresarial ou comercial, de modo que não cabe a distinção proposta.

Adicione-se, ainda, as ponderações que Rubens Requião apresentou logo que a Lei 4.886 entrou em vigor, para concluir que "nada impede, doutrinariamente, que uma empresa civil não-comerciante, contrate os serviços de um representante comercial para representá-la, submetendo-se o contrato às regras da Lei n. 4.886".[23]

Resta apreciar, ainda, o segundo elemento diferenciador apontado por Rubens Edmundo Requião: a impossibilidade de a pessoa jurídica atuar como agente. Esta posição, convém esclarecer, tem origem no entendimento apresentado por Fran Martins quando o Projeto de Código Civil aguardava no Congresso Nacional e funda-se

23. Para concluir desta forma, assim argumentou o Tratadista: "Não há motivo para não se incluir sob a tutela da Lei n. 4.886 a atividade que o representante comercial exerça também em relação aos negócios civis. Pode perfeitamente; e não existe nenhuma incompatibilidade doutrinária que impeça o mesmo representante de agenciar negócios para empresas civis, como empresas de serviços, empresas agrícolas ou pecuárias. A mercantilização de atividades consideradas tradicionalmente civis é uma realidade na evolução do direito privado moderno. Num país como o Brasil, cujo desenvolvimento econômico se processa a passos largos, assiste-se à evolução da agricultura e da pecuária que se vão industrializando. São as empresas agrícolas e pecuárias classificadas como de natureza *civil*. Realizam negócios civis. Não se há de compreender porque fiquem fora do âmbito das atividades protegidas do representante comercial.

"A interpretação que se deve dar à expressão 'negócios mercantis' há de ser no sentido econômico, isto é, de negócios que visem a proveito pecuniário ou lucro. Assim devem ser incluídos na órbita das atividades de representação comercial os negócios de objetivos lucrativos, embora de natureza civil" (Rubens Requião, ob. cit., pp. 79 e 80).

basicamente no fato de o art. 719 do Código Civil estabelecer que, se o "agente não puder continuar o trabalho por motivo de força maior terá direito à remuneração correspondente aos serviços realizados, cabendo esse direito aos herdeiros no caso de morte".

Daí resultaria, segundo este ponto de vista apoiado por Rubens Edmundo Requião, ser "válida a ilação, decorrente da referência aos herdeiros como sucessores por morte do agente para haver a remuneração dos negócios que intermediara, que o contrato de agência ou distribuição somente poderá ser exercido por pessoas naturais".[24]

Mostra-se inviável a admissão deste critério. Em primeiro lugar, porque na definição da agência não há qualquer restrição ao fato de a pessoa jurídica figurar como agente, de modo que, onde a lei não impôs limitações, não cabe ao intérprete fazê-lo.

De todo modo, o simples fato de a lei ter garantido aos sucessores do agente a possibilidade de buscar os créditos deste não é suficiente para concluir-se que somente pessoas físicas podem atuar como agentes, sob a justificativa de que somente as pessoas naturais é que podem morrer e ter herdeiros. Trata-se, é claro, de um dispositivo que só tem pertinência quando o agente for pessoa natural, mas daí a concluir que somente as pessoas naturais podem ser a parte ativa deste contrato é uma demasia.

Veja-se, de outro lado, que naturalmente não poderia, nem tampouco precisaria, a lei prever algo semelhante para o agente pessoa jurídica. E a razão para tanto é bastante simples: o fato de a pessoa jurídica não morrer. Se falecer um dos seus integrantes, p.ex., não há que se falar em sucessão, pois será a própria pessoa jurídica que, mantendo a personalidade jurídica, poderá exigir o crédito próprio.

24. Rubens Edmundo Requião, ob. cit., p. 20.

4. A diferença entre a agência e a representação comercial

É certo que a inclusão do capítulo que trata de agência e distribuição no Código Civil não observou a melhor técnica, o que veio a criar a polêmica exposta nos parágrafos anteriores. O que foi realizado, basicamente, foi a importação do texto que consta dos arts. 1.742 do Código Civil italiano. Só que, na Itália, ao que se tem notícia, não havia, à época da promulgação do Código, uma lei especial tratando do tema...

Mas a verdade é que o regramento está aí e, concorde-se ou não com a sua existência, o fato é que ele está gerando efeitos. Se de um lado é certo que a técnica utilizada não foi a melhor, de outro não menos certo é que caberá à doutrina e a jurisprudência buscar uma interpretação construtiva da realidade gerada, ainda que isso implique em fugir um pouco das fontes inspiradoras.

É o que se pretende com a proposta ora apresentada. A leitura dos dispositivos que estabelecem o conceito de agência e representação comercial, em um primeiro momento, parece efetivamente apontar para uma conclusão simples: seriam institutos idênticos.

A análise mais acurada, contudo, admite outra interpretação. Extraia-se, em um primeiro momento, o núcleo da definição constante do art. 710 do Código Civil e do art. 1º da Lei 4.886, valendo destacar que a característica de agir por conta de outrem, de modo não eventual e sem vínculo de dependência (ou sem vínculo de emprego) é comum a ambas as figuras.

A mensagem principal da definição da agência (art. 710 do CC) aponta para a atividade de *promover a realização de certos negócios*.

Já o núcleo do conceito legal da representação comercial (art. 1º da Lei 4.886) está na atividade de *desempenhar a mediação para a realização de negócios mercantis, agenciando propostas ou pedidos, para transmiti-los ao representado.*

A idéia básica de ambos os institutos é exatamente a mesma: a realização de atos que viabilizem negócios entre outras duas partes. Típico caso de colaboração empresarial por aproximação, para prestigiar a boa sistematização oferecida por Fábio Ulhoa Coelho.[25] Nem o agente, nem o representante comercial, na configuração básica do instituto, concluem o negócio. Apenas buscam interessados a firmar um negócio jurídico com o representado ou o proponente.

Embora o núcleo da atividade de ambas as figuras seja exatamente o mesmo, difere, segundo a lei, o modo operacional. É que a Lei 4.886 prevê *como* o representante comercial promoverá a aproximação: *agenciando propostas ou pedidos, para transmiti-los ao representado*. O Código Civil, de seu turno, não estabelece o método que será utilizado pelo agente para *promover a realização de certos negócios*.

Ou seja: o conceito de agência é mais amplo, mais genérico, que o de representação comercial. O que, aliás, é plenamente coerente com a idéia segundo a qual o Código Civil é lei geral – e como tal não deve descer às minúcias –, ao passo que a Lei 4.886 é norma evidentemente especial, cuja interpretação deve ser mais restritiva.

Esta nuança autoriza concluir que a agência, em verdade, é gênero, da qual a representação comercial é espécie, ao lado da distribuição, que também está definida pela parte final do art. 710 do Código.

Para divisar qual dos diferentes regimes deverá ser aplicado a um caso concreto, será necessário investigar qual é o *método* pelo qual age o colaborador. Se ele conduzir sua atividade mediante a obtenção de pedido para posterior submissão ao contratante, estar-se-á diante do contrato especial de representação comercial, impondo-se, necessariamente, a aplicação das regras cogentes de que trata a Lei 4.886.

25. Fábio Ulhoa Coelho, ob. cit., p. 93.

Se, porém, a atividade do colaborador não se circunscrever à idéia do *tirador de pedidos*, não se estará diante da hipótese específica da representação comercial, de modo que o contrato será de agência. Por via de conseqüência, todas as pouco flexíveis regras previstas na Lei 4.886 não serão impositivas, devendo a relação seguir a moldura básica prevista nos arts. 710 e ss. do Código Civil, o que traduzirá na grande possibilidade de as partes organizarem seus interesses da maneira que melhor lhes aprouver, sem ter que observar as amarras da lei especial, que só será aplicável na hipótese de omissão tanto do capítulo do Código Civil que disciplina o tema quanto do instrumento contratual.

Esta forma de enfrentar a situação, por outro lado, parece ser coerente com o sistema e com os princípios que informaram a disciplina jurídica da representação comercial. Afinal, qual foi o propósito de a lei, há quarenta anos, ter regulamentado a representação comercial? Salvo engano, pretendeu-se oferecer uma proteção equiparável à do direito do trabalho ao representante autônomo, aquele cuja atividade era muito próxima ao do vendedor externo da empresa (viajante, pracista) que, no dizer de Rubens Requião, "era um verdadeiro pária, marginal do Direito",[26], justamente pelo fato de não ter proteção alguma.

26. "A Constituição proclama que o *trabalho é uma obrigação social*. E sendo obrigação social merece, conseqüentemente, seja que for a sua natureza, a proteção do Estado, através da lei. O trabalhador assalariado tem a tutela de seus direitos, definidos na legislação social, para cuja aplicação se criaram tribunais especiais de justiça. O cientista, o literato, o trabalhador intelectual, têm a proteção de seus direitos autorais tutelados pela lei civil, ou de suas invenções protegidas pelos preceitos do Código de Propriedade Industrial. As empresas capitalistas têm a proteção de seus direitos contra a concorrência desleal. Em todos os setores o poder público tutela o trabalho assalariado ou empresarial. Faltava, apenas, igual proteção ao representante comercial, que era um verdadeiro pária, marginal do Direito.

"Eram incontáveis os casos em que a empresa representada, após beneficiar-se durante anos e anos do esforço e do trabalho do representante comercial,

Abra-se um parêntesis para comentar que, há quarenta anos atrás, a proteção resultante dos direitos sociais, em especial a Consolidação das Leis do Trabalho, ainda era uma relativa novidade, até porque a CLT data de 1943, portanto pouco mais de vinte anos antes da edição da Lei 4.886. Antes de incrementar-se a legislação trabalhista – e o aumento do custo correspondente ao empresário – certamente era muito mais comum a existência dos funcionários com a função vendedores externos.

Para otimizar seus custos, é até intuitivo que empresários estivessem em um movimento de migração para o fim de organizar a força de vendas fora da folha de pagamento. É certo que muitos vendedores-empregados converteram-se em representantes comerciais autônomos, provavelmente muitos deles não por vontade própria. Isso fez com que muitos que estavam protegidos pelo regime laboral recentemente implementado em pequeno espaço de tempo deixassem de ser agasalhados pelo sistema, ficando à margem, o que trouxe preocupação à classe correspondente, que pressionou o Congresso Nacional a estabelecer em lei os direitos dos representantes.

Não é difícil inferir que o perfil do representante comercial destinatário da proteção instituída pela Lei 4.886 é o do *tirador de pedidos* – sem nenhum demérito à expressão –, como tal entendido aquele que, portando um mostruário, uma tabela de preços e um bloco de pedidos, punha-se em campo na busca de potenciais compradores. Um perfil muito próximo dos vendedores-empregados, que muitas vezes seguiam a mesma sistemática de atividade.

A atividade do *tirador de pedidos*, então, costumava partir de bases já preestabelecidas, naturais da massificação das operações, até porque, no mais das vezes, bastava consultar a tabela de preços, da qual muitas vezes já constavam as variações resultantes da quantidade e prazo para pagamento. Mas a base da oferta do potencial comprador já estava definida: só faltava a adesão do provável comprador e a confirmação de parte do representado.

É claro que o panorama em torno da atividade do representante comercial mudou consideravelmente em comparação à década de 1960. Ao invés de um bloco de pedidos, considerável parte dos representantes comerciais vale-se de computadores portáteis, *palm tops* ou equiparados, no mais das vezes conectados ao sistema da empresa representada, de modo a viabilizar o encaminhamento do pedido em tempo real. Mas o fato é que continua havendo um pedido de compra para encaminhar ao representado, ainda que não em suporte físico, material.

Este parece ser o perfil daquele que, em 1965, merecia a atenção especial do sistema jurídico, justamente em função da sua hipossuficiência frente ao representado. E este ainda é o perfil daquele representante que continua a merecer dita atenção especial, muito embora o sistema vigente ofereça – ao contrário do que ocorria na década de 1960 – as ferramentas para que as partes tidas por prejudicadas defendam-se dos abusos da parte mais forte independentemente de uma lei especial, mediante o manejo dos institutos que oxigenaram o moderno direito contratual (função social do contrato, boa-fé objetiva etc.).

O que não se mostra razoável é estender o regime protetivo previsto na Lei 4.886 para aqueles cuja atividade é diferente daquela do típico *tirador de pedidos*, pois nem todos os empresários precisam que o Estado interfira na relação, justamente por te-

procurava dele desvencilhar-se, pois, já tendo mercado garantido para a colocação de seus produtos, podia deixar de utilizar-se do intermediário. E, quando menos esperava, sofria ele a denúncia sem condições do contrato de representação, não restando à vítima senão se conformar. Mas gravíssimas conseqüências podiam advir da rescisão, inclusive quanto à situação dos empregados do representante comercial, nos quais o infortúnio profissional do patrão neles, desastrosamente, se refletiria" (Rubens Requião, ob. cit., pp. 179-180).

rem condições efetivas de negociar seus interesses com o contratante. A prevalecer a idéia de que os contratos são sinônimos e que prevalecem as regras da Lei 4.886, como quer abalizada parte da doutrina, o efeito será justamente este: a indesejável extensão do regime especial para as situações concretas que não necessitam da proteção – o mesmo efeito que quase banalizou o conceito do consumidor.[27]

Assim posta a proposição, torna-se possível deixar mais clara a sua viabilidade mediante a análise de situações concretas, o que, de igual sorte, serve para demonstrar que há situações que se enquadram perfeitamente no conceito do representante comercial típico previsto na Lei 4.886 (o *tirador de pedidos*), com a conseqüente evidenciação de que há outras situações que, definitivamente, não cabem no conceito mais estreito da atividade que se completa com a obtenção de pedidos de compra para posterior transmissão ao representado.

Veja-se um exemplo: há alguns meses, o autor deste artigo, no intervalo das aulas na Faculdade, foi abordado por uma pessoa que se apresentou como *consultor*[28] de uma editora. Após saber a matéria que lecionava, referido *consultor* indagou se haveria interesse em publicar um livro por meio da referida editora (uma dissertação de mestrado, p.ex.). Afora o inusitado da abordagem, ficou uma indagação: seria ele um representante comercial típico? A resposta negativa se impõe, na medida em que referido profissional não buscava obter um pedido para encaminhar à editora, mas sim aproximar duas partes para a realização de um *certo negócio*: a celebração de um contrato de edição. Típico caso que se encaixa no conceito de agência, mas decididamente não cabe no de representação comercial.

Outro exemplo é o dos *empresários* de atletas, artistas e modelos. O atleta premiado com o título de melhor jogador do mundo, certamente, tem um agente que negocia os seus contratos, sejam os de *merchandising*, seja o que ajusta com um clube a remuneração para participar da equipe catalã por um dado período. Quem conduz estas negociações aproxima as partes e busca um *certo negócio* em benefício de seu contratante (licenciamento de imagem, p.ex.), mas não obtém um pedido de publicidade para enviar ao atleta.

Veja-se o caso dos agentes de modelos. A agência busca um anunciante que se interesse por associar a imagem de uma modelo iniciante a uma determinada marca, daí resultando a produção de uma peça publicitária. O aproximador viabiliza um *certo negócio* entre a jovem modelo e o anunciante, que não se aperfeiçoou mediante o encaminhamento de um pedido.

Suponha-se, na hipótese cogitada, que a modelo após cinco anos mudasse de profissão e promovesse a denúncia do contrato firmado com uma grande agência, daquelas que estão presentes nos principais redutos de moda, em diferentes países, sem estar presente alguma das hipóteses previstas no art. 35 da lei especial. Caso fosse aplicável o estreito regime da representação comercial a esta relação, a conseqüência seria a necessidade de a modelo conceder pré-aviso de 30 dias à agência (ou pagar o equivalente a 1/3 da remuneração do último trimestre), tendo que pagar à agência internacional uma indenização que não poderia ser inferior a 1/12 de tudo que a modelo recebeu com resultado do agenciamento. E se houvesse alguma parcela pendente de cachê a ser pago pelo anunciante

27. Até poucos meses atrás, a jurisprudência vacilava entre a adoção da Teoria Finalista e a Teoria Maximalista para o conceito do consumidor e conseqüente aplicação do sistema especial previsto na Lei 8.078. A divergência parece ter sido sanada com julgamento proferido pela 2ª Seção do STJ no REsp n. 541.867-BA (*DJU* 16.5.2005), que abraçou a tese que restringe a aplicação ordinária do Código de Defesa do Consumidor ao consumidor típico, como tal entendido aquele que adquire produto ou serviço para uso pessoal e não para o propósito de implementar uma atividade econômica.

28. A prática tem mostrado ser bastante comum a utilização desta expressão para designar vendedores, agentes ou representantes comerciais.

à modelo após um ano, teria esta que antecipar a comissão devida à agência, *ex vi* do § 5º do art. 34 da Lei 4.886.

Esta situação, com certeza, não seria razoável, o que demonstra, na prática, a necessidade de se entender que os contratos são distintos. E, em especial, demonstra que há inúmeras situações em que o agente tem perfil bastante distinto do *tirador de pedidos*, de modo a não merecer o afago que a protetiva e não flexível Lei 4.886 oferece, sob pena do cometimento de não aconselhável injustiça.

É possível avançar com a indicação de outras situações que caberiam na agência, mas não na representação comercial. O agente que atua em benefício do comprador é um caso concreto. Observe-se que o sistema da Lei 4.886 é todo estruturado para que o representante comercial atue no interesse da parte vendedora de produtos ou serviços. Pode ocorrer justamente o inverso, tal como uma indústria de móveis estabelecida no sul do país que contrate um agente que, no Pará, buscasse boas oportunidades para compra de madeira diretamente junto ao reflorestador ou extrativista. A hipótese encaixa-se no conceito do art. 710 do Código Civil; problemática seria a sua subsunção à Lei 4.886.

Mais um exemplo: a atuação dos "promotores" que agem no ponto de venda. É o caso dos demonstradores de produtos em supermercados, que, em posições estratégicas, oferecem a quem nele transita a oportunidade de *provar* um dado produto (sorvete, bebida etc.), chamando a atenção do consumidor, que, satisfeito com o sabor, dirige-se à gôndola e coloca o produto no carrinho de supermercado. Neste caso, o promotor certamente não obteve um pedido para encaminhar à indústria, mas promoveu a *realização da compra*.

5. *Conclusão*

De tudo o que foi exposto, deflui-se que há intensa polêmica em torno do reflexo resultante da regulamentação do contrato de agência pelo Código Civil. Para uns, como visto, representação comercial e agência são sinônimos; para outros, são contratos distintos, sendo que poucos foram os autores que se aventuraram a apresentar um critério para distinguir um do outro.

Os poucos critérios que foram indicados, por sua vez, apresentam as inconsistências apontadas no desenvolver deste texto, o que, aliás, é absolutamente natural quando se trata de uma situação nova. E, em especial, quando a polêmica resulta da necessária tentativa da doutrina de organizar a confusão gerada pela aprovação de lei nova, sem que tenha havido, no bojo da discussão do projeto, o cuidado de avaliar a sua repercussão sobre a realidade já existente e estabilizada.

Diante deste quadro é que, no presente trabalho, propõe-se a adoção de um novo critério para distinguir a agência da representação comercial. Em síntese, entende-se que a agência é um gênero, de ampla abrangência, do qual a representação comercial é espécie. O ponto de distinção é exatamente o *modo* pelo qual age o representante comercial: mediante a *obtenção de propostas ou pedidos para transmitir ao representado*.

Em conseqüência, se a atividade for a do típico *tirador de pedidos*, estar-se-á diante da figura especial disciplinada amiúde pela Lei 4.886. Se, porém, a atividade consistir em condutas que tenham o fim *promover a realização de certos negócios*, mas não mediante a simples obtenção de pedidos para transmitir ao contratante, a hipótese caberá na definição mais ampla do contrato de agência (regra geral).

Permanece, assim, cada contrato regido por suas regras. Em conseqüência, não há que se falar em revogação ou derrogação de algum dispositivo da Lei 4.886 pelo Código Civil, pois ambos os regimes deverão coexistir. Normas da Lei 4.886, então, não serão impositivas ao contrato de agência não subsumível à específica definição de seu art. 1º; no entanto, poderão elas ser supletivamente aplicadas à agência, se, a par de não prevista a situação pelo Código Civil, o instrumento contratual silenciar a respeito de algum tema.

Esta interpretação, por óbvio, não é indene a críticas e certamente possui inconsistências que serão apontadas pelos operadores do direito. Tem o mérito, porém, de, além de fomentar o debate, viabilizar uma exegese construtiva da realidade gerada com a edição do Código Civil, que, pelo menos na matéria objeto deste estudo, poderia ter sido muito mais claro e preciso.

6. Referências bibliográficas

BULGARELLI, Waldirio. *Contratos Mercantis*. São Paulo, Atlas, 1979.

COELHO, Fábio Ulhoa. *Curso de Direito Comercial*. v. 3, 5ª ed., São Paulo, Saraiva, 2005.

DINIZ, Maria Helena. *Curso de Direito Civil*. 3º v., 19ª ed., São Paulo, Saraiva, 2003.

FERNANDES, Jean Carlos. "Aspectos do contrato de agência no Código Civil de 2002", in *Revista de Direito Privado*. 23, São Paulo, Ed. RT, jul.-set. 2005.

MARTINS, Fran. *Contratos e Obrigações Comerciais*. 14ª ed., Rio de Janeiro, Forense, 1996.

MIRANDA, Pontes de. *Tratado de Direito Privado*. t. XLIV, 3ª ed., São Paulo, Ed. RT, 1984.

MONTEIRO, Washington de Barros. *Curso de Direito Civil*. v. 5, 2ª parte, 34ª ed., rev. e atual. por Carlos Alberto Dabus Maluf e Regina Beatriz Tavares da Silva, São Paulo, Saraiva, 2003.

NADER, Paulo. *Curso de Direito Civil*. v. 3, Rio de Janeiro, Forense, 2005.

REQUIÃO, Rubens. *Do Representante Comercial*. 5ª ed., Rio de Janeiro, Forense, 1994.

REQUIÃO, Rubens Edmundo. *Nova Regulamentação da Representação Comercial Autônoma*. 2ª ed., São Paulo, Saraiva, 2003.

SADDI, Jairo. "Considerações acerca da representação comercial frente ao novo Código Civil", in *RDM*. 129, São Paulo, Malheiros Editores, jan.-mar. 2003.

THEODORO JÚNIOR, Humberto. *Do Contrato de Agência e Distribuição no Novo Código Civil*. Disponível em *http://www.mundojuridico.adv.br/sis_artigos/artigos.asp?codigo=645* (acesso em 5.2.2006).

VENOSA, Sílvio de Salvo. *Direito Civil*. v. 3, 4ª ed., São Paulo, Atlas, 2004.

A CÉDULA DE PRODUTO RURAL NA ESTRUTURAÇÃO DE OPERAÇÕES FINANCEIRAS

RENATO BURANELLO

I – Introdução. II – O papel da Cédula de Produto Rural no financiamento agropecuário. III – Da possibilidade de não pagamento prévio da Cédula de Produto Rural e de sua utilização como garantia em operações financeiras. IV – Das diversas operações de financiamento do agronegócio envolvendo o uso da Cédula de Produto Rural. V – Conclusão.

I – Introdução

Recente julgado no Superior Tribunal de Justiça em sede do Recurso Especial (n. 722.130-GO – 2005/0017809-0), renovou antiga discussão sobre a necessidade de pagamento antecipado para validade da Cédula de Produto Rural (CPR), bem como, possibilidade ou não de utilização do título como garantia de obrigações contratuais. No sentido de evidenciar os principais objetivos deste importante título no financiamento agrícola, destacamos as várias formas de utilização da Cédula de Produto Rural (CPR) em diversos tipos de operações financeiras estruturadas pelas empresas de fertilizantes, *tradings companies* e instituições financeiras. Assim, pudemos avaliar e concluir sobre a adequação negocial e segurança jurídica de tais operações à luz do direito comercial, dos princípios da autonomia privada e da função social dos contratos.

Ao direito privado comum, ou civil, se contrapõem os direitos privados especiais. Como todo direito especial, representam à adaptação deste direito comum a circunstâncias especiais. Assim, o direito comercial, historicamente elaborado para subtrair a atividade econômica ao formalismo do direito civil do século XVIII, alicerça-se nas seguintes necessidades: *a*) de celeridade da atividade econômica, que obriga a uma decisão muito mais rápida dos negócios; *b*) da boa-fé, na base da qual se sacrificam certas formalidades com que se garante o tráfego civil; *c*) de reforço do crédito, do qual resulta uma proteção mais acentuada do credor comercial; *d*) do fim lucrativo, uma vez que este objetivo permeia e caracteriza toda a atividade comercial.[1]

O contrato, por sua vez, exprime uma realidade econômica de interesses em relação aos quais cumpre uma função instrumental. O contrato vale porque as partes assim o quiseram e com o conteúdo por estas estipulado. O seu acordo é disciplina criada pelas partes e integra-se na ordem jurídica. Por isso se diz que estas gozam de autonomia. No *direito contratual moderno* enfrenta-se a possibilidade de se afastar ou abandonar esquemas predispostos pela teoria clássica dos contratos, para modelos negociais de cooperação, solidariedade e boa-fé entre os agentes. Desta forma, os modernos ordenamentos jurídicos devem

1. José de Oliveira Ascensão, *Introdução à Ciência do Direito*, p. 327.

buscar compatibilizar as análises jurídicas e econômicas a respeito de mercados, no caso, o mercado agrícola, tendo como eixo a noção de desenvolvimento da atividade, a qual se aperfeiçoa na celebração de seus novos instrumentos.

A autonomia privada precisa acomodar-se à razoabilidade e, nesse caso, deve levar em conta mais as idéias de formação coletiva, inclusive práticas costumeiras e distributivas. Nesse contexto, temos que a execução das obrigações contratuais importa necessariamente o uso da propriedade de algum bem, seja ele o próprio objeto do contrato ou insumo da atividade econômica. Também entendemos que a busca de soluções inovadoras, até mesmo mais eficientes que as conhecidas não poderá ser tolhida, a função social do contrato deve conviver com a dinâmica dos mercados.[2] Por fim, como descreve o professor Fábio Ulhoa Coelho, "apenas não atenderia à função social exigida dos negócios comerciais, aquele contrato que sacrifica, compromete ou lesa interesses metaindividuais (públicos, difusos ou coletivos) acerca dos quais não têm os contratantes a disponibilidade".[3]

II – O papel da Cédula de Produto Rural no financiamento agropecuário

O financiamento agropecuário brasileiro sempre teve como característica histórica um modelo de grande intervenção estatal, passando tal modelo pela constituição do Sistema Nacional de Crédito Rural (SNCR), em 1966, e pelo Decreto-lei n. 167, de 14 de fevereiro de 1967, que criou títulos para financiamento rural, fortemente relacionado às fontes oficiais de crédito com a conseqüente pequena evolução e operacionalidade de tais títulos. No aspecto econômico, a crise financeira que atingiu o Brasil nos últimos anos, especialmente na década de 1980 e início da década de 1990, obrigou o Estado brasileiro a reduzir gastos públicos, o que provocou, entre outras medidas, na restrição da concessão do crédito rural pelo Estado aos produtores. Tal afirmação é confirmada pelo fato de que a parcela financiada com recursos públicos vem se reduzindo gradativamente ao longo dos anos, transferindo para a iniciativa privada, assim, a responsabilidade pelo financiamento do setor. Em 22 de agosto de 1994, marcando a reformulação da política agrícola e visando o maior financiamento privado do agronegócio, foi criada a Cédula de Produto Rural, com a publicação da Lei n. 8.929, que pode ser considerada o instrumento básico de toda a cadeia produtiva e estrutural do que chamamos de Sistema Privado de Financiamento do Agronegócio.

A Cédula de Produto Rural é um título representativo de promessa de entrega de produtos rurais emitido por seus produtores, suas associações ou cooperativas. Em 2001, como forma de reduzir os riscos físicos e prevendo a maior participação direta do mercado financeiro e de capitais privado, foi permitida a liquidação financeira desse título, denominada "CPR Financeira" (conforme autorizado pela Lei n. 10.200, de 14 de fevereiro de 2001, que introduziu o artigo "4-A" na lei original.[4] Tanto a

2. Rachel Sztajn, "Função social do contrato e direito de empresa", *RDM* 139/39.

3. Fábio Ulhoa Coelho, *Curso de Direito Civil*, v. 3, p. 38.

4. "Art. 4º-A. Fica permitida a liquidação financeira da CPR de que trata esta Lei, desde que observadas as seguintes condições: I – que seja explicitado, em seu corpo, os referenciais necessários à clara identificação do preço ou do índice de preços a ser utilizado no resgate do título, a instituição responsável por sua apuração ou divulgação, a praça ou o mercado de formação do preço e o nome do índice; II – que os indicadores de preço de que trata o inciso anterior sejam apurados por instituições idôneas e de credibilidade junto às partes contratantes, tenham divulgação periódica preferencialmente diária, e ampla divulgação ou facilidade de acesso, de forma a estarem facilmente disponíveis para as partes contratantes; III – que seja caracterizada por seu nome, seguido da expressão 'financeira'. § 1º. A CPR com liquidação financeira é um título líquido e certo, exigível, na data de seu vencimento, pelo resulta-

Cédula de Produto Rural tradicional, também conhecida como "CPR Física", quanto a "CPR Financeira", têm sido fortemente utilizadas pelos produtores rurais, pessoas físicas e/ou jurídicas, como uma das principais fontes de financiamento de suas atividades, buscando os financiadores privados, como fornecedores de insumos agrícolas, *trading companies*, bancos, fundos e investidores em geral, na caracterização da segurança jurídica necessária para que, em caso de inadimplemento, possam garantir a satisfação de seus créditos.

Entretanto, apesar de não ser um entendimento consolidado da jurisprudência, algumas decisões do Poder Judiciário têm declarado inválidas as cédulas de produto rural que não tenham um prévio pagamento ou a antecipação de parte dele e, ainda, com uma operação financeira, isto é, que envolva uma contrapartida em dinheiro, bem como que tal título não poderia ser utilizado como garantia de operações, como se discutirá adiante. Neste contexto, importante destacar que questionamentos sobre o uso da Cédula de Produto Rural como garantia e sem prévio pagamento podem resultar na diminuição dos investimentos para o agronegócio, na diminuição da realização de financiamentos através de operações estruturadas, bem como de seus valores, na elevação de juros, no aumento dos preços de insumos sendo, portanto, os mais prejudicados os próprios produtores rurais e o desenvolvimento do setor em geral.

III – Da possibilidade de não pagamento prévio da Cédula de Produto Rural e de sua utilização como garantia em operações financeiras

Após minuciosa análise da Lei n. 8.929/1994, pode-se afirmar que tal lei não criou a obrigação, *em nenhum de seus artigos, que contra a emissão de Cédula de Produto Rural deve haver o pagamento antecipado* do preço do produto cuja entrega por ela é prometida, No mesmo sentido, escreveu o professor Arnoldo Wald: "Ademais, a Lei 8.929/1994 definiu a Cédula de Produto Rural como um título representativo de promessa de entrega de produtores rurais, com ou sem garantia cedularmente constituída. Nada mais. Não dispôs que sua emissão dependeria de adiantamento da importância correspondente ao preço da mercadoria prometida à entrega".[5]

Ainda, pode-se indicar que *não há previsão na legislação acerca da impossibilidade da utilização da Cédula de Produto Rural como garantia*, o que também é defendido pelo eminente doutrinador: "Ainda que a Cédula de Produto Rural seja utilizada, no fundo, como uma garantia de dívida, ou seja, apenas como um meio de assegurar a compra e venda do produto nela prometido entregar, nem por isso o título perderia a sua validade. Com efeito, caso se considere que a Cédula de Produto Rural foi emitida para garantir o adimplemento do contratado, tal característica não desfiguraria o seu perfil jurídico e sua legalidade".[6]

Desta forma, e invocando a máxima constitucional (art. 5º, II, da CF[7]) de que se não há legislação proibindo um ato, o mesmo é permitido, não há obrigatoriedade de pagamento prévio da Cédula de Produto Rural e é possível sua utilização como garantia. Também não se pode menosprezar a intenção do legislador, e diversas decisões de nosso Poder Judiciário, inclusive do Superior Tribunal de Justiça (STJ), relacionando à Cédula de Produto Rural sempre ao financiamento do produtor rural-emitente. Nota-se a Exposição Interminis-

do da multiplicação do preço, apurado segundo os critérios previstos neste artigo, pela quantidade do produto especificado. § 2º. Para cobrança da CPR com liquidação financeira, cabe ação de execução por quantia certa."

5. Arnoldo Wald, "Da desnecessidade de pagamento prévio para caracterização da Cédula de Produto Rural" (*Revista Forense* 374/3).

6. Ob. cit., p. 14.

7. CF, art. 5º, inciso II: "II – ninguém será obrigado a fazer ou deixar de fazer alguma coisa senão era virtude de lei".

terial n. 330, de 18 de outubro de 1993, dos senhores Ministros de Estado da Fazenda e interino, da Agricultura, do Abastecimento e da Reforma Agrária, que seguiu anexo à Mensagem n. 722/1993 encaminhando ao Congresso Nacional o projeto de lei instituindo a Cédula de Produto Rural:

"(...) Essa modalidade operacional [pagamento antecipado], que hoje se formaliza através de complicados instrumentos contratuais, *é a principal alternativa encontrada pelos produtores rurais para alavancar o capital de giro necessário ao desenvolvimento de suas atividades*, especialmente no caso de produtos destinados à exportação, como a soja, por exemplo, em face do esgotamento paulatino das fontes de crédito rural. (...) Por oportuno, observamos que a modalidade de venda para entrega futura constitui importante passo no sentido da modernização e da emancipação da atividade rural, na medida em que *permite ao produtor rural planejar melhor seus empreendimentos, além de propiciar-lhe capital de giro* e de protegê-lo contra o risco da queda de preços que normalmente ocorre na época da safra". E continua, "*elevar, através do caucionamento dos títulos*, a margem de adiantamento e a segurança das operações de câmbio realizadas com os exportadores" (destaques nossos).

Pode-se, ainda, extrair de decisão da 3ª Turma do Superior Tribunal de Justiça (STJ), julgando Recurso Especial que abordava "Contrato de compra e venda de safra futura a preço certo", vinculado ao qual foi também emitida Cédula de Produto Rural,[8] como segue:

> Com relação às Cédulas de Produto Rural, emitidas como garantia para o contrato ora controvertido, o Ministro-Relator considerou-as inválidas sob o fundamento de que, se não houve *qualquer adiantamento* pela safra que era antecipadamente vendida, os fins visados pela Lei n. 8.929/1994 restariam frustrados. (...) A emissão da Cédula sem o respectivo adiantamento do preço, portanto, de fato representaria o desvirtuamento do instituto. Sem o adiantamento da quantia pactuada teríamos um título de crédito desvinculado de qualquer operação financeira, como bem observado (destaques nossos).

Realmente não se pode questionar a finalidade da criação da Cédula de Produto Rural, qual seja, o fomento do financiamento privado do agronegócio. Porém, *exigir-se antecipação do preço do produto prometido na Cédula de Produto Rural através de operação financeira – leia-se, em dinheiro – e à época da emissão do título, são supostas obrigações que restringem muito as operações de financiamento agropecuários e, destaca-se, não têm amparo na legislação aplicável à matéria, não correspondendo ao objetivo da criação do título*.

Supondo-se que a obrigação de antecipação do preço do produto prometido em dinheiro fosse realmente necessária, as chamadas "operações de troca por insumos", desenvolvidas em grande escala pelos produtores agropecuários, estariam prejudicadas, o que não é interessante para as empresas de insumos, mas que causariam prejuízos principalmente para os emitentes da Cédula de Produto Rural, já que deixariam de contar com excepcional modalidade de antecipação de insumos através da promessa de entrega futura de produto de sua lavoura ou rebanho, contrariando a própria finalidade indicada pela legislação que criou o título em questão, na medida em que não há operação financeira, mas apenas entrega de insumos como contrapartida à emissão da Cédula de Produto Rural.

Ainda, com relação à necessidade do pagamento à época da emissão da Cédula de Produto Rural, tal procedimento pode ser rebatido pela possibilidade de o próprio emitente da cédula desejar receber o preço do produto prometido em data posterior à emissão, podendo conseguir melhores condições de preço de mercado, que se tratando de *commodities* agrícolas, é muito osci-

8. Fonte: STJ, REsp n. 722.130-GO (2005/0017809-0), Rel. Ministro Ari Pargendler.

lante, para seu produto agropecuário, além de operações estruturadas que podem exigir o pagamento posteriormente à emissão.

Da mesma forma, *demonstrando a evidente disposição do legislador e do Estado em fomentar o financiamento privado do setor, com a criação de novos instrumentos de financiamento rural, numa clara demonstração de insuficiência de recursos públicos*, foi publicada a Lei n. 11.076/2004, pela qual foram criados novos títulos para financiamento privado do agronegócio brasileiro, entre eles, o Certificado de Direito Creditório do Agronegócio (CDCA), a Letra de Crédito do Agronegócio (LCA) e o Certificado de Recebíveis do Agronegócio (CRA), todos representativos da promessa de pagamento em dinheiro, quando a Cédula de Produto Rural ganhou papel fundamental na estruturação e emissão de tais títulos, ao ser utilizada como o principal lastro daqueles títulos, fazendo com que o emitente da Cédula de Produto Rural tenha que aguardar a capitalização dos emitentes de tais títulos para, posteriormente, receber o financiamento de sua lavoura. Aliás, importante ressaltar que a Cédula de Produto Rural, ao ser lastro do Certificado de Direito Creditório do Agronegócio, da Letra de Crédito do Agronegócio ou, ainda, do Certificado de Recebíveis do Agronegócio, estaria assumindo a natureza de garantia, desmistificando a questão da Cédula de Produto Rural utilizada como uma garantia, mas sem perder sua autonomia.

Portanto, cumprida a finalidade primária da Cédula de Produto Rural como instrumento ao financiamento agrícola – a necessidade de financiamento da atividade agropecuária a qualquer título desenvolvida pelo emitente da cédula, na interpretação sistemática dos novos títulos de financiamento de mercado bancário e de capitais para o setor, na autonomia privada das relações comerciais e por fim, na não infração de qualquer dispositivo legal, que a falta de disposição expressa na Lei n. 8.929/1994, não poderá levar a restritiva interpretação pela: (*i*) a obrigatoriedade de pagamento prévio do produto à época da emissão do título, (*ii*) o financiamento ter que envolver pagamento do preço do produto em dinheiro e (*iii*) a impossibilidade de utilização da cédula como garantia de operações financeiras estruturadas.

IV – Das diversas operações de financiamento do agronegócio envolvendo o uso da Cédula de Produto Rural

Podemos destacar sucintamente algumas das principais operações, além da operação pura e simples de compra e venda de produto agropecuário, realizada por praticamente todos os participantes do agronegócio, que envolvem emissão de Cédula de Produto Rural e que, direta ou indiretamente, resultam em financiamento privado agropecuário para o emitente de tal título. Vejamos:

(*i*) operação denominada de "troca de insumos", pela qual o produtor emite a Cédula de Produto Rural e recebe em contrapartida insumos agrícolas. Como a empresa de insumos não tem interesse em receber o produto prometido à entrega, objeto da Cédula de Produto Rural, normalmente o título é endossado para uma *trading company*, que exporta o produto ou empresa comercial que fornece o produto no mercado interno;

(*ii*) operação de compra e venda com pré-pagamento do preço do produto, pela qual o produtor celebra instrumento de compra e venda e faz um adiantamento total ou parcial do preço do produto. Para tais contratos consta a Cédula de Produto Rural como garantia desta obrigação, ocorrendo, pelo pré-pagamento, o financiamento indireto do produtor ou da agroindústria;

(*iii*) operação simples de emissão de Certificado de Direito Creditório do Agronegócio (ou mesmo LCA ou CRA, de acordo com o emitente e referente a cada título), na qual a Cédula de Produto Rural se vinculará como direito creditório da produção agropecuária atrelada aos títulos financeiros como garantia das obrigações por ele representadas, ou seja, obrigação de pagamento em dinheiro. Normalmente, o financiamento do produtor ocorre posteriormente à emissão da Cédula de Produto Rural, já que o recebimento dos recursos do investidor ligado ao mercado financeiro e de capitais (mercado secundário) ocorrerá apenas depois da emissão do respectivo Certificado de Direito Creditório do Agronegócio (CDCA).

V – Conclusão

Como indicado, o Estado não mais detém recursos públicos que sejam suficientes para cumprir com os volumes totais de recursos necessários ao financiamento da atual atividade de produção e indústria agropecuária, representativo de aproximadamente 33% (trinta e três por cento) do Produto Interno Bruto (PIB) e 43% (quarenta e três por cento) das exportações brasileiras e de ampla relação com o mercado financeiro internacional. Neste contexto, nota-se o amplo esforço governamental no sentido de desenvolvimento do setor, através de políticas públicas direcionadas à esta área, mas, especialmente, por meio da criação de instrumentos que o próprio Estado coloca à disposição do mercado agropecuário, que possibilitam e encorajam o financiamento privado das atividades agropecuárias. Com esta finalidade é que surgiu a Lei n. 8.929/1994 e, mais recentemente, a Lei n. 11.076/2004. Assim, levada em consideração as disposições da Lei n. 8.929/1994 e na análise sistemática do setor no aspecto de seu financiamento, onde não há apenas uma operação típica, não há que se falar em obrigatoriedade de pagamento prévio à época da emissão da Cédula de Produto Rural, nem mesmo de pagamento apenas em dinheiro, ou ainda, na impossibilidade de utilização de tal título como garantia.

Na mais ampla aplicação dos princípios aqui citados e no sentido de evitar eventuais questionamentos, principalmente para garantir a satisfação de seus créditos, indica-se ao favorecido da Cédula de Produto Rural (em sentido amplo, isto é, investidores, endossatários, compradores de produtos agrícolas e demais pessoas que forem dela beneficiárias) *sua utilização em operações que envolvam o financiamento, seja direta ou indiretamente*, da atividade agropecuária correspondente à tal título. Nesse sentido, atende-se, ainda, a adequação disposta nas majoritárias decisões judiciais que, *a contrario sensu*, resultam em uma intervenção estatal na economia que não condiz com o direcionamento dado pelo próprio Estado para a política de financiamento do agronegócio, qual seja, a crescente entrada de recursos privados para o setor. Adicionalmente, é importante destacar que os produtores rurais, emitentes de Cédula de Produto Rural, que ingressaram em juízo questionando a validade deste título, nos termos ora apresentados, buscando *legalizar* seus inadimplementos, tendem a perder toda sua linha de crédito privada, por uma regulação do próprio mercado. Ademais, a autonomia privada dos participantes do agronegócio deve ser incentivada cada vez mais pelo Estado, sendo que novas operações financeiras estruturadas, desde que respeitada a legislação aplicável, corrobora com o aumento de investimentos, reduções de juros e entrada de novos *players* no mercado, resultando no cumprimento de sua principal função ao setor: maior financiamento e melhor desenvolvimento.

AS ALTERAÇÕES DO CÓDIGO DE PROCESSO CIVIL EM MATÉRIA DE EXECUÇÃO E SUAS REPERCUSSÕES NA NOVA LEI DE FALÊNCIAS

MARIA CELESTE MORAIS GUIMARÃES

I – Considerações iniciais. II – A configuração do estado de falência. III – Sistemas de caracterização de falência. IV – O sistema de caracterização de falência adotado pela Lei n. 11.101, de 2005. V – As reformas do CPC em matéria de execução por títulos judiciais e extrajudiciais. VI – Conclusão.

I – Considerações iniciais

O escopo do processo de falência, como se sabe, reside no interesse coletivo. O instituto é marcadamente de ordem pública, muito embora vise resolver em conjunto questões de interesses essencialmente privados. Para Jaeger *apud* Requião (1986: 23): "Mais do que a realização da *par conditio creditorum* ou o saneamento do meio empresarial, o que dita a especialidade do processo concursal falimentar são os supremos interesses da economia nacional".[1]

A esses princípios, acresça-se um outro de igual importância, que constitui um dos objetivos do instituto falimentar: a garantia geral do crédito, que deve ser promovida e assegurada pelo Estado, através da lei. A segurança do crédito é, assim, elemento essencial para a estabilidade econômica e, nos países em desenvolvimento, como no caso do Brasil, instrumento básico para o seu progresso.

Em boa hora, portanto, o país intentou ampla reforma na sua legislação falimentar de modo a dotar o nosso ordenamento jurídico de uma lei moderna e consentânea com a permanente aspiração de crescimento econômico e redução das desigualdades sociais. Não se obtém tal crescimento sem que haja o fortalecimento das empresas, o estímulo ao empreendedorismo e a liberdade de iniciativa.

Seguindo a tradição das leis falimentares no Brasil, a Lei n. 11.101/2005 permeia regras de direito material ao lado de normas de direito processual.

Por isso, as recentes alterações introduzidas no CPC, por meio das Leis n. 11.232, de 22 de dezembro de 2005 e 11.382, de 6 de dezembro de 2006, repercutiram no processo de falência, notadamente no tocante a causa de pedir com fundamento no art. 94, inciso II, da Lei n. 11.101/2005, que trata da presunção de insolvência do empresário.

A primeira alteração – Lei n. 11.232/2006, transformou a execução por título judicial em simples cumprimento da sentença, e a segunda – Lei n. 11.382/2006, alterou a execução por títulos extrajudiciais. Porque tais alterações refletem no processo falimentar? Exatamente porque o credor

1. Rubens Requião, *Curso de Direito Comercial*, v. 1, São Paulo, Saraiva, 1986, p. 23.

pode requerer a falência do devedor, quando este, executado, por qualquer quantia líquida, não paga, não deposita e não nomeia à penhora bens suficientes dentro do prazo legal.

O requerimento de falência, nesta hipótese, deve ser instruído com a certidão expedida pelo juízo em que se processa a execução, conforme prevê o art. 94, § 4º, da Lei n. 11.101/2005.

As recentes reformas do CPC alteraram profundamente a sistemática dos procedimentos judiciais relativos à execução por títulos judiciais e extrajudiciais, exigindo uma nova interpretação da lei de falência quanto ao pedido do art. 94, II, o que será objeto de nosso exame neste artigo.

II – A configuração do estado de falência

Para se ter uma noção exata do instituto da falência, é indispensável encará-lo à luz dos dois aspectos sob os quais ele se nos apresenta, isto é, como liquidação geral do acervo do devedor para a partilha entre os credores, quer dizer, como forma de execução coletiva, e como remédio conservatório de direitos, para evitar a dissipação do patrimônio do falido, em prejuízo dos seus credores.

Embora, pelo nosso sistema legal atual, a Lei n. 11.101/2005, a falência se caracterize pela impontualidade, como também pelos atos de insolvência praticados pelo devedor, tem aqui inteiro cabimento as palavras de Cesare Vivante (1937: 415):[2] "Enquanto o ativo de um patrimônio excede o passivo, pode o legislador deixar que qualquer credor exerça separadamente o seu direito. Desde, porém, que o patrimônio não basta para todos, a liberdade de execução individual constitui um prêmio aos credores mais diligentes, mais próximos, ou mesmo menos escrupulosos, em detrimento dos mais benévolos, ou mais afastados".

Nessa conjuntura, um dever de justiça social impõe ao legislador a obrigação de constituir um acervo de todos os bens do devedor, para que sejam repartidos proporcionalmente entre todos os seus credores, de modo que estes sejam companheiros nos prejuízos como o foram na confiança depositada no devedor comum. E isso se consegue pelo processo da falência.

"A falência é, pois, uma forma de execução coletiva que tem cabida quando o empresário, pela impontualidade, ou por outro meio previsto em lei, manifesta a impossibilidade em que se encontra de satisfazer a todos os seus credores" (Prates, 1954: 19).[3]

Nesse caso, faz-se, pela falência, a liquidação de todo o patrimônio realizável do devedor, para distribuí-lo em pagamento aos seus credores.

O credor que a requer pretende, pela liquidação de todo o patrimônio do devedor, obter, se não o pagamento integral do que lhe é devido, pelo menos o maior pagamento que lhe for possível conseguir.

Na falência, há a arrecadação de todo o patrimônio disponível do devedor e a convocação de todos os seus credores, para a defesa dos respectivos direitos. Feita a verificação e a classificação dos créditos, são os bens vendidos em hasta pública e distribuído o produto proporcionalmente aos credores, respeitadas as preferências legítimas.

Se não há bens a serem arrecadados, cessa a falência por falta de objeto; se os bens do falido e dos sócios solidários não forem suficientes para o integral pagamento dos credores, encerrada a falência, estes terão o direito de executar o devedor pelo saldo de seus créditos.

Convém, por fim, observar que há diferença entre o concurso resultante da falência e o que é regulado pelo Código de

2. Cesare Vivante, *Instituzioni di Diritto Commerciale*, Milão, Ulrico Hoepli Editore Della Real Casa, 1937, Livro VI – *Il Fallimento*, p. 415.

3. Lincoln Prates, *Manual de Direito Comercial*, t. 1, Belo Horizonte, Faculdade de Direito da UFMG, 1954, p. 19.

Processo Civil, aplicável ao devedor insolvente e que se instaura nos casos previstos pelo art. 750 do CPC.

Salvatore Satta (1932: 5),[4] salienta a respeito que: "A diferença entre o procedimento concursal e o singular é que este se desenvolve a partir de um único credor para satisfação de seu crédito mediante a execução de um ou mais bens determinados do devedor. Mas este procedimento pode dar lugar a um certo ponto a um concurso de credores. Assim, não é a pluralidade de credores que caracteriza o procedimento concursal, mas a possibilidade de todos participarem na divisão do patrimônio do devedor".

Até o Código de Processo Civil de 1973, os institutos eram, de fato, completamente diversos, pois ao devedor insolvente só cabia o concurso de credores como um simples incidente da execução singular, sem que se pudesse formar a massa de seus bens sob gestão judicial, nem tampouco se lograva a extinção das dívidas após a excussão de todo o patrimônio do insolvente.

O atual Código, todavia, dando satisfação a velhos reclamos da consciência jurídica nacional, a quem repugnava o tratamento discriminatório dispensado ao devedor insolvente, em tema de insucesso na atividade econômica, deu novo tratamento à matéria, criando o instituto da insolvência civil, que se assemelha ao instituto falimentar, como registra a Exposição de Motivos ao Código de Processo Civil.[5]

4. Salvatore Satta, *Instituzione di Diritto Falimentare*, Roma, Societá Editrice del Foro Italiano, 1932. p. 5.

5. "O projeto distingue execução contra o devedor solvente e execução contra o devedor insolvente. Enquanto o devedor possui bens livres e desembaraçados, o credor obtém a satisfação do seu direito em execução singular. Pela penhora adquire o credor um direito real sobre os bens penhorados, a exemplo do que dispõe o § 804 do Código de Processo alemão. Quando, porém, as dívidas excedem à importância dos bens do devedor, dá-se a insolvência civil. Nesse sistema, o devedor civil se equipara ao comerciante" (Exposição de Motivos do CPC n. 22).

Contudo, a falência não é simplesmente uma forma de execução coletiva, em que os interesses dos credores se rodeiam das melhores garantias, mas constitui, também, meio preventivo de prejuízos, do qual podem lançar mão os credores, em luta contra a fraude e a insolvência do devedor comum.

Esse caráter se acha acentuado no art. 94, incisos II e III, da Lei n. 11.101/2005, que imprime nitidamente ao instituto o feitio de remédio conservatório de direitos, provendo aos credores o meio de evitarem que o devedor em dia com os seus pagamentos, mas em graves dificuldades financeiras ou alimentando propósitos fraudulentos, venha a causar-lhes prejuízos.

Além da impontualidade prevista no art. 94, inciso I, a atual Lei repete a redação do então inciso I, do art. 2º, do Decreto-lei n. 7.661/1945, indicando, como, causa de pedir da falência, a hipótese do art. 94, inciso II.

Em face das alterações introduzidas pelas Leis n. 11.232, de 22.12.2005 e 11.382, de 6.12.2006, no Código de Processo Civil, o processo de execução foi inteiramente modificado, seja quanto aos títulos judiciais, como aos extrajudiciais, influindo, enormemente, no processo de falência com fundamento na hipótese, que denominaremos de "execução frustrada".

III – Sistemas de caracterização de falência

Como o instituto da falência pode ser focalizado por um duplo aspecto jurídico – o de direito substancial ou material e o de direito processual –, é natural que os autores, ao definirem-no, sigam uma ou outra orientação sob o aspecto peculiar a que aderem.[6]

6. Da primeira corrente, temos como exemplo Rubens Requião, que define a falência como "a solução judicial da situação jurídica do devedor-comerciante que não paga no vencimento obrigação líquida" (*Curso de Direito Falimentar*, v. 1, São

Como não nos deteremos nessa controvérsia, iremos analisar o instituto focalizando os pressupostos que o caracterizam.

Octavio Mendes (1930: 18)[7] definia falência, ainda ao tempo do Decreto-lei n. 7.661/1945, como a "liquidação judicial da situação jurídica do devedor comerciante impontual".

Tal definição, acrescenta o citado autor, parece compreender todos os característicos da falência: é uma liquidação judicial, que só cabe contra o devedor comerciante, que a ela fica sujeito pela sua impontualidade, isto é, pela falta de pagamento, no vencimento, de uma dívida líquida e certa.

Parece-nos, porém, insuficiente a definição do saudoso professor, porque só abrange a falência como execução coletiva, e não como meio conservatório de direitos, que ela também é, nos termos dos incisos II e III do art. 94, da Lei n. 11.101/2005, que correspondem ao art. 2º do Decreto-lei n. 7.661/1945, ora revogado.

Não é só da impontualidade que decorre a falência. Outros fatos a caracterizam, independentemente daquela condição. Parece-nos, pois, que no sistema legal brasileiro pode-se defini-la como *a* liquidação judicial coletiva da situação jurídica do empresário impontual, ou que tenha praticado os atos enumerados pela lei no art. 94, incisos II e III da Lei n. 11.101/2005.

Como se caracteriza o estado de falência?

Segundo Percerou *apud* Prates (1954: 28),[8] em razão do sujeito passivo, as leis modernas sobre falência podem ser classificadas em três grupos: o grupo latino, o grupo germânico e o grupo anglo-saxão.

No grupo latino, as legislações caracterizam-se pelos seguintes traços principais:

a) excluem da falência os que não são empresários;

b) as restrições de direitos e a incapacidade, porventura resultantes da falência, só desaparecem, em regra, com a reabilitação.

No grupo germânico, algumas leis sujeitam aos mesmos preceitos a falência dos devedores civis e a dos comerciais; outras as submetem a regras diferentes. Em geral, os efeitos da falência extinguem-se com o seu encerramento.

No grupo anglo-saxão, constituído pela Inglaterra e pelos Estados Unidos, a falência é extensiva a empresários e não-empresários, com uniformidade do regime legal, isto é, com os mesmos preceitos para uns e para outros.

A regra, segundo a lei brasileira em vigor, é que em falência incidem apenas os empresários, pessoas naturais ou jurídicas, desde que se verifique alguma das hipóteses mencionadas nos incisos I, II e III do art. 94, da Lei n. 11.101/2005.

É este o primeiro *pressuposto subjetivo* de falência, o seu primeiro característico.

Mas, à regra de que somente os empresários estão sujeitos à falência, abre-se uma exceção na legislação atual: a falência da sociedade, agora, acarreta também a dos sócios solidária e ilimitadamente responsáveis pelas obrigações sociais, nos termos do polêmico art. 81 da nova lei.[9] Ficam eles sujeitos aos efeitos jurídicos que a senten-

Paulo, Saraiva, 1986, p. 5). Da segunda, temos a definição de José da Silva Pacheco, que assim a apresenta: "A falência é o processo através do qual se apreende o patrimônio do executado, para extrair-lhe valor com que atender à execução coletiva universal, a que concorrem todos os credores" (*Processo de Falência e Concordata*, 7ª ed., Rio de Janeiro, Forense, 1997, p. 79).

7. Octavio Mendes, *Fallencias e Concordatas*, São Paulo, Saraiva, 1930, p. 18.

8. Lincoln Prates, *Manual de Direito Comercial*, t. 1, cit., p. 28.

9. "Art. 81. A decisão que decreta a falência da sociedade com sócios ilimitadamente responsáveis também acarreta a falência destes, que ficam sujeitos aos mesmos efeitos jurídicos produzidos em relação à sociedade falida e, por isso, deverão ser citados para apresentar contestação, se assim o desejarem."

ça declaratória produza em relação à sociedade falida. Aos sócios são extensivos todos os direitos e, sob as mesmas penas, todas as obrigações que cabem ao devedor falido.

A extensão da falência aos sócios solidários e ilimitadamente responsáveis explica-se com a consideração de que, tendo ingressado na sociedade a esse título, obrigam-se em relação àqueles que com ela trataram e passam a responder pelas dívidas sociais não pagas pela sociedade.

Deixando que a sociedade seja levada à falência, descumprem o prometido, colocando-se, destarte, perante os credores sociais em situação idêntica à da sociedade. E se ela foi levada à quebra pela falta de pagamento de seus débitos, o mesmo deve suceder aos sócios de responsabilidade ilimitada, porque onde há a mesma razão deve-se aplicar o mesmo dispositivo legal.

Acresce que a sujeição dos sócios solidários à falência contribui, no nosso modo de ver, inegavelmente, para aumentar e fortalecer o crédito das sociedades empresárias e facilitar o pagamento dos credores. Contudo, tal disposição implica a quebra da unidade do sistema brasileiro, estendendo a falência aos não-empresários, quer porque por essa forma ficam garantidos os interesses dos credores, quer porque se reforça o crédito das sociedades empresárias.

A atual lei, com a redação do art. 81, deu a mão à palmatória, reconhecendo a crítica do Prof. Waldemar Ferreira (1965: 49).[10] ao revogado art. 5º do Decreto-lei n. 7.661/1945. O citado dispositivo legal previa que os sócios solidários não eram declarados falidos, mas ficavam sujeitos aos mesmos efeitos que a sentença declaratória de falência produzia na sociedade falida. Ironizava o saudoso mestre, com razão, que se os sócios de responsabilidade ilimitada ficavam sujeitos aos mesmos efeitos jurídicos que a sentença declaratória produzia em relação à sociedade falida; e se lhes eram impostos, sob as mesmas penas, todos os deveres do falido e lhes eram reconhecidos todos os direitos deste, parece que tudo se reduzia apenas a uma questão de nomes: simplesmente não eram *chamados* falidos, e é só. Com a nova lei, agora, são!

Quanto aos *pressupostos objetivos* para a caracterização da falência, foram adotados vários sistemas pelas diferentes legislações dos países. Os principais sistemas, segundo Navarrini (1943: 36-37),[11] podem ser assim classificados:

1º. O estado de falência se deduz do *desequilíbrio do balanço* em que o passivo supera o ativo. Esse sistema é inseguro e de difícil aplicação, porque seria necessária para sua apuração uma profunda inspeção e investigação na empresa do empresário, que não se legitimaria de modo algum, se ele continuasse pontual com seus compromissos. Seria ainda preciso ter a possibilidade de apreciar convenientemente este elemento impalpável, mas decisivo, que é o crédito. As investigações a ele relativas seriam na maior parte das vezes pouco concludentes e, por outro lado, prejudiciais ao empresário.

2º. O grupo das que tomam como critério a *cessação de pagamentos*, ao qual se filiou o nosso Código Comercial de 1850, cujo art. 797 rezava: "Todo comerciante que cessa os seus pagamentos entende-se quebrado ou falido".[12]

3º. A lei que toma o trabalho de *enumerar por si mesma os atos* que, demonstrados pelo credor, podem conduzir à declaração da falência do devedor. Assim ocorre, no caso de inadimplemento, cessão

10. Waldemar Ferreira, *Tratado de Direito Comercial*, v. 14, São Paulo, Saraiva, 1965, p. 49.

11. Humberto Navarrini, *La Quiebra*, trad. e notas sobre o direito espanhol por Francisco Hernandez Borondo, Madri, Instituto Editorial Reus, 1943, pp. 36-37.

12. No mesmo sentido é o Código francês de 1807: "Tout commerçant qui cesse ses payements est en état de faillite"; e o revogado Código espanhol de 1885 (art. 874): "Se considera en estado de quiebra al comerciante que sobresee en el pago corriente de sus obligaciones".

de bens a credores, gestões fraudulentas por doações ou por outros meios de transferência de todos os bens ou de parte deles, em paradeiro não conhecido do devedor, dentre outros. Se por um lado esse sistema elimina toda possibilidade de arbitrariedade judicial, por outro, ele é também temerário, porque a enumeração, forçosamente limitada, pode não ser completa, tornando-se, por conseguinte, defeituosa.

Tais *atos ou fatos determinados* enumerados pela lei denunciam a precária situação econômico-financeira do devedor ou a dissipação culposa ou fraudulenta do seu patrimônio, em prejuízo dos credores. A este grupo aderiu a nossa legislação, desde o Decreto n. 917, de 1890, o Decreto-lei n. 7.661/1945 (art. 2º) e a atual lei em seus incisos II e III do art. 94.

4º. Segundo outro sistema, o da lei italiana, o que determina a declaração da falência é a *incapacidade ou a impotência para pagar*. A incapacidade ou impotência naturalmente tem de se manifestar externamente, por inadimplementos ou por outras circunstâncias ou elementos (p.ex. abandono do negócio, fuga, suicídio), independentemente de evidentes descumprimentos.

O sistema da lei italiana, que é de 16 de março de 1942, substituiu o critério da cessação de pagamentos, adotado pelo art. 683 do revogado Código de 1882, pelo da *insolvência*, definida como "a impossibilidade patrimonial do devedor satisfazer regularmente as suas obrigações, manifestada pelo inadimplemento, ou por outros fatos exteriores".[13]

Carlo D'Avack (1940: 37)[14] assim distinguia insolvência de inadimplência: "A insolvência é aquele estado de desordem geral do patrimônio do devedor que deixa prever uma segura impossibilidade para fazer frente aos seus compromissos que estão a vencer; ao contrário, a inadimplência é um fato que consiste na falta de pagamento de um débito de um credor que ainda não o requereu".

No sistema adotado pela legislação italiana de 1942, o *pressuposto objetivo* para a abertura do concurso é a *insolvência*, entendida como a incapacidade de pagar que deriva de dois elementos: a atividade do devedor e seu crédito –, a qual se presume quando se dá pelo inadimplemento das obrigações vencidas e pela ocorrência de outros fatos exteriores.

Segundo Provinciali (1973: 41),[15] "A insolvência se traduz pelo desequilíbrio entre os elementos ativo e passivo do patrimônio, considerados em sua complexidade, de sorte a compreender a capacidade produtiva e creditória do empresário. Não se reduz, pois, a uma avaliação puramente contábil, ou a uma conceituação jurídica do patrimônio, porque abrange também a atitude funcional da empresa e a produtividade de que é capaz".

Para Salvatore Satta (1974: 38),[16] "a insolvência é a impotência do empresário, manifestada, exteriormente, em cumprir com suas obrigações".

O estado de insolvência, pois, nos termos da legislação italiana, contempla todas as formas de manifestação externa de insolvência, diversas, portanto, da cessação de pagamentos, e reveladoras de um estado econômico em que o devedor, devendo manter seus pagamentos em dia, não o faz, pela ausência de condições de cumpri-los regularmente, entendendo-se não só os débitos vencidos, mas também, com meios normais, os demais relativos ao ordinário exercício da empresa.

13. O art. 5º da lei falimentar italiana dispõe que: "L'imprenditore che si trova in stato d'insolvenza è dichiarato fallito. Lo stato d'insolvenza si manifesta con inadempimenti od altri fatti esteriori, i qualli dimostrino che il debitore non è più in grado di soddisfare regolarmente le proprie obligazioni" (*apud* Umberto Azzolina, *Il Fallimento e le altre Procedure Concorsuali*, Turim, UTET, 1953, p. 231).

14. Carlo D'Avack, *La Natura Giuridica del Fallimento*, Pádua, CEDAM, 1940, p. 37.

15. Renzo Provinciali, *Lezioni di Diritto Fallimentare*, 4ª ed., Pádua, CEDAM, 1973, p. 41.

16. Salvatore Satta, *Diritto Fallimentare*, Pádua, Casa Editrice Dott. Antonio Milani – CEDAM, 1974, p. 38.

Tal modelo foi adotado pelo CPC, quando trata da execução por quantia certa do devedor insolvente nos arts. 748[17] e ss.

IV – O sistema de caracterização de falência adotado pela Lei n. 11.101, de 2005

A lei de falências não adota um sistema puro, para a caracterização do estado falimentar do devedor. Além da *impontualidade* prevista no art. 94, inciso I, outros *atos do devedor* servem para fundamentar a declaração judicial de falência, como nos casos dos incisos II e III, do art. 94 da Lei n. 11.101/2005.

A falência também se caracteriza se o empresário, na hipótese do inciso II do art. 94, executado, por qualquer quantia líquida, não paga, não deposita e não nomeia à penhora bens suficientes dentro do prazo legal.

A redação do art. 94, II da Lei n. 11.101/2005 tinha por fundamento o art. 652 do Código de Processo Civil, sem a alteração nele introduzida pela Lei n. 11.382, de 6.12.2006, que assim previa: "O devedor será citado para, no prazo de 24 (vinte e quatro) horas, pagar, depositar ou nomear bens à penhora".

Nos termos do art. 94, § 4º, da nova lei, basta ao credor requerer uma certidão do cartório no qual a execução está sendo processada atestando que o devedor, citado, não pagou, não depositou, nem nomeou bens à penhora no prazo legal, para configurar o pedido de falência com fulcro no inciso II do art. 94.

Tal hipótese de falência não é novidade no direito brasileiro, porque o art. 2º, inciso I, do revogado Decreto-lei n. 7.661/1945 também a previa. Como salientamos nas considerações iniciais deste artigo, a Lei n. 11.101/2005 manteve no art. 94, inciso II, a mesma redação da legislação anterior apenas acrescentando que o pedido pode ser fundado em execução, *por qualquer quantia líquida*, não se exigindo, para esta hipótese, o mínimo de 40 (quarenta) salários mínimos, estabelecido no caso do inciso I do art. 94.

Para essa hipótese de falência calcada na *insolvência legal*, o protesto do título em que se baseia a execução não é necessário. Até porque o título de crédito pode ser cobrado por execução judicial dos devedores principais em qualquer hipótese e também dos co-devedores, mesmo não estando o título protestado. A execução, neste caso, deve ser suspensa até o julgamento do pedido de falência, não sendo necessário, a nosso ver, que o credor promova a sua extinção como condição para o processamento do pedido falimentar.

A lei prevê, ainda, no inciso III do art. 94, como causa de pedir para a caracterização do estado falimentar, os *atos ensejadores de falência*. Se o devedor passa a usar de meios ruinosos, como a liquidação precipitada de seus bens ou outros meios semelhantes, ou usa de meios fraudulentos para promover pagamentos de dívidas, revela com isso que está em situação financeira difícil, dissipando seus bens em desfavor dos interesses dos credores. Qualquer credor, pois, comprovando o fato revelador de falência, pode requerê-la, se o devedor for empresário.

V – As reformas do CPC em matéria de execução por títulos judiciais e extrajudiciais

As recentes alterações no Código de Processo Civil por meio das Leis n. 11.232, de 22.12.2005 e 11.382, de 6.12.2006, que mudaram inteiramente o panorama do processo de execução no país, impõem uma nova interpretação do inciso II do art. 94, que trata da presunção de insolvência como fato ensejador de falência. O então art. 2º, inciso I, do Decreto-lei n. 7.661/1945 revogado, e do mesmo modo, o inciso II do

17. "Art. 748. Dá-se a insolvência toda vez que as dívidas excederem à importância dos bens do devedor."

art. 94, da atual lei, caracteriza uma hipótese de falência não pelo inadimplemento do devedor, mas por força de sua revelada incapacidade patrimonial. O fato de o executado não pagar, não depositar e nem nomear bens à penhora significa que o devedor não dispõe de bens livres e desembaraçados para solver a dívida, o que configura a presunção de sua insolvência. A situação do devedor, portanto, é mais grave do que a do mero inadimplemento. Por essa razão, não se justifica, como bem o fez a atual lei, exigir-se um *valor mínimo*, como na hipótese do art. 94, I.

No que se refere à execução por *título judicial*, ela se dá, agora, por simples procedimento complementar do processo de conhecimento, onde se proferiu sentença que reconheça a existência de obrigação de fazer ou não fazer, entregar coisa, ou pagar quantia certa (art. 475-N, com a redação da Lei n. 11.232/2005).

Dispõe o art. 475-J que, caso o devedor, condenado ao pagamento de quantia certa ou já fixada em liquidação, não o efetue no prazo de quinze dias, o montante da condenação será acrescido de multa no percentual de dez por cento e, a requerimento do credor, expedir-se-á mandado de penhora e avaliação.

Por seu turno, a Lei n. 11.382/2006 alterou a sistemática da execução por *título extrajudicial* estabelecendo no art. 652 que: "O executado será citado para, no prazo de 3 (três) dias, efetuar o pagamento da dívida".

Como se sabe, a via judicial comum de que se vale o credor, sobretudo, quando os indícios de insolvência do devedor não são evidentes, é o processo de execução, segundo disciplina o CPC. Realiza-se a execução no interesse particular e singular do credor, que adquire, pela penhora, o direito de preferência sobre os bens penhorados. Assim, adquirindo o credor, pela penhora de bens do devedor solvente, um direito sobre os bens penhorados, é evidente que, tendo o devedor bens livres e desembaraçados, preferível será ao credor agir *individualmente*, promovendo a execução. Mas, se o devedor executado, não paga, não deposita a importância respectiva ou não nomeia bens à penhora, dentro do prazo legal, caracteriza-se *legalmente* a sua insolvência. Neste caso, o que caracteriza o estado de insolvência não é propriamente a sua inadimplência, mas a insuficiência patrimonial para pagar o crédito.

Não tendo sido garantida a execução, portanto, com o depósito da importância da dívida ou a nomeação de bens à penhora, o credor poderá requerer a falência do devedor empresário, com fundamento na execução frustrada. É o caso do art. 94, inciso II, objeto de nosso exame no presente estudo, por meio do qual a presunção da insolvência dá-se pela execução frustrada levada a efeito pelo credor.

Ernane Fidélis dos Santos (2007: 14),[18] comentando a nova sistemática da execução por títulos extrajudiciais introduzida pela Lei n. 11.382/2006, salienta que: "Se o devedor se obriga a pagar quantia determinada e não o faz, o credor adquire o direito de receber forçosamente. Como, porém, o objeto da dívida é dinheiro, na execução o credor não pode pretender, de imediato, o recebimento de bem determinado do patrimônio do devedor, cujo valor tenha equivalência com a dívida. Mister se faz que ele agrida o patrimônio de quem lhe deve e o transforme em dinheiro, totalmente ou apenas parte dele, para receber o que lhe é devido, ou, se preferir, requeira adjudicação do bem penhorado pelo justo valor".

Muito embora o executado, independentemente, da segurança do juízo, possa embargar, a penhora deve ser feita após três dias da citação, desde que não se faça o pagamento (art. 652, § 1º, com a redação dada pela Lei n. 11.382/2006). A princípio, pela nova redação do Código, seria de

18. Ernane Fidélis dos Santos, *As Reformas de 2006 no Código de Processo Civil: Execução dos Títulos Extrajudiciais*, 1ª ed., São Paulo, Saraiva, 2007, p. 14.

se concluir que a fase de nomeação de bens pelo devedor foi suprimida, tanto no cumprimento da sentença, como na execução por título extrajudicial. O ilustre Desembargador Ernane Fidélis (2007: 19),[19] contudo, sustenta que: "Também de ofício, ou a requerimento do exeqüente, o juiz poderá intimar o executado, através de seu advogado, ou pessoalmente, se não o tiver, para indicar bens passíveis de penhora (art. 652, §§ 3º e 4º, acrescentados pela Lei n. 11.382/2006)".

No caso da execução por quantia certa fundada em sentença, o eminente processualista Humberto Theodoro Júnior (2006: 142)[20] comenta que: "O credor, à falta de título executivo extrajudicial, terá de obter, em processo de conhecimento, a sentença condenatória, para em seguida atingir o patrimônio do devedor. Não terá, porém, de passar pelo ajuizamento de ação executiva separada para chegar aos atos expropriatórios. Por força da própria sentença condenatória dar-se-á a expedição, após o transcurso do prazo de pagamento voluntário, do mandado de penhora e avaliação dos bens necessários à satisfação do direito do credor (art. 475- J)".

E conclui: "Caberá ao credor requerer a medida, em simples petição formulada no processo em que a condenação foi proferida, a qual será instruída com o demonstrativo do débito atualizado (art. 614, II) e, se for o caso, com o comprovante de que já ocorreu a condição ou o termo, se tais elementos foram previstos na sentença".

Diante da nova sistemática do CPC, queremos crer que o prazo legal é para pagamento. Se o devedor não paga a dívida, tal fato revela apenas a sua incapacidade de pagamento, mas não a sua insuficiência patrimonial.

Em face disso, a certidão mencionada no art. 94, § 4º, da Lei n. 11.101/2005, que deve ser instruída pelo credor na inicial do pedido de falência, com fundamento no art. 94, II, *só pode ser extraída* após o cumprimento do mandado de penhora, atestando que não houve bens livres e desembaraçados para satisfação do crédito.

Do que se conclui, diante das pertinentes e judiciosas ponderações dos processualistas acima mencionados, que a hipótese de falência com fundamento no art. 94, inciso II, a nosso ver, somente se configurará se a penhora, no caso do cumprimento da sentença, a requerimento do credor, e na execução por título extrajudicial, após o cumprimento do mandado pelo oficial de justiça, restar frustrada.

Se o devedor, portanto, não efetuar o pagamento da dívida no prazo de quinze dias, no caso do cumprimento da sentença (art. 475-J do CPC), e de três dias na execução por título extrajudicial (art. 652 do CPC), não poderá o credor, munido da certidão de que não houve o pagamento no prazo legal, requerer a falência do devedor, se este for empresário, por evidente, com fundamento no art. 94, II. Admitir em sentido contrário, é descaracterizar o pedido de falência, nessa hipótese, como de presunção de insolvência, o que tradicionalmente sempre foi o objetivo do legislador falimentar.

Como salienta Rubens Requião (1986: 57):[21] "A insolvência é um fato econômico patológico, para se usar da significativa expressão de Rocco, ou um fenômeno econômico mórbido, na palavra realista de Vivante. Este estado pode ser *confessado* pelo empresário, como pode ser *presumido* por atos que exteriorizem a ruína da empresa".

Assim fez o legislador brasileiro: desde o revogado Decreto-lei n. 7.661/1945, em seu art. 2º, como na atual Lei, ao adotar o sistema da enumeração legal para configurar o estado de insolvência do devedor.

19. Ernane Fidélis dos Santos, ob. cit., p. 19.

20. Humberto Theodoro Júnior, *As Novas Reformas do Código de Processo Civil*, Rio de Janeiro, Forense, 2006, p. 142.

21. Rubens Requião, *Curso de Direito Falimentar*, v. 1, 11ª ed., cit., p. 57.

A insolvência é, pois, *presumida* pela prática dos atos enumerados pela lei. O que não impede o devedor de elidi-la, ao se defender quando citado no processo de falência.

VI – Conclusão

As recentes reformas do CPC foram motivadas pela necessidade de se dar maior efetividade e celeridade ao processo de execução. Não resta dúvida de que, no tocante ao cumprimento da sentença, como à execução de título extrajudicial, as alterações pretenderam dar maior eficácia e segurança na satisfação do crédito. Contudo, o instituto da falência não tem o mesmo condão, a saber, o de satisfazer o crédito como meio ordinário de cobrança.

Como vimos, nas considerações iniciais deste artigo, o escopo da falência é a defesa do crédito e da economia em geral. Como salienta José da Silva Pacheco (2000: 24):[22] "O direito é uno e, sempre, qualquer que seja o ramo, visa ao bem comum, ao bem–estar social, à paz, ao equilíbrio e à segurança. O processo civil, como o da falência, não tem outra finalidade. É apenas um meio de que dispõe o Estado, e não só o Estado, mas também os particulares, para realizar a justiça social".

O princípio da preservação da empresa, de ideário da Constituição Federal de 1988, no Capítulo relativo a Ordem Econômica e Financeira do país, converteu-se no enunciado finalístico fundamental da nova Lei n. 11.101/2005, ao instituir, inclusive, um procedimento de soerguimento judicial destinado a permitir a salvaguarda da empresa, a manutenção do emprego dos trabalhadores e da atividade econômica (ação de recuperação judicial de empresas).

Nesse contexto, a preocupação principal da lei não é a de apenas satisfazer os credores, como ocorria com os procedimentos concursais de cunho liquidatário e solutório, mas, sobretudo, a de preservar a empresa viável economicamente. Deve-se, portanto, buscar sempre uma interpretação da lei que não banalize o pedido de falência como meio coercitivo de recebimento do crédito. Se o credor tentou a via ordinária e não obteve êxito, viu-se frustrado na satisfação do seu crédito, aí, sim, deve-se abrir a via extraordinária da falência.

Apesar das reformas introduzidas no CPC, entendemos que não há necessidade de se alterar a Lei n. 11.101/2005, no tocante ao que dispõe o art. 94, II. Há um custo na reforma de uma lei, neste caso, ainda tão recente, como a lei de falências, com um ano apenas de vigência. Se há lacunas, omissões ou imperfeições na norma, a sua interpretação deve estar voltada para a persecução dos seus objetivos, privilegiando-se os valores maiores que devem ser tutelados.

Este ajuste dos processos de hermenêutica evita a necessidade, sempre recorrente, de ser alterar a lei, quando se encontra obstáculos a sua melhor aplicação. Esta tarefa deve ser entregue aos magistrados e demais operadores do direito que receberam a missão primordial de aplicar a lei sempre visando ao bem comum, ao bem-estar social, à paz, ao equilíbrio e à segurança.

22. José da Silva Pacheco, *Processo de Falência e Concordata: Comentários à Lei de Falências: Doutrina, Prática e Jurisprudência*, Rio de Janeiro, Forense, 2000, p. 24.

DA COMPENSAÇÃO NA FALÊNCIA NO ÂMBITO DO SISTEMA FINANCEIRO NACIONAL

FABRÍCIO GONÇALVES DE SOUZA SABINA

1. Introdução. 2. Panorama geral do instituto da compensação na falência. 3. O art. 119, VIII, da Lei n. 11.101/2005: 3.1 Espécie; 3.2 O destinatário da norma; 3.3 Os requisitos legais; 3.4 A regulamentação; 3.5 A liquidação; 3.6 O momento adequado ao exercício do direito; 3.7 A eficácia da norma no tempo; 3.8 Os princípios constitucionais e falimentares e a exceção legal. 4. Conclusões. 5. Apêndice. 6. Referências bibliográficas.

1. Introdução

A promulgação da Lei n. 11.101 em 9 de fevereiro de 2005, a qual regula a recuperação judicial, a extrajudicial e a falência do devedor, inaugura no ordenamento jurídico brasileiro um cenário novo, uma vez que a postura mais rígida e inflexível do legislador denotada no Decreto-lei n. 7.661/1945, antiga Lei de Falências, foi eclipsada pelo paradigma norteado pelo princípio da preservação da empresa.

Em face da adoção de novo paradigma, a ponto de abandonar e substituir institutos antigos e já consagrados, como a concordata, por exemplo, o legislador não ficou imune à criação de direito novo, dessa forma, inaugurando no âmbito do direito falimentar, a faculdade prevista no art. 119, VIII,[1] da referida lei que disciplina a matéria.

Nesse novo contexto e considerando-se a importância e reflexos sociais de um instrumento normativo dessa natureza e magnitude, dificilmente a pena do Poder Legislativo estaria livre de dar gênese a questões polêmicas, de elevada reflexão doutrinária e possível divergência jurisprudencial. Sendo assim, resta saber, na hipótese de legiferação de preceito ainda não existente no campo jurídico, se já se encontram claramente presentes na norma todos os elementos necessários a sua compreensão e aplicação e se a mesma não se encontra dissociada dos princípios que a regem.

Em suma, o que interessa e o que muito se deve discutir e analisar refere-se à inovação trazida no bojo do novo Estatuto Falimentar concernente à possibilidade especialíssima[2] do exercício do direito de com-

1. Nos termos da lei, "Art. 119. Nas relações contratuais a seguir mencionadas prevalecerão as seguintes regras: (...) VIII – caso haja acordo para compensação e liquidação de obrigações no âmbito do sistema financeiro nacional, nos termos da legislação vigente, a parte não falida poderá considerar o contrato vencido antecipadamente, hipótese em que será liquidado na forma estabelecida em regulamento, admitindo-se a compensação de eventual crédito que venha a ser apurado em favor do falido com créditos detidos pelo contratante".

2. Especialíssimo porque a Lei n. 11.101/2005, em seu art. 122 (anterior Lei Falimentar, art. 46) prescreve de forma geral, portanto, no âmbito de qualquer relação jurídica que envolve qualquer credor falimentar, as circunstâncias de aplicação do insti-

pensação no âmbito do sistema financeiro nacional, conforme estatui o art. 119, VIII, da citada lei.

Por meio de uma leitura rápida do dispositivo, os menos informados seriam capazes de propugnar pela tese da clareza e facilidade de aplicação do mesmo. No entanto, a leitura mais detida, mesmo que pautada em uma espécie de interpretação mais simples, a literal, não é capaz de corroborar esse raciocínio apriorístico e elementar. Destarte, do dispositivo em análise surgem as seguintes indagações: *a*) qual a espécie de compensação prevista na regra: legal, judicial ou convencional?; *b*) quais são os credores que possuem no âmbito de sua esfera de direito a prerrogativa da oposição da compensação nos termos da especialidade legal?; *c*) quais são os requisitos para o exercício de tal direito?; *d*) o que a lei entende por regulamento e qual(is) ato(s) normativo(s) deve(m) ser observado(s)?; *e*) quais são os critérios (princípios e regras) que devem pautar e conduzir a liquidação do valor compensável?; *f*) qual o momento oportuno para o exercício do direito de compensação?; *g*) a norma em comento possui eficácia plena, sendo de aplicação direta e imediata?; e, *h*) como harmonizar o art. 119, VIII em comento com os princípios dos sistemas constitucional e falimentar?

Em face de todo o exposto a título de introdução, essas são as considerações iniciais e as respectivas indagações objeto desse artigo.

2. *Panorama geral do instituto da compensação na falência*

O instituto da compensação, matéria eminentemente de direito civil, encontra seu *locus* de prescrição no Código Civil, Lei n. 10.406/2002, do art. 368 ao 380, sendo, portanto, erigido à categoria de normas básicas e gerais aplicáveis às relações obrigacionais como um todo, incluindo, dessa forma, o direito concursal. Por esse viés, a princípio, as prescrições civilistas tangentes a esse instituto devem ser observadas pelos representante do Ministério Público, administrador judicial, magistrado e, principalmente, pelos credores e devedores recíprocos da massa falida, no âmbito do processo falimentar.

Porém, uma vez trasladada a vigência dessas normas visando a sua eficácia no âmbito do direito falimentar, mister se faz tecer considerações a respeito das implicações e eventuais ressalvas em face dos princípios que regem o direito concursal, com o fito de evidenciar alguns pilares básicos, os quais servirão de premissas para as indagações objeto desse articulado, e, que, por sua vez, são encontrados no art. 122 da Lei de Falências.

A primeira constatação que se vislumbra tem como enunciado que o instituto da compensação, com seus princípios e regras, é aplicável de modo geral[3] na falência,[4] em

tuto da compensação na falência ou as hipóteses vedadoras do exercício desse direito; no entanto, em seu art. 119, VIII, traz inovação ao atribuir essa faculdade a ser exercida somente no âmbito do sistema financeiro nacional, desde que respeitados determinados requisitos.

3. "A compensação no Direito brasileiro opera por força de lei" (Caio Mário da Silva Pereira, *Instituições de Direito Civil: Teoria Geral das Obrigações*, v. 2, 19ª ed., p. 159). Nesse sentido, o instituto da falência por se referir à liquidação de ativo e pagamento de passivo, não poderia estar alheio a seus efeitos. Dessa forma, o direito de compensação deve estar alicerçado em sua regra padrão, qual seja, efetuando-se entre dívidas líquidas, certas e vencidas, conforme art. 369 do Código Civil de 2002.

4. "O legislador falimentar brasileiro, sem sair do sistema nacional, procurou facilitar o advento da compensação, mediante a introdução do art. 46 do Decreto-lei n. 7.661, de 21.6.1945, e atualmente no art. 122 da nova Lei Falimentar, aplicável às liquidações nos termos do art. 34 da Lei n. 6.024/1974. Na falência, para que se realize a compensação, basta que o credor a invoque perante o juiz, pedindo a declaração por sentença da extinção das obrigações compensadas. Sobrando saldo devedor, o credor da falência deverá pagá-la; em caso de saldo credor, será habilitado como crédito quirografário" (Celso Marcelo de Oliveira, *Comentários à Nova Lei de Falências*, pp. 485-487). Insta apenas destacar que o ter-

face da abrangência de validade e repercussões dos efeitos das normas codificadas sob a epígrafe dos direitos das obrigações e, porque, conforme entendimento doutrinário partilhado pela *opinium comune docturom*, a compensação, independentemente de sua origem – legal, judicial ou convencional, conforme preferem distinguir alguns civilistas –, uma vez identificada a reciprocidade de crédito e débito, opera-se "independentemente da vontade das partes, mesmo na sua ignorância e a despeito delas".[5]

A segunda constatação que se obtém, ou seja, depois de identificada a existência do direito ao exercício da compensação por parte de um credor da massa, esse instituto encontra sua eficácia, desde que respeitadas as exceções definidas pelo legislador na seara especial do direito falimentar e seus princípios. Tanto não se pode afirmar o contrário, que a razão do dispositivo que define as regras próprias referente à compensação no âmbito jurídico falimentar, deixa claro que sua prescrição tem como desiderato apenas traçar algumas limitações no plano vasto e amplo da aplicação desse instituto em face das peculiaridades de algumas hipóteses.[6] Sendo assim, como conseqüência imediata do raciocínio anterior, a terceira constatação propugna pela tese segundo a qual, naquilo que o legislador falimentar considerou interessante limitar as hipóteses de possibilidade de oposição da compensação por seus titulares, assim expressamente o fez.[7]

Portanto, com base no dispositivo legal ora em comento, tem-se uma quarta conclusão: a lei somente limita ou cria exceções à aplicação da regra geral, que, por sua vez, é a da possibilidade da compensação, naqueles casos onde potencialmente possa haver fraude, podendo-se, portanto, chancelar a tese de que a inclinação do legislador é no sentido de permissão da compensação.

A quinta conclusão defende a idéia da necessidade de identificação das variáveis a que a compensação deve obedecer, em face das peculiaridades advindas de sua concorrência com o instituto da falência. A razão não é outra senão por causa da especialidade do direito concursal, uma vez que a vigência do instituto da compensação, embora não afastado de seu âmbito, encontra eficácia de acordo com a codificação civilista e, também, nos exatos termos da legislação falimentar, pela qual, segundo o art. 115, "os credores somente podem exercer seus direitos na falência, na forma determinada pela Lei 11.101/2005".[8]

mo *liquidação* acima refere-se ao procedimento da liquidação extrajudicial e não simplesmente ao processo de tornar líquido um valor.

5. Celso Marcelo de Oliveira, *Comentários à Nova Lei de Falências*, p. 486.

6. Nos termos da lei, "Art. 122. Compensam-se, com preferência sobre todos os demais credores, as dívidas do devedor vencidas até o dia da decretação da falência, provenha o vencimento da sentença de falência ou não, obedecidos os requisitos da legislação civil. Parágrafo único. Não se compensam: I – os créditos transferidos após a decretação da falência, salvo em caso de sucessão por fusão, incorporação, cisão ou morte; ou II – os créditos, ainda que vencidos anteriormente, transferidos quando já conhecido o estado de crise econômico-financeira do devedor ou cuja transferência se operou com fraude ou dolo". Esse dispositivo evidencia nitidamente a intenção do legislador em apenas prescrever no que concerne à compensação na falência alguns casos em que a mesma não pode prosperar. Sendo assim, a *contrario senso*, em todas as outras hipóteses fáticas é licito o exercício do direito de compensação, uma vez que, conforme Constituição Federal de 1988, art. 5º, II, "ninguém será obrigado a fazer ou a deixar de fazer alguma coisa senão em virtude de lei". Certamente a utilização da compensação em sede falencial deverá observar não somente os preceitos legais, mas também, as balizas principiológicas.

7. Em suma, se o legislador optou por prescrever o instituto da compensação pela forma negativa, ou seja, prescrevendo as hipóteses nas quais a sua aplicação é vedada, significa que a disciplina civilista sobre o instituto, desde que não ofensivas às exceções, foi, na sua inteireza, reenviada para o direito concursal.

8. Paulo Salvador Frontini, "Dos efeitos da declaração de falência sobre as obrigações do devedor", in Francisco Satiro de Souza Júnior e Antônio Sérgio A. de Moraes Pitombo (coords.), *Comentários à Nova Lei de Recuperação de Empresas e Falências*, p. 430. "O credor há de invocá-la perante o

Por fim, não buscando estender em demasia a discussão em relação à eficácia dos princípios e regras gerais do instituto da compensação no direito concursal, mas, que, no entanto, oferecem algumas balizas para as respostas às indagações propostas neste articulado; e, também, não visando a desvendar as nuances desse instituto nos moldes da prescrição do art. 122 da Lei Falimentar, bem como eventual manifestação de inconstitucionalidade desse dispositivo;[9] o que interessa é vislumbrar os reflexos da inovação trazida pelo art. 119, VIII da mesma lei.

3. O art. 119, VIII, da Lei n. 11.101/2005

Conforme, se pode aduzir pelo exposto acima, a dogmática da compensação na dinâmica das relações falimentares não é tão simples, embora, não se tratando tal instituto de fenômeno jurídico recente no subramo do direito falimentar, tendo sido prescrito desde a revogada Lei n. 859/1902, art. 27. Entretanto, o legislador, abandonando sua postura inicial de tão-somente optar por limitar a esfera de abrangência do instituto da compensação, acrescentou mais elementos suscetíveis à controvérsia doutrinária sobre esse assunto, ao decidir, hodiernamente, por ampliar essa abrangência, ao prescrever a hipótese especialíssima voltada para a possibilidade de compensação no âmbito do sistema financeiro nacional.

A título de informação, vale destacar que o atual Estatuto Falimentar, com algumas diferenças em comparação com o anterior, prescreve os efeitos da falência nas obrigações do falido, porém, fazendo a seguinte divisão: *a*) de uma forma geral, em relação aos direitos de todos os credores, portanto, referindo-se às obrigações passivas do devedor (art. 115 e art. 116); *b*) de uma forma específica, em face dos contratos bilaterais (art. 117) e unilaterais (art. 118); e, por fim, *c*) levando em consideração algumas relações contratuais e legais especiais, sui generis e/ou peculiares (art. 119 ao art. 128).

Nesse diapasão, o instituto da compensação insere-se como uma relação jurídica especial e a prerrogativa atribuída aos agentes do sistema financeiro nacional como uma relação jurídica, mais que especial, especialíssima, cujos efeitos o legislador considerou relevante tratar de forma específica e apartada da disciplina geral falimentar referente à compensação. Dessa forma, sob o capítulo da falência, na seção dos efeitos da decretação da falência sobre as obrigações do devedor, no art. 119, VIII, portanto, nesse ponto da lei encontrando seu *locus*, apresenta-se uma das grandes inovações da atual Lei de Falências.

3.1 Espécie

Em que pese haver entendimento contrário[10] a compensação pode ser classifi-

juiz, pedindo a declaração por sentença da extinção das obrigações compensadas. Se sobrar saldo devedor, o credor da falência deve incontinenti pagá-la; e, se credor, deve habilitá-lo como quirografário" (Rubens Requião, *Curso de Direito Falimentar*, v. 1, 14ª ed., p. 182).

9. "A ressalva do preceito, no teor de que a compensação se processa 'com preferência sobre todos os demais credores', sugere inconstitucionalidade, por franco tratamento desigual imprimido à mesma classe de credores, ou mesmo aos credores que gozem de preferência geral, preferência especial ou de privilégio" (Paulo Salvador Frontini, "Dos efeitos da declaração de falência...", cit., in Francisco Satiro de Souza Júnior e Antônio Sérgio A. de Moraes Pitombo (coords.), *Comentários à Nova Lei de Recuperação de Empresas e Falências*, p. 449).

10. "Na sua sistemática, a compensação é *legal*. Poderá, isto sim, ser afastada por convenção ou ser estendida a casos que não se compreendem na compensação propriamente dita, o que mais corrobora ser ela *legal*, visto como não há mister a declaração de vontade para operar a compensação típica. Quando as partes disputam em torno desta modalidade de extinção de obrigação, o juiz decide. O pronunciamento positivo não significa compensação judicial (de que falaremos em seguida), porém legal continua sendo, já que a palavra jurisdicional, tem por finalidade afirmar na espécie que houve extinção por esta causa e, conseguintemente, a sentença não

cada como legal, judicial ou voluntária. Sem trilhar pelos caminhos terminológicos das demais espécies, torna-se mais interessante elucidar os contornos e nuances daquela que se acredita ser a espécie em questão.

Embora, a princípio, possa-se filiar na corrente daqueles que consideram a compensação ora analisada como pertencente à espécie convencional, em virtude da previsão legal da necessidade de expressa existência de convenção entre as partes, entende-se que a compensação prevista no dispositivo falimentar subsumi-se à espécie legal, uma vez que esta opera-se simplesmente em virtude da coexistência de dívidas certas, líquidas e vencidas (exigíveis), conforme inteligência dos arts. 368 e 369 do Código Civil de 2002. O fato de a liquidez advir de procedimento futuro não é capaz de caracterizar a compensação em convencional, pois essa é a que resulta de um acordo de vontades, incidindo em hipóteses que não se enquadram nas de compensação legal, uma vez que as partes, de comum acordo, passam a aceitá-la, dispensando alguns de seus requisitos, como, por exemplo, a identidade de natureza ou a liquidez das dívidas.[11] Nesse caso, a liquidez não é dispensada, apenas advém em momento posterior, e, necessariamente, como não poderia deixar de ser, em período de coexistência das dívidas.

Em suma, tanto é legal a compensação prevista na disposição falimentar que sem tal previsão de lei a mesma não existiria, equivalendo afirmar que, se houver a revogação do dispositivo, essa faculdade deixa de existir, ainda que em detrimento da existência da convenção.

Conforme ficou claro, não se configura como uma das tarefas mais fáceis precisar a espécie da referida compensação. No entanto, uma assertiva é irrefutável: independentemente da origem – seja da pena do legislador, ou de sentença judicial, bem como, de acordo entre as partes – o efeito é o mesmo: extinção da dívida até a concorrência da quantia.

3.2 O destinatário da norma

Em face da problemática proposta, a primeira indagação tem como objeto identificar no arcabouço do ordenamento jurídico a possível pessoa que reúne os predicados, além de ser credora e devedora da massa falida, para ser a destinatária da norma contida no dispositivo em comento, portanto, o *sui juris* titular da prerrogativa da oposição da compensação na falência, além dos termos da regra geral prevista no Código Civil e das exceções prescritas no art. 122 da Lei Falimentar.

Essa pergunta não é de difícil resposta, bastando tão-somente a leitura da Lei n. 4.595/1964 – dispõe sobre a Política e as Instituições Monetárias, Bancárias e Creditícias, cria o Conselho Monetário Nacional e dá outras providências.

Certamente, o sistema financeiro nacional é formado de parte subjetiva, cuja constituição fica a cabo de determinados agentes, *in casu*, intitulados de instituições financeiras. Nesse diapasão, o art. 17, *caput* e parágrafo único, e o art. 18, § 1º, da Lei n. 4.595/1964 esboçam quem são tais agen-

gera a compensação, mas limita-se a declará-la na conformidade do que determina a lei. A função judicial adstringe-se à verificação de um fato" (Caio Mário da Silva Pereira, *Instituições de Direito Civil*..., cit., v. 2, 19ª ed., p. 159).

11. A lei é muito clara ao prescrever a compensação legal, porque a estabelece entre dívidas ou valores que se correspondem. Por sua vez, a compensação convencional poderia operar-se entre dívida ilíquida ou não vencida com dívida líquida ou vencida, sem que haja, obviamente, a superveniência da liquidez ou vencimento; ou, entre dívida de um determinado bem com dívida em dinheiro, etc. Ou seja, a ausência de previsão entre as partes da possibilidade de compensação em determinadas situações, tornaria impossível a ocorreria da compensação pelo não-preenchimento de todos os seus requisitos legais. Dessa situação, a compensação convencional encontra sua razão de ser.

tes, ao apresentar o seu conceito, sendo que no art. 1º, traz em espécie os mesmos.[12]

Em suma, em face dos dispositivos acima citados, a norma prescrita no art. 119, VIII, da Lei de Falências tem como sujeitos de direito as instituições financeiras,[13] entendendo-as como sendo pessoas jurídicas públicas ou privadas, que tenham como atividade principal ou acessória a coleta, intermediação ou aplicação de recursos financeiros próprios ou de terceiros, em moeda nacional ou estrangeira, e a custódia de valor de propriedade de terceiros; sendo, também, equiparadas para os efeitos da Lei n. 4.595/1964 e, portanto, para efeito da Lei Falimentar, as pessoas físicas que exerçam qualquer das atividades referidas no art. 17, *caput*, de forma permanente ou eventual;[14] além dos estabelecimentos bancários oficiais ou privados, das sociedades de crédito, financiamento e investimentos, das caixas econômicas e das cooperativas de crédito ou a seção de crédito das cooperativas que a tenham, as bolsas de valores, companhias de seguros e de capitalização, as sociedades que efetuam distribuição de prêmios em imóveis, mercadorias ou dinheiro, mediante sorteio de títulos de sua emissão ou por qualquer forma, e as pessoas físicas ou jurídicas que exerçam, por conta própria ou de terceiros, atividade relacionada com a compra e venda de ações e quaisquer outros títulos, realizando nos mercados financeiros e de capitais, operações ou serviços de natureza dos executados pelas instituições financeiras.[15]

Insta destacar que tais agentes, na hipótese de decretação de falência de seu contratante, em face da classificação proposta no art. 83 da Lei de Falências, poderá ter seu crédito classificado apenas como sendo de garantia real, quirografário, subquirografário e/ou subordinado.

3.3 Os requisitos legais

Seguindo o *iter* apresentado na introdução, depois de identificado o titular do direito de compensação nos termos do art. 119, VIII, do Estatuto Falimentar, surge a necessidade de averiguação quanto à existência de eventuais requisitos, sem os quais o exercício de tal direito é obstado.

Nesse tocante, a obviedade é flagrante, uma vez que a norma apenas exige a

12. Já é pública e notória a alteração na ordem de classificação dos créditos na nova legislação concursal em relação ao Fisco e ao credor com garantia real, havendo a primazia deste sobre aquele. Certamente, na esteira do raciocínio dessa inversão encontra-se a explicação para a inserção do art. 119, VIII, na mesma lei. "Logo a seguir, em ordem de prioridade, surgem os créditos com garantia real até o limite do valor do bem gravado. Andou bem o legislador quando reconheceu a importância da garantia real, assegurado-lhe prioridade sobre os créditos fiscais, *não obstante às críticas de que o dispositivo foi incorporado à Lei em razão da pressão imposta pelas instituições financeiras*" (Francisco Satiro de Souza Júnior, "Da classificação dos créditos", in Francisco Satiro de Souza Júnior e Antônio Sérgio A. de Moraes Pitombo (coords.), *Comentários à Nova Lei de Recuperação de Empresas e Falências*, p. 360. Grifos acrescidos ao original). Portanto, a previsão em particular da possibilidade da compensação no âmbito de sistema financeiro nacional além das diretrizes esboçadas nas regras gerais, aparentemente pode apresentar contornos de concessão de privilégio atribuído a determinado naipe de credor.

13. "O sistema financeiro nacional é constituído principalmente pelos bancos, o que nos leva a crer que estas disposições se aplicam às operações bancárias" (José Sebastião Roque, *Direito de Recuperação de Empresas*, p. 234).

14. Insta salientar que, conforme Lei n. 4.595/1964, art. 18, tais agentes imprescindem para funcionar de autorização do Banco Central ou decreto do Poder Executivo, quando forem estrangeiras; razão pela qual, em sede de juízo falimentar, não haverá maiores problemas de índole probatória para se averiguar a condição do credor-devedor pertencer ao sistema financeiro nacional. 15. O art. 18 da Lei n. 4.595/1964, ao utilizar a expressão "também se subordinam às disposições e disciplina desta Lei no que for aplicável" estende os efeitos legais do regramento do sistema financeiro nacional a demais outras pessoas.

15. O art. 18 da Lei n. 4.595/1964, ao utilizar a expressão "também se subordinam às disposições e disciplina desta Lei no que for aplicável" estende os efeitos legais do regramento do sistema financeiro nacional a demais outras pessoas.

existência prévia de acordo para compensação e liquidação,[16] além, certamente, da ocorrência da falência. Portanto, uma vez que as "partes que se relacionam reiteradamente podem celebrar acordos de compensação (*netting agreements*) de modo a garantir a extinção das obrigações recíprocas que se equivalem",[17] devem concorrer na previsão contratual, a possibilidade de compensação e de liquidação; devendo ser tal previsão, no entanto, nos termos da legislação vigente.

A expressão legislação vigente conduz certamente à Lei n. 10.214/2001,[18] art. 4º,[19] originada da conversão da Medida Provisória n. 2.115-16, de 2001.[20] Essa lei, a qual regula a atuação das câmaras e dos prestadores de serviços de compensação e de liquidação no âmbito do sistema de pagamentos brasileiro, nos termos do art. 1º, determina que o sistema de pagamento brasileiro compreende as entidades, os sistemas e os procedimentos relacionados com a transferência de fundos e de outros ativos financeiros, ou com o processamento, a compensação e a liquidação de pagamentos em qualquer de suas formas, conforme seu art. 2º.

Destarte, obedecendo a três requisitos, previsão de compensação, de liquidação e obediência à legislação pertinente – Lei n. 10.214/2002 –, estará legitimada a parte não falida, *in casu*, os agentes do sistema financeiro nacional, a considerar o contrato vencido antecipadamente[21] e a exercer o direito de compensação.

3.4 *A regulamentação*

Uma vez reunido, por parte do legitimado, os requisitos ao exercício do direito à compensação, bem como, havendo a opção pelo vencimento antecipado do contrato em face da superveniência da falência, adentra no cenário desta discussão a forma

16. Fazendo-se uso da interpretação gramatical, vale ressaltar que a utilização pela norma da conjunção aditiva "e" e não "ou" leva à necessidade de se considerar que somente a previsão para a compensação isoladamente ou somente a previsão para a liquidação em apartado, não é suficiente para o exercício do direito na mesma mencionado.

17. Francisco Satiro de Souza Júnior, "Da classificação dos créditos", in Francisco Satiro de Souza Júnior e Antônio Sérgio A. de Moraes Pitombo (coords.), *Comentários à Nova Lei de Recuperação de Empresas e Falências*, p. 594.

18. "Dispõe sobre a atuação das câmaras e dos prestadores de serviços de compensação e de liquidação, no âmbito do sistema de pagamentos brasileiro, e dá outras providências."

19. Nos termos da lei, "Art. 4º. Nos sistemas em que o volume e a natureza dos negócios, a critério do Banco Central do Brasil, forem capazes de oferecer risco à solidez e ao normal funcionamento do sistema financeiro, as câmaras e os prestadores de serviços de compensação e de liquidação assumirão, sem prejuízo de obrigações decorrentes de lei, regulamento ou contrato, em relação a cada participante, a posição de parte contratante, para fins de liquidação das obrigações, realizada por intermédio da câmara ou prestador de serviços".

20. "Seguindo a tendência de fortalecer as instituições em mercados regulados que o Banco Central do Brasil considerou sistematicamente relevantes, foi promulgada a Lei n. 10.214/2001, que estabelece as bases para o Sistema Brasileiro de Pagamento – SBP, determinado que nas operações realizadas em tais sistemas deverá haver a intervenção de uma câmara ou prestadora de serviços de compensação e liquidação. São entidades componentes do Sistema Brasileiro de Pagamentos hoje: câmaras de compensação e liquidação de câmbio e de derivados da BM&F, a CBLC – Companhia Brasileira de Liquidação e Custódia, ligada à Bovespa; a CETIP – Câmara de Custódia e Liquidação; o SELIC – Sistema Especial de Liquidação e Custódia; a CIP – Câmara Interbancária de Pagamentos; TECBAN – Tecnologia Bancária S/A, entre outras" (Francisco Satiro Souza Júnior, "Disposições finais e transitórias", in Francisco Satiro de Souza Júnior e Antônio Sérgio A. de Moraes Pitombo (coords.), *Comentários à Nova Lei de Recuperação de Empresas e Falências*, p. 592).

21. Não se pode deixar de frisar que tais contratos subsumem-se à seara dos contratos bilaterais e, que, portanto, a sorte dos mesmos, a princípio, estaria lançada nos termos da Lei Falimentar, art. 117, *caput*, cabendo tão-somente ao administrador judicial, em nome da massa falida, decidir pelo cumprimento ou pelo encerramento. No entanto, é claro o favorecimento por parte do legislador aos destinatários da norma do art. 119, VIII, da mesma lei, a ponto de subtrair, em especial, uma prerrogativa atribuída historicamente ao representante da massa falida.

de se proceder à liquidação. No entanto, a Lei de Falências não define os parâmetros e nem apresenta os critérios que devem sustentar o procedimento liquidatório, remetendo ao poder regulamentador a competência para a escolha do procedimento. Nesse tocante, antes de serem elucidados os parâmetros aos quais se deve pautar a liquidação, mister se faz desenvolver as matizes jurídicas da norma nesse aspecto, ou seja, identificar os limites e a abrangência desse termo legal, visando a, em especial, identificar no âmbito do ordenamento jurídico pátrio a existência ou não dessa regulamentação, destarte, fazendo-se mister buscar nos direitos constitucional e administrativo a resposta.

Nesse cenário surgem os regulamentos, sendo esses, de acordo com a doutrina, "atos administrativos, postos em vigência por decreto, para especificar os mandamentos da lei (...)".[22] Sendo assim, partindo-se do princípio hermenêutico de que não existem palavras inúteis na lei e que o legislador utilizou o vocábulo no sentido técnico, somente o Poder Executivo na figura de seu representante, poderia regulamentar o dispositivo em comento, ordinariamente, pela via do decreto, nos termos do art. 84, IV; ou, especial e extraordinariamente, pela via da medida provisória,[23] nos termos do art. 62, ambos da Constituição Federal de 1988. Sendo assim, para se caracterizar obediência ao dispositivo falimentar, deve ocorrer uma em duas hipóteses: ou existência de tal ato normativo engendrado do Poder Executivo, ou, promulgação futura.[24]

Em suma, uma vez que é crível que a palavra regulamentação esteja empregada em seu sentido técnico-jurídico[25] e como o dispositivo em comento delega a estatuição de regras e a determinação de procedimentos à esfera da regulamentação, cabe ao intérprete e aplicador da norma identificar no seio do ordenamento jurídico a existência de atos normativos que supram a necessidade dessa regulamentação ou se a ocorrência de uma lacuna foi identificada.

Nesse momento, insta destacar que, no âmbito legal, a Lei n. 10.214/2001 cumpre esse mister, ao prescrever em seu art. 1º: "regula a atuação das câmaras e dos prestadores de serviços de compensação e de liquidação, no âmbito do sistema de pagamentos brasileiro". Mister se faz frisar, que essa lei advém da adoção por parte do Presidente da República da Medida Provisória n. 2.115-16/2001, o qual o Congresso Nacional aprovou, para efeito do disposto no parágrafo único do art. 62 da Constituição Federal de 1988 anterior à Emenda Constitucional n. 32/2001.

Já no âmbito infralegal,[26] a matéria fica a cabo da Resolução n. 2.882/2001 do Banco Central, uma vez que possui a seguinte ementa: "dispõe sobre o sistema de

22. Hely Lopes Meirelles, *Direito Administrativo Brasileiro*, 25ª ed., p. 170.

23. Insta salientar que originalmente a medida provisória não se presta necessariamente a esse fim, qual seja, regulamentação, nada obstando sua edição com essa pretensão, desde que, fulcrada na constatação de relevância e urgência; no entanto, não seria absurdo afirmar que a edição de uma MP regulamentando uma lei, estaria fazendo as vezes de um decreto, mesmo que por uma via oblíqua.

24. Para corroborar uma conclusão contrária, a única explicação possível seria aquela que enuncia que a palavra "regulamentação" foi utilizada no sentido lato do léxico português e não no sentido estreito dos direitos constitucional e administrativo, portanto, implicando a possibilidade de regulamentação até mesmo pelo Poder Legislativo.

25. "*Regulamento*. É também o vocábulo empregado no mesmo sentido de *regimento*. E, assim, entende-se o complexo de normas e regras, em que se fixam o *regime* ou o modo de direção ou de conduta de uma instituição ou associação" (De Plácido e Silva, *Vocabulário Jurídico*, 17ª ed., p. 695).

26. Nesse ponto, assume extrema importância a lição de Kelsen quando ensina que "o fundamento de validade de uma norma apenas pode ser a validade de uma outra norma. Uma norma que representa o fundamento de validade de uma outra norma é figurativamente designada como norma superior, por confronto com uma norma que é, em relação a ela, a norma inferior" (Hans Kelsen, *Teoria Pura do Direito*, 6ª ed., p. 215). Portanto, *in casu*, estando a resolução em consonância com o ato do Executivo, tem sua validade reconhecida pelo ordenamento jurídico brasileiro.

pagamentos e as câmaras e os prestadores de serviços de compensação e de liquidação que o integram".[27] Tal raciocínio engendra-se da própria Lei n. 10.214/2001, art. 4º, *caput*; 5º, *caput* e § 2º; 7º, caput; 8º, *caput*; e, 9º, *caput*, pois, remetem o intérprete à eventual regulamentação, ao utilizar, por exemplo, as expressões "na forma de seus regulamentos" e/ou "observado o disposto nos regulamentos".

Sendo assim, não restam dúvidas quanto à presença de instrumentos normativos legal e infralegal que complementam a prescrição e a eficácia da norma contida no art. 119, VIII, da Lei de Falências, uma vez que a iniciativa de definição de regras sobre a liquidação deve engendrar-se do Poder Executivo, cumprindo com a determinação de regulamentação nos exatos limites da prescrição do dispositivo falimentar.[28]

3.5 A liquidação

Uma das questões mais relevantes proposta neste artigo refere-se aos meios e formas a serem observados no procedimento liquidatório, instando destacar, desde já, que a liquidação[29] deve ser fulcrada nos mais sérios, rígidos e transparentes critérios,[30] com o fito de se evitar enriquecimento ilícito, abuso de direito e desrespeito à posição hipossuficiente de uma das partes.[31] Portanto, evidenciada está a não menos relevância deste tópico.

27. De forma diversa a doutrina não entende quando esclarece que "na hipótese de falência de titular de crédito ou débito perante à Câmara, observa-se o disposto no respectivo Regulamento aprovado pelo Banco Central (LF, arts. 193 e 194)" (Fábio Ulhoa Coelho, *Comentários à Nova Lei de Falências e de Recuperação de Empresas*, 2ª ed., p. 326).

28. No entanto, uma vez pairando dúvidas sobre os substratos normativos sobre a liquidação, o magistrado com fulcro na Lei de Introdução ao Código Civil, art. 4º e até mesma na própria Lei Falimentar, poderia saná-las, conforme defende a doutrina ao referir-se sobre o tema em voga. "Mas parece inevitável que as questões, a emergirem desse casuístico preceito, findarão por serem resolvidas pelo juízo da falência, com base nos poderes que detém, aliás, explicitados no art. 126 da Lei" (Paulo Salvador Frontini, "Dos efeitos da declaração de falência...", cit., in Francisco Satiro de Souza Júnior e Antônio Sérgio A. de Moraes Pitombo (coords.), *Comentários à Nova Lei de Recuperação de Empresas e Falências*, p. 445).

29. "Derivado de *liquidar* (fazer líquido, reduzir à quantidade certa), em seu sentido literal, pois quer exprimir a operação que tem como objetivo *reduzir a quantias certas* valores que não o eram" (De Plácido e Silva, *Vocabulário Jurídico*, 17ª ed., p. 495).

30. Nesse momento, insta trazer à discussão a seguinte posição doutrinária: "A câmara de compensação e liquidação não opera em seu próprio benefício, mas no interesse exclusivo da higidez do sistema que pretende proteger" (Francisco Satiro Souza Júnior, "Disposições finais e transitórias", in Francisco Satiro de Souza Júnior e Antônio Sérgio A. de Moraes Pitombo (coords.), *Comentários à Nova Lei de Recuperação de Empresas e Falências*, p. 593).

31. Não é novidade a conduta das Instituições Financeiras quanto ao tratamento dispensado pelas mesmas à cobrança de valores devidos pelos seus contratantes, não sendo raras as ações judiciais que visam à rescisão de contratos bancários ou à revisão de cláusulas contratuais, bem como, ao recálculo de saldo devedor, com base nos critérios da legalidade, sobretudo, visando à aplicação das normas consumeristas. Nesse momento, ilustra bem a situação o ilustre magistério doutrinário: "Sabendo-se, por verdade sabida, por máxima da experiência, o vulto dos encargos cobrados pelas instituições financeiras (comissão de permanência, juros remuneratórios, juros de mora, correção monetária, taxas de cadastro etc.) que oneram os contratos firmados por financiados e mutuários com instituições financeiras, estas apurarão sua posição, na qual, por certo, despontarão como credoras. E, se a massa falida for credora de algum valor, far-se-á a liquidação por compensação, *na forma estabelecida em regulamento*" (Paulo Salvador Frontini, "Dos efeitos da declaração de falência...", cit., in Francisco Satiro de Souza Júnior e Antônio Sérgio A. de Moraes Pitombo (coords.), *Comentários à Nova Lei de Recuperação de Empresas e Falências*, pp. 444-445). Nesse ponto vale ressaltar que qualquer crédito, além do principal ou originário, pode ser constituído por acessórios originados de multa, juros contratuais, correção monetária e, em se tratando de agentes do sistema financeiro nacional, por capitalização, comissão de permanência e eventuais outros encargos. Sendo assim a liquidação deverá identificar a natureza e apurar todo e qualquer valor que venha a integrar o crédito em face da massa; e, uma vez que o pagamento de valores pela massa é diferido no tempo, corolário da classifica-

Nesse tocante, a Lei n. 10.214/2001 também assume importância, pois traz algumas regras capazes de elucidar a presente questão, conforme evidencia o comando do art. 4º e seus parágrafos, pois, pelo que tudo indica, a liquidação deve ser feita por câmara ou prestador de serviços,[32] devendo contar com mecanismos e salvaguardas que permitam às câmaras e aos prestadores de serviços de compensação e de liquidação assegurar a certeza da liquidação das operações neles compensadas e liquidadas.

Conforme já restou demonstrado, é do interesse da massa falida, de seus credores e até mesmo da sociedade, que o procedimento liquidatório tenha como substrato um critério que prime pela legalidade e pela transparência. Há inclusive regra especial para o caso de falência, conforme art. 7º,[33]

ção dos créditos, subsumi-los às hipóteses do art. 83 da Lei de Falências; considerar o termo legal de quebra e os valores não exigíveis da massa para, somente após, definir o *quantum* compensatório, uma vez que não se pode pretender compensar na massa falida valor advindo de obrigação não exigível da mesma ou exigíveis em momentos diferentes. "*Processo civil. Recurso especial. Agravo regimental. Contrato. Alienação fiduciária. Código de Defesa do Consumidor. Instituições financeiras. Aplicabilidade. Ação revisional. Cláusulas abusivas. Comissão de permanência. Correção monetária, juros remuneratórios, juros moratórios e multa contratual. Inacumulatividade. Súmulas 30, 294 e 296/STJ. Desprovimento.* 1. Com relação à revisão das cláusulas contratuais, a legislação consumerista, aplicável à espécie, permite que, ao se cumprir a prestação jurisdicional em Ação Revisional de contrato bancário, manifeste-se o magistrado acerca da existência de eventuais cláusulas abusivas, o que acaba por relativizar o princípio do *pacta sunt servanda*. Assim, consoante reiterada jurisprudência desta Corte, admite-se a revisão de todos os contratos firmados com instituição financeira, desde a origem, ainda que se trate de renegociação. Precedentes. 2. Quanto à cobrança da comissão de permanência, a Eg. 2ª Seção desta Corte já firmou posicionamento no sentido de ser lícita a sua cobrança após o vencimento da dívida, devendo ser observada a taxa média dos juros de mercado, apurada pelo Banco Central do Brasil, não sendo admissível, entretanto, seja cumulada com a correção monetária, com os juros remuneratórios, nem com multa ou juros moratórios. Incidência das Súmulas 30, 294 e 296 do STJ. Precedentes (REsp 699.181-MG, AgRg REsp ns. 688.627-RS e 712.801-RS). Face à previsão contratual de multa e juros moratórios em caso de atraso no pagamento, correta a vedação da cobrança da comissão de permanência. (...) 6. Agravo regimental desprovido" (STJ, 4ª T., AgRg no REsp 767.771-RS, Rel. Ministro Jorge Scartezzini, v.u., j. 5.9.2006, *DJ* 20.11.2006, p. 325). "*Contrato bancário. Renegociação. Taxa de juros. Abusividade inexistente. Capitalização anual.* O simples fato de o contrato estipular a taxa de juros remuneratórios acima de 12% a.a. não significa, por si só, vantagem exagerada ou abusividade. Necessidade de que se evidencie, em cada caso, o abuso alegado por parte da instituição financeira. Admissível é a capitalização anual dos juros, nos termos do art. 4º do Decreto n. 22.626/1933. Recurso especial conhecido e provido" (STJ, 4ª T., REsp 590.563-RS, Rel. Ministro Barros Monteiro, v.u., j. 12.12.2005, *DJ* 20.3.2006, p. 279). Tais entendimentos não se subtraem quando se analisa a questão sob o prisma falimentar, cabendo ao administrador judicial propor as ações necessárias.

32. "As câmaras e prestadoras de serviços de compensação e liquidação, também chamadas de *clearing houses* ou simplesmente *clearings*, são entidades ou órgãos criados a fim de aumentar a segurança e agilidade de liquidação de operações realizadas por agentes que operam num determinado sistema ou mercado e que se sujeitam, voluntariamente ou em função de norma, a regras especiais de execução de suas operações (...). Nesses casos, a atuação da *clearing* é importantíssima. Além de estabelecer regras de liquidação e limites operacionais, ela intervém nas operações após o fechamento do contrato entre as partes a fim de administrar os processos de liquidação e a eficiência das garantias oferecidas para o perfeito cumprimento das obrigações assumidas (...)" (Francisco Satiro Souza Júnior, "Disposições finais e transitórias", in Francisco Satiro de Souza Júnior e Antônio Sérgio A. de Moraes Pitombo (coords.), *Comentários à Nova Lei de Recuperação de Empresas e Falências*, p. 591).

33. Nos termos da lei, "Art. 7º. Os regimes de insolvência civil, concordata, intervenção, falência ou liquidação extrajudicial, a que seja submetido qualquer participante, não afetarão o adimplemento de suas obrigações, assumidas no âmbito das câmaras ou prestadores de serviços de compensação e de liquidação, que serão ultimadas e liquidadas pela câmara ou prestador de serviços, na forma de seus regulamentos. Parágrafo único. O produto da realização das garantias prestadas pelo participante submetido aos regimes de que trata o *caput*, assim como os títulos, valores mobiliários e quaisquer outros seus ativos, objeto de compensação ou liquidação, serão destinados à liquidação das obrigações assumidas no âmbito das câmaras ou prestadores de serviços. Art. 8º. Nas hipóteses de que trata o artigo anterior, ou quando verificada a inadimplência de qualquer participante de um sistema, a liquidação das obrigações,

dessa forma, harmonizando tal dispositivo com o preceito do art. 119, VIII, em comento.

Em paralelo à Lei n. 10.214/2001 situa-se a Resolução n. 2.882/2001 do Banco Central, a qual dispõe sobre o sistema de pagamentos e as câmaras e os prestadores de serviços de compensação e de liquidação que o integram, sendo os dois instrumentos normativos imprescindíveis para elucidar o destino a que o dispositivo falimentar em comento remete ao intérprete.

Primeiramente, insta destacar, que nos termos do art. 1º da resolução, eficiência, segurança, integridade e confiabilidade são os princípios basilares que inspiram as normas que regulamentam a liquidação. Quanto às regras, as mesmas estão enumeradas no art. 3º e seus incisos,[34] sendo, inclusive, obrigatório o exame das demonstrações financeiras das câmaras e dos prestadores de serviços de compensação e de liquidação por auditor independente, conforme art. 7º.

Por fim, independentemente da lisura a que se espera no procedimento de liquidação, não pode haver qualquer dúvida de que, na hipótese de a massa falida, bem como, qualquer credor, sentir-se lesado em face de eventual ausência de transparência; o contraditório, a ampla defesa e o devido processo legal, conforme Constituição Federal de 1988, art. 5º, LV, devem ser devidamente argüidos e observados em sede e recurso processuais próprios.

3.6 O momento adequado ao exercício do direito

Vale destacar a problemática que gira em torno do momento no qual a compensação deve e pode ser exercitada pelas partes. Em face da relevância da matéria, sem desenvolver muito o tema, o qual, por sua vez, merece ser objeto de um estudo mais aprofundado e próprio, o que não seria possível na via estreita e já definida desse artigo, mister se faz algumas breves considerações.

Insta ressaltar que, embora haja teses no sentido de defender o exercício da com-

observado o disposto nos regulamentos e procedimentos das câmaras ou prestadores de serviços de compensação e de liquidação, dar-se-á: (...). Parágrafo único. Se, após adotadas as providências de que tratam os incisos I e II, houver saldo positivo, será ele transferido ao participante, integrando a respectiva massa, se for o caso, e se houver saldo negativo, constituirá ele crédito da câmara ou do prestador de serviços de compensação e de liquidação contra o participante".

34. Nos termos da Resolução, "Art. 3º. No sistema de pagamentos devem ser observadas as regras gerais a seguir enumeradas, aplicáveis pelo Banco Central do Brasil, que considerará, para tanto, as especificidades de cada um dos sistemas que o integram: I – os participantes devem ter acesso a informações claras e objetivas, que lhes permitam identificar os riscos em que incorram nos sistemas que utilizem; II – as regras e procedimentos devem possibilitar e incentivar o gerenciamento e a contenção dos riscos de crédito e de liquidez, bem como estabelecer claramente, para estes fins, as obrigações das câmaras e dos prestadores de serviços de compensação e de liquidação e dos participantes; III – a liquidação de obrigação, em caráter irrevogável e incondicional, em conta mantida no Banco Central do Brasil, deve ocorrer, o mais cedo possível, no dia para o qual estipulada; IV – a tradição do ativo negociado e a efetivação do correspondente pagamento devem ser mutuamente condicionadas; V – as câmaras e os prestadores de serviços de compensação e de liquidação devem, no mínimo, assegurar, em caso de inadimplência de participante, a liquidação tempestiva de obrigações em montante equivalente à maior posição compensada devedora neles apurada, ressalvado o risco de emissor; VI – a infra-estrutura operacional das câmaras e dos prestadores de serviços de compensação e de liquidação deve ter adequado nível de segurança e confiabilidade, dispondo de planos de contingência e de recuperação capazes de assegurar o processamento no próprio ciclo de liquidação; VII – os meios e procedimentos para a liquidação de obrigações devem satisfazer as necessidades dos usuários e ser economicamente eficientes; VIII – os critérios de acesso aos sistemas devem ser públicos, objetivos e claros, possibilitando ampla participação, admitidas restrições com enfoque, sobretudo, na contenção de riscos; e IX – a estrutura organizacional e administrativa das câmaras e dos prestadores de serviços de compensação e de liquidação deve ser efetiva e transparente, de modo a possibilitar, inclusive, a avaliação do desempenho dos administradores e contemplar os interesses dos participantes".

pensação por parte do credor-devedor da massa tão logo seja detectada a suposta existência do direito compensatório, a melhor doutrina é aquela veda a falta de rigor, quando a variável tempo para o exercício desse direito é levantada.

Primeiramente, insta invocar a norma do art. 369 do Código Civil de 2002, segundo a qual, as dívidas suscetíveis à compensação devem ser líquidas, vencidas e de coisas fungíveis, devendo-se entender a exigibilidade, como consectário lógico do vencimento. Nesse sentido, a doutrina esclarece que "a exigibilidade surge como requisito, razão pela qual as obrigações naturais não são compensáveis",[35] em outras palavras, "que o direito de exigir o pagamento já exista para os interessados na compensação".[36] Após esboçada essa primeira premissa, vale a segunda: a exigibilidade do crédito do habilitante na massa falida somente encontra razão de ser no momento do recebimento de sua classe, pois até esse momento, o habilitante possui apenas expectativa de direito de obter seu crédito, em face da condição suspensiva da existência de valores de titularidade da massa. Em suma, ainda não há a configuração do surgimento do direito de recebimento de qualquer valor por parte do credor falimentar até que sua classe seja chamada para tal, razão pela qual, não há que se cogitar em exigibilidade, pois, como compensar um débito cujo dever de pagá-lo surge anteriormente a um crédito, o qual, ainda não chegou o momento de receber?

A segunda justificativa para a impossibilidade de compensação prévia encontra-se no preceito legal contido no art. 380 do Código Civil de 2002, ao estabelecer que a compensação que resulte em prejuízo a terceiro não é admissível. Ora se a Lei de Falências estipula a chamada ordem de classificação dos créditos, o que implica escalonamento e gradação na ordem de recebimentos de créditos em face do princípio do privilégio, isso determina que, alguns, pela natureza de seu crédito, possuem prioridade sobre outros. Sendo assim, se houver a possibilidade por parte de um credor, o qual se encontra em grau mais inferior da cadeia classificatória, de exercitar a compensação, esse credor poderá estar impedindo que o credor titular do direito de recebimento a sua frente possa não vir a ter seu crédito quitado pela massa, resultando em inevitável prejuízo.

Por fim, com base em raciocínio jurisprudencial, tem-se que mesmo quando o credor da massa é dotado de faculdade permissiva de abstenção das regras processuais do concurso falimentar, como o fisco, por exemplo, o qual tem a seu favor a execução fiscal, não lhe é conferido, segundo melhor doutrina e jurisprudência consolidada,[37] a possibilidade de pagar-se.

35. Cf. Caio Mário da Silva Pereira, *Instituições de Direito Civil...*, cit., v. 2, 19ª ed., p. 155. A doutrina elenca a exigibilidade da dívida como requisito necessário da compensação legal, sem, todavia, tecer considerações desse requisito quanto aos outros dois tipos. No entanto, perfilha-se pela necessidade da evidência desse requisito também nas compensações judicial e convencional, pois se não houver exigibilidade de um crédito de um também devedor, mesmo que originado de sentença ou de convenção, não haveria possibilidade de pleitear o recebimento de qualquer valor e, portanto, de exercer o direito de compensação.

36. Orlando Gomes, *Obrigações*, 8ª ed., p. 159.

37. "*Conflito de competência. Execução fiscal. Massa falida. Não-sujeição da cobrança de débitos fiscais à habilitação em falência. Permanência da execução fiscal no juízo onde foi proposta. Art. 29 da Lei 6.830/1980. Exegese. Penhora. Bem arrecadado pelo síndico. Universalidade da massa falida. Impossibilidade. Precedentes.* 1. Segundo a nova Lei de Falências (Lei 11.101/2005), os processos de falência ou de concordata ajuizados anteriormente ao início da sua vigência serão concluídos nos termos do Decreto-lei 7.661/1945. Por sua vez, o art. 24 do retrocitado decreto-lei dispõe que ficam suspensas as execuções individuais dos credores, sobre direitos e interesses relativos à massa falida, desde que seja decretada a falência até o seu encerramento. 2. *Entretanto, conforme estabelece o art. 29 da Lei de Execuções Fiscais, que segue a determinação do art. 187 do Código Tributário Nacional, a cobrança judicial da dívida da Fazenda Pública não se sujeita à habilitação em falência, mas submete-se à classificação dos créditos.* 3. Consoante a parte final do enunciado da

Muito pelo contrário, deve o mesmo reverter o valor arrecadado para a massa e esperar o momento oportuno ao recebimento dos tributos devidos. Portanto, *mutatis mutandis*, se até mesmo o fisco, na qualidade de possuidor de valor oriundo do patrimônio do falido, está impossibilitado de pagar-se na situação acima apresentada, também qualquer outro credor-devedor da massa não pode, pela via oblíqua da compensação, deixar de entregar à massa o crédito desta, porque estaria pagando-se antes do momento oportuno.

A ausência de exigibilidade do crédito por parte do credor-devedor da massa falida antes do momento do chamamento para recebimento de seu crédito, em face ao respeito à classificação dos créditos, o que, por sua vez, implica a determinação de uma ordem de pagamento pelo falido; sendo que o contrário pode subverter essa escala de privilégio, resultando em prejuízo a terceiro – anterior na cadeia –; bem como o dever do pagamento do débito à massa anteriormente, tornam impossível o exercício do direito de compensação, senão no momento oportuno: o do pagamento de valor pela massa ao seu credor. Em suma, primeiro o habilitante de crédito paga sua dívida para a massa; segundo, o mesmo espera o seu momento de recebimento, ou seja, espera sua classe ter o direito aos valores arrecadados pelo administrador judicial, para que possa, então, exercer o direito de compensação.

In casu, em se tratando de agentes do sistema financeiro, conforme já esboçado acima, certamente o momento oportuno para que os destinatários ao direito de compensação, nos termos do dispositivo falimentar prescrito no art. 119, VIII, é quando do pagamento dos créditos com garantia real, quirografários, sub-quirografários e/ou subordinados, com fulcro, no art. 83, II, VI, VII e VIII, da Lei de Falências.

3.7 A eficácia da norma no tempo

Em face da necessidade de regulamentação do dispositivo ora em comento, conforme próprio comando legal alude, a título de curiosidade e com o objetivo de exaurir no plano doutrinário todas as nuances jurídicas do preceito ora analisado, vale ressaltar as características da mesma no que concerne a sua aplicabilidade. Para tanto, faz-se mister traçar um paralelo entre a norma do Estatuto Falimentar *subanalise* e as

Súmula 44 do extinto TFR, '(...) proposta a execução fiscal contra a massa falida, a penhora far-se-á no rosto dos autos do processo da quebra, citando-se o síndico'. 4. (...)" (STJ, 1ª S., CC 45.805-RJ, Rel. Ministro Dise Arruda, v.u., j. 22.2.2006, *DJ* 27.3.2006, p. 138. Grifos acrescidos ao original); "*Processo civil. Execução fiscal. Massa falida. Penhora anterior à decretação da falência. Crédito trabalhista. Preferência sobre crédito fiscal. Precedentes EREsp 444.964-RS e REsp 188.148-RS.* 1. *A decretação da falência não paralisa a execução fiscal, nem desconstitui a penhora, prosseguindo o processo executivo normalmente. Contudo, realizada a praça, os valores apurados na alienação dos bens penhorados devem ser postos à disposição do Juízo falimentar* para satisfação dos créditos trabalhistas, se houver, e, caso insuficientes para o seu atendimento, os bens arrecadados na falência. 2. Conciliação dos arts. 186 e 187 do CTN com a Súmula 44-TFR e o princípio constitucional da igualdade de todos perante a lei. 3. *Considerando que o crédito trabalhista tem precedência sobre o fiscal, não se pode privilegiar o foro do juízo da execução fazendária em detrimento do foro universal da falência a que todos são obrigados.* 4. Recurso especial conhecido, mas improvido" (STJ, 2ª T., REsp 443.558-RS, Rel. Ministro Francisco Peçanha Martins, v.u., j. 27.9.2005, *DJ* 7.11.2005, p. 181. Grifos acrescidos ao original); "*Tributário. Execução fiscal. Falência superveniente. Leilão. Produto obtido com a alienação dos bens. Entrega ao juízo universal. Matéria pacificada. Violação ao art. 535 do CPC. Inocorrência.* 1. (...). 2. A Corte Especial consolidou entendimento no sentido de que a falência superveniente do devedor, por si só, não tem o condão de paralisar o processo de execução fiscal, nem de desconstituir a penhora realizada anteriormente à quebra. No entanto, o produto da alienação judicial dos bens penhorados deve ser repassado ao juízo universal da falência para apuração das preferências (REsp 188.148-RS, Ministro Humberto Gomes de Barros, *DJ* 27.5.2002). 3. Recurso especial a que se dá provimento" (STJ, 1ª T., REsp 755.086-RS, Rel. Ministro Teori Albino Zavascki, v.u., j. 28.3.2005, *DJ* 5.9.2005, p. 311. Grifos acrescidos ao original).

normas constitucionais, de acordo com a célebre classificação de José Afonso da Silva.

Nas célebres palavras do ilustre doutrinador: "(...) pode-se dizer que as normas de eficácia plena sejam de *aplicabilidade direta, imediata e integral* sobre os interesses objeto de sua regulamentação jurídica, enquanto as normas de eficácia limitada são de *aplicabilidade indireta, mediata e reduzida*, porque somente incidem totalmente sobre esses interesses após uma normatividade ulterior que lhes desenvolva a eficácia, conquanto tenham uma incidência reduzida e surtam outros efeitos não-essenciais, ou, melhor, não dirigidos aos valores-fins da norma, mas apenas a certos valores-meios e condicionantes, como melhor se esclarecerá depois. As normas de eficácia contida também são de *aplicabilidade direta, imediata*, mas *não integral*, porque sujeitas a restrições previstas ou dependentes de regulamentação que limite sua eficácia e aplicabilidade".[38]

Nesse diapasão, sem ser preciso estender muito as premissas elementares desse silogismo, é de evidente percepção que a norma do art. 119, VIII, da Lei de Falências, em virtude da imprescindibilidade de uma regulamentação, seja já existente, seja futura, somente pode, *mutatis mutantis*, ser considerada como pertencente ao grupo das normas de eficácia limitada e de aplicabilidade indireta, mediata e reduzida.

Por derradeiro, uma vez que já existe presente no ordenamento brasileiro tal regulamentação, essa norma apresenta toda sua completude desde a vigência da lei que a contém.

3.8 Os princípios constitucionais e falimentares e a exceção legal

Partindo da premissa de que a lei prescreve, no tocante ao instituto da compensação, norma própria para viger no âmbito do sistema financeiro nacional, cumpre identificar a harmonia dessa regra em face dos princípios constitucionais e falimentares. Sendo assim, a discussão do tema proposto não se sustenta sem uma devida incursão pelos princípios atinentes à matéria, razão pela qual, importante se verifica trazer algumas breves considerações.

A Constituição Federal de 1988, bem como, a Lei Falimentar, além de regras, são constituídas por vertentes emanadoras de um sentido racional que respaldam o intérprete da norma jurídica, as quais se evidenciam como diretrizes e postulados amplos e axiológicos capazes de fundamentar e dar norte e cerne a todo o ordenamento jurídico, ou seja, os princípios. Destarte, no contexto desta obra, qualquer análise principiológica torna-se imprescindível e, neste cenário, insurgem os excelsos princípios da isonomia e da *par conditio creditorum*.

Desde o nascimento, o homem torna-se vítima de dois tipos de desigualdades: a natural e a social. Não obstante a natureza atribuir caracteres heterogêneos ao indivíduo em particular, o ser humano é dotado de um conjunto de caracteres essenciais afins, capazes de identificá-los como tal e de defini-los perante outros seres da natureza. E são justamente esses caracteres eideticamente vinculados que conferem à raça humana sua universalidade. No entanto, dentro dessa esfera de identidade capaz de agrupar os homens na espécie humana como seres iguais, existem as desigualdades sociais as quais cominam na estratificação social.[39] E, destarte, o ordenamento jurídico apropria-se dessas desigualdades consideradas relevantes, com o fim de atin-

38. José Afonso da Silva, *Aplicabilidade das Normas Constitucionais*, 3ª ed., p. 83.

39. Cf. "Em primeira instância, a igualdade erige-se como absoluta – todos têm direitos (aqueles básicos e universais). Em um segundo momento, a partir de uma certa individualização, o absolutismo do princípio da igualdade relativiza-se, as diferenças devem emergir no cenário jurídico – as exigências individuais do ser humano devem ser levadas em consideração" (Anacleto de Farias, *Do Princípio da Igualdade Jurídica*, p. 45).

gir seu desiderato-mor: a Justiça. Na concretização de tão eminente desiderato, a análise das variáveis igualdade e desigualdade devem ser evidenciadas com o fito de possibilitar ao legislador atingir a concretização da isonomia entre os destinatários da norma, em um primeiro momento, idealizada em plano abstrato, pois "a busca e defesa da igualdade devem ser material e não apenas formal. E na sua concretização deve-se respeitar sempre as diferenças, possibilitando (...). que cada qual possa buscar o seu desenvolvimento pessoal em consonância com as suas peculiaridades, a sua forma singular, única e distinta de ser".[40]

Deve ficar patente que a busca dessa igualdade e o ataque letal à distinção de qualquer natureza não implica a homogeneização ou a uniformização ampla e irrestrita de tratamentos; muito pelo contrário, refere-se ao fato de que o legislador, ao selecionar os critérios de tratamento, deve identificar a hipossuficiência e as potencialidades de cada um. A igualdade almejada deve ser não apenas aquela "perante à lei", mas, sobretudo, "na lei", para que se possa erigir uma sociedade que a tenha como verdadeiro e essencial fundamento, porque "(...) é na igualdade fundada nas desigualdades humanas, virtuais e justas, que reconhecem a dignidade humana como essência equalizadora de todos os homens (...)".[41]

No preceito cujo enunciado é tratar igualmente os iguais e desigualmente os desiguais extrai-se o postulado de que sempre se deve considerar a diversidade dos homens frente aos outros; em suma, somente se pode almejar a concretização da igualdade, após reconhecimento e aceitação das diferenças, enfim, da desigualdade. Nesse contexto, o princípio da isonomia assume nomenclatura própria no âmbito do direito falimentar – *par conditio creditorum* – evidenciando-se, com mais clareza nos institutos da classificação dos créditos e da escala de credores.

Cumpre apenas esclarecer que a doutrina já manifestou contrariedade à possibilidade do exercício de compensação por qualquer credor-devedor no âmbito do processo falimentar.[42] Como se pode perceber, as opiniões são corroboradas com base na violação do princípio *par conditio creditorum*, alegando que o exercício do direito à compensação, estar-se-ia criando um privilégio, posto que, a dívida do falido a ser compensada gera um ônus para a massa, quando esta deixa de receber o crédito que era devido ao falido. Nesse viés, poderia ocorrer que o credor do falido, que também é devedor desse, poderia receber o seu crédito em sua totalidade, enquanto que, os demais credores, poderiam receber apenas uma parte do mesmo no rateio. Portanto, seria burlada a condição de igualdade – isonomia – visada em um processo no qual esse princípio é extremante enaltecido.[43]

40. Cármen Lúcia Antunes Rocha, *O Princípio Constitucional da Igualdade*, p. 14.

41. Idem p. 45.

42. Nesse sentido, são os seguintes magistérios: "Opondo ao falido a compensação até a concorrência do valor do crédito contrário, o credor não precisa habilitar-se na falência, equivalendo a compensação a um pagamento privilegiado. *Não estamos convencidos da excelência dessa solução legal, pois a admissibilidade da compensação, na falência, quebra a 'par condicio creditorum'*. A verdade, porém, é que as legislações modernas tendem a favorecer a compensação" (Trajano de Miranda Valverde, *Comentários à Lei de Falências*, v. 1, 3ª ed., *apud* Rubens Requião, *Curso de Direito Falimentar*, v. 1, 14ª ed., p. 182. Grifos acrescidos ao original). "No Brasil, a compensação tem lugar também na hipótese de falência de um dos sujeitos. *Em outros direitos, a falência afasta a possibilidade de compensação, quando ela pode importar desrespeito à ordem de classificação de créditos*" (Fábio Ulhoa Coelho, *Comentários à Nova Lei de Falências e de Recuperação de Empresas*, 2ª ed., p. 337. Grifos acrescidos ao original).

43. "O princípio dominante na falência é a estreita igualdade entre os credores, garantidos, porém, os direitos daqueles que tiverem legítima causa de preferência (...). Deve ser repelida toda a interpretação que ofenda, restrinja ou anule essa igualdade" (J. X. Carvalho de Mendonça, *Tratado de Direito Comercial Brasileiro*, v. 5, t. 1, 1ª ed., pp. 159-160).

Outra argumentação favorável à suposta ofensa a princípios constitucionais e falimentares, no que se refere à compensação, é buscada nos próprios efeitos desse instituto, pois, "a compensação, embora se alinhe entre as modalidades de extinção sem pagamento, gera contudo os efeitos deste".[44] Interpretando sobre esse prisma, ou seja, que a compensação equivaleria a uma espécie de pagamento[45] e, pagamento esse em face da massa falida, certamente, seu exercício por parte de uns comprometeria a igualdade entre os credores.

Passando por essas preliminares, resta responder à seguinte indagação: haveria ofensa a princípios constitucional e falimentar em face da atribuição legal especial da possibilidade de compensação aos agentes do sistema financeiro nacional? Desde já se propugna pela negativa da resposta.

As razões são cinco, conforme explicações abaixo aduzidas.

Primeiramente, percebe-se que a prescrição possui vigência no âmbito do sistema financeiro nacional, onde é de fácil constatação a primazia de operações bancárias e correntistas *lato senso*. Insta destacar, que tais operações possuem na sua essência a prática da compensação pela própria natureza dos negócios. Nesse tocante, o ilustre magistério não deixa dúvidas.

"A título de ilustração, duas instituições mercantis podem ser lembradas, ambas da mais alta relevância e do mais lídimo interesse prático, *fundadas no princípio da compensação:*

"a) a *conta corrente*, mediante a qual são inscritas as partidas de débito e de crédito, a favor e contra cada uma das partes, gerando a contínua e constante extinção recíproca, para, a qualquer tempo, prevalecer o saldo como expressão da posição de débito de um ou de outro; se os créditos perdem a sua individualidade, em função do respectivo lançamento, o que traduz maior extensão do contrato de conta corrente, e se esta é de conseqüências mais profundas, a compensação está no seu mecanismo e é o seu ponto de partida (...)."[46]

A segunda razão encontra-se no próprio significado dos princípios ora invocados, ou seja, todos são e devem ser tratados iguais no limite de suas desigualdades. E nesse tocante, nem todos os credores da massa falida são também devedores, razão pela qual, é totalmente justificado um tratamento diferenciado.[47] A própria existência de uma classificação de créditos é denotadora da existência de hierarquia entre os credores justificadora da existência de privilégio na falência.[48]

44. Caio Mário da Silva Pereira, *Instituições de Direito Civil...*, cit., v. 2, 19ª ed., p. 162.

45. "Desnecessário será encarecer a utilidade da compensação. Foi em razão disto que ela se criou, e por motivo dela tem vivido. Sem embargos, podem resumir-se a duas as suas principais vantagens: *constitui técnica de simplificação de pagamento, evitando os deslocamentos de fundos, despesas e riscos e, a ao mesmo tempo, cria uma garantia de recebimento para o credor*" (Caio Mário da Silva Pereira, *Instituições de Direito Civil...*, cit., v. 2, 19ª ed., p. 160. Grifos acrescidos ao original).

46. Idem, ibidem.

47. "O art. 46 da Lei de Falências c/c o art. 34 da Lei n. 6.024/1974 permitem a compensação na liquidação extrajudicial, assim, pelo princípio da especialidade na relação jurídico-material existente entre as partes não tem aplicação os arts. 1.024 e 1.015, inc. III, ambos do Código Civil, ou seja, *face à sobredita disposição legal não é de se cogitar da existência de ofensa ao princípio da 'par condicio creditorum' (prejuízo a terceiros e ou impenhorabilidade), mas sim de exceção legal, aliás, pois trata com desigualdade desiguais na medida que nem todos os credores são devedores da massa* (...) (Comarca de São Paulo/SP, 9ª Vara Cível, Fórum Central, Proc. Autos n. 2.521/97)" (Celso Marcelo de Oliveira, *Comentários à Nova Lei de Falências*, p. 486. Grifos acrescidos ao original).

48. Nessa oportunidade, os magistérios seguintes são de crucial contribuição ao debate: "Os que vedam a compensação na falência, sob a alegação de que prejudica a *par conditio*, deveriam, por coerência, condenar também a hipoteca, o penhor, etc., que são todos institutos para operar em favor de particulares credores e, corolariamente, contra a generalidade deles" (João Batista Villela, *Da Compensação no Concurso Falencial: Ensaio de Contribuição à Tutela dos Créditos*, p. 42). "Não se cumprirão, porém, a hipoteca, o penhor, etc. função de ca-

Em terceiro lugar, a faculdade especialíssima do dispositivo em comento advém da própria natureza do instituto da compensação e de seus efeitos, pois a compensação evidencia-se como um direito até mesmo potestativo. Se o legislador preferisse, teria restringido ainda mais os efeitos desse instituto como fez por meio do art. 122 do Estatuto Falimentar. Se a lei não restringiu não cabe ao intérprete fazê-lo, enveredando-se pela via da inconstitucionalidade incapaz de encontrar fundamento.

Em quarto, tem-se que mesmo em não havendo a prescrição expressa da possibilidade de compensação no âmbito do sistema financeiro nacional, seus agentes poderiam, valer-se das normas civilistas, devendo apenas observar as mitigações prescritas no art. 122 da Lei de Falências.[49]

Por fim, conforme já elucidado acima, se a compensação for aplicada em face da massa em tempo oportuno tendo como termo inicial o momento de recebimento de pagamento pelo habilitante, não há que se vislumbrar qualquer anomalia.

A única novidade real e que, portanto, poderia corroborar uma tese de inconstitucionalidade em face do princípio da igualdade e ilegalidade em virtude do princípio da *par conditio creditorum* no tocante à prescrição do art. 119, VIII, da Lei n. 11.101/2005 está no fato da atribuição da faculdade, não de oposição da compensação, mas da possibilidade da consideração, por parte dos agentes do sistema financeiro nacional, do vencimento antecipado do contrato, uma vez que sempre foi prerrogativa do síndico, atualmente denominado administrador judicial, no tocante aos contratos bilaterais, proceder a essa escolha, e porque esse direito não é outorgado a nenhum outro credor da massa.

4. Conclusões

Face todas as questões expostas, é de peculiar constatação a extrema relevância

pital utilidade no comércio jurídico? Conviria sua extinção? O que se observa é antes um alargamento das formas de proteção do crédito, pois é fato que o legislador torna cada vez mais distendido o elenco das prelações na falência. Se confrontarmos o velho Código do Comércio, de 1850, com a atual lei de falências e respectivas alterações vamos notar um sensível crescimento dos privilégios dos créditos que, num sentido amplo, se poderiam qualificar de privilegiados" (idem, p. 61).

49. Nesse sentido, o entendimento das seguintes jurisprudências, *mutatis mutandis* e de acordo com os pontos já analisados, pode ser aplicado à falência: "*Agravo regimental no recurso especial. Contrato bancário. Ação revisional. Compensação. Repetição de indébito. Institutos distintos. Interesse recursal. Configuração. Restituição na forma simples. Desprovimento.* 1. Ao revés do aduzido, a compensação e a repetição de indébito não são institutos jurídicos idênticos. A compensação é aplicada quando existem créditos recíprocos para ambas as partes, ao passo que a repetição de indébito é a devolução dos valores pagos indevidamente por um dos litigantes. Desse modo, em geral, a compensação é utilizada primeiramente e, se porventura ainda sobrar saldo a ser restituído, incide a repetição de indébito. 2. Assim sendo, constata-se que o agravado possuía, deveras, interesse em recorrer, porquanto o que restou pontificado pelo Tribunal *a quo* foi o entendimento de que a compensação recairia sobre o montante ilegal cobrado pelo ente bancário nos contratos que estavam em vigor, enquanto que o r. *decisum* agravado, a seu turno, determinou a repetição de indébito do quantum pago indevidamente nos instrumentos contratuais que foram renegociados e que ainda estariam por sofrer a revisão judicial. 3. *Por fim, cumpre asseverar que esta Corte Superior já se posicionou na vertente de ser possível tanto a compensação de créditos quanto a devolução da quantia paga indevidamente, em obediência ao princípio que veda o enriquecimento ilícito*, de sorte que as mesmas deverão ser operadas de forma simples – e não em dobro –, ante a falta de comprovação da má-fé da instituição financeira. 4. Agravo Regimental desprovido" (STJ, 4ª T., AgRg no REsp 538.154-RS, Rel. Ministro Jorge Scartezzini, v. u., j. 28.6.2005, *DJ* 15.8.2005, p. 319. Grifos acrescidos ao original). "*Contratos bancários. Ação de revisão. Juros remuneratórios. Limite. Capitalização mensal. Possibilidade. MP 2.170-36. Inaplicabilidade no caso concreto. Compensação e repetição de indébitos. Possibilidade. CPC, art. 535. Ofensa não caracterizada.* (...) III – *Entendidas como conseqüência lógica do pleito revisional, à vista da vedação legal ao enriquecimento sem causa*, não há obstáculos à eventual compensação ou devolução de valor pago indevidamente. IV – Recurso especial conhecido e parcialmente provido" (STJ, 2ª S., REsp 602.068-RS, Rel. Ministro Antônio de Pádua Ribeiro, v.u., j. 22.9.2004, *DJ* 21.3.2005, p. 212. Grifos acrescidos ao original).

as implicações que advêm da inserção no texto da Lei Falimentar do art. 119, VIII, que prescreve em hipótese de falência os efeitos que a mesma atribui às obrigações do falido, em face do instituto da compensação no âmbito sistema financeiro nacional, sendo possível destacar as seguintes conclusões:

a) A compensação prescrita no dispositivo supracitado pertence à espécie legal;

b) Os destinatários da norma, portanto, credores e devedores da massa falida, os quais possuem, no âmbito de sua esfera de direito, a prerrogativa da oposição da compensação nos termos da especialidade legal, são as instituições financeiras, as pessoas a elas equiparadas, bem como, as que se subordinam às disposições e aos termos da Lei n. 4.595/1964;

c) A possibilidade do exercício do direito aludido não se apresenta incondicionada, sendo necessários concorrer os requisitos da superveniência da falência; prévia estipulação quanto à possibilidade de compensação e liquidação; e, obediência à legislação pertinente, atualmente, a Lei n. 10.214/2002;

d) A expressão regulamento utilizada pelo legislador atende aos critérios de cientificidade jurídica, fazendo-se mister, portanto, que a regulamentação advenha do Poder Executivo, *in casu*, tendo advindo da Medida Provisória n. 2.115-16/2001, convertida na Lei n. 10.214/2001, no plano legal; e, da Resolução n. 2.882/2001 do Banco Central, no âmbito infralegal ou de outros instrumentos normativos que os revoguem e os substituam;

e) Os critérios principiológicos e regradores da liquidação do valor objeto de compensação, conforme expressa previsão normativa são eficiência, segurança, integridade e confiabilidade e os definidos em regulamento próprio;

f) O momento oportuno para o exercício ao direito de compensação, e, que, por sua vez, é definido pela ordem de privilégio da classificação de crédito, é aquele no qual o credor da massa é chamado a receber o pagamento de seu crédito, uma vez que, nesse momento, seu débito deve ter sido saldado junto à massa falida, seus credores anteriores devem ter recebido o que faziam jus e sua dívida passa a ostentar o predicativo da exigibilidade;

g) Sendo necessária a devida regulamentação no ordenamento jurídico brasileiro, conforme já esboçado, a norma em questão, apresenta-se como sendo uma norma de eficácia limitada e de aplicabilidade indireta, mediata e reduzida;

h) Por fim, no que concerne ao direito especialíssimo de compensação, preconiza-se pela tese de que o art. 119, VIII em comento encontra-se em harmonia com os princípios constitucional – isonomia – e falimentar – *par conditio creditorum* –, sendo totalmente regular a possibilidade de seu exercício, desde que, observados os imperativos de forma, tempo e modo principiológicos e legais de ordem falimentar previstos.

5. Apêndice

Ao analisar a prescrição do art. 119, VIII, da Lei de Falências, pode surgir a dúvida quanto à possibilidade de se estender o mesmo raciocínio no âmbito dos institutos da recuperação judicial e da recuperação extrajudicial.

A resposta a essa dúvida encontra-se na própria sistemática da Lei de Falências, uma vez que traz a disciplina das recuperações judicial e extrajudicial assim como, da falência em locais próprios, sem guardar, nesse particular, qualquer conexão.

Sendo assim, apenas no campo falimentar, as regras falimentares especial e especialíssima sobre a compensação são observadas, restando para o campo da recuperação judicial e da recuperação extrajudicial as regras gerais previstas no Estatuto Civilista.

6. Referências bibliográficas

COELHO, Fábio Ulhoa. *Comentários à Nova Lei de Falências e de Recuperação de Empresas*. 2ª ed., São Paulo, Saraiva, 2005.

COÊLHO, Sacha Calmon Navarro. *Manual de Direito Tributário*. 2ª ed., Rio de Janeiro, Forense, 2001.

FARIAS, Anacleto de. *Do Princípio da Igualdade Jurídica*. São Paulo, Ed. RT, 1973.

FAZZIO JÚNIOR, Waldo. *Nova Lei de Falência e Recuperação de Empresas*. 2ª ed., São Paulo, Atlas, 2005.

FRONTINI, Paulo Salvador. "Dos efeitos da declaração de falência sobre as obrigações do devedor", in SOUZA JÚNIOR, Francisco Satiro de, e MORAES PITOMBO, Antônio Sérgio A. de (coords.). *Comentários à Nova Lei de Recuperação de Empresas e Falências*. São Paulo, Ed. RT, 2006.

GOMES, Orlando. *Obrigações*. 8ª ed., Rio de Janeiro, Forense, 1994.

KELSEN, Hans. *Teoria Pura do Direito*. 6ª ed., São Paulo, Martins Fontes, 1998.

MEIRELLES, Hely Lopes. *Direito Administrativo Brasileiro*. 25ª ed., São Paulo, Malheiros Editores, 2002, p. 170.

MENDONÇA, J. X. Carvalho de. *Tratado de Direito Comercial Brasileiro: da Falência e da Concordata Preventiva*. v. 5, t. 1, 1ª ed., Campinas, Russel, 2005.

OLIVEIRA, Celso Marcelo de. *Comentários à Nova Lei de Falências*. São Paulo, IOB Thomson, 2005.

PERIN JÚNIOR, Écio. *Curso de Direito Falimentar e Recuperação de Empresas*. 3ª ed., São Paulo, Método, 2006.

REQUIÃO, Rubens. *Curso de Direito Falimentar*. v. 1, 14ª ed., São Paulo, Saraiva, 1991.

ROCHA, Cármen Lúcia Antunes. *O Princípio Constitucional da Igualdade*. Belo Horizonte, Lê, 1990.

ROQUE, José Sebastião. *Direito de Recuperação de Empresas*. São Paulo, Ícone, 2005.

SILVA, De Plácido e. *Vocabulário Jurídico*. 17ª ed., Rio de Janeiro, Forense, 2000.

SILVA, José Afonso da. *Aplicabilidade das Normas Constitucionais*. 3ª ed., São Paulo, Malheiros Editores, 1999.

SILVA PEREIRA, Caio Mário da. *Instituições de Direito Civil: Teoria Geral das Obrigações*. v. 2, 19ª ed., Rio de Janeiro, Forense, 2000.

SOUZA JÚNIOR, Francisco Satiro de. "Da classificação dos créditos", in SOUZA JÚNIOR, Francisco Satiro de, e MORAES PITOMBO, Antônio Sérgio A. de (coords.). *Comentários à Nova Lei de Recuperação de Empresas e Falências*. São Paulo, Ed. RT, 2006.

_____. "Disposições finais e transitórias", in SOUZA JÚNIOR, Francisco Satiro de, e MORAES PITOMBO, Antônio Sérgio A. de (coords.). *Comentários à Nova Lei de Recuperação de Empresas e Falências*. São Paulo, Ed. RT, 2006.

VILLELA, João Batista. *Da Compensação no Concurso Falencial: Ensaio de Contribuição à Tutela dos Créditos*. Tese (Doutorado em Direito), Faculdade de Direito da Universidade Federal de Minas Gerais, 1963.

PARCERIAS EMPRESARIAIS (*JOINT VENTURES*) NAS ATIVIDADES DE EXPLORAÇÃO E PRODUÇÃO DE PETRÓLEO E GÁS NATURAL NO BRASIL

JOSÉ ALBERTO BUCHEB

1. Introdução. 2. Os empreendimentos de Exploração e Produção de Petróleo e Gás Natural (E&P). 3. Relações entre as empresas atuantes no setor de E&P. 4. Alianças horizontais: parcerias operacionais de E&P: 4.1 Parcerias contratuais: consórcios; 4.2 Parcerias societárias; 4.3 Parcerias operacionais obrigatórias: unitização. 5. Alianças verticais no setor de E&P: 5.1 Contratos de serviço com cláusula de risco; 5.2 Parcerias financeiras: 5.2.1 Projetos estruturados: "Project Finance"; 5.2.2 Sociedades em Conta de Participação. 6. Conclusão. 7. Referências.

1. Introdução

O fenômeno da concentração de empresas tem se verificado em escala mundial em todos os setores da economia, sendo objeto de permanente preocupação das agências reguladoras e dos órgãos responsáveis pela prevenção do abuso do poder econômico e da defesa da livre concorrência. As modalidades mais freqüentes de concentrações empresariais são as incorporações e as fusões. Nesses processos, pelo menos um dos agentes perde sua autonomia. Alternativamente, na busca de objetivos comuns, os agentes econômicos podem ainda associar-se na forma de parcerias empresariais (*joint ventures*), preservando sua autonomia.

Uma outra classificação desse mesmo fenômeno leva em conta as posições relativas das empresas na cadeia produtiva. Nessa linha, Paula Forgioni identifica três tipos de concentrações: verticais, horizontais e conglomeradas. "As concentrações verticais se dão entre agentes econômicos que atuam em diferentes níveis da cadeia produtiva", isto é, "é vertical se os partícipes desenvolvem suas atividades em mercados relevantes, a 'montante' ou a 'jusante', ou seja, concentrados no processo produtivo ou de distribuição do produto".[1] Como observado por Renata R. M. Santos, em operações desta natureza, intenciona-se, muitas vezes, dificultar o acesso do concorrente a um produto ou matéria-prima.[2] De outra parte, a concentração horizontal envolve agentes econômicos que atuam no mesmo mercado relevante, estando, portanto, em direta relação de concorrência.[3] Já as concentrações conglomeradas são aquelas uniões entre empresas cujos produtos

1. P. Forgioni, *Os Fundamentos do Antitruste*, 2ª ed., p. 467.

2. R. R. M. Santos, "A concentração empresarial. Caracterização das operações de concentração", *Jus Navigandi*, n. 989, disponível em *http://jus2.uol.com.br/doutrina/texto.asp?id=8103*.

3. P. Forgioni, *Os Fundamentos do Antitruste*, 2ª ed., p. 467.

não possuem qualquer relação de concorrência ou complementaridade.[4]

Adicionalmente, o fenômeno da concentração de empresas pode se dar ainda na forma de grupos de empresas. Na sistemática da Lei das S/A (Lei n. 6.404/1976), os grupos empresariais são divididos em dois conjuntos. O primeiro, constituído pelos grupos de subordinação, inclui os grupos de fato, regulados por meio dos arts. 243 a 264, e os grupos de direito, cuja disciplina é estabelecida nos arts. 265 a 277. Nos grupos de direito, a controladora e suas controladas, sem perda de autonomia jurídica, atuam sob uma única direção, disciplinada por uma convenção arquivada no registro de comércio da sede da sociedade de comando. Neste caso, a combinação de recursos e esforços, bem como a subordinação de interesses de uma sociedade aos de outra, ou do grupo, será lícito, e não configurará abuso de poder.[5] Em contrapartida, nos grupos de fato, caracterizados pela atuação em conjunto da sociedade controladora, suas controladas e suas coligadas, as operações entre as sociedades devem obedecer ao princípio da equivalência das condições, realizando-se apenas negócios comutativos ou com pagamento compensatório.[6] A decisão das organizações estruturarem-se como grupo de direito, grupo de fato ou como empresa integrada, em regra, é fundamentada no planejamento tributário de cada instituição.[7] Nessa linha, os grupos econômicos dividem-se ainda entre os estruturados a partir uma *holding* pura, assim entendida a empresa que tem por escopo o exercício das atividades de participação e controle de outras empresas, e a *holding* mista, que ao lado das atividades de participação financeira e de controle exerce diretamente atividades industriais ou comerciais.[8]

No segundo conjunto, têm-se os grupos de coordenação, que correspondem aos consórcios de empresas. Os consórcios são regidos pelas disposições contidas nos arts. 278 e 279 da Lei das Sociedades por Ações.

A Figura 1 resume esquematicamente as três classificações acima referidas.

- Concentração de Empresas
  - com relação à autonomia
    - com perda de autonomia
      - fusão
      - incorporação
    - sem perda de autonomia
      - *joint ventures* (parcerias empresariais)
  - com relação às posições na cadeia produtiva
    - horizontais
    - verticais
    - conglomerados
  - na forma de grupos empresariais
    - grupos de subordinação
      - grupos de fato
      - grupos de direito
    - grupos de coordenação
      - consórcios

Figura 1. Concentração de empresas – Classificações.

4. R. R. M. Santos, "A concentração empresarial. ..., cit.

5. Na realidade, a subordinação de interesses de uma sociedade aos de outra, ou do grupo pode, eventualmente, vir a configurar infração da ordem econômica se, por exemplo, resultar em dificuldades à constituição, ao funcionamento ou ao desenvolvimento de empresa concorrente ou se impedir o acesso de concorrente às fontes de insumo, matérias-primas, equipamentos ou tecnologia, bem como aos canais de distribuição, nos termos dos incs. V, VI, XII e XIII do art. 21 da Lei n. 8.884/1994.

6. J. G. A. Almeida e M. Abraham, *Estruturas Empresariais*.

7. Alguns países, como p. ex., Austrália, França, Holanda, Espanha, Reino Unido, Estados Uni-

2. *Os empreendimentos de Exploração e Produção de Petróleo e Gás Natural (E&P)*

Para se analisar o fenômeno da concentração de empresas no segmento de E&P da indústria do petróleo, é importante situar o contexto em que se desenvolvem tais empreendimentos. No Brasil, as atividades de pesquisa e lavra das jazidas de petróleo e gás natural e outros hidrocarbonetos fluidos somente podem ser exercidas mediante concessão, por empresas constituídas sob as leis brasileiras, com sede e administração no País, na forma do disposto na Lei n. 9.478/1997 (Lei do Petróleo). Assim, as empresas que executam atividades na área de E&P podem ser divididas em dois grandes subconjuntos: as concessionárias e as não-concessionárias (Figura 2).

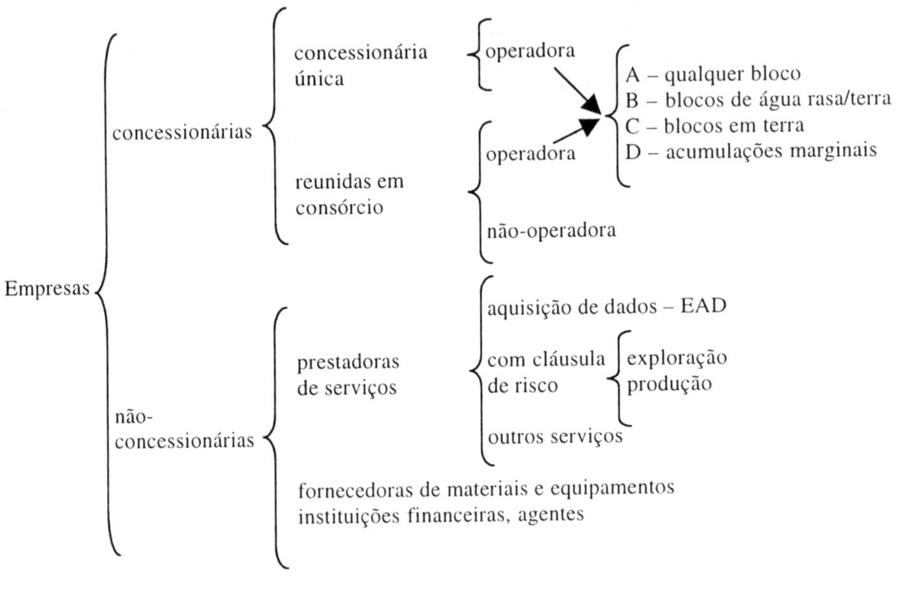

Figura 2. Empresas envolvidas nas atividades de E&P.

Entre as concessionárias, de acordo com os critérios técnicos estabelecidos no Edital de Licitações para a Outorga dos Contratos de Concessão, as empresas são classificadas, pela ANP, como operadora A (empresa qualificada para operar em qualquer bloco[9]), operadora B (empresa qualificada para operar blocos em água rasa[10] ou em terra), operadora C (empresa

dos e México permitem, sob determinadas condições, a consolidação das receitas tributáveis e das despesas dedutíveis de todas as empresas do grupo econômico (*group taxation*). O sistema do *group taxation* não é adotado em países como o Brasil, Canadá China, Alemanha, Índia, Itália, Japão e Rússia (*apud* J. J. Park, *World Legal Systems & Contracts for Oil & Gas*).

8. L. G. P. B. Leães, *Direito Comercial*, p. 131.

9. Art. 6º, XIII, da Lei do Petróleo – Bloco: parte de uma bacia sedimentar, formada por um prisma vertical de profundidade indeterminada, com superfície poligonal definida pelas coordenadas geográficas de seus vértices, onde são desenvolvidas atividades de exploração ou produção de petróleo e gás natural.

10. A ANP adota a seguinte classificação nos Editais de Licitações: água rasa – inferior a 400m;

qualificada para operar somente nos blocos situados em terra), operadora D (empresa qualificada para operar em blocos contendo áreas inativas com acumulações marginais) ou não-operadora, assim definida a empresa que não seja do ramo de exploração e produção de petróleo e gás natural, ou que desejar ser qualificada como tal. A qualificação como operadora é obrigatória para apresentação de oferta individual. A empresa qualificada como não-operadora e aquelas qualificadas como operadoras B, C ou D, conforme o caso, somente poderão participar da licitação num grupo que tenha, como operadora (empresa-líder), uma empresa qualificada para operar no bloco considerado.

No segundo subconjunto, incluem-se, de maneira geral, as empresas prestadoras de serviços, as fornecedoras de materiais e equipamentos, as instituições financeiras e os agentes do concessionário. Entre as prestadoras de serviços, pode-se distinguir as Empresas de Aquisição de Dados (EAD), especializadas na execução de levantamentos de dados técnicos, destinados à comercialização, em bases não-exclusivas (art. 3º, III, da Lei do Petróleo), e que têm suas atividades reguladas por meio do regime especial estabelecido na Portaria ANP n. 188/1998, as prestadoras de serviço (de exploração ou de rejuvenescimento de campos) com cláusula de risco, e as prestadoras de serviços convencionais.

Nesse cenário, os empreendimentos de E&P em todo o mundo, a par de sua notória rentabilidade, são caracterizados, ainda, pelos altos riscos envolvidos e pelos elevados recursos financeiros necessários à sua execução. Tais fatores contribuem, decisivamente, para que as empresas atuantes nesse segmento da indústria do petróleo se associem, com freqüência, formando parcerias empresariais, para conjugar esforços a fim de dividir os riscos, bem como otimizar seus *portfolios* de investimentos e suas estratégias empresariais de curto, médio e longo prazos.[11]

Os vínculos específicos entre essas empresas dão origem às diversas modalidades de parcerias empresariais de E&P, que serão objeto de análise no presente estudo. Em comum, tais modalidades apresentam duas características fundamentais: a preservação da autonomia das partes e a partilha dos riscos e recompensas do empreendimento conjunto.

3. Relações entre as empresas atuantes no setor de E&P

As relações entre as empresas atuantes no segmento de E&P vão condicionar, em cada caso, a natureza da parceria empresarial que será constituída. Nessa linha de idéias, duas espécies do gênero parcerias empresariais de E&P podem ser definidas: as alianças ou concentrações horizontais e as verticais, como ilustrado na Figura 3.

A diferença básica entre esses dois tipos de associações diz respeito à natureza do vínculo que se estabelece entre as empresas. No primeiro grupo (alianças horizontais), a gestão do empreendimento é compartilhada por todas as parceiras, enquanto no segundo, as empresas se dividem entre as responsáveis pela gestão e aquelas que, embora compartilhem os riscos do empreendimento com a empresa gestora, limitam-se à fiscalização da administração do empreendimento.

água profunda – igual ou superior a 400m e inferior a 2.000m; água ultraprofunda – igual ou superior a 2.000m.

11. Marco Aurélio Gumieri Valério, ao analisar a formação de *joint ventures* no contexto geral da economia, destaca que a motivação para cada uma das contratantes não é, necessariamente, a mesma. Assim, enquanto uma empresa pode estar visando lucro, outra poderá estar em busca de novas tecnologias, ou procurando garantir presença num determinado mercado (M. A. G. Valério, "Cláusula compromissória nos contratos de *joint venture*", *Jus Navigandi*, n. 66, disponível em *http://jus2.uol. com.br/doutrina/texto.asp?id=4175*).

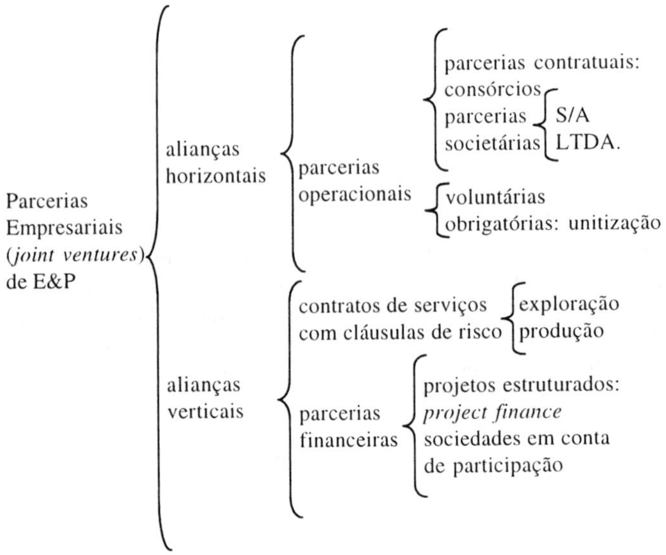

Figura 3. Parcerias empresariais (*joint ventures*) de E&P.

As alianças horizontais, também referidas como parcerias operacionais, verificam-se entre empresas concessionárias dos direitos de exploração, desenvolvimento e produção de um determinado bloco. Trata-se, assim, de associação entre empresas concorrentes, que ocorre com bastante freqüência em escala mundial na área de E&P, em razão dos já mencionados elevados riscos e altos custos, típicos desses empreendimentos. As alianças verticais, por outro lado, na maioria dos casos são constituídas por apenas duas empresas, sendo que uma delas detém os direitos de exploração e produção e a outra, tipicamente, é uma prestadora de serviços especializados de E&P ou uma instituição financeira, conforme o caso.

Entre as alianças horizontais e verticais, distinguem-se, ainda, as *equity* e as *non-equity joint ventures*, conforme os *co-venturers* aportem ou não recursos financeiros.[12-13]

12. E. M. O. Martins, "Parcerias empresariais e *joint ventures*", *Magistra, Rivista di Legge*.

4. Alianças horizontais: parcerias operacionais de E&P

As parcerias operacionais de E&P podem ser classificadas de acordo com dois critérios. O primeiro critério leva em conta a natureza jurídica do vínculo formado entre as empresas parceiras, enquanto o segundo, toma em consideração a motivação que deu origem ao empreendimento comum.

De acordo com primeiro critério, a parceria pode ser contratual, com a constituição de um consórcio, na forma do disposto nos arts. 278 e 279 da Lei das S/A, e pode ser societária, devendo, nessa hipóte-

13. Um exemplo em que coexistiam essas duas espécies de alianças verificava-se no instituto previsto no art. 317 do Código Comercial (sociedade de capital e indústria). Neste caso, do ponto de vista dos sócios que contribuíam com sua atividade caracterizava-se uma *non-equity joint venture*, ao passo que em relação aos sócios que entravam com o capital configurava-se uma *equity joint venture*. A sociedade de capital e indústria, entretanto, não foi prevista no novo Código Civil, deixando, portanto, de existir no ordenamento jurídico brasileiro.

se, constituir-se segundo um dos tipos de sociedades empresárias regulados nos arts. 1.039 a 1.092 do Código Civil.

O segundo critério divide as parcerias em outras duas categorias: as que surgem das vontades livremente manifestadas pelas empresas que a constituem, e as obrigatórias – espécie *sui generis* de parceria empresarial –, que têm origem nos processos de individualização da produção (unitização), como se verá adiante.

4.1 Parcerias contratuais: consórcios

A principal característica do consórcio de empresas é a ausência de personalidade jurídica, como expressamente estabelecido no § 1º do art. 278 da Lei das S/A. Por essa razão, o consórcio não pode ser sujeito de direitos, nem assumir obrigações.[14] Assim, tanto a titularidade dos direitos como a responsabilidades pelas obrigações são assumidas pelas empresas consorciadas. No consórcio, portanto, o exercício desses direitos individuais, assim como o cumprimento das obrigações, também individuais, se dão coletivamente, pelos consorciados.[15]

Em que pese à ausência de personalidade jurídica, é obrigatória a inscrição dos consórcios no Cadastro Nacional das Pessoas Jurídicas (CNPJ), a exemplo dos grupos de sociedades e de outros entes despersonalizados, por força do disposto no art. 11, III, da IN-RFB n. 568/2005.[16] Segundo Alberto Xavier, "trata-se de mera formalidade para efeitos de controle, pela qual se registram coletivamente, sob um mesmo número fiscal, a totalidade das empresas vinculadas pelo mesmo contrato de consórcio, de modo a facilitar o cumprimento coletivo de obrigações tributárias. Tal inscrição não tem, porém, o efeito de atribuir ao consórcio, como tal, personalidade tributária".[17]

Vale ressaltar também que, como observado por Alberto Xavier, "nada impede que um consorciado preste serviços à totalidade dos consorciados (abreviadamente consórcio) sendo, porém, que se extingue por confusão a parte do preço correspondente à proporção com o que o consorciado prestador de serviços participa no consórcio".[18] Analogamente, ao analisar a aplicação dos princípios gerais que regem o instituto do consórcio em matéria de ICMS, este mesmo autor conclui que "nas relações internas, resultantes de operações realizadas pelo consórcio (assim entendida a totalidade dos consorciados atuando coletivamente) e um consorciado *uti singuli*, os efeitos jurídicos são idênticos aos de diversas operações singulares, com a única ressalva de ser eliminada, por confusão, a parcela do valor da operação que corresponder ao percentual de participação do consorciado individual no consórcio".[19] Nos consórcios de E&P, tais situações se verificam quando a empresa-líder (operadora) presta serviços ou vende materiais ao consórcio, ou mais precisamente, às demais consorciadas, com vistas à execução do empreendimento comum.[20]

Do ponto de vista tributário, a destacar, ainda, que os regulamentos do ICMS dos Estados do Rio de Janeiro (Decreto n. 26.064/2000), Espírito Santo (Decreto n.

14. A. Nobre, "Consórcio de empresas. Falta de personalidade jurídica. Impossibilidade de ser proprietário de bens", *Revista Forense* 300/382.

15. A. Xavier, "Consórcio: natureza jurídica e regime tributário", *Revista Dialética de Direito Tributário* 64/18.

16. A IN-SFR n. 105, de 19.10.1984, instituiu a obrigação de se inscreverem no Cadastro Geral de Contribuintes (CGC) os consórcios constituídos na forma dos arts. 278 e 279 da Lei n. 6.405/1976 e que paguem rendimentos sujeitos à retenção na fonte ou que aufiram rendimentos em decorrência de suas atividades.

17. A. Xavier, "Consórcio:...", cit., *Revista Dialética de Direito Tributário* 64/23.

18. Idem, p. 25.

19. Idem, p. 26.

20. O fornecimento de recursos (bens e serviços) ao consórcio por consorciada não-operadora somente deve ocorre em situações especiais, sob pena de caracterizar-se hipótese de simulação.

250-R/2000) e Rio Grande do Norte (Decreto n. 17.361/2004) prevêem a possibilidade de transferência de créditos da empresa-líder para as demais consorciadas na proporção de sua participação no consórcio.

Na síntese formulada por Alessandra Belfort Bueno, os consórcios são contratos de natureza comercial, plurilaterais, típicos (por estarem previstos na Lei das S/A), solenes (a Lei das S/A relaciona as cláusulas essenciais e impõe a obrigatoriedade de arquivamento no registro do comércio do lugar de sua sede), onerosos (as partes contribuem de alguma forma para a operação do consórcio), comutativos (cada uma da partes recebe uma contraprestação equivalente) e de trato sucessivo (o consórcio sobrevive no tempo até a consecução de seu objetivo).[21] Pode-se acrescentar, ainda, que os consórcios são contratos paritários (as partes estão em pé de igualdade), e no caso dos consórcios de E&P, são contratos necessários (por força do disposto na Lei do Petróleo) e acessórios (só existem em função de outro contrato, o contrato de concessão).[22]

Conforme previsto no art. 38 da Lei do Petróleo – e em linha com a prática internacional –, nas licitações para a outorga dos contratos de concessão as empresas podem concorrer isoladamente ou reunidas em consórcio.[23] Em geral, as empresas que optam por concorrer em grupo formalizam as regras dessa participação por meio da celebração do acordo particular denominado *Joint Bidding Agreement* (*JBA*).[24] As principais cláusulas do *JBA* são: a que define o roteiro para a formulação da oferta a ser apresentada na licitação e estabelece o conceito do direito à melhor proposta (*application procedure*), as que regulam o direito de retirada e retorno das partes, a que contém o compromisso de cada uma das partes e de suas respectivas afiliadas de não concorrer com as demais, isoladamente ou em grupo, em qualquer licitação que tiver como objeto bloco em questão (ou parte dele), durante o período acordado (*undertaking*) e a que lista os itens pré-acordados do documento que será negociado, futuramente, em caso de sucesso na licitação (*JOA principles*).

Os direitos de exploração, desenvolvimento e produção de petróleo e gás natural de cada bloco são outorgados ao grupo de empresas vencedor da respectiva licitação, condicionado à formalização, por este grupo de empresas, de um consórcio.[25] A seguir, via de regra, essas empresas assinam um acordo de operações conjuntas, conhecido na indústria do petróleo como *Joint Operating Agreement* (*JOA*). O *JOA* é o instrumento particular, por meio do qual, duas ou mais empresas petrolíferas, que celebraram um contrato de concessão para a exploração, desenvolvimento e produção de petróleo e gás natural com a Agência Nacional do Petróleo (ANP), regulam seus respectivos direitos e obrigações, aspectos técnicos, operacionais e contábeis, a fim de unificar seus esforços para o cumprimento das obrigações assumidas no contrato de concessão.[26] O *JOA* constitui, assim, o re-

21. A. B. Bueno, "O consórcio na indústria do petróleo", in Paulo Valois Pires (org.), *Temas de Direito do Petróleo e do Gás Natural*, p. 12.

22. Um estudo detalhado das associações consorciais, que inclui classificações baseadas em outros critérios, pode ser encontrado no estudo realizado por M. C. V. B. Tarrega, *Associações Consorciais*.

23. Nos termos do edital, a empresa operadora deverá deter, no mínimo, 30% de participação e cada não-operadora, no mínimo, 5%. Assim, em tese, são possíveis grupos de até quinze empresas. Na grande maioria dos casos, entretanto, os grupos são constituídos por duas a quatro empresas.

24. Quando aplicável, são celebrados os *Joint Study and Bidding Agreements* (*JSBA*).

25. O consórcio de E&P pode ter origem ainda quando a empresa concessionária cede parte de seus direitos sobre um determinado bloco para outra empresa, nos termos do art. 29 da Lei do Petróleo. Este processo de aquisição derivada de direitos de E&P é referido internacionalmente como *farmout* (do ponto de vista do cedente) ou *farmin* (do ponto de vista do cessionário).

26. M. O. Mello e C. C. B. Andrade, "A arbitragem nos contratos comerciais e petrolíferos inter-

gulamento das operações conjuntas. Até a assinatura do *JOA*, a parceria é regida pelas disposições aplicáveis do contrato de consórcio e do *JBA*.

De acordo com a classificação de Alberto Xavier, o contrato de consórcio representa o chamado "consórcio externo", por ser levado a conhecimento do terceiro. Nessa linha, o *JOA* pode ser caracterizado como o "consórcio interno", porque disciplina tão-somente as relações entre os consorciados.[27] Assim, em síntese, o *JOA* detalha e complementa o contrato de consórcio, sendo que, por se tratar de um documento particular – diferentemente do consórcio –, suas disposições somente são oponíveis entre as partes.

Na sistemática do *JOA*, o consórcio é administrado por uma direção colegiada denominada comitê de operações (*operating committee – OPCOM*). O *OPCOM* é responsável pela supervisão e direção geral das operações conjuntas, representando, pois, a instância de decisões mais elevada do consórcio.[28] O comitê é composto de um representante de cada empresa consorciada (*operating committee representative – OCR*), cujo voto é proporcional à correspondente participação proporcional.[29] Tipicamente, são instalados também os subcomitês técnico (*TECOM*), e contábil-financeiro (*FINCOM*), além de outros de caráter *ad hoc*, conforme as necessidades específicas do empreendimento. Os subcomitês têm funções consultivas e de assessoramento do *OPCOM*.[30]

À semelhança do disposto em acordos de acionistas, o *JOA* contém regra específica que trata da forma e do quorum de deliberação de assuntos de interesse comum (*voting procedure*) no *OPCOM*.[31] O procedimento de votação estabelece o percentual mínimo e o número mínimo de empresas não-afiliadas necessário para a aprovação das decisões (*passmark vote*).[32] Dessa forma, por exemplo, o *JOA* pode determinar que as decisões serão aprovadas pelo voto de, no mínimo duas das empresas consorciadas não-afiliadas, que reúnam, pelo menos, 60% de participação no empreendimento. Com isso, tipicamente, nenhuma consorciada detém isoladamente o poder de decisão no consórcio, ainda que possua mais de 50% de participação no empreendimento, configurando-se, assim, a ocorrência de controle conjunto do empreendimento.[33] Adicionalmente, as decisões relativas a matérias definidas contratualmente como

nacionais", J. M. R. Garcez (coord.), in *A Arbitragem na Era da Globalização*, p. 160.

27. A. Xavier, "Consórcio:...", cit., *Revista Dialética de Direito Tributário* 64/8-9.

28. Dentre os diversos modelos existentes, as discussões conduzidas neste estudo tomaram por base a minuta elaborada pela *AIPN* (*Association of Internacional Petroleum Negotiators*), em colaboração com a *ACCA* (*American Corporate Counsel Association*), disponível em A. B. Derman, *Model Form International Operating Agreement – An Analysis and Interpretation of the 1995 Form, Section of Natural Resources, Energy, and Environmental Law*, Monograph Series n. 23.

29. A reunião do *OPCOM* é referida como *OCM* (*Operating Committee Meeting*).

30. Analogamente ao *OCR* e à *OCM*, têm-se o *TCR* (*Technical Subcommittee Representative*) e a *TCM* (*Technical Subcommittee Meeting*), bem como o *FCR* (*Financial Subcommittee Representative*) e a *FCM* (*Financial Subcommittee Meeting*).

31. Nos termos do *JOA*, ressalvado seus limites de competência, a empresa-líder do consórcio (operadora) tem por atribuição a execução das decisões do *OPCOM*.

32. De acordo com o contrato de concessão, "afiliada" significa qualquer pessoa jurídica que, direta ou indiretamente controle ou seja controlada societariamente por outra pessoa física ou jurídica ou que seja controlada, direta ou indiretamente, pela mesma pessoa física ou jurídica.

33. Em relação aos consórcios controlados conjuntamente por empresas públicas ou sociedades de economia mista, bem como suas controladas, e por empresas privadas, José Luiz Bulhões Pedreira conclui que "a aquisição de bens e demais contratações do consórcio não estarão sujeitas à legislação sobre licitações de entidades do setor público" (J. L. B. Pedreira, "Parecer" dado às Cia. Suzano de Papel e Celulose, UNIPAR – União de Indústrias Petroquímicas S/A e Petroquímica da Bahia S/A, *apud* R. B. Dias, *Consórcio de Empresas*, pp. 45-46).

de interesse estratégico requerem a unanimidade das partes. Em geral, os especialistas condenam os arranjos contratuais que podem gerar impasses,[34] e sugerem a adoção de mecanismos decisórios que não comprometam a eficiência da *joint venture*.[35] Nessa linha, como as deliberações do comitê de operações relativas à aprovação de operações necessárias ao cumprimento das obrigações mínimas de trabalho, decorrentes do contrato de concessão, devem ser suportadas por todas as partes do consórcio, em algumas situações, como a decisão acerca de programas de trabalho e orçamento da fase de exploração e a de devolução obrigatória de áreas, o *JOA* prevê o voto de qualidade da empresa operadora.[36]

Alternativamente, as operações da fase de exploração que não aquelas necessárias ao cumprimento das obrigações de trabalho mínimas poderão ser conduzidas por apenas parte das empresas consorciadas. Tais operações são conhecidas na indústria como operações exclusivas.[37] Andrew Derman destaca duas espécies do gênero operações exclusivas (*exclusive operations* ou *operations by less than all parties*): (*i*) *sole risk operations*: correspondem àquelas não aprovadas pelo comitê operacional e que serão suportadas pelas partes que foram voto vencido; (*ii*) *non-consent operations*: correspondem àquelas operações aprovadas pelo comitê de operações, mas que por não contarem com a adesão das partes que foram voto vencido, serão suportadas somente pelas partes que a aprovaram.[38] O *JOA* estabelece os momentos e as condições (pagamento de um prêmio), por meio das quais as partes que não tomaram parte da operação exclusiva poderão a elas aderir. No Brasil, contudo, não há na Lei do Petróleo nem no contrato de concessão previsão de realização de operações exclusivas e, por essa razão, os dispositivos do *JOA* que tratem dessa questão somente terão efeito entre as partes. Em conseqüência, perante terceiros continuará prevalecendo o princípio da responsabilidade solidária de todas as consorciadas, mesmo das que não tenham aderido às operações exclusivas. Adicionalmente, perante o fisco, a propriedade originária do petróleo e gás natural produzidos se dará na proporção dos percentuais de cada consorciada, conforme definidos no contrato de concessão e no contrato de consórcio, sendo que qualquer alteração desses percentuais somente será possível mediante a aprovação da ANP, como estabelecido no art. 29 da Lei do Petróleo, e assim, a despeito do que tenha sido ajustado entre as partes, haverá fato gerador de tributo se a distribuição dos hidrocarbonetos produzidos se der de acordo com outra proporção.

No tocante à operadora, em geral, os acordos prevêem que, para atuar como tal, a empresa não será remunerada, sendo apenas ressarcida pelos custos incorridos na condução das operações, nos termos do princípio "*no gain, no loss*". Em contra-

34. M. E. Hooton, "Structuring and negotiating international joint ventures", *Creighton Law Review*, p. 1.016, *apud* M. R. S. Ribeiro, "*Joint ventures* internacionais", in C. L. Marques e N. Araújo (orgs.), *O Novo Direito Internacional – Estudos em Homenagem a Erik Jayme*, p. 432.

35. J. Dobkin *et al.*, *International Joint Ventures*, pp. 2-11, *apud* M. R. S. Ribeiro, "*Joint ventures* internacionais", in C. L. Marques e N. Araújo (orgs.), *O Novo Direito Internacional*, cit., p. 433.

36. Para as operações da etapa de desenvolvimento das demais operações da fase de produção, o *JOA* prevê como regra geral, que as partes devem negociar em boa-fé, esforçando-se para alcançar as decisões em prazos que não comprometam a eficiências das operações.

37. As operações conduzidas por todas as consorciadas são referidas como operações conjuntas (*joint operations*).

38. A. B. Derman, *Model Form International Operating Agreement*, cit., Monograph Series n. 23, p. 45. Cada acordo contém uma lista exaustiva de operações que podem ser conduzidas em regime de exclusividade. Dentre tais operações, normalmente incluem-se as seguintes: perfuração, teste, aprofundamento, desvio (*sidetracking*) e aparelhamento para a produção (completação) de poços exploratórios (inclusive poços de avaliação de descobertas), e a declaração de comercialidade de descoberta.

partida, a responsabilidade pelos danos causados pela operadora é limitada ao seu percentual de participação, exceto nas hipóteses de culpa grave (*gross negligence*) ou dolo (*willful misconduct*)[39] de seu *senior supervisory personnel*,[40] na forma da clássica "cláusula de não indenizar".

A atividade da empresa operadora para a contratação de bens e serviços destinados à parceria é regulada na cláusula de *contract awards*. Este dispositivo estabelece três faixas de valores aplicáveis às operações realizadas durante a fase de exploração, três às operações da etapa de desenvolvimento da produção e três às demais operações da fase de produção. Estas faixas de valores são negociadas em cada parceria, de acordo com a potencial magnitude de cada empreendimento. Quando os valores situarem-se na primeira faixa, o operador poderá contratar livremente. Recaindo na segunda faixa, a empresa operadora deverá conduzir um processo de cotação, levando em conta os fatores de preço e qualidade. Para as contratações cujos valores estiverem na terceira faixa, o processo de cotação efetuado pela operadora deverá ser submetido à aprovação do *OPCOM*. Adicionalmente, para a contratação com empresas afiliadas da operadora, acima de um determinado valor estabelecido no acordo, deverá também ser obtida a anuência do *OPCOM*.

Antes de assumir compromissos de dispêndios superiores aos limites previstos no acordo, a operadora deverá solicitar a correspondente autorização para gastos (*authorization for expenditures – AFE*) que, em regra, somente poderá ser recusada pelas não-operadoras nas hipóteses de não-conformidade com o programa de trabalho e respectivo orçamento – PTO (*work program and budget*) aprovados ou se, mesmo estando em linha com o PTO, os valores não estiverem compatíveis com as práticas de mercado daquele momento.

A Figura 4 mostra esquematicamente a seqüência dos principais eventos ordinários (setas cheias) e extraordinários (setas tracejadas) relacionados à condução das operações de E&P em parceria. Se o fornecimento de bens e serviços ao consórcio for efetuado pela própria operadora, esta empresa deverá, preferencialmente, submeter a correspondente lista de preços à prévia aprovação do *OPCOM*. Outros eventos significativos na gestão do empreendimento conjunto são: a realização dos inventários periódicos e dos especiais, bem como dos processos de alienação de materiais adquiridos pelo consórcio. Além da cobrança pelos gastos diretamente relacionados às operações (*direct charges*), a operadora cobrará do consórcio um percentual previamente acordado destes gastos, a título de despesas indiretas (*indirect charges* ou *overhead*).[41]

39. S. Murphy, "The operators' limitation of liability under the 1995 AIPN model form international operating agreement – Have we gone too far?", *AIPN Advisor* 213/3-13.

40. Conforme o acordo entre as partes, o *senior supervisory personnel* corresponde ao nível funcional equivalente ou superior: (*i*) ao supervisor de campo; (*ii*) ao gerente das instalações; ou (*iii*) ao gerente residente. Tipicamente, a empresa operadora, a fim de limitar sua exposição, optará pela alternativa (*iii*), de modo que somente poderá ser responsabilizada pela ação ou omissão de seus gerentes superiores. No outro extremo, as não-operadoras, para resguardar seus interesses, procurarão fazer com que a negociação se encaminhe para a escolha do nível gerencial inferior (*i*). Em qualquer hipótese, a responsabilidade do operador nos casos de danos ambientais, danos indiretos, lucros cessantes e indenizações de caráter punitivo (*punitive damages*) é limitada ao correspondente a seu percentual de participação na parceria.

41. Os custos indiretos são definidos como aqueles incorridos pela operadora e suas afiliadas no suporte às operações do consórcio, mas que, por incidirem também sobre diversos outros empreendimentos da operadora, a identificação da parcela correspondente a cada projeto torna-se, na prática, extremamente subjetiva. Exemplos de tais custos são aqueles relativos à alta administração e às áreas corporativas da empresa.

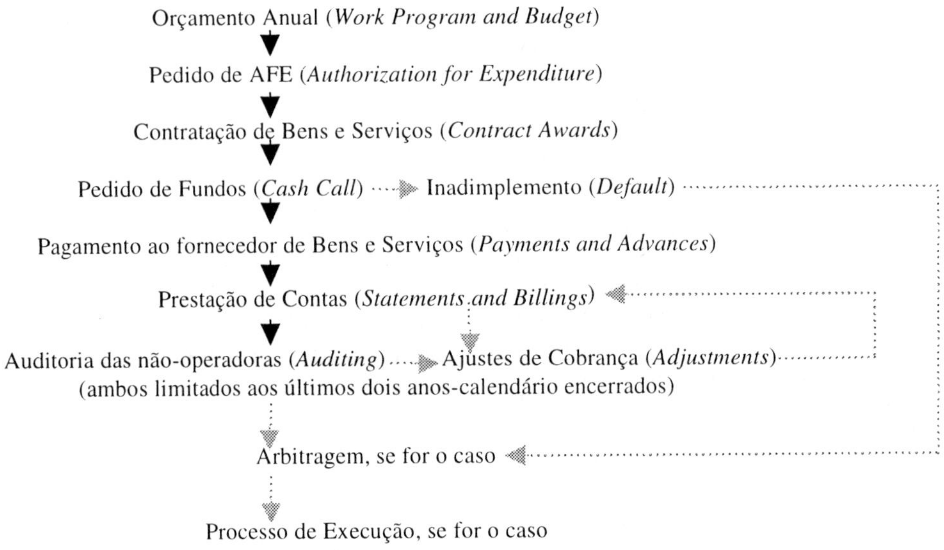

Figura 4. Seqüência dos principais eventos relacionados às operações de E&P conduzidas em parceria.

O atendimento, pelas consorciadas, ao pedido de fundos (*cash call*) formulado pela operadora se dá mediante o aporte de recursos financeiros na proporção dos respectivos percentuais de participação (depósito em dinheiro da conta corrente utilizada pela operadora – *joint account*).[42] Nos casos em que os pedidos de fundos forem efetuados para o pagamento de bens e serviços fornecidos ou repassados pela própria operadora, a parcela a ela correspondente poderá ser atendida mediante a emissão de um documento por meio do qual, esta empresa se comprometerá perante as demais consorciadas a alocar tais insumos ao empreendimento que constitui o objeto do consórcio.[43] Nesse documento, que assim como os registros dos depósitos efetuados pela não-operadoras servirá de base para os lançamentos contábeis, estará consignado o valor de registro contábil do insumo.

É importante destacar que, ao fornecer recursos próprios à parceria, a empresa operadora poderá cobrar das demais consorciadas os valores correspondentes aos preços de mercado de tais insumos. Nesse caso, se houver diferença entre o valor do registro contábil da operadora (valor livro) e o valor de mercado do insumo, o aporte de recursos se fará em proporções diferentes daquelas correspondentes aos percentuais de participação no consórcio. Tal procedimento não fere o princípio "*no gain, no loss*" já que os valores cobrados pela operadora, ainda que superiores ao valor de registro contábil, servirão apenas para repor os recursos por ela alocados ao consórcio e, portanto, não haverá ganho. Por outro lado, da parte das não-operadoras, não haverá perda, pois os valores cobrados não serão superiores ao valor de mercado dos insumos. Se assim não fosse, caracterizar-se-ia perda econômica para a operadora e, conseqüentemente enriquecimento sem causa, para as demais consorciadas. Nessa linha, deve-se ressaltar que a regra "*no gain,*

42. Alternativamente, a operadora pode efetuar o pagamento aos fornecedores com recursos próprios e, posteriormente, cobrar as parcelas relativas às demais consorciadas acrescidas de juros calculados segundo uma taxa (*agreed interest rate*) previamente acordada entre as partes (*funding by operator*).

43. V., a respeito, *IASB – International Accounting Standards Board*, IAS-31, item 48: *Transactions Between a Venturer and a Joint Venture*, 2003, e SIC-13: *Jointly Controlled Entities – Non-Monetary Contributions by Venturers*, 1998.

no loss", mais que um preceito meramente contábil, é um princípio de natureza econômica.[44]

O não atendimento ao um pedido de fundos somente se justificará nas hipóteses em que o *cash call* estiver em comprovada não-conformidade com o orçamento em vigor ou com a respectiva AFE, ou ainda nos casos em que a AFE, embora obrigatória, não tenha sido emitida pela operadora.[45] De outra forma, configurar-se-á o inadimplemento. A minuta padrão do *JOA* estabelece três tipos de sanções para a parte inadimplente: (*i*) restrição de direitos; (*ii*) retenção de créditos e; (*iii*) excussão dos direitos de E&P, dados em garantia, reciprocamente pelas consorciadas. Assim, enquanto durar o *default*, a consorciada inadimplente terá suspensos seus direitos de voto e de representação nas reuniões do *OPCOM* e de todos os subcomitês. Da mesma forma, terá suspenso seu direito de acesso aos dados e informações obtidos pela parceria. Adicionalmente, no período em que se configurar o inadimplemento, os eventuais créditos serão retidos e a parcela da produção de petróleo ou gás natural, se houver, será negociada pelas partes adimplentes, em condições de mercado, de modo a compensar os débitos não quitados.

Vale ressaltar, entretanto, que à luz do direito brasileiro, se não houver a anuência da parte "em *default*", a adjudicação dos direitos de E&P às consorciadas adimplentes somente será possível mediante a apropriada ação de execução.

No contexto geral dos consórcios, vale destacar ainda a distinção efetuada por Alberto Xavier entre o consórcio para empreendimento próprio (operacional) e o consórcio para empreendimento alheio (instrumental).[46] A respeito, é importante assinalar que, na sistemática do presente estudo, os consórcios foram incluídos no grupo das parcerias operacionais de E&P, por se distinguirem das parcerias financeiras e dos contratos de serviço com cláusula de risco. Não obstante, e sem que haja conflito, na classificação de Alberto Xavier, os mesmos consórcios são caracterizados como instrumentais em relação ao contrato principal (o contrato de concessão) celebrado entre os consorciados e terceiro (a ANP), relativo à execução do empreendimento (as atividades de E&P no bloco em questão) e que tem por objeto as obrigações dos consorciados no que respeita à coordenação das suas atividades.

Uma característica importante dos consórcios de empresas concessionários de direitos de E&P e que os distingue dos demais consórcios (art. 278, § 1º, da Lei das S/A) é a imposição da responsabilidade solidária entre as concessionárias, por força do disposto no art. 38, II, da Lei do Petróleo.

Deve-se ressaltar também que, nos termos do inciso V do art. 279 da Lei das S/A, do contrato de consórcio deverão constar normas sobre o recebimento de receitas e partilha de resultados. Ao interpretar este dispositivo, Alberto Xavier admite a possibilidade de que "a divisão das vantagens

44. Acerca do fornecimento de materiais da operadora ao consórcio (*transfer from warehouse to joint account*) – e, por extensão, da prestação de serviços próprios (que não os serviços típicos de operadora, listados no anexo do *JOA* que regula os procedimentos contábeis da parceria: *Accounting Procedure*) e do repasse de contratos mantidos com terceiros – a valores de mercado, v. D. R. Jennings, J. B. Feiten e H. R. Brock, *Petroleum Accounting – Principles, Procedures & Issues*, 5ª ed., pp. 236 e 247. Acerca do tema, v. tb.: C. J. Wright e R. A. Gallun, *International Petroleum Accounting*, p. 384; J. Wilkinson, *Introduction to Oil & Gas Joint Ventures*, v. I, *United Kingdom Continental Shelf*, p. 58; COPAS – *Council of Petroleum Accountants Societies, Model form interpretation* MFI-51, 2005, pp. 48-51; UKOOA – *United Kingdom Offshore Operators Association, Joint Operating Agreement*, 20th Round, LEG2512, 2002, pp. 135-136.

45. O atendimento a um pedido de fundos não retira da parte o direito de contestar a prestação de contas que será posteriormente efetuada pela operadora.

46. A. Xavier, "Consórcio:...", cit., *Revista Dialética de Direito Tributário* 64/8.

do contrato principal não se faça rigorosamente com base na proporção das obrigações assumidas perante o terceiro, mas em proporções desiguais, decorrentes de ajustes internos, que visam *redistribuir*, em momento posterior, os resultados individualmente auferidos, conferindo vantagens especiais a consorciado ou consorciados em razão de fatores, tais como a captação do cliente, o trabalho de coordenação, etc.".[47] Certo é, porém, que eventuais "ajustes internos" não são oponíveis ao fisco, e assim, a partilha de resultados que estiver em dissonância com as quotas partes de cada sociedade, na forma definida no contrato de consórcio e no contrato principal (o contrato de concessão), resultará em fato gerador de tributo.

Outro ponto que pode gerar controvérsia diz respeito ao fato de a lei exigir que o consórcio tenha endereço e foro (art. 279, III, da Lei das S/A), o que para alguns autores significa que o consórcio pode ser demandado em juízo.[48] Analisando esse dispositivo, Agnes Pinto Borges (2004) vai mais além ao afirmar que "o contrato consorcial deverá também estabelecer o endereço do consórcio e o foro para discussão das demandas seja entre os consorciados seja entre os consorciados e terceiros". A prevalecer esta interpretação, a instituição da arbitragem para a solução dos eventuais conflitos entre as consorciadas poderá ser obstada por uma das partes, dada à incompatibilidade entre a cláusula de eleição de foro e a cláusula compromissória.[49]

O art. 279, III, da Lei das S/A, estabelece ainda que do contrato deverá constar a duração do consórcio. O caráter acessório ou instrumental do contrato de consórcio em relação ao contrato de concessão impõe que a duração daquele subordine-se à existência deste. Assim, conclui-se que o consórcio tem vigência por tempo determinável, qual seja, o da duração da fase de exploração (art. 37, I, da Lei do Petróleo), que tipicamente pode estender-se por um período variável entre um e nove anos, e em caso de êxito (art. 26 da Lei do Petróleo), acrescida da duração da fase de produção, que nos termos do contrato de concessão, pode estender-se por vinte e sete anos (prorrogáveis).[50]

Em que pese à natureza fiduciária do relacionamento,[51] ao dever de cooperação entre as partes e ao fato de, em alguns casos, a busca de novas tecnologias representar uma das principais motivações para a constituição de *joint ventures*, as restrições à difusão de informações proprietárias e à disponibilização de dados sensíveis às empresas parceiras, têm sido apontadas como características negativas desta modalidade associativa.[52] Com efeito, a natureza de aliança horizontal, que se caracteriza pela reunião de empresas concorrentes, limita a veiculação de conhecimento entre as partes. Nessa linha, o *JOA* contém dispositivo que exime as empresas da obrigação de divulgar sua tecnologia proprietária às demais consorciadas. Como, entretanto, a utilização da melhor técnica disponível, por um lado, é do interesse de todas as partes, e por outro, em geral implica a divulgação de segredos industriais e/ou comerciais às empresas parceiras, uma possível solução

47. Idem, p. 10.

48. A. Nobre, "Consórcio de empresas...", cit., *Revista Forense* 300/382.

49. C. Tiburcio e S. Medeiros, "Arbitragem na indústria do petróleo no direito drasileiro", in M. R. S. Ribeiro, (coord.), *Estudos e Pareceres – Direito do Petróleo e Gás*, pp. 632-634.

50. Sergio Le Pera ressalta o caráter *ad hoc* da *joint venture*, "qual seja, estar destinada basicamente a um projeto, sem com isto ser de breve duração e sim de duração limitada" (S. Le Pera, *Joint Venture y Sociedad: Acuerdos de Coparticipación Empresaria*, pp. 74-79, *apud* M. R. S. Ribeiro, "*Joint ventures* internacionais", in C. L. Marques e N. Araújo (orgs.), *O Novo Direito Internacional*, cit., p. 437).

51. S. Le Pera, *Joint Venture y Sociedad*, cit., pp. 74-79, *apud* M. R. S. Ribeiro, "*Joint ventures* internacionais", in C. L. Marques e N. Araújo (orgs.), *O Novo Direito Internacional*, cit., p. 437.

52. M. R. S. Ribeiro, "*Joint ventures* internacionais", in C. L. Marques e N. Araújo (orgs.), *O Novo Direito Internacional*, cit., p. 433.

é a celebração de um acordo de troca ou de transferência de tecnologia entre as consorciadas.

Na vigência do contrato de concessão, os concessionários podem celebrar com terceiros, acordos de cessão de direitos de exploração e produção. Tais acordos contêm os termos e as condições mediante as quais o concessionário cederá parte (*Farmin/Farmout*[53] ou *Participation Agreements*) ou a totalidade (*Farmin/Farmout Agreements*) de seus direitos, correspondentes a um determinado percentual de sua participação no bloco de exploração ou de produção de petróleo. Nessas situações, tipicamente, o cessionário adere ao *JOA* celebrado pelas partes que constituíram originalmente a *joint venture*.[54]

A Figura 5 mostra, esquematicamente, o encadeamento dos principais contratos no contexto das parcerias, distinguindo-se a aquisição originária dos direitos de E&P, que se verifica nas licitações promovidas pela ANP, e a aquisição derivada, concretizada por meio dos processos de cessão de direitos (*farmin/farmout*).

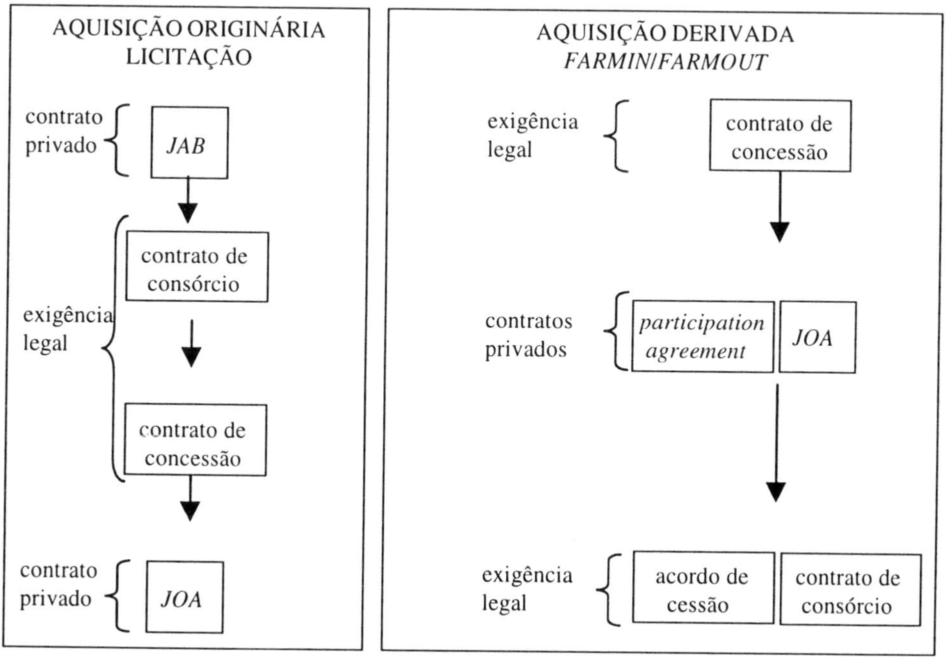

Figura 5. Seqüência típica dos principais contratos nas parcerias de E&P.

Outra modalidade de negócios praticada com freqüência pelas empresas de petróleo consiste na troca de ativos, que podem incluir, entre outros, os direitos de exploração e produção de petróleo de determinadas áreas. Essas transações são formalizadas por meio dos chamados *Swap Agreements*.[55]

53. Do ponto de vista do cessionário fala-se em *farmin*, enquanto que do cedente, em *farmout*.

54. Se originalmente houver apenas um concessionário, a *joint venture* se constituirá no momento da cessão parcial de direitos.

55. J. A. Bucheb, "A arbitragem na indústria do petróleo", *Revista de Direito Público da Economia – RDPE* 15/21.

De acordo com a vontade das partes, o acordo poderá prever que a cessão de direitos se dê livremente, sem necessidade de consulta às demais consorciadas (*free transfer*). Alternativamente, a prática internacional contempla ainda a possibilidade da adoção pelas partes de uma das seguintes alternativas: (*i*) *preferential rights* – de acordo com este mecanismo, as demais consorciadas podem exercer seu direito de preferência, igualando a melhor proposta oferecida por terceiros; (*ii*) *right of first negotiation* – neste caso, o cedente deve inicialmente dar oportunidade às demais consorciadas de formular propostas de aquisição dos direitos, para, a seguir, buscar no mercado ofertas superiores.

Em geral, o pagamento pela cessão parcial de direitos se dá mediante o compromisso da empresa cessionária de arcar com as despesas imputáveis à cedente na condução de um determinado programa de trabalho (*carried work program*), que normalmente compreende a perfuração de poços e a execução de levantamentos sísmicos.

A prática internacional comporta inúmeras possibilidades, de acordo com as especificidades do negócio, os interesses envolvidos e a criatividade das partes. Assim, por exemplo, este programa de trabalho pode ser total ou parcialmente suportado pelo cessionário, as despesas podem ser não-reembolsáveis ou, em caso de descoberta comercial, total ou parcialmente reembolsáveis,[56] sujeitas ou não a um valor-teto (*cap*).[57] O acordo pode ainda prever a responsabilidade do cessionário pelo pagamento de outras despesas, como por exemplo, a relativa à ocupação ou retenção de área (*rentals*).[58] Normalmente, o programa de trabalho compreende somente atividades exploratórias, entretanto, em alguns casos inclui atividades da etapa de desenvolvimento da produção.

O acordo de cessão de direitos pode também contemplar o reembolso pelos custos incorridos pelo cedente na concessão até a data da cessão (*reimbursement for sunk costs*), bem como o pagamento de um determinado valor monetário a título de bônus de descoberta comercial ou bônus de produção.[59]

Nos casos de cessão total de direitos, são comuns ainda o pagamento por parte do cessionário de um valor correspondente a um determinado percentual da receita bruta da produção (*overriding royalties*) ou da receita líquida da produção (*net profit interest*).

O *JOA* estabelece ainda que, a partir do início da produção de petróleo ou gás natural, cada consorciada terá o direito e a obrigação de assumir a parcela a ela correspondente (*entitlement*). Nessa linha, o acordo prevê a negociação e a celebração do *Lifting* ou *Offtake Agreement* e do *Gas Balancing Agreement*, que regem a retirada ordenada da produção de petróleo e gás natural, respectivamente.

4.2 Parcerias societárias

Nos termos do Edital de Licitações para a Outorga dos Contratos de Concessão, o grupo de empresas vencedoras, em vez de celebrar um contrato de consórcio, poderá delegar a assinatura do contrato de concessão para uma outra empresa, na qual as participações proporcionais das empresas do grupo vencedor deverão ser idênticas às participações definidas no envelope padrão de apresentação de ofertas. Dessa forma, é facultado ao grupo de empresas vencedoras, a constituição de um consór-

56. A modalidade reembolsável equivale a uma operação de financiamento.

57. A adoção de um valor-teto (*cap*) se dá nos caos em que a empresa cessionária não é a operadora. Atingido o *cap*, as despesas passam a ser suportadas pelas partes na proporção dos seus respectivos percentuais de participação (*ground floor*).

58. Art. 45, IV, da Lei do Petróleo.

59. O pagamento de um determinado valor monetário a título de bônus de produção se verifica quando a produção acumulada de petróleo ou gás natural atinge um patamar previamente acordado.

cio (*non corporate joint venture* ou *joint venture* contratual) ou de uma empresa (*corporate joint venture* ou *joint venture* societária) para a execução das atividades de exploração, desenvolvimento e produção de petróleo e gás natural.

Caso opte por esta última alternativa, o grupo vencedor deverá constituir uma sociedade empresária (art. 983 do Código Civil), escolhendo a forma de uma sociedade limitada ou uma sociedade anônima. Excluem-se, neste caso, as alternativas da constituição de uma sociedade em nome coletivo e de uma sociedade em comandita (simples ou por ações) pelo fato de que os sócios deverão, necessariamente, ser as empresas que venceram a licitação (art. 37, II, da Lei do Petróleo).

Todavia, em razão da estrutura mais rígida da *joint venture* societária em comparação com a contratual, o que implica um grau de compromisso maior entre as partes envolvidas,[60] aliada à faculdade das partes para escolher a modalidade associativa que mais lhes convêm, o consórcio é a alternativa mais freqüentemente adotada pelas empresas para a condução das atividades de E&P.

4.3 Parcerias operacionais obrigatórias: unitização

O processo de unitização, referido no art. 27 da Lei do Petróleo como individualização da produção, tem lugar quando uma jazida de petróleo ou gás natural se estende por dois ou mais blocos contíguos, cujos direitos de exploração e produção pertencem a concessionários diferentes.[61]

Nos estágios iniciais do segmento de exploração e produção da indústria do petróleo prevalecia o conceito conhecido como "regra da captura" (*rule of capture*), segundo a qual, se alguém extrai petróleo a partir de um poço situado na área em que detém o direito de produção a ele será conferida a propriedade desse petróleo, mesmo que a projeção em superfície do reservatório do qual se originou o petróleo estenda-se além dos limites dessa área.[62]

Tornou-se logo evidente, entretanto, que a prática da regra da captura implica, na maior parte dos casos, a produção predatória de petróleo, assim compreendida aquela que visa tão-somente à minimização do tempo de retorno dos investimentos, e que, por esta razão, tem como conseqüência a perfuração excessiva de poços próximos aos limites dos blocos e o esgotamento precoce da jazida.

Nesse contexto, como contraponto ao instituto da regra da captura, desenvolveu-se na indústria do petróleo o conceito de unitização (*unitization*), segundo o qual, na hipótese de uma jazida estender-se por mais de um bloco, as correspondentes atividades de desenvolvimento e de produção devem ser realizadas conjuntamente pelas empresas detentoras dos direitos de exploração e produção de cada um desses blocos vizinhos.

Trata-se, assim, de uma modalidade atípica de parceria empresarial, que constitui exceção ao princípio da autonomia da vontade, por se originar não da *affectio societatis*, como ocorre em regra, mas sim de um fator que escapa ao alcance da livre escolha das partes: a celebração de um acordo de unitização, condição imposta pela lei para que os concessionários dos blocos adjacentes possam conduzir as atividades de desenvolvimento e produção da jazida comum.

Embora não previsto expressamente na Lei do Petróleo, nos regulamentos (portarias e resoluções) da ANP, nem no con-

60. M. Basso, *Joint Ventures: Manual Prático das Associações Comerciais*, 3ª ed., p. 46.

61. J. A. Bucheb, *A Regulamentação das Atividades de Exploração e Produção de Petróleo e Gás Natural no Brasil*, Tese de Doutorado, pp. 204-342.

62. M. R. S. Ribeiro, *Direito do Petróleo: as Joint Ventures na Indústria do Petróleo*, 2ª ed., p. 185.

trato de concessão, é de todo recomendável que as concessionárias envolvidas no processo de unitização formalizem esta parceria empresarial, de acordo com uma das alternativas estabelecidas no ordenamento jurídico brasileiro, constituindo um consórcio ou uma sociedade empresária,[63] sob pena da possibilidade de se caracterizar uma sociedade em comum (arts. 986 a 990 do Código Civil), e em conseqüência, a responsabilidade solidária e ilimitada das partes, bem como a sujeição ao regime de tributação das pessoas jurídicas (art. 146, § 1º, do RIR/1999). A propósito, Eduardo Goulart Pimenta salienta que "todo contrato de parceria empresarial atípico é uma modalidade de sociedade em comum, pois em ambas as hipóteses estão presentes a finalidade ou empreendimento comum, a contribuição recíproca entre os sócios e os diferentes pólos de direitos e obrigações, caracteres essenciais dos contratos plurilaterais em geral".[64]

5. *Alianças verticais no setor de E&P*

As alianças verticais são formas associativas de natureza contratual caracterizadas pela existência de dois pólos: um representado pelo concessionário dos direitos de E&P e outro, pelo prestador de serviços ou pela instituição financeira. Note-se, ainda, que um ou ambos os pólos da aliança podem também estruturar-se na forma de uma aliança horizontal ou vertical, societária ou contratual.

63. Caso se entenda que as partes do acordo de unitização (individualização da produção) devam ser os próprios concessionários dos blocos adjacentes, a parceria daí resultante somente poderá ser formalizada por meio de um consórcio, já que constituição de uma sociedade empresária caracterizaria a existência de uma pessoa jurídica distinta da dos sócios (as empresas concessionárias dos blocos adjacentes).

64. E. G. Pimenta, *Joint Ventures: Contratos de Parceria Empresarial no Direito Brasileiro*, p. 81.

As alianças verticais compreendem duas principais modalidades: os contratos de serviço com cláusula de risco e as parcerias financeiras. O elemento que distingue uma da outra diz respeito à gestão do empreendimento. Na sistemática dos contratos de serviço com cláusula de risco, a administração do empreendimento é atribuição da empresa contratada para a prestação dos serviços, cabendo à concessionária o papel de fiscalizar o cumprimento do acordo. Alternativamente, nas parcerias financeiras, a gerência do empreendimento é de responsabilidade da concessionária, enquanto a instituição financeira exerce, inversamente, a função de fiscalização.

5.1 Contratos de serviço com cláusula de risco

A diferença fundamental entre os Contratos de Serviço com Cláusula de Risco (CSCR) e os Contratos de Serviço convencionais está no fato de que nos primeiros a remuneração da empresa prestadora do serviço é proporcional aos lucros da titular dos direitos de E&P, ao passo que nestes últimos a prestadora do serviço receberá da concessionária o que for pactuado, independentemente do êxito do empreendimento.

Entre os CSCR há que se distinguir ainda duas espécies: os que se iniciam com um projeto de exploração que, em caso de êxito, adentram na fase de produção, e aqueles que têm por objeto a revitalização de campos maduros. Na sistemática dessa segunda modalidade, a empresa prestadora do serviço é remunerada pela concessionária com um percentual da produção excedente a uma curva-base, conforme acordado previamente pelas partes.

Nos dois casos, o programa de trabalho e os correspondentes investimentos são definidos pela prestadora de serviços, o que a caracteriza como a gestora do empreendimento. Como, todavia, a Lei do Petróleo atribui ao concessionário a exclusividade da gestão das atividades de E&P no bloco objeto da concessão, conclui-se pela incompatibilidade entre o conceito dos CSCR e o regime em vigor no País.

A propósito, vale lembrar que em 1976, foram adotados no Brasil os contratos de prestação de serviços para exploração de petróleo, com cláusula de risco, conhecidos simplesmente como "contratos de risco". Os "contratos de risco" constituíam-se em contratos de adesão, mediante os quais empresas ou consórcios brasileiros ou estrangeiros prestavam serviços de exploração à Petrobrás, executora do monopólio estatal do petróleo, nos termos da Lei n. 2.004/1953. Esses acordos previam que, em caso de êxito, a operação na fase de produção ficaria a cargo da Petrobrás e que as empresas teriam participação nos resultados.[65]

Com o advento da Constituição Federal de 1988, foi estabelecida a proibição à celebração de novos contratos de risco (art. 177, § 1º), ressalvados aqueles em vigor na data de sua promulgação (ADCT, art. 45, parágrafo único). Na mesma linha, os direitos de terceiros adquiridos mediante esses contratos foram ratificados por meio do art. 80 da Lei do Petróleo.

5.2 Parcerias financeiras

Analogamente à diferenciação que se faz entre os contratos de prestação de serviço com cláusula de risco e os acordos de prestação de serviço convencionais, as parcerias financeiras e os contratos de financiamento convencionais se distinguem em função da assunção ou não dos riscos do empreendimento de E&P por parte da instituição financeira.

5.2.1 Projetos estruturados: *Project Finance*

Os projetos estruturados, ou *project finance*, diferentemente dos empréstimos corporativos, destinam-se a financiar projetos específicos, através dos quais o pagamento da dívida é garantido pelo fluxo de caixa a ser gerado pelo empreendimento, evitando a obrigação de oferecimento de garantias reais.[66] De acordo com Cláudio Augusto Bonomi e Oscar Malvessi, o *project finance* apresenta-se como uma solução para os casos em que as empresas buscam formas de financiamento que permitam a mitigação de, ao menos, parte do risco do negócio, uma vez que os credores repartem os riscos do negócio com os devedores. Com a contratação de financiamentos através da estrutura de *project finance*, seus balanços patrimoniais e os balanços patrimoniais de outras sociedades que prestam garantias não são onerados por esse endividamento.[67]

Na formatação de um *project finance*, a criação de uma sociedade de propósito específico (SPE) encarregada de obter os recursos necessários para a implantação do projeto cumpre duas funções: (*i*) a segregação dos riscos do projeto em uma única entidade (com a segregação, o único risco assumido pelos investidores é o relativo ao próprio projeto); (*ii*) o deslocamento do endividamento ocasionado pelo projeto para uma pessoa jurídica determinada, não contaminando, assim, o orçamento e o balanço das partes envolvidas.[68]

Segundo Carolina de O. Martins, em um *project finance* puro (*non-recourse project finance*), as obrigações assumidas são arcadas exclusivamente pelo projeto em si; entretanto, a prática tem demonstrado que, quase sempre, existem garantias para-

65. Maria D'Assunção Costa Menezello, *Comentários à Lei do Petróleo: Lei Federal n. 9.478, de 6.8.1997*, p. 36.

66. A. L. D'Almeida, "Estruturação do *project finance* para o Campo de Petróleo de Marlim", *XL Asamblea Anual de Consejo Latinoamericano de Escuelas de Administración*, out. 2005.

67. C. A. Bonomi e O. Malvessi, *Project Finance no Brasil: Fundamentos e Estudo de Casos*, p. 64.

68. C. O. Martins, "*Project finance* na indústria do petróleo brasileira", in M. R. S. Ribeiro (coord.), *Estudos e Pareceres – Direito do Petróleo e Gás*, pp. 459-460.

lelas, de natureza real (outorgada sobre um bem) ou de natureza pessoal (outorgada genericamente sobre um patrimônio), configurando o chamado *limited recourse project finance*.[69]

Em conclusão, o *project finance* presume maior risco para o financiador que, em contrapartida, exige remuneração maior.[70] Segundo Cristiane Perini Lucchesi, "os investidores internacionais ainda consideram bastante arriscada a estruturação de operações de financiamento de projetos no Brasil e, de modo geral, nos demais países da América Latina, muito embora o percentual de retorno financeiro anual proporcionado por projetos conduzidos nesses países (que podem variar de 15% a 20%) seja bastante superior ao percentual apurado em países desenvolvidos (que alcança, no máximo, 10%)".[71]

Vale ressaltar, ainda, que a norma contábil norte-americana (*US GAAP*) impõe algumas restrições importantes à formatação dos *project finance*. Nessa linha, para que um investimento seja considerado *off balance sheet* (fora do balanço), o *US GAAP* faz uma série de exigências de forma a caracterizar que o empreendimento não foi constituído pela SPE para atender exclusivamente uma companhia. As principais regras contábeis do *US GAAP* são: o ativo não tem de ser obrigatoriamente vendido pela SPE para a empresa ao fim do contrato; se houver venda, ela terá de ser feita através de preço de mercado; o prazo do contrato entre a SPE e a empresa não pode ser superior a 75% da vida útil do empreendimento e o dinheiro pago pela utilização do ativo, ao longo do contrato, não pode ser superior a 90% do seu valor.[72]

Uma preocupação de natureza ética envolve esta modalidade de operação de financiamento. Com efeito, segundo Jeanine Gama Sá, "a estrutura de *project finance* também tem sido utilizada com a intenção de mitigar o risco soberano de determinados países (em caso de Estados que não detenham credibilidade suficiente na sociedade internacional, por exemplo), contornar bloqueios econômicos fundados em motivos políticos, culturais ou étnicos e, até mesmo, burlar determinações religiosas, como a proibição de cobrança de juros nos países fundamentalistas islâmicos. Nesses casos, os empreendimentos podem ser viabilizados mediante a constituição da empresa responsável pelo projeto em países vizinhos ou em paraísos fiscais" (*sic*).[73]

5.2.2 Sociedades em Conta de Participação

Na visão de parte da doutrina, a sociedade em conta de participação (SCP) assemelha-se ao consórcio pelo fato de ambos propiciarem a parceria empresarial, isto é, a cooperação entre empresas.[74]

A SCP é regida pelos artigos 991 a 996 do Código Civil. A exemplo do consórcio, sua principal característica é a ausência de personalidade jurídica, o que evidencia seu caráter de modalidade associativa de natureza contratual. Por outro lado, enquanto o consórcio é regido pelo principio da publicidade, a SCP não necessita ter seu ato constitutivo levado a registro.[75]

Diferentemente do consórcio, a SCP é formada por dois tipos de sócios: o ostensivo e o participante (ou oculto), sendo que, nos termos do art. 991 do CC, "a atividade constitutiva do objeto social é exer-

69. Idem, pp. 455-456.

70. A. L. D'Almeida, "Estruturação do *project finance*...", cit., *XL Asamblea Anual de Consejo Latinoamericano de Escuelas de Administración*, cit.

71. C. P. Lucchesi, "Financiamento de projeto cai 17%", *Valor Econômico* de 17.9.2002, Caderno Finanças, p. C1.

72. R. Cordeiro, "Nova fase para as SPEs", *Brasil Energia* 262.

73. J. G. Sá, "Breves comentários acerca das operações de *project finance* no setor de infra-estrutura: aspectos gerais e aplicabilidade no Brasil", in M. R. S. Ribeiro (coord.), *Estudos e Pareceres – Direito do Petróleo e Gás*, p. 479.

74. A. P. Borges, *Parceria Empresarial no Direito Brasileiro*, p. 86.

75. Idem, p. 85.

cida unicamente pelo sócio ostensivo, em seu nome individual e sob sua própria e exclusiva responsabilidade, participando os demais dos resultados correspondentes". De acordo com o parágrafo único do art. 991, "obriga-se perante terceiro tão-somente o sócio ostensivo; e, exclusivamente perante este, o sócio participante, nos termos do contrato social".

O caráter de aliança vertical da SCP é evidenciado pelo fato de que a gestão do empreendimento compete exclusivamente ao sócio ostensivo. Com efeito, o sócio oculto não participa da administração da sociedade em conta de participação, conferindo-lhe a lei, porém, o direito de fiscalização, com a ressalva de que não poderá tomar parte nas relações do sócio ostensivo com terceiros, sob pena de responder solidariamente com estes nas obrigações em que intervier, conforme o art. 993, parágrafo único, do Código Civil.[76] Outra diferença importante entre o consórcio e a SCP diz respeito ao fato de que a falência do sócio ostensivo acarreta a dissolução da sociedade (§ 2º, do art. 994, do CC), enquanto que a falência de uma consorciada não se estende às demais, subsistindo o consórcio com as outras contratantes (§ 2º, do art. 278, da Lei das S/A).

Nesse contexto, ao analisar as diferenças entre o consórcio e a SCP, Fábio Konder Comparato assinala que "a conta de participação apresenta outras características que podem se revelar inconvenientes para a realização do objetivo de colaboração entre empresas já atuantes num mesmo setor econômico: de um lado, a posição oculta ou anônima de um ou alguns dos sócios; de outro, a responsabilidade exclusiva do sócio ostensivo perante terceiros".[77]

A par da tradicional comparação que se faz entre o consórcio e a sociedade em conta de participação, é interessante notar que, na realidade, tanto do ponto de vista da lógica empresarial que rege o fenômeno da associação de empresas, como da natureza jurídica de tais institutos, a SCP assemelha-se muito mais ao *project finance*, podendo-se afirmar até que, em sua essência, eles constituem uma única espécie de parceria financeira. Nessa linha, para Fábio Ulhoa Coelho, a SCP constitui um contrato de investimento comum,[78] enquanto Denis Donoso a caracteriza como um método alternativo de investimento[79] – mais acertadamente – já que o investidor, ao participar dos resultados, compartilha com o sócio ostensivo os riscos e as recompensas do empreendimento, exatamente como ocorre na modalidade *project finance*. Nessa linha de raciocínio, o financiador (investidor) do *project finance* corresponde ao sócio participante (oculto) da SCP e o financiado, por seu turno, apresenta equivalência em relação ao sócio ostensivo.

Ademais, vale notar que todas as características da SCP, listadas na síntese elaborada por Carlos Guimarães Almeida com base no Direito Comparado e no Direito Brasileiro, aplicam-se igualmente ao instituto do *project finance*: "a) sociedade *ad intra*, sem relações jurídicas com terceiros; b) não tem firma nem denominação social; c) não tem sede ou domicílio especial; d) não tem capital nem patrimônio social; e) não está sujeita às formalidades prescritas para outras sociedade comerciais; f) a publicidade sobre sua existência não a desnatura; g) o caráter oculto não desaparece se um sócio participante age como mandatário do sócio ostensivo sem revelar a sua condição de sócio; h) não tem *legitimatio ad causam* nem *ad processum* para estar em juízo; h) não pode ser declarada falida,

76. D. Donoso, "Sociedade em conta de participação. Uma alternativa de investimento e de capitalização da empresa", *Jus Navigandi*, n. 894, disponível em *http://jus2.uol.com.br/doutrina/texto.asp?id=7697*.

77. F. K. Comparato, "Consórcio de empresas", *Revista Forense*, v. 72, n. 256, p. 6.

78. F. U. Coelho, *Curso de Direito Comercial*, v. 2, p. 457.

79. D. Donoso, "Sociedade em conta de participação...", cit.

somente o sócio ostensivo pode incorrer em falência; i) sua liquidação resume-se a uma simples prestação de contas, amigável ou judicial".[80]

Vale destacar, por fim, que a despeito da ausência de personalidade jurídica, as sociedades em conta de participação são equiparadas às pessoas jurídicas para os efeitos da legislação do imposto de renda (art. 7º do Decreto-lei n. 2.303/1986 e art. 148 do Decreto n. 3.000/1999).

6. *Conclusão*

Os mecanismos de conjugação de esforços na forma de associação de empresas com vistas à execução de empreendimentos conjuntos verificam-se mundialmente e com elevada freqüência no setor de E&P. No processo de escolha da estrutura contratual mais adequada a cada caso concreto, as partes devem levar em conta a natureza da relação econômica entre as empresas e a legislação aplicável às atividades que serão objeto da parceria empresarial.

Nessa linha, ao definir claramente o vínculo entre as partes, bem como os respectivos direitos e obrigações, o contrato constituirá um importante instrumento para se atingir o melhor resultado econômico possível. Dessa forma, conclui-se que a definição do modelo associativo mais adequado para cada situação pode contribuir decisivamente para o sucesso do empreendimento, prevenindo situações de conflito entre as empresas parceiras.

Por fim, a relevância dessa análise é realçada ainda em face da constatação de que as parcerias empresariais de E&P podem estender-se por períodos de um ou dois anos, como ocorre em campanhas exploratórias de curta duração, até a ordem de trinta anos ou mais, nos casos de campos de petróleo com expressivos volumes recuperáveis.

Nessa linha, as condições de ordem econômica, regulatória e operacional, assim como outros aspectos específicos de cada situação concreta, certamente levarão as partes a conceber variações nos modelos aqui discutidos e, até mesmo novos padrões de parcerias empresariais de E&P.

7. *Referências*

ALMEIDA, C. G. "A virtuosidade da sociedade em conta de participação", *Revista Forense*, v. 69, n. 244, Rio de Janeiro, 1973, pp. 5-15.

ALMEIDA, J. G. A., e ABRAHAM, M. *Estruturas Empresariais*. Petrobras – Universidade Corporativa, 2001.

BASSO, M. *Joint Ventures: Manual Prático das Associações Comerciais*. 3ª ed., Porto Alegre, Livraria do Advogado, 2002.

BONOMI, C. A., e MALVESSI, O. *Project Finance no Brasil: Fundamentos e Estudo de Casos*. São Paulo, Atlas, 2002.

BORGES, A. P. *Parceria Empresarial no Direito Brasileiro*. São Paulo, Saraiva, 2004.

BUCHEB, J. A. *A Regulamentação das Atividades de Exploração e Produção de Petróleo e Gás Natural no Brasil*. UERJ/FGEL, Tese de Doutorado, 2005.

______. "A arbitragem na indústria do petróleo", *Revista de Direito Público da Economia – RDPE* 15/19-48, Belo Horizonte, 2006.

BUENO, A. B. "O consórcio na indústria do petróleo", in PIRES, P. V. (org.). *Temas de Direito do Petróleo e do Gás Natural*. Lumen Juris, 2002, pp. 1-29.

COELHO, F. U. *Curso de Direito Comercial*. v. 2, São Paulo, Saraiva, 1999.

COMPARATO, F. K. "Consórcio de empresas", *Revista Forense*, v. 72, n. 256, 1976.

COPAS – *Council of Petroleum Accountants Societies. Model form Interpretation* MFI-51, 2005.

CORDEIRO, R. "Nova fase para as SPEs", *Brasil Energia* 262, set. 2002.

80. C. G. Almeida, "A virtuosidade da sociedade em conta de participação", *Revista Forense*, v. 69, n. 244, pp. 7-8, *apud* M. R. S. Ribeiro, *Direito do Petróleo: as Joint Ventures na Indústria do Petróleo*, 2ª ed., p. 408.

D'ALMEIDA, A. L. "Estruturação do *project finance* para o Campo de Petróleo de Marlim", *XL Asamblea Anual de Consejo Latinoamericano de Escuelas de Administración*. Santiago/Chile, out. 2005.

DERMAN, A. B. *Model Form International Operating Agreement – An Analysis and Interpretation of the 1995 Form, Section of Natural Resources, Energy, and Environmental Law*. Monograph Series n. 23, American Bar Association, 1997.

DOBKIN, J. *et al. International Joint Ventures*. Washington, Longman, 1998.

DONOSO, D. "Sociedade em conta de participação. Uma alternativa de investimento e de capitalização da empresa", *Jus Navigandi*, n. 894, a. 10, Teresina, 14.12.2005. Disponível em *http://jus2.uol.com.br/doutrina/texto.asp?id =7697*, acesso em 31.5.2006.

FORGIONI, P. *Os Fundamentos do Antitruste*. 2ª ed., São Paulo, Ed. RT, 2004.

IASB – *International Accounting Standards Board*. SIC-13: *Jointly Controlled Entities – Non-Monetary Contributions by Venturers*. 1998.

______. IAS-31, item 48: *Transactions Between a Venturer and a Joint Venture*. 2003.

JENNINGS, D. R., FEITEN, J. B. e BROCK, H. R. *Petroleum Accounting – Principles, Procedures & Issues*. 5ª ed., Professional Development Institute, University of North Texas, 2000.

HOOTON, M. E. "Structuring and negotiating international joint ventures", *Creighton Law Review*, 1994.

LEÃES, L. G. P. B. *Direito Comercial*. São Paulo, J. Buchatsky, 1976.

LE PERA, S. *Joint Venture y Sociedad: Acuerdos de Coparticipación Empresaria*. Buenos Aires, Astrea, 1984.

LUCCHESI, C. P. "Financiamento de projeto cai 17%", *Valor Econômico* de 17.9.2002, Rio de Janeiro, Caderno Finanças, p. C1.

MARTINS, C. O. "*Project finance* na indústria do petróleo brasileira", in RIBEIRO, M. R. S. (coord.). *Estudos e Pareceres – Direito do Petróleo e Gás*. Renovar, 2005, pp. 455-473.

MARTINS, E. M. O. "Parcerias empresariais e *joint ventures*", *Magistra, Rivista di Legge*, 2002.

MELLO, M. O., e ANDRADE, C. C. B. "A arbitragem nos contratos comerciais e petrolíferos internacionais", in GARCEZ, J. M. R. (coord.). *A Arbitragem na Era da Globalização*. Forense, 1997.

MENEZELLO, M. D. C. *Comentários à Lei do Petróleo*. São Paulo, Atlas, 2000.

MURPHY, S. "The operators' limitation of liability under the 1995 AIPN model form international operating agreement – Have we gone too far?", *AIPN Advisor* 213/3-13. 2001.

NOBRE, A. "Consórcio de empresas. Falta de personalidade jurídica. Impossibilidade de ser proprietário de bens", *Revista Forense* 300/375-385, 1987.

PARK, J. J. *World Legal Systems & Contracts for Oil & Gas*. Londres, CWC, 2004.

PEDREIRA, J. L. B. "Parecer" dado às companhias Suzano de Papel e Celulose, UNIPAR – União de Indústrias Petroquímicas S/A e Petroquímica da Bahia S/A, in DIAS, R. B. *Consórcio de Empresas*. Petrobras, 1998, pp. 45-46.

PIMENTA, E. G. *Joint Ventures: Contratos de Parceria Empresarial no Direito Brasileiro*. São Paulo, Juarez de Oliveira, 2005.

RIBEIRO, M. R. S. *Direito do Petróleo: as Joint Ventures na Indústria do Petróleo*. 2ª ed., Renovar, 2003.

______. "*Joint ventures* internacionais", in MARQUES C. L., e ARAÚJO, N. (orgs.). *O Novo Direito Internacional – Estudos em Homenagem a Erik Jayme*. Renovar, 2005.

SÁ, J. G. "Breves comentários acerca das operações de *project finance* no setor de infra-estrutura: aspectos gerais e aplicabilidade no Brasil", in RIBEIRO, M. R. S. (coord.). *Estudos e Pareceres – Direito do Petróleo e Gás*. Renovar, 2005, pp. 475-489.

SANTOS, R. R. M. "A concentração empresarial. Caracterização das operações de concentração", *Jus Navigandi*, n. 989, a. 10, Teresina, 17.3.2006. Disponível em *http://jus2.uol.com.br/doutrina/texto.asp?id=8103*, acesso em 21.5.2006.

TARREGA, M. C. V. B. *Associações Consorciais*. Manole, 2004.

TIBURCIO, C., e MEDEIROS, S. "Arbitragem na indústria do petróleo no direito brasileiro", in RIBEIRO, M. R. S. (coord.). *Estudos e Pareceres – Direito do Petróleo e Gás*. Renovar, 2005.

UKOOA – *United Kingdom Offshore Operators Association, Joint Operating Agreement*. 20th Round, LEG2512, 2002.

VALÉRIO, M. A. G. "Cláusula compromissória nos contratos de *joint venture*", *Jus Navigandi*, n. 66, ano 7, Teresina, jun. 2003. Disponível em *http://jus2.uol. com.br/doutrina/texto.asp?id=4175*, acesso em 6.12.2006.

WILKINSON, J. *Introduction to Oil & Gas Joint Ventures*. v. I, *United Kingdom Continental Shelf*. Londres, OPL, 1997.

WRIGHT, C. J., e GALLUN, R. A. *International Petroleum Accounting*. Penwell, 2005.

XAVIER, A. "Consórcio: natureza jurídica e regime tributário", *Revista Dialética de Direito Tributário* 64/7-26, 2001.

"BANCARIZAÇÃO" POR MEIO DE CORRESPONDENTES BANCÁRIOS

UNIE CAMINHA

e

ARTHUR FARACHE DE PAIVA

1. Introdução. 2. Evolução do Sistema Financeiro Nacional. 3. Precedentes normativos e marco legal-regulador. 4. Situação atual dos correspondentes no cenário bancário brasileiro. 5. Críticas ao modelo adotado. 6. Conclusão.

Introdução

É certo que o desenvolvimento da sociedade cria para homem necessidades novas. Como pronunciava o pensador francês Tocqueville,[1] o homem nasce com certas necessidades essenciais e produz outras artificiais. Dentro dessa dinâmica, acaba por tornar-se tão dependente destas, que a partir de um determinado momento, dificilmente consegue isolá-las. Logo, o progresso da civilização não só expõe o homem a muitas novas carências, mas leva, ainda, o ônus à sociedade de tentar aliviar essas carências que outrora ninguém sonharia em satisfazer.

Já na Idade Média começou a se sentir uma dessas novas necessidades: a intermediação financeira. Leo Huberman[2] ressaltou a importância dos banqueiros para o comércio e para o cidadão da época. Os senhores feudais, considerados como autoridades máximas de determinada porção de terra, permitiam e regulavam as feiras que aconteciam em seus feudos. Notadamente, não demorou para que vissem também a imprescindibilidade dos serviços dos banqueiros, senão, até aquele momento, apenas como mais uma oportunidade arrecadar tributos.

Após alguns séculos, o sistema financeiro se encontra, hoje, muito desenvolvido, ocupando um lugar de grande importância na sociedade. Tal qual ocorreu na Idade Média, as autoridades, hoje concebidas na forma do Estado, pressionadas pelo mercado, vêem a necessidade de permitir e

1. Aléxis de Tocqueville, *L'Ancien Régime et la Révolution* (prefácio, notas, cronologia e bibliografia de F. Melónio), Paris, Flammarion,1988, citado por Ricardo Rodriguez Vélez, *A Democracia Liberal segundo Alexis de Tocqueville*, 1 vol. br., São Paulo, Editora Mandarim, 1998, p. 173.

2. "Esses trocadores de dinheiro representavam parte tão importante da feira que, tal como havia dias especiais dedicados à venda de fazendas e peles, os dias finais da feira eram consagrados a negócios em dinheiro. As feiras tinham importância não só por causa do comércio, mas porque aí se efetuavam transações financeiras. No centro da feira, na corte para troca de dinheiro, pesavam-se, avaliavam-se e trocavam-se empréstimos, pagavam-se dívidas antigas, letras de crédito e letras de câmbio circulavam livremente. Aí os banqueiros da época efetuavam negócios financeiros de tremendo alcance" (Leo Huberman, *História da Riqueza do Homem*, trad. Waltensir Dutra, 21ª ed., Rio de Janeiro, LTC, 1986, p. 23).

regular meios de acesso ao sistema financeiro para toda a população.

A popularização do acesso ao sistema financeiro, ou a "bancarização" da população, como vem se tornando conhecido o movimento, ocupa posição de destaque entre as preocupações das autoridades monetárias e do Estado Brasileiro de uma forma geral. Acredita-se que, através de políticas governamentais e mudanças regulatórias que incentivem a inclusão bancária, pode-se aumentar o bem-estar social do indivíduo e propiciar um aumento de produtividade na economia.

Esta preocupação vem, de um lado, impulsionada pela atratividade de um grande mercado ainda não explorado e, de outro, pela possibilidade de viabilizar o acesso à economia formal e, com isso, o aumento do controle de movimentações financeiras através de mecanismos bancários pelo Estado.

O presente trabalho tem por objetivo analisar a contribuição e a eficácia trazida pela regulamentação da atividade de correspondentes bancários no Sistema Financeiro Nacional à inclusão bancária da população. Inicia-se, então, por uma breve contextualização histórica para, em seguida, adentrar na discussão jurídica a respeito do tema.

2. Evolução do Sistema Financeiro Nacional

No Brasil, até 1994, os bancos trabalhavam eminentemente com operações de curtíssimo prazo[3] por causa da elevada inflação, restando pouco espaço para diversificação de produtos e serviços.[4] O que contribuía para que cerca de 78,5% da população brasileira fosse considerada não-bancarizada,[5] enquanto que na Holanda este percentual era 24%, 26% nos Estados Unidos e 29% na Coréia.[6]

Com a implantação do Plano Real e a perda da receita inflacionária, o setor bancário experimentou uma crise, ocorrendo, inclusive, alguns casos de falência, derivados exatamente da não adaptação de algumas instituições bancárias à nova realidade da economia. De acordo com dados do próprio IBGE em conjunto com a Associação Nacional das Entidades do Mercado Financeiro – ANDIMA[7] a receita inflacionária comparada ao Produto Interno Bruto – PIB, caiu de 4% em 1990 para 0,1% em 1995.

Nesse sentido, as instituições bancárias tiveram que adaptar seus modelos, inicialmente com a troca da receita inflacionária pela receita de serviços, que partiu de 8% em 1990, para 10,5% em 1993, chegando a 21,5% em 1995.[8] Somando-se a este cenário, houve, ainda, a flexibilização das normas de entrada de capital estrangeiro, que se deu no governo do Presidente Fernando Collor de Mello.

Abriu-se, então, caminho para várias reestruturações societárias, especialmente

3. Utilização de recursos em trânsito na aplicação em títulos públicos. Eram ganhos com o *float*, obtidos na manutenção no passivo dos bancos de saldos não-remunerados que, aplicados, rendiam, pelo menos, aproximando-se a correção monetária, in Carlos Eduardo Carvalho, *Bancos e Inflação no Brasil: da Crise dos Anos 1980 ao Plano Real*, disponível em *http://www.abphe.org.br/congresso2003/Textos/Abphe_2003_56.pdf* (acessado em 4.8.2006).

4. Leandro Modré, "Um sistema como dita o figurino", *Revista Valor Financeiro* 5/12.

5. "Não-bancarizada" é considerada a população que não tem acesso aos serviços bancários, desde o conjunto mais completo de produtos e serviços até uma conta poupança. Daniel Venâncio Junior, *O Potencial de Crescimento do Setor Bancário no Brasil*, disponível em *http://www.univap.br/biblioteca/hp/Mono%202001%20Rev/020.pdf* (acesso em 10.6.2006).

6. McKinsey and Company, Inc., *Productivity: the Key to an Accelerated Development Path for Brazil. Retail Banking Sector, Exhibit 5, Banked Population, Comparison*, março de 1998, disponível em *http://www.mckinsey.com/mgi/reports/pdfs/brazil/Banking.pdf* (acessado em 10.7.2006).

7. Andima/IBGE, *Sistema Financeiro – Uma Análise a partir das Contas Nacionais 1990-1995*, Brasília.

8. Idem, 1997.

fusões e aquisições, inclusive com a privatização de bancos estaduais. Efeitos que terminaram por diminuir a quantidade de bancos e aumentar a concentração do setor. Consoante dados do Banco Central,[9] o número de bancos – entre bancos múltiplos, comerciais e caixas econômicas reduziram de 246 em 1994 para 192 em 2000.

No mesmo sentido, o aumento das operações desintermediadas, especialmente por meio de securitizações,[10] fez com que os bancos tivessem que repensar suas funções econômicas e sua estrutura de prestação de serviços.

O ganho de eficiência foi condição de sobrevivência para os bancos naquele período, forçados pela necessidade de diminuição de custos e pela entrada de concorrentes estrangeiros. Destarte, a tecnologia foi grande aliada nesse sentido, com o uso massificado dos Postos de Atendimento Bancário Eletrônicos. O que ocorreu daí por diante, foi a diminuição do número de agências, o que contribuiu ainda mais o baixo índice de abrangência do sistema financeiro.[11]

Diante do exposto, no ano de 1999, o Conselho Monetário Nacional criou a figura do correspondente bancário pela Resolução 2.640/1999.[12] Inicialmente, o intuito foi apenas levar serviços financeiros a localidades desatendidas, tendo em seguida sido alargado com a constatação de que a democratização do acesso aos serviços financeiros deveria ser efetivada também em sua dimensão sócio-econômica, ou seja, considerando o atendimento da população de baixa renda, independentemente, da região do país.

Os correspondentes bancários são sociedades contratadas por instituição financeira para prestar serviços financeiros sob a fiscalização e responsabilidade da instituição contratante.

Nos últimos cinco anos, enquanto o número de dependências bancárias permaneceu, praticamente, estabilizado, a quantidade de correspondentes bancários apresentou um crescimento 406% superior ao crescimento das agências, chegando, em 2005, ao número de 69.546 correspondentes, segundo dados do Banco Central.[13] Note-se que, ao final de 2002, não havia mais nenhum município desassistido de serviços bancários. A quantidade de pagamentos e recebimentos realizados, por meio de correspondentes bancários, no ano de 2005, ultrapassa um bilhão de reais.[14]

O uso dos correspondentes bancários como meio de acesso principal ao sistema financeiro chega a 70% no Norte do país,[15] de acordo com pesquisa do Banco Mundial em 2002. Também, conforme esta pesquisa, 57% dos residentes urbanos no Brasil com mais de 18 anos não possuíam conta bancária e 2/3 deles demonstraram interesse em ter. Já em 2003, o IBGE realizou

9. Disponível em *http://www.bcb.gov.br/htms/Deorf/rl99812/Anexl.asp?idpai=revsfnl99812* (acessado em 12.7.2006).

10. Sobre o assunto, cf. Uinie Caminha, *Securitização*, 2ª ed., São Paulo, Saraiva, 2007.

11. "Ao falarmos em desenvolvimento financeiro, devemos considerar dois conceitos: aprofundamento e alargamento que, nos Estados Unidos, são conhecidos respectivamente por *deepening* e *broadening*. Aprofundamento refere-se ao aumento dos ativos financeiros como percentagem do PIB, enquanto alargamento refere-se ao aumento do número e da variedade de participantes e instrumentos" (Andréa Fernandes Andrezo e Iran Siqueira Lima, *Mercado Financeiro – Aspectos Históricos e Conceituais*, p. 14).

12. Observa-se que a terceirização de serviços bancários já acontecia desde 1979, como será exposto a seguir, mas, de um modo geral, o marco legal-regulador dos correspondentes bancários foi, de fato, a Resolução CMN 2.640/1999.

13. In Sérgio Darcy da Silva Alves e Marden Marques Soares, *Microfinanças: Democratização do Crédito no Brasil: Atuação do Banco Central*, 3ª ed., p. 87, disponível em *http://www.bcb.gov.br/?DEMOCRED* (acessado em 15.7.2006).

14. Idem, p. 74.

15. In Anjali Kumar, *Access to Financial Services in Brazil*, p. 428, disponível em *http://www-wds.worldbank.org/external/default/WDSVContentServer/IW3P/IB/2004/12/01/000090341_20041201150906/Rendered/PDF/30858.pdf* (acessado em 20.7.2006).

pesquisa junto à empresas do setor informal, constatando que 37% dos proprietários de empresas do setor informal usam como meio de acesso ao Sistema Financeiro os correspondentes bancários.[16]

Na experiência internacional, se destacam o Japão, França e a Holanda, com modelo parecido de correspondentes bancários adotado pelo Brasil. O La Poste, na França, possui 43 milhões de correntistas e 200 bilhões em depósitos, enquanto o ING Postbank da Holanda possui 8 milhões de correntistas e 22,5 bilhões em depósitos.[17] Os Estados Unidos focaram à margem deste tipo de atendimento bancário, pois somente neste ano por conta de um acordo entre o Citibank e a rede de lojas 7-Eleven, será oferecido serviços financeiros nas 5.500 lojas da rede para os 12 milhões de americanos sem conta bancária.[18]

3. *Precedentes normativos e marco legal-regulador*

Até 1999, havia apenas uma espécie de terceirização de serviços bancários prevista na Carta-Circular 220,[19] do Banco Central, expedida em 15 de outubro de 1973, que permitia a cobrança de títulos e execução, ativa ou passiva, de ordens de pagamento em nome do banco contratante, de modo que vedava expressamente outro tipo de operações e obrigava, apenas, a comunicação ao Banco Central. O acerto financeiro deveria ser feito no máximo mensalmente, podendo ser convencionado no contrato prazo menor.

Mais tarde, pela Resolução CMN 562/1979,[20] possibilitou-se que prestadoras de serviço recebessem pedidos de financiamentos a fim de encaminhá-los às sociedades de crédito, financiamento e investimento, assim como foi permitido também a análise de crédito e de cadastro, cobrança extrajudicial e outros serviços de controle, inclusive processamento de dados. Foi possível também que as sociedades comerciais vendedoras de bens financiados realizassem essa intermediação entre a sua clientela e as financeiras.

Com a Resolução CMN 2.166/1995,[21] que alterou as normas relativas a financiamentos contratados por intermédio de sociedades prestadoras de serviços, estendeu-se aos bancos múltiplos que possuíam carteira de crédito, financiamento e investimento a possibilidade prevista para as financeiras pela Resolução CMN 562/1979, sem que, entretanto, fossem alterados os serviços passíveis de execução por meio de correspondentes bancários. A Resolução CMN 2.166/1995 proibia a subcontratação dos serviços contratos por parte dos correspondentes, tendo essa proibição perdurado até a edição da regulamentação atualmente em vigor, no ano de 2003.

Apenas em 1999, por meio da Resolução CMN 2.640, o leque de serviços prestados por sociedades correspondentes foi estendido. A partir de então, os correspondentes bancários poderiam realizar recepção e encaminhamento, não apenas de propostas de financiamentos, mas também de abertura de contas de depósito à vista, a prazo e de poupança, além do recebimento

16. IBGE, Economia Informal Urbana 2003, IBGE, Rio de Janeiro, 2005, p. 33, disponível em *http://www.ibge.gov.br/home/estatistica/economia/ecinf/2003/ecinf2003.pdf* (acessado em 16.7.2006).

17. In Altamiro Silva Junior, *Brasil Terá 60 mil Correspondentes*, disponível em *http://www.valoronline.com.br/valoreconomico/285/financas/54/Brasil+tera+60+mil+correspondentes,correspondente %20banc%c3%alrio,,54,3610229.html* (acessado em 18.7.2006).

18. Cynthia Rosenburg, "Banco no varejo para os sem-contas", *Revista Exame*, p. 93.

19. *http://www5.bcb.gov.br/normativos/detalhamentocorreio.asp?N=073000055&C=220&ASS=CIRCULAR+220.*

20. Disponível em *http://wwws.bcb.gov.br/normativos/detalhamentocorreio.asp?N=079000106&C=565&ASS=RESOLUCAO+565* (acessado em 18.7.2006).

21. Disponível em *http://www5.bcb.gov.br/normativos/detalhamentocorreio.asp?N=095126021&C=2166&ASS=RESOLUCAO+2.166* (acessado em 18.7.2006).

de valores e pagamentos relativos a essas contas.

Até mesmo aplicações e resgates em fundos de investimento foram permitidas pela nova regulamentação. Todavia, a contratação de correspondentes com poderes para realizar essas novas operações deveriam ser previamente submetidos à autorização do Banco Central.

A Resolução trouxe ainda aspectos relevantes concernentes à própria natureza do correspondente, que não pode ser confundida com a da instituição financeira contratante. Assim, tornaram-se obrigatórias cláusulas nos contratos entre as instituições financeiras e os correspondentes que dispusessem a cerca da total responsabilidade da instituição contratante perante terceiros pelos serviços prestados, permanecendo a vedação em substabelecer o contrato a terceiros, total ou parcialmente.

Ainda com o intuito de coibir o exercício de atividades privativas de instituições financeiras em nome próprio pelos correspondentes, proibiu-se expressamente o adiantamento por conta de recursos a serem liberados pela instituição financeira contratante bem como a emissão, a seu favor, de carnês ou títulos relativos às operações intermediadas e a cobrança, por iniciativa própria, qualquer tarifa relacionada com a prestação dos serviços a que se refere o contrato. Proibiu-se ainda a prestação de qualquer tipo de garantia nas operações a que se refere o contrato de correspondente.

As proibições e exigências legais têm, como principal objetivo, prevenir que os próprios correspondentes começassem a agir como instituições financeiras, e não como meras mandatárias. Assim, como qualquer entidade não financeira, as sociedades contratadas e seus sócios estão sujeitos à legislação que coíbe a prática de atividades privativas de instituições financeiras sem a prévia e competente autorização do Banco Central.[22]

Com efeito, a Resolução 2.640/1999 determina que as empresas contratadas para a prestação de serviços de correspondente no país estão sujeitas às penalidades previstas no art. 44, § 7º, da Lei 4.595, de 1964, caso venham a praticar, por sua própria conta e ordem, operações privativas de instituição financeira.

A Resolução sob análise traçou os delineamentos gerais dos correspondentes bancários, que permanecem até hoje como base para o instituto. A regulamentação posterior, com efeito, veio eminentemente para ajustar as regras às necessidades de mercado bem como à regulação do Banco Central do Brasil.

Considera-se como ponto negativo desta resolução, o fato de que os serviços de envio de propostas de abertura de contas, recebimento e pagamentos relativos àquelas, ficaram adstritos aos municípios sem atendimento bancário, conforme o § 3º, art. 1º. Esse dispositivo inviabilizaria a própria consecução do primordial objetivo da legislação acerca dos correspondentes bancários, que seria possibilitar o acesso ao sistema bancário à parcela da população desassistida, especialmente em virtude dos altos custos de instalação de dependências bancárias tradicionais.

A crítica acima apontada, todavia, não tardou em ser atendida. Integrante do Programa Nacional de Desburocratização, a Resolução CMN 2.707/2000,[23] fez uma única, todavia, importante alteração na regulamentação dos correspondentes bancários, qual seja, permitiu o atendimento por meio de correspondentes bancários mesmo onde já existia outro tipo de dependência bancária.

22. A esse respeito, cf. Comentário basilar do Verçosa in *RDM* 115/142 e ss. a acórdão do TRF-3ª R., tratando acerca do significado de praticar operações financeiras e operar irregularmente instituição financeira.

23. Disponivel em *http://www5.bcb.gov.br/normativos/detalhamentocorreio.asp?N=100054612&C=2707&ASS=RESOLUCAO+2.707* (acessado em 20.7.2006).

Assim, o próprio legislador entendeu que o real objetivo dos correspondentes bancários deveria ser o de atender a uma gama cada vez maior de desassistidos pelo sistema financeiro pelo oferecimento desse serviço em maior escala, sem a geração do custo de uma dependência para o banco.

É válido ressaltar que a Resolução 2.707/2000 refere-se aos entes contratados para a prestação de serviços de correspondente no país como "empresas". Note-se que "além de juridicamente imprópria, já causou dúvidas na aplicação da Resolução".[24] Tendo em vista essa dificuldade, Banco Central do Brasil emitiu, em outubro de 2001, uma Carta-Circular, esclarecendo a abrangência do "conceito de empresas" contido na Resolução, em termos bastante generalistas, do que se pode inferir que em princípio, qualquer pessoa jurídica pode ser contratada como correspondente no país, inclusive outras instituições financeiras.

Hoje, os correspondentes bancários são regulados pela Resolução CMN 3.110/2003,[25] que revogou a Resolução CMN 2.707/2000, alterada em seguida pela Resolução CMN 3.156/2003.

4. Situação atual dos correspondentes no cenário bancário brasileiro

Atualmente, todas as instituições financeiras e demais instituições autorizadas a funcionar pelo Banco Central podem contratar correspondentes bancários. Ao longo da evolução e amadurecimento do instituto, os serviços oferecidos por correspondentes expandiram-se, sendo que se acrescentou, nas mais recentes alterações da regulamentação, o recebimento e encaminhamento de propostas de emissão de cartões de crédito.

Note-se ainda que os serviços notariais e de registros podem, atualmente, ser contratados para as funções de correspondentes bancários. Essa inclusão derivou do pleito das próprias instituições contratantes dos serviços de correspondentes, tendo em vista que os cartórios poderiam, juntamente com o recebimento das propostas e outros documentos, prestar serviços de autenticação e reconhecimento de firma, relevantes para o cumprimento de controles internos necessários às instituições bancárias.

Ainda no intuito de prevenir que os correspondentes bancários atuassem como instituições financeiras por conta própria ou mesmo que se configurassem em verdadeiras agências bancárias, o legislador proibiu, no art. 2º da Resolução 3.110/2003, "a contratação, para a prestação dos serviços referidos no art. 1º, incisos I e II, de empresa cuja atividade principal ou única seja a prestação de serviços de correspondente". Ressalte-se que essa proibição dá-se também para o eventual substabelecimento, que passou a ser permitido na nova regulamentação, desde que autorizado nas mesmas hipóteses em que o outorgante necessitava de autorização para atuar como correspondente.

Apenas os serviços relacionados com contas de depósitos à vista, a prazo e de poupança não poderiam ser prestados por correspondentes que tivessem como única ou principal atividade a de correspondente bancário. Com efeito, ao instituir a figura dos correspondentes, o legislador brasileiro claramente pretendeu que essa não fosse a atividade-fim dos contratados.

Da própria idéia do instituto infere-se que as instituições financeiras deveriam contratar estabelecimentos que, por sua natureza, oferecessem fácil acesso ao público, como supermercados e farmácias. A constituição de pessoas jurídicas específicas para a prestação de serviços de correspondente pode ser entendida, muito mais, como uma simples substituição da agência

24. Uinie Caminha, "Correspondentes bancários no Direito brasileiro: conceito e disciplina", *RDM* 137/143-150.

25. Disponível *http://www5.bcb.gov.br/normativos/detalhamentocorreio.asp?N=103105090&C=3110&ASS=RESOLUCAO+3.110* (acessado em 20.7.2006).

bancária, que demanda investimento e, eventualmente, ajuste de capital, por uma dependência não-bancária que presta os mesmos serviços. O correspondente poderia transformar-se, materialmente, mas não formalmente, em uma agência.

5. Críticas ao modelo adotado

Mesmo tendo como escopo maior a inclusão bancária da parcela da população de outra forma desassistida de serviços bancários, observam-se algumas críticas setoriais ao modelo de correspondentes bancários. Dentre elas, destacam-se algumas feitas pelos Sindicatos dos Bancários do Estado de São Paulo[26] e pela ANDIF[27] que, agrupadas segundo o objeto da crítica, são resumidas a seguir.

Com relação aos direitos do consumidor, alega-se que, por um lado, a segurança nos estabelecimentos de correspondentes bancários é bem precária em comparação com as agências bancárias. Por outro, podem ser consideradas ações discriminatórias quando algumas instituições financeiras orientam seus clientes a procederem a operações simples, como por exemplo, pagamento de contas, somente, por meio de correspondentes bancários.

No que se refere a direitos trabalhistas, ainda há discussões acerca de eventual equiparação dos funcionários de correspondentes à categoria dos bancários, incorporando-se, assim, todos os benefícios dos quais esses trabalhadores desfrutam segundo a legislação específica. Alegam, os defensores dessa tese, que os empregados dos correspondentes desempenhariam funções similares às dos bancários, como, por exemplo, operação de caixa, sem, contudo, contar com regime próprio nem representação sindical adequada.

Ainda que se possa entender que o ingresso no sistema financeiro traga benefícios tanto ao indivíduo quanto para a economia de maneira geral, há ainda um aspecto a ser considerado: pessoas de baixa renda ingressam no Sistema Financeiro sem se dar conta de que isso acarreta mais gastos e obrigações jurídicas difíceis de serem entendidas por pessoas sem educação formal.

A excessiva oferta de crédito dos dias atuais corrobora esse entendimento, pois se tem tornado comum a concessão de crédito sem critérios mais rígidos e, por outro lado, o consumidor despreparado, compromete uma parcela incompatível de sua renda.

6. Conclusão

É certo que o mecanismo de atendimento bancário por meio de correspondente, é um importante instrumento para democratização e desconcentração dos serviços financeiros, considerando os aspectos físicos, populacionais e econômicos do país. Pode-se mesmo entender que represente a mais promissora forma de se melhorar a oferta de serviços financeiros para as populações com baixo IDH.

O acesso a serviços bancários básicos deve mesmo ser considerado como primordial à inclusão econômica e à satisfação de necessidades, hoje, consideradas essenciais aos indivíduos. Além disso, os serviços bancários facilitam a inserção no mercado, fomenta a formalidade, torna disponível o crédito de consumo e de investimento, serviços de pagamento e cobrança seguros, além de contribuir para eliminar a agiotagem.

Mesmo considerando as críticas apresentadas por alguns setores, considera-se o resultado do sistema de correspondentes no país positivo. O atingimento do resultado almejado com a criação dos correspondentes bancários pode ser constatado por meio

26. Disponível em *http://www.spbancarios.com.br/spb/noticia.asp?c=2132* e *http://www.spbancarios.com.br/spb/noticia.asp?c=2118* (acessados em 20.7.2006).

27. *Associação Nacional de Defesa dos Consumidores do Sistema Financeiro*, disponível *http://www.andif.com.br/news_inclusao_bancaria.htm* (acessado em 20.7.2006).

de números apresentados pelo próprio Banco Central do Brasil.

Com efeito, entre 2000 e 2005, enquanto o número de agências bancárias subiu menos de 7% (de 16.396 em 2000 para 17.515 em 2005), o número de correspondentes no país cresceu mais de 400% (de 13.731 em 2000 para 69.546 em 2005).[28] Ainda segundo dados do Banco Central, enquanto em 1999 havia mais de 1.500 municípios brasileiros desassistidos do ponto de vista bancário, esse número caiu a zero de 2002, também, dentre outras iniciativas, pelo uso de correspondentes.

Outros dados expressivos foram colhidos em pesquisa do Banco Mundial:[29] exceto na região sudeste do país, os brasileiros usam principalmente correspondentes bancários para serviços bancários, sendo que, mesmo nos estados do sudeste, o número de pessoas que se utilizam primordialmente de outras dependências bancárias é muito próximo daqueles que preferem os correspondentes.

Em vista do exposto, pode-se concluir que os correspondentes bancários representaram um grande avanço no sistema bancário brasileiro uma vez que expandiram consideravelmente a oferta dos serviços bancários básicos, inclusive relativos a investimento e crédito, sem que, para isso, se onerasse de maneira efetiva o setor público ou os próprios bancos.

Referências

ALVES, Sérgio Darcy da Silva, e SOARES, Marden Marques. *Microfinanças: Democratização do Crédito no Brasil: Atuação do Banco Central*. 3ª ed., rev. e ampl., Brasília, BCB, 2006, p. 74. Disponível em *http://www.bcb.gov.br/?DEMOCRED* (acessado em 15.7.2006).

ANDREZO, Andréa Fernandes, e LIMA, Iran Siqueira. *Mercado Financeiro: Aspectos Históricos e Conceituais*. São Paulo, Pioneira, 1999.

BELAISCH, A. "Do Brazilian banks compete?", *IMF Working Paper*, WP/03/113, maio de 2003.

CAMINHA, Uinie. "Correspondentes bancários no Direito Brasileiro: conceito e disciplina", in *RDM* 137/143-150, São Paulo.

CARVALHO, Carlos Eduardo. *Bancos e Inflação no Brasil: da Crise dos Anos 1980 ao Plano Real*. Disponível em *http://www.abphe.org.br/congresso2003/Textos/Abphe_2003_56.pdf* (acessado em 4.8.2006).

CARVALHO, F. J. C. "New competitive strategies of foreign banks in large emerging economies: the case of Brazil", *Banca Nazionale del Lavoro Quarterly Review*, 213, junho de 2000.

______. "The recent expansion of foreign banks in Brazil: first results", *Latin American Business Review*, 3 (4), 2002b.

CORAZZA, Gentil. "Crise e reestruturação bancária no Brasil", *Revista Análise*, v. 12, n. 2, Porto Alegre, pp. 21-42, 2001.

DE PAULA, L. F. *A Recente Onda de Bancos Europeus no Brasil: Determinantes e Impactos*. Oxford, Centre for Brazilian Studies, University of Oxford, 2001.

HUBERMAN, Leo. *História da Riqueza do Homem*. Traduzido por Waltensir Dutra, 21ª ed., Rio de Janeiro, LTC Editora, 1986.

IBGE/ANDIMA. *Sistema Financeiro – Uma Análise a partir das Contas Nacionais 1990-1995*. Rio de Janeiro, 1997.

KUMAR, Anjali (org.). *Access to Financial Services in Brazil*. World Bank, USA, 2004, p. 428. Disponível em *http://www-wds.worldbank.org/external/default/WDSContentServer/IW3P/IB/2004/12/01/* (acessado em 10.7.2006).

MODRÉ, Leandro. "Um sistema como dita o figurino", *Revista Valor Financeiro* 5, São Paulo, Valor Econômico, ano 5, junho de 2006.

28. Dados disponíveis em *http://www.febraban.org.br/Arquivo/Servicos/Dadosdosetor/2006/item02.asp* (acessado em 13.4.2006).

29. In Anjali Kumar, *Access to Financial Services in Brazil*, cit., p. 428, disponível em *http://www-wds.worldbank.org/external/default/WDSContentServer/IW3P/IB/2004/12/01/000090341_20041201150906/Rendered/PDF/30858.pdf* (acessado em 20.7.2006).

ROSENBURG, Cynthia. "Banco no varejo para os sem-contas", *Revista Exame*, n. 12, ed. 870, São Paulo, Abril, ano 40, de 21.6.2006.

SILVA JUNIOR, Altamiro. *Brasil terá 60 mil correspondentes*. Disponível em *http://www.valoronline.com.br/valoreconomico/285/financas/54/Brasil+tera+60+mil+correspondentes,correspendente%20banc%c3%alrio,,54,3610229.html* (acessado em 18.7.2006).

VERÇOSA, Haroldo Malheiros Duclerc. "O significado da expressão 'operar instituição financeira' constante do art. 16 da lei dos 'crimes do colarinho branco'", *RDM* 115/142-170, São Paulo.

ACORDO DE LENIÊNCIA: A DELAÇÃO PREMIADA COMO INSTRUMENTO DE COMBATE AO CARTEL*

MARCO AURÉLIO GUMIERI VALÉRIO

Introdução. 1. Programa de leniência: 1.1 Aspectos gerais; 1.2 Modelo estadunidense; 1.3 Modelo europeu; 1.4 Modelo brasileiro; 1.5 Cotejo entre modelos. 2. Simulação teórica com base na teoria dos jogos dos efeitos do acordo de leniência: 2.1 Aspectos gerais; 2.2 Estratégia do cartel; 2.3 Exemplo de jogo em licitações. 3. Estudo de caso: 3.1 Aspectos gerais; 3.2 Apresentação de indícios; 3.3 Procedimentos complementares. Conclusão. Bibliografia.

Introdução

A defesa da concorrência não é um fim em si mesmo, mas um meio pelo qual se busca criar uma economia eficiente, em que os consumidores disponham da maior variedade de produtos pelos preços menores possíveis. Em conseqüência, toda a coletividade desfruta do bem-estar gerado. Uma economia forte e competitiva é condição essencial para o desenvolvimento sustentável em longo prazo.

Nesse ambiente, as empresas deparam-se com incentivos adequados para aumentar a produtividade e introduzir novos e melhores produtos e serviços no mercado.

Os cartéis são acordos ou práticas concertadas entre concorrentes. Envolvem parte substancial do mercado relevante para fixação de preços, divisão de mercados, estabelecimento de cotas ou restrição da produção e adoção de posturas pré-combinadas em licitação pública.

A forma clássica, por implicar em aumento de preço e limitação da oferta, de um lado, e nenhum benefício econômico compensatório, de outro, é considerada a mais grave infração à ordem econômica, atingindo níveis próximos dos de monopólio. Causa graves prejuízos aos consumidores, tornando produtos ou serviços inacessíveis a alguns e caros a outros.

Segundo Afonso Arinos de Mello Franco Neto, "a prova de ação de cartéis é feita mais freqüentemente através de indícios de ação concertada do que pela comprovação de existência de acordos formais. Tal regra se aplica em todos os países que adotam o sistema de proteção antitruste, tendo em vista que dificilmente encontrar-se-á documento formal assinado entre os partícipes da conduta, afirmando as condições do ajuste".[1]

Fatores estruturais podem favorecer sua constituição, como o alto grau de con-

* Trabalho apresentado como exigência parcial de conclusão da Disciplina Teoria dos Jogos Aplicada ao Direito, ministrada no 2º semestre de 2006 pelos Profs. Milton Barossi Filho e Rachel Sztajn no Curso de Pós-Graduação em Direito da Universidade de São Paulo/USP.

1. Brasil, Ministério da Justiça, Conselho Administrativo de Defesa Econômica, PA n. 08012.002299/2000-18. Representante: Ministério Público de Santa Catarina; Representados: Posto Divelin e outros; Conselheiro-Relator: Afonso Arinos de Mello Franco Neto (disponível em *http://www.cade.gov.br*, acesso 15.7.2006).

centração do mercado, a existência de barreiras à entrada de novos competidores, a homogeneidade de produtos ou serviços, além de condições estáveis de custos e demandas.

Julgados do CADE apontam que o indício mais marcante de coordenação é o nivelamento de preços ou a adoção de tabelas estabelecidas em comum acordo ou exaradas por entidades de classe.[2]

Dois estudos demonstram o poder dessas organizações: o primeiro estimou que o montante de comércio afetado por 16 (dezesseis) cartéis de âmbito internacional excedeu os US$ 55 bilhões de dólares em 2001; e o segundo mostrou que o valor das importações feitas por países subdesenvolvidos de produtos potencialmente afetados por cartéis em 1997 chegou à casa dos US$ 51,1 bilhões de dólares, cifra quase 30% maior do que o total de ajuda oficial a todos os países subdesenvolvidos no mesmo ano.[3]

No Brasil, a despeito de não haver dados disponíveis, além dos cartéis internacionais, outros inúmeros com atividades apenas no mercado brasileiro agem de encontro às práticas de mercado e causam sérios e, muitas vezes, irreparáveis prejuízos à economia e aos consumidores, razão pela qual se faz imprescindível a atuação da autoridade antitruste a fim de coibir suas ações e penalizar seus integrantes.

Entre os novos instrumentos que se destacam no combate aos cartéis está o programa de leniência.

2. Brasil, Ministério das Minas e Energia, Ministério da Justiça, Agência Nacional do Petróleo; Secretaria de Direito Econômico, *Defesa da Concorrência no Mercado de Combustíveis* (disponível em *http://anp.gov.br*, acesso 22.6.2006). Cabe destacar ainda que o setor com maior número de investigações de cartéis no Brasil é o de combustíveis líquidos. Existe, de acordo com levantamento feito pela SDE, cerca de 220 denúncias.

3. M. Levenstein, V. Y. Suslow, e L. J. Oswald, *Contemporary International Cartels and Developing Countries: Economic Effects and Implications for Competition Policy* (disponível em *http://www.unix.oit*, acesso 5.10.2006).

Por meio de um acordo, atenua-se a pena do participante que colaborar com a autoridade antitruste para condenar o cartel. Questões éticas e morais à parte, essa possibilidade aumenta as chances de se descobrir e de se punir um cartel, além de gerar instabilidade e suscitar desconfiança entre seus membros. Em conseqüência, aumentam os custos de monitoramento e a possibilidade de adoção de estratégias não cooperativas entre eles.[4]

O ponto 1 analisa o programa estadunidense, europeu e brasileiro de leniência, além de comparar as respectivas legislações. O ponto 2 mostra, com base em simulação da teoria dos jogos, as vantagens e desvantagens do programa de leniência e, por fim, o ponto 3 apresenta um estudo de caso do primeiro acordo de leniência celebrado no Brasil.

1. Programa de leniência

1.1 Aspectos gerais

Segundo Gesner Oliveira e Grandino Rodas, o acordo de leniência é a "transação entre o Estado e o delator que, em troca de informações que viabilizem a instauração, a celeridade e a melhor fundamentação do processo, possibilita um abrandamento ou extinção da sanção em que este incorreria, em virtude de haver também participado na conduta ilegal denunciada".[5]

O temor causado pela imposição de penas severas a ilícitos concorrenciais favorece a adesão ao programa de leniência, pois o delator é premiado com a diminuição ou até mesmo a extinção de sua penalidade.

Vários países, independentemente de suas tradições jurídicas, se de *common law* ou de *civil law* incorporaram a delação premiada e, mais precisamente, o programa de leniência em suas legislações antitruste.

4. Nesse sentido: Gesner Oliveira e João Grandino Rodas, *Direito e Economia da Concorrência*, pp. 41-42.

5. Idem, p. 253.

No Brasil, o acordo de leniência foi incorporado ao ordenamento jurídico por meio da Medida Provisória n. 2.055, de 11 de agosto de 2000,[6] transformada posteriormente na Lei n. 10.149, de 21 de dezembro de 2000, que acrescentou à Lei n. 8.884, de 11 de junho de 1994, os arts. 35-B e 35-C.[7] A regulamentação do instituto deu-se pelos arts. 28 a 36 da Portaria do Ministério da Justiça n. 849, de 22 de setembro de 2000, substituída pela Portaria n. 4, de 5 de janeiro de 2006.[8]

1.2 Modelo estadunidense

Os Estados Unidos da América têm um programa de leniência (*The US Amnesty Program*) desde 1978.

Se uma empresa acordar com a autoridade antitruste daquele país, a Comissão Federal de Comércio (*Federal Trade Commission* – FTC), e fosse a primeira do cartel a delatá-lo antes que se iniciasse uma investigação, ou que não houvesse possibilidade de uma investigação começar, a ela poderia ser concedida anistia (*amnesty*) das multas e de um processo criminal.

O maior problema do então programa de leniência estadunidense era a discricionariedade do Departamento de Justiça (*Department of Justice* – DoJ) na hora de conceder a anistia, assim, uma empresa interessada no programa não teria como prever as vantagens que poderia obter desestimulando sua adesão.

Em 1993 o programa de leniência foi revisto, destacando-se três modificações: (*a*) se uma empresa delatar o cartel antes do início de uma investigação e preencher todos os requisitos do programa, incluindo o de ser a primeira, a anistia é concedida automaticamente, afastando-se qualquer discricionariedade; (*b*) mesmo que a investigação tenha sido iniciada, se a empresa preencher determinados requisitos, incluindo o de ser a primeira, ainda pode ser anistiada, todavia, submete-se à discricionariedade da autoridade antitruste; e (*c*) se uma empresa qualificar-se para a anistia automática, então todos os diretores, executivos e empregados que, juntamente, resolvem cooperar com as investigações também serão agraciados.[9]

Essas mudanças aumentaram o número de acordos de leniência assinados nos EUA. De 1978 até 1993 a média de celebração de acordos foi de aproximadamente uma por ano, enquanto que, a partir, de 1993 o número de celebrações subiu para uma por mês, sendo que, entre outubro de 2002 a março de 2003, a quantidade de adesões ao programa de leniência pulou para três por mês. As multas coletadas graças a concessões de anistias entre 1997 e 2002 totalizaram US$ 1,5 bilhão e a maioria das investigações de alçada internacional começou ou avançou a partir da celebração do acordo de leniência. No regime anterior, o Departamento de Justiça (*Department of Justice* – DoJ) não conseguiu levar aos tribunais um único cartel internacional.[10]

O programa de leniência estadunidense tem ainda uma cláusula conhecida como de restituição (*restitution clause*), referente à obrigação da empresa agraciada com a anistia indenizar monetariamente as pessoas lesadas pela atuação do cartel, especialmente os consumidores.[11]

6. Brasil, Medida Provisória n. 2.055-4, de 7.12.2000 (disponível em *http://www.planalto.gov.br*, acesso 22.9. 2006).

7. Brasil, Lei n. 10.149, de 21.12.2000 (disponível em *http://www.planalto.gov.br*, acesso 22.9.2006).

8. Brasil, Ministério da Justiça, Portaria n. 4, de 5.1.2006 (disponível em *http://www.planalto.gov.br*, acesso 22.9.2006).

9. S. D. Hammond, "Detecting and deterring cartel activity through an effective leniency program", *International Workshop on Cartels* (disponível em *http://www.usdoj.gov*, acesso 15.10.2006).

10. J. M. Griffin, "A summary overview of the antitrust division's criminal enforcement program", *The Modern Leniency Program after Ten Years* (disponível em *http://www.usdoj.gov*, acesso 18.10.2006).

11. Eduardo Ataide de Souza Moreira e Rodrigo Peñaloza, *Programas de Leniência, Corrupção*

Por fim, deve-se destacar que, nos EUA, a prática de cartel constitui crime, sujeitando seus infratores, pessoas naturais, ao pagamento de multas e a penas de prisão.

1.3 Modelo europeu

No ano de 1996, a União Européia também adotou o seu programa de leniência (*Leniency Notice*).

Ao contrário do modelo estadunidense, que concede a anistia apenas à primeira empresa que trair o cartel e delatá-lo à autoridade antitruste, o europeu segue uma abordagem de escalonamento das multas: (*a*) se a empresa for a primeira a trair e a delatar o cartel antes de qualquer investigação, garantirá para si uma redução da multa na ordem de 75 a 100% do valor total; (*b*) se a empresa for a primeira a trair e a delatar o cartel, mas a investigação já estiver em curso, a redução da multa será em torno de 50 a 75% do valor total; e (*c*) se a empresa não for a primeira a trair e a delatar o cartel, mas colaborar com a investigação e não contestar as alegações de que é alvo, garantirá para si uma redução da multa que pode ser de 10% a 50% do valor total. A exata redução do valor das multas fica sob a discricionariedade da Comissão Européia.[12]

Os resultados atingidos pelo programa de leniência europeu são satisfatórios. De 1996 a 2002, esse instituto foi responsável por produzir 16 casos em que a Comissão Européia tomou uma decisão formal, alcançando multas que totalizaram € 2,240 bilhões.

Esse resultado pode ter sofrido influência do aumento dos recursos e da criação, em 1998, de uma unidade especializada no combate aos cartéis, além disso, as empresas podem ter dado conta de que a probabilidade de um cartel ser detectado aumentou, preferindo, então traí-lo e entregá-lo às autoridades.

Em 2002, o programa de leniência europeu sofreu modificações no intuito de diminuir a discricionariedade da Comissão Européia e aumentar as possibilidades para uma empresa conseguir imunidade plena. Dentre essas alterações, pode-se citar: (*a*) a garantia do perdão à empresa que trair o cartel e entregá-lo antes de uma investigação ou durante a mesma, contanto que a autoridade antitruste ainda não tenha provas suficientes para estabelecer a infração; (*b*) a exigência de prova decisiva foi removida e agora apenas a empresa que tenha exercido coerção sobre as outras para fazer parte do cartel ou que tenha sido "a" instigadora ou "a" líder ("*the*" *instigator or* "*the*" *leader*), está excluída do programa de leniência; e (*c*) a empresa, mesmo que não seja a primeira a trair o cartel e entregá-lo poderá beneficiar-se de redução nas multas, contanto que coopere e colabore de maneira significativa com as investigações.[13]

Essas mudanças apontam para uma aproximação do programa de leniência europeu do estadunidense embora persistam algumas diferenças. Assim, por exemplo, a imunidade automática não está presente no programa de leniência europeu, embora a transparência tenha aumentado, além disso, como a Comissão Européia não tem jurisdição sobre as pessoas, não pode aplicar multas, penas de prisão, nem estabelecer o pagamento de indenização às pessoas lesadas pelo cartel, sendo essas prerrogativas dos Estados Nacionais.[14]

1.4 Modelo brasileiro

A Lei n. 10.149, de 21 de dezembro de 2000, que acrescentou à Lei n. 8.884, de 11 de junho de 1994, os arts. 35-B e 35-

e o Papel da Corregedoria da Autoridade Antitruste (disponível em *http://www.google.com. br*, acesso 12.10.2006).

12. Idem.

13. Idem, acesso 12.9.2006.

14. S. D. Hammond, "Detecting and deterring cartel activity through an effective leniency program", cit.

C e a Portaria do Ministério da Justiça n. 849, de 22 de setembro de 2000 descrevem com detalhes os requisitos, o recebimento e o processamento do acordo de leniência na Secretaria de Direito Econômico – SDE.

Segundo o art. 35-B, a Secretaria de Direito Econômico – SDE tem competência para celebrar acordo de leniência com pessoas naturais e jurídicas, co-autoras, mas não líderes de infração contra a ordem econômica, cuja colaboração tanto na investigação, como no procedimento administrativo, redunde na identificação dos demais co-autores da infração e na obtenção das respectivas provas testemunhais e documentais.

Pelo art. 28 da Portaria MJ n. 849/2000, a proposta de acordo de leniência, subscrita por pessoa natural ou jurídica, deve ser endereçada ao Secretário da SDE, em envelope lacrado, marcado com a expressão *programa de leniência*. A proposta deve ser recebida e registrada no serviço de protocolo da Secretaria, por servidor autorizado, que deverá certificar a data e o horário da submissão.

São requisitos obrigatórios para seu deferimento: (*a*) qualificação do proponente, com nome, denominação ou razão social, documento de identidade, CPF ou CNPJ, endereço completo, telefone, fax e endereço do correio eletrônico, se houver; (*b*) exposição sumária dos fatos conhecidos pelo proponente, relativos à infração noticiada ou sob investigação, esclarecendo, inclusive, seu envolvimento na mesma e a identidade dos co-autores; (*c*) declaração, sob as penas da lei, de que não esteve à frente da conduta tida como infracionária e que cessou completamente seu envolvimento na mesma, até a data de submissão da proposta de acordo; (*d*) indicação dos documentos sob a sua posse, custódia ou controle, capazes de comprovar os fatos relacionados à infração noticiada ou sob investigação; e, (*e*) declaração do proponente de que se obriga, uma vez firmado o instrumento de acordo de leniência, a cooperar plena e permanentemente com as investigações e o processo administrativo, comparecendo, sob suas expensas, sempre que solicitado, a todos os atos processuais, até seu encerramento.[15]

A proposta tramitará sob a forma de procedimento administrativo, e terá caráter confidencial, salvo no interesse das investigações e do processo administrativo. A pessoa jurídica deverá comprovar, sob as penas da lei, a observância dos dispositivos contratuais ou estatutários necessários para subscrever, validamente, a proposta de acordo de leniência, apresentando à SDE cópia dos atos societários pertinentes.

As empresas integrantes de um mesmo grupo econômico, quando envolvidas na infração noticiada ou sob investigação, deverão comprovar que se encontram sob controle comum, para efeito da celebração conjunta do acordo de leniência.

Serão estendidos os efeitos do acordo de leniência aos dirigentes e administradores da empresa habilitada, envolvidos na infração, desde que estes firmem o respectivo instrumento em conjunto com a empresa. A proposta poderá ainda ser subscrita por procurador legalmente constituído e dotado de poderes específicos para a prática do ato, sob pena de indeferimento, sem prejuízo das demais cominações legais cabíveis.

Se a infração noticiada ou sob investigação constituir crime de ação penal pública, o art. 30, *caput*, da Portaria MJ n. 849/2000, abre a possibilidade para que a SDE, a pedido do proponente, consulte o órgão competente do Ministério Público acerca da possibilidade de seu enquadramento nos regimes de delação previstos na legislação penal, notadamente no art. 13 da Lei n. 9.807, de 1999,[16] ou ainda naquele estabelecido no parágrafo único do art. 16 da Lei n. 8.137, de 1990.[17]

15. Brasil, Lei n. 10.149, de 21.12.2000, cit.

16. Brasil, Lei n. 9.807, de 13.7.1999 (disponível em *http://www.planalto.gov.br*, acesso 13.8.2006).

17. Brasil, Lei n. 8.137, de 27.12.1990 (disponível em *http://www.planalto.gov.br*, acesso 13.8.2006).

A autoridade zelará pela preservação da identidade do proponente, salvo se sua revelação for autorizada previamente pelo mesmo.

O art. 31 da Portaria MJ n. 849/2000 garante ao proponente a possibilidade não constante da Lei n. 8.884/1994, após as alterações trazidas pela Lei n. 10.149/2000, de desistir da proposta de acordo de leniência a qualquer momento antes da assinatura do respectivo instrumento, devendo, nesta hipótese, ser-lhe devolvida, mediante recibo, toda a documentação objeto do procedimento.

O Diretor do DPDE deverá submeter ao Secretário de Direito Econômico, em até cinco dias úteis da data de protocolo da proposta, parecer sobre sua juridicidade e legalidade. Pode, inclusive, intimar o proponente para prestar esclarecimentos, por escrito ou pessoalmente. Esse prazo será suspenso enquanto não forem prestados esclarecimentos imprescindíveis à apreciação da proposta.

O Secretário da SDE, à vista do parecer e por meio de despacho fundamentado, decidirá, em até três dias úteis, se o proponente está habilitado a celebrar o acordo de leniência, não cabendo qualquer recurso dessa decisão. Logo em seguida, o proponente será intimado, por fac-símile, com comprovação de recebimento, ou por carta com aviso de recebimento, do teor dessa decisão. Uma vez habilitado a celebrar o acordo, o proponente terá o prazo máximo de dois dias úteis, contados da data de intimação da decisão, para comparecer à SDE e assinar o respectivo instrumento de acordo. Esse prazo poderá ser prorrogado pela autoridade uma única vez, por igual período, em caso de pedido justificado do proponente.

Caso o instrumento de acordo não seja assinado no prazo regulamentar, estará automaticamente inabilitado o proponente, arquivando-se de imediato o respectivo procedimento administrativo no âmbito da SDE, com a devolução ao proponente, mediante recibo, dos documentos que instruíram o feito.

A proposta de acordo de leniência terá sua apreciação submetida a critério cronológico de entrada na SDE, devendo a proposta mais antiga ser obrigatoriamente decidida em primeiro lugar. A subseqüente só será aberta e apreciada pela autoridade se o proponente imediatamente anterior for inabilitado. As que não forem apreciadas serão devolvidas aos respectivos proponentes, mediante recibo.

Não importará confissão quanto à matéria de fato, nem reconhecimento de ilicitude da conduta analisada, a proposta de acordo de leniência rejeitada pelo Secretário da SDE, da qual não se fará qualquer divulgação.

Desde que observados os requisitos legais e regulamentares, e se houver fato novo, o proponente inabilitado poderá submeter nova proposta de acordo ao Secretário da SDE, a qualquer momento antes da remessa do processo administrativo ao CADE para julgamento, ficando a apreciação da nova proposta sujeita ao critério cronológico fixado neste regulamento.

Segundo o § 4º do art. 35-B da Lei n. 8.884/1994, o acordo de leniência não se sujeita à aprovação do CADE, a quem cabe tão-somente verificar seu cumprimento, procedimento este a ser tomado por ocasião do julgamento do processo administrativo. Todavia, esta autarquia tem a importante missão de extinguir a ação punitiva da administração, quando a propositura do acordo tiver chegado à SDE, ainda não sabedora da existência da própria infração, ou a redução de um a dois terços da penalidade aplicável nas outras hipóteses, levando-se em consideração o grau de colaboração e a boa-fé do arrependido.

Nos crimes contra a ordem econômica, tipificados na Lei n. 8.137, de 27 de novembro de 1990, a celebração de acordo de leniência determina a suspensão do curso do prazo prescricional e impede o oferecimento da denúncia.

Renato Stetner analisa esse polêmico *caput* do art. 35-C da Lei n. 8.884/1994, fruto de alteração da redação original da MP n. 2.055/2000. Considera que o disposto neste artigo pode ser considerado constitucional, pois o MP continua com a prerrogativa única de propor ação civil pública, embora tenha sido proibido de oferecer denúncia quando tiver sido celebrado acordo de leniência com a SDE. Por uma questão lógica e de preservação de recursos públicos, nega, entretanto, a possibilidade do MP poder continuar a investigar fatos ou intentar medidas cautelares para preservar provas, em razão da denúncia restar-se impossível.[18]

A SDE, no âmbito de suas ações de difusão da cultura da concorrência e no limite dos recursos disponíveis, divulgará em caráter permanente o Programa de Leniência da Secretaria junto às empresas e à sociedade em geral.

1.5 Cotejo dos modelos

O programa de leniência brasileiro apresenta algumas diferenças em relação aos programas estadunidense e europeu.

A primeira diferença repousa na exigência da prova decisiva, presente no programa do Brasil, inexiste no dos EUA e abolida no europeu.

Outra diferença está relacionada ao papel que a empresa exerce no cartel. O § 1º do art. 35-B da Lei n. 8.884/1994 estabelece que o programa não se aplica às empresas ou pessoas naturais que tenham estado à frente da conduta tida como infracionária. Com termos vagos como esse, a legislação brasileira desencoraja empresas com participação importante, mas que não sejam líderes, ou que julguem a identificação do líder como algo problemático, a trair e a delatar o cartel. É por este motivo que o programa de leniência europeu removeu dispositivo semelhante (“*an*” *instigator or* “*a*” *leader*) e passou a considerar como inelegíveis apenas aquelas empresas que tenham exercido coerção sobre as outras para fazer parte do cartel.

Ainda como diferença, tem-se que a imunidade total no caso brasileiro só é conseguida se a SDE não tiver conhecimento prévio da existência do cartel, ou seja, não tiver iniciado as investigações, enquanto nos EUA e Europa a anistia das multas pode ser dada mesmo com as investigações em andamento. No caso da Europa, mesmo que a empresa não preencha os requisitos para o programa, ainda assim ela pode se beneficiar de uma redução das multas caso contribua substancialmente com as investigações. Nos EUA esta possibilidade está vedada e no Brasil a empresa só consegue redução da multa se relatar outra infração da qual a SDE não estava ciente.

Por fim, tanto no Brasil como na Europa o programa de leniência não impõe a condição de ressarcir as partes lesadas (*restitution clause*) em conseqüência da atividade do cartel, como ocorre nos EUA.

2. Simulação com base na teoria dos jogos dos efeitos do acordo de leniência

2.1 Aspectos gerais

Quando dois ou mais indivíduos interagem e suas ações se baseiam naquilo que esperam ou desejam que os outros façam, existe o que se denomina de comportamento estratégico. Quando isso ocorre, a interação entre eles pode ser tratada como um jogo. Em tal situação, a teoria dos jogos analisa e ajuda a prever as estratégias racionais desses indivíduos a partir da definição de quais são as regras do jogo.[19]

18. Renato Parreira Stetner, “Artigos 35-B e 35-C”, in Marcos da Costa, Paulo Lucena de Menezes e Rogério Gandra da Silva Martins (coords.), *Direito Concorrencial: Aspectos Jurídicos e Econômicos: Comentários à Lei n. 8.884/1994 e Estudos Doutrinários*, p. 305.

19. Armando Castelar Pinheiro e Jairo Saddi, *Direito, Economia e Mercados*, p. 157.

Ao prever ou ajudar a entender o comportamento das pessoas, a Teoria dos Jogos auxilia o Direito em seu papel de indutor de condutas a auto-avaliar-se e a identificar formas de melhorar sua eficácia e a sua eficiência.

2.2 Estratégia do cartel

O cartel constitui um concerto entre competidores com o objetivo de maximização conjunta de lucro. Assim, em vez das empresas concorrerem entre si, coordenam suas ações de forma a obter os maiores lucros possíveis em detrimento dos consumidores.

Quando ocorre esse tipo de ação concertada, a quantidade produzida é menor e o preço maior, reduzindo o bem-estar.[20]

Fatores diversos podem facilitar a ocorrência de acordos cartelizantes: (*a*) número de empresas no mercado relevante; (*b*) grau de concentração da produção; (*c*) homogeneidade do produto; (*d*) inovações tecnológicas menos freqüentes; (*e*) condições de demanda estáveis; (*f*) inelasticidade da demanda; (*g*) restrições verticais; (*h*) licitações freqüentes; (*i*) elevadas barreiras à entrada; (*j*) circunstâncias que levem ao aprendizado acerca das políticas de preços entre os concorrentes.

Para uma análise da estratégia do cartel, tome-se, por exemplo, a concentração de mercado.

Suponha que determinado mercado esteja dominado por duas empresas – empresa 1 e empresa 2 – um duopólio.

A hipótese pode ser descrita com base num instrumental variante do dilema dos prisioneiros.

Os duopolistas têm duas estratégias a perseguir do ponto de vista da política de preços: podem cooperar, fixando preços, ou não cooperar, evitando qualquer tipo de coordenação com o competidor.

20. Gesner Oliveira e João Grandino Rodas, *Direito e Economia da Concorrência*, cit., p. 42.

Jogo do cartel: mercado duopolista

	Empresa 2	
Empresa 1	coopera	não coopera
coopera	60,60	30,70
não coopera	70,30	40,40

Cada célula contém os resultados para cada um dos duopolistas correspondentes a uma combinação de estratégias das duas empresas.

Para verificar o equilíbrio, basta avaliar qual a melhor estratégia de cada empresa, dado o que o concorrente vai fazer.

Para a empresa 1, se a empresa 2 cooperar, a melhor estratégia é não cooperar, pois assim obtém lucro de R$ 70 milhões contra R$ 60 milhões se cooperar. Se a empresa 2 não cooperar, a melhor estratégia para a empresa 1 será a de não cooperar, pois obtém lucro de R$ 40 milhões contra R$ 30 milhões da estratégia de cooperação.

Qualquer que seja a estratégia da empresa 2, a melhor opção para a empresa 1 é a de não cooperar.

Para a empresa 2, considerando-se cada estratégia da empresa 1, chega-se à conclusão de que a estratégia dominante da empresa 2 também é a de não cooperar. Obtém-se, portanto, um equilíbrio de Nash em (40,40). Trata-se de uma solução não cooperativa, mas dentro da racionalidade econômica.

Alguns fatores poderiam transformar este equilíbrio não cooperativo em cooperativo.

Assim, se o jogo for repetido infinitas vezes, como na hipótese de produtos e serviços adquiridos ou prestados por meio licitatório, as empresas podem melhorar sua coordenação ao longo do tempo e comparar resultados, concluindo que uma estratégia cooperativa poderia levar a uma posição superior.

2.3 Exemplo de jogo em licitações

Segundo Grandino Rodas e Gesner Oliveira, a expectativa de ganho com cartel pode ser expressa da seguinte forma: $E(C) = p\,M + (1-p)\,¶\,c$, onde $E(C)$ é a esperança matemática do ganho associado à prática de cartel; p é a probabilidade da autoridade antitruste descobrir e punir um cartel ($0 < p < 1$); M é a punição, geralmente sob a forma de multa, se o cartel for flagrado ($M < 0$); e, por fim, $¶\,c$ é o lucro extraordinário obtido com o cartel.[21]

O acordo de leniência visa aumentar p, além de gerar maior instabilidade no cartel ao suscitar desconfiança e, conseqüentemente, maior custo de monitoramento e maior possibilidade de adoção de estratégias não cooperativas.

Na hipótese de uma licitação onde participem apenas duas empresas – a empresa 1 e a empresa 2.

Supondo um duopólio de Bertrand, onde as empresas competem uma única vez por meio de fixação simultânea de preços, o único resultado possível é o do preço ser igual ao custo marginal. Nessa hipótese, as empresas não conseguem um resultado mais cooperativo pelo fato de não terem como se disciplinar, afastando a hipótese de formação de cartel.[22]

Jogo do cartel: duas empresas disputam uma única ou sucessivas licitações

	Empresa 2	
Empresa 1	coopera	não coopera
coopera	**30,30**	10,40
não coopera	40,10	**20,20**

Para a empresa 1, se a empresa 2 cooperar, a melhor estratégia é não cooperar, pois assim obtém lucro de R$ 40 milhões contra R$ 30 milhões se cooperar. Se a empresa 2 não cooperar, a melhor estratégia para a empresa 1 será a de não cooperar, pois obtém lucro de R$ 20 milhões contra R$ 10 milhões da estratégia de cooperação.

Qualquer que seja a estratégia da empresa 2, a melhor opção para a empresa 1 é a de não cooperar.

Para a empresa 2, considerando-se cada estratégia da empresa 1, chega-se à conclusão de que a estratégia dominante da empresa 2 também é a de não cooperar. Obtém-se, portanto, um equilíbrio de Nash em (20,20).

Na hipótese desse jogo se repetir sucessivas vezes, ou seja, destas duas empresas participarem de outras licitações, ao compararem resultados, podem optar pelo concerto de ações, levando ao resultado cooperativo (30,30).

A introdução do programa de leniência, nesta hipótese, não acarreta maiores conseqüências. Como nas licitações existe um lapso de tempo entre a entrega das propostas e a abertura dos envelopes, se a empresa 1 se desviar do preço do cartel e ganhar pode ser denunciada pela empresa 2 e vice-versa, levando à anulação do processo de licitação.

As empresas não têm incentivos para desviar e denunciar o cartel ao mesmo tempo, já que, por causa do lapso temporal entre a oferta e o fechamento do negócio, elas não têm como se apropriar da vantagem do desvio, supondo que as prejudicadas utilizem o programa de leniência e denunciem a empresa vencedora.

O raciocínio é que, se as empresas montaram o cartel, esperavam obter um resultado econômico positivo maior do que o competitivo, portanto, não seria lucrativo entregar o cartel antes de qualquer investigação. E, como todas as empresas podem se beneficiar de uma redução de multas depois de iniciadas as investigações, o programa de leniência tem um efeito pró-

21. Idem, pp. 46-47.

22. Milton Barossi Filho e Rachel Sztajn, "Teoria dos Jogos Aplicada ao Direito", disciplina ministrada no Curso de Pós-Graduação da Faculdade de Direito da USP, anotações.

cartel *ex ante* da investigação, pois, neste caso, a redução da multa aumentaria o lucro esperado pelas empresas.

A forma de atenuar os efeitos adversos do programa de leniência é que a empresa que delatar o cartel para as autoridades de defesa da concorrência antes do início de uma investigação seja recompensada monetariamente. Essa recompensa não sairia do erário público, mas das multas pagas pelos outros membros do cartel que foram condenados.

O efeito positivo do programa é o de induzir as empresas a entregarem o cartel depois do início das investigações, quando elas poderiam não colaborar se não fosse previsto o acordo, poupando tempo e recursos públicos.

A ambigüidade entre esses dois efeitos é resolvida considerando-se o problema da autoridade antitruste. Para uma restrição orçamentária e, em particular, para orçamentos intermediários, é preferível a autoridade lançar mão do programa de leniência e definir a multa reduzida como sendo zero (isenção de multas), pois assim, ela conseguiria maiores ganhos de bem-estar sem precisar aumentar seu orçamento. No entanto, para orçamentos elevados, seria melhor não utilizar o programa.

3. Estudo de caso

3.1 Aspectos gerais

A Secretaria de Direito Econômico – SDE do Ministério da Justiça – MJ está investigando a existência de um cartel entre empresas do setor de segurança privada que teriam fraudado diversas licitações no Estado do Rio Grande do Sul. A instauração do processo administrativo contra vinte e uma empresas, três entidades e trinta pessoas naturais que integrariam o cartel foi publicada no *Diário Oficial da União – DOU* de 29 de outubro de 2006.[23]

Sua instauração é resultado do primeiro acordo de leniência já assinado no país. Pela primeira vez, órgãos de defesa da concorrência puderam contar com a ajuda de ex-integrantes de um cartel para ajudar nas investigações do caso. O acordo foi assinado no dia 8 de outubro de 2006 entre o Secretário de Direito Econômico, Daniel Goldberg, a empresa Antares, seu sócio majoritário, Rubem Baz Orelli, e seu funcionário Alexandre Luzardo da Silva. Assinaram também o acordo como intervenientes a Secretaria de Acompanhamento Econômico – SEAE do Ministério da Fazenda, o Ministério Público Federal – MPF e o Ministério Público Estadual – MPE do Rio Grande do Sul.

Pelo acordo, os denunciantes comprometeram-se a prestar todas as informações necessárias para a investigação em troca da redução ou anulação da pena, tanto em âmbito administrativo quanto criminal.

3.2 Apresentação de indícios

Em declaração à SDE e ao MP do Rio Grande do Sul, feita em 8 de outubro de 2003, Rubem Baz Oreli e Alexandre Luzardo da Silva apresentaram fortes indícios da formação de cartel.

Segundo os declarantes, as reuniões eram realizadas na Associação das Empresas de Vigilância do Rio Grande do Sul – Assevirgs, todas as segundas-feiras. As empresas levavam os editais das licitações que ocorreriam durante a semana e decidiam quem venceria e qual preço seria dado na licitação. Além disso, nessas reuniões também eram resolvidos casos especiais, como: subornos a servidores públicos encarregados da elaboração do edital e elaboração de condições específicas que fa-

23. Brasil, Ministério da Justiça, Conselho Administrativo de Defesa Econômica, PA n. 08012.001826/2003-10. Representante: SDE *ex officio*; Representados: Assevirgs – Associação das Empresas de Vigilância do Rio Grande do Sul *et al.*; Conselheiro-Relator: Afonso Arinos de Mello Franco Neto (disponível em *http://www.cade.gov.br*, acesso 15.7.2006).

vorecessem o cartel ou atrapalhassem eventual empresa que quisesse furar o esquema.

Ainda segundo os declarantes, as empresas fraudavam licitações públicas de diversos órgãos, determinando previamente qual seria a vencedora das licitações. Uma das estratégias empregadas era fazer com que outros participantes do cartel também participassem das licitações, porém apresentando preços superiores ao que seria oferecido pela ganhadora. Uma outra empresa do cartel não apresentaria todos os documentos necessários e seria considerada inabilitada. A intenção era de que o cartel ganhasse tempo para agir caso uma empresa de fora do grupo tentasse furar o cartel. Esta seria convencida a retirar sua proposta, por meio do fornecimento de dinheiro em espécie. Caso não surtisse efeito, uma das formas utilizadas para pressionar a empresa não-membro do cartel a retirar sua proposta com o menor preço era a realização de notificações para fiscalizações trabalhistas via o Sindicato dos Vigilantes.

Em novos contratos públicos, isto é, naqueles em que não existe uma empresa do cartel previamente designada, a empresa que oferecerá os serviços de vigilância é escolhida para ganhar a licitação por meio de sorteio feito por diversos meios, de acordo com o porte da licitação. As sorteadas eram excluídas dos novos sorteios, de forma a fazer um rodízio, que é por horas de trabalho em cada contrato.

Em contratos para empresas privadas, os integrantes do suposto cartel reuniam-se para decidir que preços seriam oferecidos, a fim de manipular a tomada de preços e determinar quem seria o vencedor. Cada empresa defende seus contratos, havendo um pacto de não agressão às empresas participantes do cartel e que empresas entrantes no mercado são atacadas de modo a não conseguirem prosperar. Para evitar furos ao cartel, são destacados advogados para negociar com os elaboradores do edital de modo a impedir a entrada de novas empresas, incluindo requisitos adicionais e, até mesmo, o pagamento de valores. No Sindicato dos Vigilantes, o Secretário-Geral Joel Valdemir Ourix Eich e o funcionário Evandro Vargas dos Santos eram as pessoas que recebiam as demandas para fazer as notificações.

Na esteira, afirmam os declarantes que, a partir de 1994, o cartel passou a se reunir sob a liderança de Nilton Reginaldo, Secretário-Executivo da Assevirgs. Mesmo não sendo dono de empresas, atuava como mediador, recebendo uma porcentagem de cada contrato, atuando na linha de frente do cartel. Para a realização dos pagamentos, o encarregado da entrega do dinheiro era Ronaldo Carvalho, que agia como um "laranja". Este chegou a viajar para Caxias do Sul/RS para convencer a empresa Patrulhense a se retirar da licitação da Universidade de Caxias do Sul em favor da Protege Serviços de Vigilância Ltda., membro do cartel, negociando de forma similar em diversos outros contratos.

Por fim, afirmaram os declarantes que o cartel continuava em pleno funcionamento, listando, ainda, as empresas que participavam do mesmo.

Ao final, Rubem Baz Oreli e Alexandre Luzardo da Silva forneceram à SDE e ao MPE do Rio Grande do Sul documentos que comprovam suas declarações.

3.3 Procedimentos complementares

A Secretaria de Acompanhamento Econômico – SEAE, que assinou o acordo de leniência como interveniente, chegou à conclusão que uma das empresas, a Rota-Sul, venceu pelo menos 14 licitações a órgãos do Ministério da Fazenda, apenas no Rio Grande do Sul, apresentando preços em média 1,72% abaixo do limite máximo. Em 13 destas licitações uma empresa foi desclassificada por apresentar valores superiores ao limite estabelecido.

Corroborando as informações trazidas por Rubem Baz Oreli e Alexandre Luzardo da Silva sobre a existência de possível cartel entre as empresas de vigilância do Estado do Rio Grande do Sul, a Secretaria de Acompanhamento Econômico – SEAE/MF, constatou que a empresa Rota-Sul foi a vencedora de 14 (catorze) licitações de serviços de segurança realizadas em órgãos do Ministério da Fazenda sediados no RS.

Além disso, verificou que empresas foram desclassificadas em 13 (treze) licitações por apresentarem valores superiores ao limite estabelecido em portarias do Ministério do Planejamento, caracterizando preço excessivo.

Ainda com relação a esse conjunto de licitações, a SEAE também apurou que nessas licitações, os valores oferecidos pela Rota-Sul, foram, em média, apenas 1,72% abaixo do limite máximo expresso no edital.

O relato dos colaboradores permitiu também que fosse realizada uma operação de busca e apreensão simultânea em seis estabelecimentos utilizados pelas empresas e sindicatos.

Estiveram envolvidas nesta operação setenta e três pessoas, entre policiais federais, técnicos da SDE, policiais militares e integrantes do Ministério Público Estadual. Na operação, o grupo recolheu documentos e computadores em duas sedes de sindicatos e outros quatro estabelecimentos utilizados pelo suposto cartel.

Se forem condenadas pelo CADE, as empresas poderão ser multadas em até 30% de seu faturamento anual. Se processados em âmbito penal, os dirigentes podem sofrer pena de reclusão de dois a cinco anos ou multa.

Conclusão

Flagrar e punir um cartel, ao contrário do que se possa imaginar, não é nada fácil. Qualquer dos fatores anteriormente enumerados, quando justapostos à realidade de determinado mercado, dificulta a imediata identificação do cartel. Seria absurdo presumir, com base apenas nesse fato, que esteja ocorrendo um cartel.

Não basta verificar, também, que os preços das empresas concorrentes são similares ou se movem de forma semelhante para concluir que esteja ocorrendo uma ação cartelizada. A interação estratégica exige análise econômica minuciosa antes de concluir pela ocorrência de infração.

Apesar da dificuldade em detectar e condenar um cartel, as autoridades contam pelo menos com a sua instabilidade estrutural. O membro que decidir trair e delatar o acordo pode obter ganho expressivo.

A lógica por trás dos programas de leniência é simples: trata-se de um incentivo poderoso à delação, pois o primeiro a fazê-la ganha imunidade, enquanto os outros ficam sujeitos a multa de até 30% do faturamento e pena de dois a cinco anos de prisão. Como isto aumenta a probabilidade dos cartéis serem detectados, os acordos de preços tornam-se menos interessantes.

Os cartéis causam danos a consumidores e empresas que adquirem seus produtos por meio do aumento de preço ou da restrição da oferta. Como resultado, alguns adquirentes decidem não comprar o produto ao preço determinado pelo cartel ou compram-no em menor quantidade. Assim, os adquirentes pagam mais por aquela quantidade que realmente compram, o que possibilita, mesmo sem que saibam, a transferência de riquezas aos operadores do cartel.

Além disso, os cartéis geram desperdício e ineficiência. Eles protegem seus membros da completa exposição às forças de mercado, reduzindo a pressão pelo controle de gastos e à inovação, o que acarreta a perda de competitividade da economia.

Em setembro, chegou no CADE o primeiro caso de acordo de leniência envolvendo um suposto cartel formado por vinte e uma empresas de segurança privada do Estado do Rio Grande do Sul. A acusação é que teriam montado um esquema para fraudar licitações, combinar preços e subornar funcionários públicos. O ex-integrante do conluio, que o denunciou em 2003, não está incluído na denúncia.

O programa de leniência é um estímulo à verdade processual, semelhantemente à confissão espontânea como circunstância atenuante, prevista no art. 65, III, *d*, do Código Penal. É, portanto, instrumento que ajuda na investigação e repressão de certas formas de crimes, notadamente aqueles que apresentam conotações organizadas.

A defesa da sociedade e o interesse da repressão exigem que se empreguem todos os meios para a descoberta do culpado e para a aquisição de exato conhecimento de todas as circunstâncias da infração. A leniência transformou a forma como as autoridades de concorrência ao redor do mundo detectam, investigam e detêm os cartéis. Ela veio para ficar.

Bibliografia

BAROSSI FILHO, Milton, e SZTAJN, Rachel. "Teoria dos Jogos Aplicada ao Direito", disciplina ministrada no Curso de Pós-Graduação da Faculdade de Direito da USP, 2006, anotações.

BRASIL. Lei n. 8.137, de 27.12.1990. *Define crimes contra a ordem tributária, econômica e contra as relações de consumo, e dá outras providências* (disponível em *http://www.planalto.gov.br*, acesso 13.8.2006).

______. Lei n. 9.807, de 13.7.1999. *Estabelece normas para a organização e a manutenção de programas especiais de proteção a vítimas e a testemunhas ameaçadas, institui o Programa Federal de Assistência a Vítimas e a Testemunhas Ameaçadas e dispõe sobre a proteção de acusados ou condenados que tenham voluntariamente prestado efetiva colaboração à investigação policial e ao processo criminal* (disponível em *http://www.planalto.gov.br*, acesso 13.8.2006).

______. Lei n. 10.149, de 21.12.2000. *Altera e acrescenta dispositivos à Lei n. 8.884, de 11 de junho de 1994, que transforma o Conselho Administrativo de Defesa Econômica – CADE, em autarquia, dispõe sobre a prevenção e repressão às infrações contra a ordem econômica e dá outras providências* (disponível em *http://www.planalto.gov.br*, acesso 22.9.2006).

______. Medida Provisória n. 2.055-4, de 7.12.2000. *Altera e acrescenta dispositivos à Lei n. 8.884, de 11 de junho de 1994, que transforma o Conselho Administrativo de Defesa Econômica – CADE, em autarquia, dispõe sobre a prevenção e repressão às infrações contra a ordem econômica e dá outras providências* (disponível em *http://www.planalto.gov.br*, acesso 22.9.2006).

______. Ministério da Justiça. Portaria n. 4, de 5.1.2006. *Regulamenta as diversas espécies de processos administrativos previstos nos artigos 26, "caput"; 26, § 5º; 26-A; 30; 32; 35, § 2º; 35-A; e 54 da Lei n. 8.884, de 11 de junho de 1994, com as alterações determinadas pela Lei n. 9.021, de 30 de março de 1995 e Lei n. 10.149, de 21 de dezembro de 2000, para apuração, prevenção ou repressão de infrações contra a ordem econômica, no âmbito da Secretaria de Direito Econômico, e revoga a Portaria MJ n. 849, de 22 de setembro de 2000, Portaria SDE n. 5, de 25 de setembro de 1996, Portaria SDE n. 15, de 22 de abril de 2004 e Portaria SDE n. 16, de 26 de maio de 2004* (disponível em *http://www.planalto.gov.br*, acesso 22.9.2006).

______. Ministério da Justiça. Conselho Administrativo de Defesa Econômica. PA n. 08012.001826/2003-10. Representante: SDE *ex officio*. Representados: Assevirgs – Associação das Empresas de Vigilância do Rio Grande do Sul *et al.* Conselheiro-Relator: Afonso Arinos de Mello Franco Neto (disponível em *http://www.cade.gov.br*, acesso 15.7.2006).

______. Ministério da Justiça. Conselho Administrativo de Defesa Econômica. PA n. 08012.002299/2000-18. Representante: Ministério Público de Santa Catarina. Representados: Posto Divelin e outros. Conselheiro-Relator: Afonso Arinos de Mello Franco Neto (disponível em *http://www.cade.gov.br*, acesso 15.7.2006).

______. Ministério das Minas e Energia; Ministério da Justiça. Agência Nacional do Petróleo; Secretaria de Direito Econômico. *Defesa da concorrência no mercado de combustíveis* (disponível em *http://anp.gov.br*, acesso 22.6.2006).

BRISSET, K., e THOMAS, L. "Leniency program: a new tool in competition policy to deter cartel activity in procurement auctions", *European Journal of Law and Economics* (disponível em *http://ipsapp009.kluweronline.com*, acesso 2.10.2006).

DUPAS, Gilberto. *Economia Global e Exclusão Social: Pobreza, Emprego, Estado e Futuro do Capitalismo*. São Paulo, Paz e Terra, 1999.

ELLIS, C. J., e WILSON, W. W. *Cartels, Price-Fixing, and Corporate Leniency Policy: What Doesn't Kill us Makes us Stronger* (disponível em: *http://www.econ.au.dk*, acesso 3.10.2006).

GRIFFIN, J. M. "A summary overview of the antitrust division's criminal enforcement program", *The Modern Leniency Program after Ten Years* (disponível em *http://www.usdoj.gov*, acesso 18.10.2006).

HAMMOND, S. D. "Detecting and deterring cartel activity through an effective leniency program", *International Workshop on Cartels* (disponível em *http://www.usdoj.gov*, acesso 15.10.2006).

HINLOOPEN, J. "An economic analysis of leniency programs in antitrust law", *The Economist* (disponível em *http://ipsapp008.kluweronline.com*, acesso 13.10.2006).

LEVENSTEIN, M., SUSLOW, V. Y., e OSWALD, L. J. *Contemporary International Cartels and Developing Countries: Economic Effects and Implications for Competition Policy* (disponível em *http://www.unix.oit*, acesso 5.10.2006).

LEWINSOHN, R. *Trustes e Cartéis: suas Origens e Influências na Economia Mundial*. Rio de Janeiro, Livraria Globo, 1945.

MOREIRA, Eduardo Ataide de Souza, e PEÑALOZA, Rodrigo. *Programas de Leniência, Corrupção e o Papel da Corregedoria da Autoridade Antitruste* (disponível em *http://www.google.com.br*, acesso 12.10.2006).

MOTTA, M., e PÓLO, M. "Leniency programs and cartel prosecution", *International Journal of Industrial Organization* (disponível em *http://www.sciencedirect.com*, acesso 20.10.2006).

OLIVEIRA, Gesner, e RODAS, João Grandino. *Direito e Economia da Concorrência*. Rio de Janeiro, Renovar, 2004.

PINHEIRO, Armando Castelar, e SADDI, Jairo. *Direito, Economia e Mercados*. Rio de Janeiro, Editora Campus, 2006.

SALOMÃO FILHO, Calixto. *Regulação da Atividade Econômica – Princípios e Fundamentos Jurídicos*. São Paulo, Malheiros Editores, 2001.

______. *Direito Concorrencial: as Estruturas*. São Paulo, Malheiros Editores, 2002.

SPAGNOLO, G. *How the Law Solves Bertrand's Paradox and Enforces Collusion in Occasional Auctions* (disponível em *http://www.ucl.ac.uk*, acesso 12.9.2006).

______. *Divide et Impera: Optimal Deterrence Mechanisms against Cartels and Organized Crime* (disponível em *www.ios.neu.edu*, acesso 20.8.2006).

STETNER, Renato Parreira. "Artigos 35 B e 35 C", in COSTA, Marcos da, MENEZES, Paulo Lucena de, e MARTINS, Rogério Gandra da Silva (coords.). *Direito Concorrencial: Aspectos Jurídicos e Econômicos: Comentários à Lei n. 8.884/94 e Estudos Doutrinários*. Rio de Janeiro, América Jurídica, 2002.

VALÉRIO, Marco Aurélio Gumieri. *Antitruste em Setores Regulados*. São Paulo, Editora Lemos & Cruz, 2006.

VASCONCELOS, S. P., e RAMOS, F. S. "Leniency program and collusion prevention: effectiveness, adhesion conditions and the divided initiative problem", *Anais do XXIV Encontro da Sociedade Brasileira de Econometria* (disponível em *http://www.sbe.org.br*, acesso 2.8.2006).

A PREVALÊNCIA DA VONTADE DA ASSEMBLÉIA-GERAL DE CREDORES EM QUESTÃO: O *CRAM DOWN* E A APRECIAÇÃO JUDICIAL DO PLANO APROVADO POR TODAS AS CLASSES*

CAROLINA SOARES JOÃO BATISTA,

PAULO FERNANDO CAMPANA FILHO,

RENATA YUMI MIYAZAKI e

SHEILA CHRISTINA NEDER CEREZETTI

1. Introdução. 2. A aprovação do plano de reorganização e o tratamento conferido aos credores à luz do direito estrangeiro: 2.1 O Direito norte-americano: o "Chapter 11 do Bankruptcy Code"; 2.2 O Direito alemão; 2.3 O Direito português. 3. O "cram down" previsto na LRE: interpretação, críticas e contribuições interpretativas: 3.1 A exigência de porcentagens de aprovação: 3.1.1 Interpretação e críticas; 3.1.2 Contribuições à interpretação da lei; 3.2 A "unfair discrimination" e a reunião, na terceira classe de credores, de titulares de créditos díspares: 3.2.1 Interpretação e críticas; 3.2.2 Contribuições à interpretação da lei; 3.3 Ausência de preocupações com a ordem de pagamento de créditos ("fair and equitable rule"): 3.3.1 Interpretação e críticas; 3.3.2 Contribuições à interpretação da lei; 3.3.3 Conclusões quanto à ordem de pagamento de créditos; 3.4 Conclusão. 4. A apreciação judicial do plano aprovado por todas as classes de credores na LRE: 4.1 O "best-interest-of-creditors"; 4.2 A "unfair discrimination"; 4.3 "Best-interest-of-creditors" e "unfair discrimination" cumulados; 4.4 Contribuições interpretativas: "best-interest-of-creditors" ou "unfair discrimination"; 4.5 Contribuições interpretativas: a observância da ordem de pagamento. 5. Conclusão. 6. Bibliografia.

1. Introdução

A aprovação de um plano de recuperação proposto pelo devedor em uma recuperação judicial depende, nos termos dos arts. 45 e 58 da nova Lei de Falências brasileira (Lei n. 11.101/2005, a "LRE"), do consentimento das três classes de credores indicadas no art. 41: (*i*) a de detentores de créditos trabalhistas ou decorrentes de aci-

* Os autores agradecem ao Centro de Estudos de Direito Falimentar e Recuperação de Empresas do Departamento de Direito Comercial da Faculdade de Direito da USP, criado pelo convênio celebrado com a Secretaria de Direito Econômico do Ministério da Justiça, pelo fornecimento de bolsas de estudo e material de pesquisa, e ao Prof. Dr. Eduardo Secchi Munhoz pelas contribuições feitas ao presente artigo.

dente de trabalho, (*ii*) a de credores com garantia real, e (*iii*) a de credores quirografários, com privilégio especial, com privilégio geral ou subordinado.

A aceitação do plano pela classe dos credores trabalhistas e detentores de créditos decorrentes de acidente de trabalho se dá com a aprovação pela maioria simples dos credores presentes no ato da votação, independentemente do valor dos créditos. Nas outras classes, exige-se que a maioria simples também concentre mais da metade do valor total dos créditos presentes no ato.

Além disso, a LRE permite que o magistrado, em algumas circunstâncias, conceda a recuperação mesmo quando uma das classes rejeita o plano.[1] Esse mecanismo, denominado *cram down* pelos norte-americanos, destina-se a permitir que o juiz interfira no processo de avaliação do plano de reorganização, desde que observados os requisitos e critérios estabelecidos na lei.[2] A recente introdução na lei brasileira da possibilidade de o juiz, com vistas à homologação do plano, superar o veto de uma classe de credores merece estudos detalhados, na medida em que constitui assunto inédito no direito nacional e não foi tratado de forma completa pelo legislador.

Apesar de a lei conceder ao juiz o importante poder de superação do veto de uma classe, ela confere atribuições muito restritas para que ele intervenha no mérito dos planos de reorganização nos casos em que todos os grupos de credores concordaram com a proposta do devedor. A possibilidade de intervenção, contudo, não pode ser tão restrita porque a conduta do devedor e dos credores pode revelar situações injustas a demandar a atuação do Estado-juiz. Em primeiro lugar, pode haver um plano de reorganização aprovado por todas as classes e que (*i*) estipule o tratamento diferenciado de credores pertencentes à mesma classe ou (*ii*) inverta a ordem de pagamento, favorecendo as classes hierarquicamente subordinadas. Nesses casos, pode-se questionar se o juiz é obrigado a aprovar esse plano, mesmo que ele esteja em dissonância com a regra da *par conditio creditorum*. Em segundo lugar, é possível que um credor participe de mais de uma classe e abuse do seu direito de voto em seu benefício e em detrimento daqueles que detêm pouca representatividade. Em situações como essa, cabe indagar se o juiz pode intervir para proteger os credores prejudicados ou se deve apenas homologar o plano sem proceder a qualquer análise.

Todos esses questionamentos envolvem um tema central que diz respeito à possibilidade de o juiz, após balizada análise do tratamento conferido aos credores pelo plano de recuperação, não homologar a decisão da assembléia-geral de credores acerca do plano. Esse assunto envolve tanto a discussão acerca da proteção da classe dissidente à aprovação do plano quando da superação do seu veto por meio do mecanismo do *cram down* (item 3 infra) quanto a proteção de cada um dos credores afetados nas situações em que todas as classes concordam com o plano em voga (item 4 infra).

Essas são as duas matérias que o presente estudo busca tratar. Pretende-se, ainda, contribuir para a interpretação dos dispositivos legais relacionados a cada uma dessas matérias. Da mesma forma, procura-se, mediante a exposição de novas interpretações, trazer coerência à LRE, permitindo que o objetivo de preservação da empresa declarado no seu art. 47 encontre reflexos nas regras relacionadas à aprovação do plano de recuperação judicial.

Cabe ressaltar, ainda, que as soluções interpretativas apresentadas no presente trabalho devem ser consideradas em conjunto, sendo que a utilização parcial das pro-

1. Sobre o tema, v. anotações de E. S. Munhoz, in F. S. de Souza Júnior e A. S. A. de M. Pitombo (coords.), *Comentários à Lei de Recuperação de Empresas e Falência*, pp. 283-289.

2. "The process of obtaining confirmation of a plan over the objection of a class is called cram down" (D. G. Baird, *Elements of Bankruptcy*, 3ª ed., p. 199).

postas abaixo indicadas pode levar a resultados prejudiciais.

Parece importante, assim, iniciar a abordagem mediante o estudo do assunto sob o ponto de vista do direito comparado.[3]

2. *A aprovação do plano de reorganização e o tratamento conferido aos credores à luz do direito estrangeiro*

2.1 *O Direito norte-americano: o "Chapter 11 do Bankruptcy Code"*

Nos Estados Unidos, o *Bankruptcy Code* de 1978 prevê cinco tipos diferentes de processos falimentares, geralmente indicados pelo número do capítulo que os prevê. O *Chapter 7* regula os processos de liquidação (*liquidation*) e o *Chapter 11* prevê os processos de reorganização (*reorganization*), mediante a apresentação de um plano, que pode, entretanto, prever a liquidação dos bens do devedor de forma diferente da prevista no *Chapter 7*. O *Chapter 12* cuida de processos envolvendo *family farmers* e *fishermen*, o *Chapter 13* regula as reorganizações de *consumer debtors*[4] e o *Chapter 9* trata da reorganização de municípios. Tratar-se-á, aqui, dos dispositivos relativos à aprovação do plano de reorganização previstos no *Chapter 11*.

O § 1.112(b) do *Bankruptcy Code* permite que um tribunal rejeite um processo aberto com base no *Chapter 11* (*reorganization*) ou o converta em um processo regido pelo *Chapter 7* (*liquidation*), se essa providência for feita no melhor interesse dos credores e do espólio insolvente (*in the best interest of creditors and the estate*). Além disso, o § 1.112(b) estabelece um rol exemplificativo com dez razões para rejeitar uma reorganização ou convertê-la em uma liquidação.[5] O motivo mais comum para a rejeição ou conversão do plano pelos tribunais é o patrimônio do devedor sofrer perdas constantes e não haver uma perspectiva razoável de recuperação.[6] A ocorrência de um dos motivos arrolados no § 1.112(b) não acarreta necessariamente, porém, a rejeição do processo de reorganização ou a sua conversão em liquidação, o que significa que os tribunais têm margem de discricionariedade para decidir.[7]

3. V. quadros comparativos do direito comparado no Anexo 1 ao presente.

4. De acordo com Bankruptcy Judges Division of the Administrative Office of the United States Courts, *Bankruptcy Basics (Applicable to Cases Filed on or after October 17, 2005)*, p. 73, disponível in *http://www.uscourts.gov/bankruptcycourts/BB101705final2column.pdf*, um *consumer debtor* é "a debtor whose debts are primarily consumer debts", ao passo que *consumer debts* são "debts incurred for personal, as opposed to business, needs".

5. "11 U.S.C. § 1.112(b) Except as provided in subsection (c) of this section, on request of a party in interest or the United States trustee or bankruptcy administrator, and after notice and a hearing, the court may convert a case under this chapter to a case under chapter 7 of this title or may dismiss a case under this chapter, whichever is in the best interest of creditors and the estate, for cause, including – (1) continuing loss to or diminution of the estate and absence of a reasonable likelihood of rehabilitation; (2) inability to effectuate a plan; (3) unreasonable delay by the debtor that is prejudicial to creditors; (4) failure to propose a plan under section 1.121 of this title within any time fixed by the court; (5) denial of confirmation of every proposed plan and denial of a request made for additional time for filing another plan or a modification of a plan; (6) revocation of an order of confirmation under section 1.144 of this title, and denial of confirmation of another plan or a modified plan under section 1.129 of this title; (7) inability to effectuate substantial consummation of a confirmed plan; (8) material default by the debtor with respect to a confirmed plan; (9) termination of a plan by reason of the occurrence of a condition specified in the plan; or (10) nonpayment of any fees or charges required under chapter 123 of title 28."

6. C. R. Sterbach e K. M. Atencio, "Why Johnny can't get paid on his general unsecured claims: a potpourri of lingering abuses in Chapter 11 cases", in *Journal of Bankruptcy Law and Practice* 14/118.

7. Foi o que ocorreu no caso da Western Pacific Airlines, Inc., em que, embora houvesse motivo para rejeitar ou converter o processo em uma liquidação, o tribunal utilizou de sua "broad discretion" para permitir a continuação da reorganização. C. R. Sterbach e K. M. Atencio, "Why Johnny can't get paid on his general unsecured claims", cit. (nota supra), p. 119. Os tribunais também afirmaram sua

Além disso, o § 1.129(a) do *Bankruptcy Code* estabelece uma lista de requisitos para que um plano de recuperação, uma vez aprovado pelos credores, seja confirmado por um tribunal.[8]

Um desses requisitos de confirmação é a obrigatoriedade de o plano passar no teste denominado *best-interest-of-creditors*, previsto no § 1.129(a)(7). Esse dispositivo estabelece que o plano é confirmado pelo juiz caso todos os credores da classe o aprovem ou recebam ou retenham sob o plano um valor que não seja menor do que o que seria recebido ou retido se o devedor fosse submetido a um processo de liquidação. Ao estipular que cada membro de uma classe deva receber no mínimo o

"broad discretion" para rejeitar ou converter o processo em uma liquidação nas reorganizações da Gonic Realty Trust, Woodbrook Assoc., Lumber Exch. Bldg. Ltd. Partnership e AC Rentals.

8. "U.S.C. § 1.129(a) The court shall confirm a plan only if all of the following requirements are met: (1) The plan complies with the applicable provisions of this title. (2) The proponent of the plan complies with the applicable provisions of this title. (3) The plan has been proposed in good faith and not by any means forbidden by law. (4) Any payment made or to be made by the proponent, by the debtor, or by a person issuing securities or acquiring property under the plan, for services or for costs and expenses in or in connection with the case, or in connection with the plan and incident to the case, has been approved by, or is subject to the approval of, the court as reasonable. (5)(A)(i) The proponent of the plan has disclosed the identity and affiliations of any individual proposed to serve, after confirmation of the plan, as a director, officer, or voting trustee of the debtor, an affiliate of the debtor participating in a joint plan with the debtor, or a successor to the debtor under the plan; and (ii) the appointment to, or continuance in, such office of such individual, is consistent with the interests of creditors and equity security holders and with public policy; and (B) the proponent of the plan has disclosed the identity of any insider that will be employed or retained by the reorganized debtor, and the nature of any compensation for such insider. (6) Any governmental regulatory commission with jurisdiction, after confirmation of the plan, over the rates of the debtor has approved any rate change provided for in the plan, or such rate change is expressly conditioned on such approval. (7) With respect to each impaired class of claims or interests – (A) each holder of a claim or interest of such class – (i) has accepted the plan; or (ii) will receive or retain under the plan on account of such claim or interest property of a value, as of the effective date of the plan, that is not less than the amount that such holder would so receive or retain if the debtor were liquidated under chapter 7 of this title on such date; or (B) if section 1.111 (b)(2) of this title applies to the claims of such class, each holder of a claim of such class will receive or retain under the plan on account of such claim property of a value, as of the effective date of the plan, that is not less than the value of such holder's interest in the estate's interest in the property that secures such claims. (8) With respect to each class of claims or interests – (A) such class has accepted the plan; or (B) such class is not impaired under the plan. (9) Except to the extent that the holder of a particular claim has agreed to a different treatment of such claim, the plan provides that – (A) with respect to a claim of a kind specified in section 507 (a)(1) or 507 (a)(2) of this title, on the effective date of the plan, the holder of such claim will receive on account of such claim cash equal to the allowed amount of such claim; (B) with respect to a class of claims of a kind specified in section 507 (a)(3), 507 (a)(4), 507 (a)(5), 507 (a)(6) or 507 (a)(7) of this title, each holder of a claim of such class will receive – (i) if such class has accepted the plan, deferred cash payments of a value, as of the effective date of the plan, equal to the allowed amount of such claim; or (ii) if such class has not accepted the plan, cash on the effective date of the plan equal to the allowed amount of such claim; and (C) with respect to a claim of a kind specified in section 507 (a)(8) of this title, the holder of such claim will receive on account of such claim deferred cash payments, over a period not exceeding six years after the date of assessment of such claim, of a value, as of the effective date of the plan, equal to the allowed amount of such claim. (10) If a class of claims is impaired under the plan, at least one class of claims that is impaired under the plan has accepted the plan, determined without including any acceptance of the plan by any insider. (11) Confirmation of the plan is not likely to be followed by the liquidation, or the need for further financial reorganization, of the debtor or any successor to the debtor under the plan, unless such liquidation or reorganization is proposed in the plan. (12) All fees payable under section 1.930 of title 28, as determined by the court at the hearing on confirmation of the plan, have been paid or the plan provides for the payment of all such fees on the effective date of the plan. (13) The plan provides for the continuation after its effective date of payment of all retiree benefits, as that term is defined in section 1.114 of this title, at the level established pursuant to subsection (e)(1)(B) or (g) of section 1.114 of this title, at any time prior to confirmation of the plan, for the duration of the period the debtor has obligated itself to provide such benefits."

valor que receberia em caso de liquidação, o *best-interest-of-creditors test* protege os credores dissidentes de uma classe concordante.

Outra exigência diz respeito à concessão de tratamento especial aos detentores de créditos prioritários, a não ser que eles desistam de tal tratamento. O plano também deve ser *feasible*, o que significa que a sua aprovação não será seguida de falência (exceto quando o próprio plano previr a liquidação) ou da necessidade de nova reorganização, demonstrando-se, assim, que os envolvidos foram realistas quando do tratamento de suas diferenças.[9]

A aprovação de um plano de reorganização apresentado sob o procedimento da *reorganization* previsto no *Chapter 11* depende, ainda, da aquiescência das diferentes classes de credores[10] afetadas (*impaired classes*) pelo plano proposto, nos termos do § 1.129(a)(8).[11] Contudo, conforme abaixo comentado, esse requisito pode ser flexibilizado mediante o instituto do *cram down*, caso ao menos uma das classes tenha concordado com o plano.

Para que o juiz aprove um plano por meio do *cram down*, é necessário que todos os outros requisitos sejam cumpridos e que o plano não discrimine injustamente (*does not discriminate unfairly*) e seja justo e eqüitativo (*is fair and equitable*) com relação a cada classe de créditos ou *interests* que não o tenha aprovado. Destarte, nas situações em que uma classe de credores afetada pelo plano não concorda com a sua aprovação, o plano pode ser confirmado desde que os interesses da classe dissidente estejam protegidos (distinto, portanto, do *best-interest-of-creditors*, que protege individualmente os interesses dos credores). Nesses casos, o proponente do plano pode pedir que o magistrado confirme o plano, o que será feito "if the plan does not discriminate unfairly, and is fair and equitable" (isto é, se o plano não discriminar injustamente e se for justo e eqüitativo) com relação à classe dissidente, nos termos do 11 U.S.C. § 1.129(b)(1).[12]

O *Bankruptcy Code*, porém, não define o que seja *unfair discrimination* e os juízes encarregaram-se da interpretação dessa expressão.[13] Quanto ao termo *fair and equitable*, o diploma norte-americano apresenta detalhados requisitos para que um plano seja assim considerado.

Na interpretação mais disseminada, conforme abaixo comentado, a proibição de *unfair discrimination* lida com as relações horizontais (credores com a mesma preferência) e o *fair and equitable* trata de relações verticais (por não permitir que a hierarquia de classes seja desrespeitada).[14] Assim, de acordo com a regra que proíbe a *unfair discrimination*, os credores pertencentes a classes que envolvam créditos similares devem receber ao mesmo tempo e na mesma proporção. Mas, em linhas gerais, para obedecer à *fair and equitable rule*,

9. Cf. K. N. Klee, "All you ever wanted to know about cram down under the New Bankruptcy Code", in *American Bankruptcy Law Journal* 53/137-138, e R. F. Broude, "Cram down and Chapter 11 of the Bankruptcy Code: the settlement imperative", in *The Business Lawyer* 39/448.

10. O termo classe de credores será utilizado no texto para facilitar a linguagem. Na realidade, contudo, existem classes de detentores de créditos (*claimholders*) e classes de detentores de *ownership interests*.

11. Com relação aos requisitos para a aprovação de um plano, v. 11 U.S.C. § 1.129.

12. Interessante atentar ao comentário de K. N. Klee, "All you ever wanted to know", cit. (nota supra), p. 141, nota 67, que lembra que os critérios de *unfair discrimination* e *fair and equitable* aplicam-se apenas às classes dissidentes, o que difere da interpretação corrente antes da vigência do *Bankruptcy Code*, a qual aplicava os requisitos a todas as classes envolvidas.

13. Cf. D. R. Polivy, "Unfair discrimination in Chapter 11: a comprehensive compilation of current case law", in *American Bankruptcy Law Journal* 72/192, para quem o *case law* é confuso e caótico.

14. Cf. R. Maloy, "A primer on cram down – How and why it works", in *St. Thomas Law Review* 16/7 e 13; e B. A. Markell, "A new perspective on unfair discrimination in Chapter 11", in *American Bankruptcy Law Journal* 72/227-228.

os credores pertencentes à classe hierarquicamente superior devem receber antes do que aqueles que integram a(s) classe(s) a ela subordinada(s).

Um plano não envolve *unfair discrimination* desde que proteja os direitos de uma classe dissidente de maneira consistente com o tratamento concedido a outras classes cujos créditos tenham condições semelhantes. O mecanismo destina-se a promover a justiça entre os membros de duas ou mais classes de igual prioridade. Daí falar-se em apreciação horizontal do plano.[15] A proibição de *unfair discrimination* só é levada em consideração caso uma classe afetada pelo plano rejeite-o.[16] Ademais, tal requisito só é obrigatório com relação à classe dissidente.[17]

Em suma, a *unfair discrimination* ocorre quando um plano discrimina credores pertencentes a classes que estejam na mesma prioridade. Nesse sentido, o plano deve tratar igualmente credores na mesma situação; isto é, não pode haver discriminação entre credores de mesma prioridade. Note-se que esse requisito da *unfair discrimination*, utilizado apenas em caso de rejeição do plano por classe(s) de credores, diferencia-se da exigência de tratamento igualitário aos credores alocados em mesma classe, os quais não podem, salvo concordância expressa, ficar sujeitos a condições distintas (v. § 1.123(a)(4)).

Não existem regras claras acerca da caracterização da disparidade de tratamento capaz de resultar em *unfair discrimination*,[18] mas dois critérios costumam ser usados: (*i*) a porcentagem de pagamento a ser conferida aos credores, e (*ii*) a alocação de riscos atribuída a cada uma das classes.[19] Essa breve explicação deixa claro que a análise da existência de discriminação justificada envolve necessariamente a apreciação pelo magistrado da divisão dos créditos parecidos em classes distintas. Isso significa que a atuação do juiz quando da utilização do *cram down* é bastante profunda e abrange estudos detalhados das previ-

15. Para compreender tal assertiva, parece relevante esclarecer a formação das classes de credores e de *interests holders* no direito norte-americano. O assunto é regulado da seguinte maneira pelo *Bankruptcy Code*: "§ 1.122. Classification of claims or interests: (a) Except as provided in subsection (b) of this section, a plan may place a claim or an interest in a particular class only if such claim or interest is substantially similar to the other claims or interests of such class. (b) A plan may designate a separate class of claims consisting only of every unsecured claim that is less than or reduced to an amount that the court approves as reasonable and necessary for administrative convenience". Isso significa que a lei não exige que todos os *claims* parecidos sejam alocados na mesma classe. Exige-se apenas que todos os membros de uma mesma classe sejam detentores de créditos ou *interests* substancialmente parecidos. Essa possibilidade de separação de detentores de créditos parecidos em classes distintas permite considerar o requisito da inexistência de *unfair discrimination* como uma preocupação relacionada às relações horizontais entre credores. Assim, nas circunstâncias em que o *cram down* é solicitado, cabe ao magistrado verificar se todas as classes que abranjam detentores de créditos similares estão sendo tratadas sem nenhuma discriminação. Note-se que esse requisito só é necessário nas situações de *cram down*, uma vez que, aprovado o plano por todas as classes, o tratamento diferenciado entre classes é permitido.

16. Cf. R. Maloy, "A primer on cram down", cit. (nota supra), p. 9. O mesmo autor, contudo, cita um caso em que o juiz considerou o plano discriminatório, não obstante nenhuma classe tenha apresentado qualquer objeção (v. nota de rodapé 57). R. F. Broude, "Cram down and Chapter 11", cit. (nota supra), p. 444, lembra que o único momento em que o tratamento distinto entre classes semelhantes se torna importante é no caso de necessidade de *cram down*.

17. Cf. R. F. Broude, "Cram down and Chapter 11", cit. (nota supra), p. 451.

18. A ausência de um critério uniforme levou à elaboração de vários testes para verificar a ocorrência de *unfair discrimination*, como, p.ex., em B. A. Markell, "A new perspective on unfair discrimination", cit. (nota supra), pp. 227-263; S. L. Sepinuck, "Rethinking unfair discrimination in Chapter 13", in *American Bankruptcy Law Journal* 74/341-398; Committee on Bankruptcy and Corporate Reorganization of the Association of the Bar of the City of New York, "Making the test for unfair discrimination more 'fair': a proposal", in *The Business Lawyer* 58/83-108; B. A. Markell, "Slouching toward fairness: a reply to the ABCNY's proposal on unfair discrimination", in *The Business Lawyer* 58/109-121.

19. Cf. R. Maloy, "A primer on cram down", cit. (nota supra), pp. 11-12.

sões estabelecidas no plano de reorganização.

Por outro lado, um plano é dito *fair and equitable* quando respeita as prioridades entre as classes de credores. A regra do *fair and equitable* reconhece que as classes com privilégios creditícios devam receber antes das classes sem preferências; ela se refere, portanto, a relações interclasses.

Para que um plano seja caracterizado como *fair and equitable*, contudo, alguns requisitos são necessários. Na realidade, o código apresenta diferentes exigências com relação aos créditos detidos pela classe dissidente, sejam eles *secured claims*, *unsecured claims* ou *ownership interests*.[20]

De forma geral,[21] em relação aos detentores de *secured claims*, o plano é considerado *fair and equitable* se (*i*) o credor mantiver sua garantia sobre o bem, ainda que vendido a terceiro, e receber pagamento diferido de, no mínimo, o seu crédito garantido; (*ii*) caso o bem seja vendido livre e desimpedido, a garantia recair sobre o valor resultante da venda, observando-se os itens (*i*) e (*iii*); ou (*iii*) o credor receber valor indubitavelmente equivalente ao seu crédito.[22] A mesma exigência é preenchida em relação à classe de *unsecured claims*, se (*i*) o credor receber ou retiver um valor equivalente, na data do plano, ao valor do seu crédito; ou (*ii*) se nenhum detentor de *claim* ou *interest* pertencente a classe inferior receber ou retiver qualquer valor em razão de seu crédito.[23] Por fim, o plano é *fair and equitable* com relação à classe de *interests*, se (*i*) cada detentor de *interests* receber ou retiver valor equivalente, na data do plano, ao maior dentre (*a*) a *fixed liquidation preference* a que teria direito; (*b*) o preço fixo de resgate ou (*c*) o valor do *interest*; ou (*ii*) se nenhum detentor de *interest* pertencente a classe inferior receber ou retiver qualquer valor em razão de seu *interest*.[24]

20. Cf. 11 U.S.C. § 1.129(b)(2)(A), § 1.129(b)(2)(B), § 1.129(b)(2)(C), respectivamente.

21. Para uma análise detalhada e com exemplos relacionados a cada uma das situações, v. K. N. Klee, "All you ever wanted to know", cit. (nota supra), pp. 143-171. K. N. Klee, "Cram down II", in *American Bankruptcy Law Journal* 64/229-244, também trata minuciosamente do tema, mencionado a existência de aspectos não codificados da *fair and equitable rule*.

22. 11 U.S.C. § 1.129(b)(2)(A): "(2) For the purpose of this subsection, the condition that a plan be fair and equitable with respect to a class includes the following requirements: (A) With respect to a class of secured claims, the plan provides – (i) (I) that the holders of such claims retain the liens securing such claims, whether the property subject to such liens is retained by the debtor or transferred to another entity, to the extent of the allowed amount of such claims; and (II) that each holder of a claim of such class receive on account of such claim deferred cash payments totaling at least the allowed amount of such claim, of a value, as of the effective date of the plan, of at least the value of such holder's interest in the estate's interest in such property; (ii) for the sale, subject to section 363 (k) of this title, of any property that is subject to the liens securing such claims, free and clear of such liens, with such liens to attach to the proceeds of such sale, and the treatment of such liens on proceeds under clause (i) or (iii) of this subparagraph; or (iii) for the realization by such holders of the indubitable equivalent of such claims".

23. 11 U.S.C. § 1.129(b)(2)(B): "(2) For the purpose of this subsection, the condition that a plan be fair and equitable with respect to a class includes the following requirements: (...) (B) With respect to a class of unsecured claims – (i) the plan provides that each holder of a claim of such class receive or retain on account of such claim property of a value, as of the effective date of the plan, equal to the allowed amount of such claim; or (ii) the holder of any claim or interest that is junior to the claims of such class will not receive or retain under the plan on account of such junior claim or interest any property".

24. 11 U.S.C. § 1.129(b)(2)(C): "(2) For the purpose of this subsection, the condition that a plan be fair and equitable with respect to a class includes the following requirements: (...) (C) With respect to a class of interests – (i) the plan provides that each holder of an interest of such class receive or retain on account of such interest property of a value, as of the effective date of the plan, equal to the greatest of the allowed amount of any fixed liquidation preference to which such holder is entitled, any fixed redemption price to which such holder is entitled, or the value of such interest; or (ii) the holder of any interest that is junior to the interests of such class will not receive or retain under the plan on account of such junior interest any property".

Conclui-se, assim, que o plano deve ser *fair and equitable* para proteger cada classe de credores contra perdas involuntárias de ordem de pagamento com relação a outras classes de prioridade distinta.[25]

Para exemplificar esse propósito da regra apresentada, pode-se mencionar que um dos requisitos para que o plano seja aprovado contra a rejeição de uma classe de *unsecured claims* é a denominada *absolute priority rule*, segundo a qual nenhum credor de classe com prioridade inferior à classe dissidente pode receber qualquer valor antes que a classe que rejeitou o plano seja paga por completo.

A observância da *absolute priority rule* apresenta-se obrigatória apenas com relação às situações de *cram down*. Durante a tramitação legislativa do projeto que resultou no *Bankruptcy Code*, inúmeras foram as discussões acerca dos benefícios e prejuízos decorrentes da exigência da *absolute priority rule*, regra então vigente no diploma falimentar. Ao final, concluiu-se que, para ser confirmado mediante a aprovação de todas as classes, o plano não precisaria ser *fair and equitable*. Entretanto, como complemento a essa característica e de forma a proteger os credores dissidentes e participantes de uma classe que aprova o plano de reorganização, a *Section 1.129(a)(7)* relaciona, como um dos requisitos para a confirmação do plano, a exigência de que o plano preveja pagamento aos credores dissidentes em quantia no mínimo equivalente ao que seria por eles obtido em caso de liquidação. Trata-se do já mencionado *best-interest-of-creditors test*.

Tal regra torna-se necessária, pois o *fair and equitable* destina-se a proteger apenas classes dissidentes quando da aplicação do *cram down*, ao passo que a garantia de atribuição de valor mínimo decorrente do mencionado *best-interest-of-creditors test* resguarda credores dissidentes que participam de classes que aprovaram o plano.[26]

Em resumo, pode-se dizer que, de acordo com o regime norte-americano, a *unfair discrimination* e a *fair and equitable* aplicam-se apenas nos casos de *cram down*. Isso significa que o plano pode discriminar injustamente as classes de credores de mesma hierarquia, embora não possa discriminar credores pertencentes à mesma classe, e desrespeitar as preferências creditórias contanto que haja a concordância de todas as classes e seja observado o *best-interest-of-creditors* para os dissidentes. A *unfair discrimination* e a *fair and equitable* não são, portanto, regras absolutas, de ordem pública: a autonomia da vontade prevalece e o plano pode, respeitadas algumas garantias mínimas, distribuir os bens do devedor de qualquer forma, ainda que discriminatória e injusta, desde que todas as classes de credores concordem com isso.

2.2 O Direito alemão

A lei de insolvência alemã (*Insolvenzordnung – InsO*) também prevê um procedimento de reorganização por meio da apresentação de um plano (*Insolvenzplan*)[27] elaborado pelo devedor ou pelo administrador da insolvência, que deve ser submetido à aprovação dos credores.

O plano deve conter uma parte declaratória e uma constitutiva. A parte declaratória deve (*i*) descrever todas as medidas tomadas ou a serem tomadas após o início do procedimento para que as bases neces-

25. Cf. R. Maloy, "A primer on cram down", cit. (nota supra), p. 13.

26. V. I. D. Labovitz, "Outline of 'cram down' provisions under Chapter 11 of the Bankruptcy Reform Act of 1978", in *Commercial Law Journal* 89/52.

27. De acordo com D. Berger, *A Insolvência no Brasil e na Alemanha*, p. 35, "[o] plano de insolvência veio substituir a concordata, é uma inovação da lei e está previsto nos arts. 217 e ss., *InsO*. A sua importância está na formação de um campo flexível de soluções acerca da realização do patrimônio pertencente à massa por parte dos credores, sem que com isso a posição legal do devedor fique reduzida".

sárias à configuração planejada dos direitos das partes envolvidas sejam alcançadas, e (*ii*) conter toda a informação relevante para que os credores possam aprovar e o juiz possa homologar o plano. A parte constitutiva, regulada a partir do § 221, deve especificar a alteração das posições jurídicas dos envolvidos a ser promovida pelo plano.

O § 222 estabelece regras para a divisão dos credores em grupos. Os grupos devem ser apropriadamente distinguidos uns dos outros, sendo que o plano deve estabelecer os critérios de separação. A lei prevê, contudo, que os grupos podem ser formados por credores que detenham o mesmo *status* legal e interesses econômicos equivalentes. Todos os credores pertencentes ao mesmo grupo devem, conforme o § 226, receber tratamento igualitário (*Gleichbehandlung der Beteiligten*). A concessão de tratamento distinto a credores pertencentes ao mesmo grupo depende da aprovação unânime dentro do grupo. O plano que preveja essa distinção deve, assim, ser submetido à apreciação judicial acompanhado do consentimento escrito de cada um dos credores pertencentes ao grupo afetado. Além disso, qualquer acordo celebrado entre quaisquer partes que atribua vantagens não previstas no plano de recuperação é considerado nulo. Conforme a previsão do § 231(1), o plano deve ser recusado pelo juiz antes mesmo de ser submetido à aprovação dos credores caso não cumpra esses requisitos. O juiz tem também poder para recusar o plano se verificar que ele não tem condições de ser cumprido ou de ser aprovado pelos credores.

Dessa forma, a lei alemã estabelece uma regra que proíbe planos que discriminem credores injustamente, a não ser que haja a concordância dos próprios credores prejudicados.[28]

Caso o plano seja aceito pelo juiz, ele deve ser submetido aos credores para aprovação. Todos os credores afetados pelo plano têm direito a voto (§ 237). Para que o plano seja considerado aprovado, é necessário que, conforme o disposto no § 244, em cada um dos grupos de credores, (*i*) a maioria dos credores com direito a voto aceite o plano e (*ii*) a soma dos créditos daqueles que aceitam o plano seja superior à metade da soma dos créditos daqueles que têm direito a voto. Com relação aos credores subordinados, a lei apresenta requisitos adicionais, cuja disciplina não convém detalhar.

O sistema concursal alemão também conta com regra específica para a superação do veto de um grupo de credores quanto à aprovação de um plano. Trata-se da regra denominada *Obstruktionsverbot* (proibição para obstruir), prevista no § 245 da *Insolvenzordnung*.

De acordo com o *cram down* germânico, nas situações em que houver grupo dissidente, considera-se o plano aprovado caso (*i*) os participantes de tal grupo não sofram perdas com relação à situação que seria por eles obtida na ausência do plano (*Schlechterstellungsverbot*),[29] (*ii*) os credores do grupo dissidente tenham uma participação razoável no valor econômico a ser transferido aos participantes, de acordo com as condições gerais do plano, (*iii*) a maioria dos grupos votantes tenha aprovado o plano mediante a maioria exigida em lei.[30]

28. Ao que tudo indica, as distinções não podem ser justificadas pelo interesse público de preservação da empresa ou da geração de empregos, p.ex.; elas só podem existir se forem convenientes para os credores.

29. Trata-se de regra análoga ao *best-interest-of-creditors test* da lei norte-americana, mas aqui aplicada aos casos em que plano não recebe aprovação de todas as classes afetadas.

30. Acerca do terceiro requisito, cumpre mencionar que as interpretações apresentadas por doutrinadores parecem divergir. Sobre o tema, D. Berger, *A Insolvência no Brasil*, cit. (nota supra), pp. 37 e 158, afirma que "condição *sine qua non* para a aplicação da regra de proibição de obstrução do plano é que, pelo menos, o plano tenha sido aprovado pela maioria dos credores votantes do grupo (§ 1º, n. 3, art. 245, *InsO*)", e exemplifica da seguinte maneira: "Exemplo: cinco grupos, cada qual com dez credo-

A mencionada participação razoável, que forma o segundo requisito necessário para a superação do veto de uma das classes, é satisfeita caso o plano não permita que (*i*) outro credor receba valores econômicos excedentes ao valor total do seu crédito, (*ii*) titulares de créditos com classificação inferior, o devedor ou os detentores de participação no capital do devedor recebam qualquer valor econômico, e (*iii*) outro titular de crédito que, na ausência do plano, ocuparia a mesma classificação receba tratamento melhor do que os credores da classe dissidente.

A apresentação da solução alemã para os casos de desaprovação do plano por um dos grupos afetados pelo *Insolvenzplan* demonstra tratar-se de mais um ordenamento jurídico preocupado com a concessão de tratamento eqüitativo aos credores e grupos de credores quando da superação de um veto.

De fato, a lei alemã conta com regras distintas daquelas previstas no § 1.129(b) do *Bankruptcy Code*, mas, mesmo assim, cuida das relações horizontais e verticais, ao versar sobre os titulares de créditos de mesma classificação e de classificações distintas.

A lei alemã, como a norte-americana, parece preocupada em proibir comportamentos estratégicos tendentes à obstrução do plano de recuperação nas situações em que os interessados não sofreriam nenhuma perda econômica em decorrência da recuperação, caso o quadro fosse comparado àquele que seria obtido na ausência do plano.

res votantes. Do total de cinqüenta credores votantes, vinte e seis devem se manifestar favorável ao plano". H. Eidenmüller, *Obstruktionsverbot, Vorrangregel und Absonderungsrechte*, p. 2, disponível in *http://www.horst-eidenmueller.de/forschung/veroeff/FS_Drukarczyk.pdf* (consultado em 9.8.2006), por seu turno, cita o mesmo requisito como "wenn die Mehrheit der abstimmenden Gruppen dem Plan zugestimmt hat (§ 245 Abs. 1 Ziff. 3 *InsO*)" ("quando a maioria dos grupos votantes tiver aprovado o plano" – tradução livre).

Note-se, ademais, que o § 247 da *InsO* trata do consentimento do devedor com os termos do plano. Tal consentimento é presumido caso o devedor não apresente qualquer objeção até a data da reunião para votação do plano. Na hipótese de o devedor se opor à aprovação do plano, tal oposição é considerada irrelevante sempre que (*i*) mediante a aprovação do plano, a sua situação não se torne presumivelmente pior em relação àquela que existiria sem a confirmação, e (*ii*) nenhum credor receba valores econômicos superiores à quantia de seus créditos.

Assim, de acordo com a estrutura de aprovação e homologação do plano, a inicial aceitação do plano pelo juiz garante, em primeiro lugar, que o plano de recuperação cumpre os requisitos legais e que confere tratamento igual aos credores de mesma situação. A segunda etapa, da aprovação pelas classes de credores, garante que o plano está de acordo com a maioria dos interesses em jogo. Uma garantia adicional é a submissão do plano à homologação pelo juiz, prevista no § 248, mesmo depois de ser aceito por ele e aprovado pelas classes de credores.

Mas a lei confere também proteção aos credores minoritários e permite que, em alguns casos, um plano seja rejeitado mesmo após a sua aprovação por todas as classes. O § 251 regulamenta essa proteção das minorias. Segundo a regra, o credor que se considera prejudicado pode requerer ao juiz a rejeição do plano de recuperação caso ele (*i*) tenha se oposto à aprovação, no máximo, até a data da assembléia de deliberação sobre o plano, e (*ii*) o plano o coloque em uma situação presumivelmente pior à que estaria caso o plano não existisse. Se o credor comprovar que votou contra a aprovação e demonstrar satisfatoriamente que foi prejudicado, o juiz deve recusar-se a homologar o plano.

Essa forma de proteção ao minoritário prevista no § 251 é diferente da prevista no § 226 (igualdade de tratamento dos participantes) porque exige a iniciativa do credor descontente. Se o credor minoritário não se manifestar, o plano será aprovado. No caso do § 226, combinado com o § 231, ao contrário, o deferimento do plano pelo magistrado depende da apresentação prévia do consentimento dos credores que receberam tratamento diferenciado.

O § 251 trata, portanto, de mecanismo semelhante ao já mencionado *best-interest-of-creditors test* norte-americano e segundo o qual o credor deve receber sob o plano no mínimo o valor que seria por ele obtido em caso de liquidação.[31] Cuida-se, mediante o dispositivo em comento, para que o credor minoritário não seja lesado.

A lei de insolvência alemã garante, destarte, uma proteção eficaz a cada um dos credores contra um plano de recuperação que possa prejudicá-los. O credor minoritário não pode, em primeiro lugar, receber proporcionalmente menos do que os credores majoritários componentes da mesma classe – a *par conditio creditorum* só pode ser quebrada pelos próprios credores afetados que concordam em abrir mão de seus direitos patrimoniais. Além disso, ele pode causar a rejeição do plano mesmo se todos os outros credores, que recebam na mesma proporção que ele, o aceitarem. Pode-se dizer, dessa forma, que a lei protege o credor de duas formas e de acordo com dois parâmetros diferentes. Ela garante, assim, que o credor não receba menos do que (*i*) os outros credores na mesma situação, e (*ii*) o que ele próprio receberia caso o plano de recuperação não existisse.

Não se pode deixar de mencionar que o legislador alemão atribui enorme valor à proteção aos credores e à concessão de tratamento igualitário aos detentores de créditos.

31. Sobre o tema, D. Berger, *A Insolvência no Brasil*, cit. (nota supra), pp. 158-159 e 188, nota que a apuração de pagamento mínimo encontra inúmeras dificuldades e que a doutrina alemã não desenvolveu fórmula apta a avaliar com exatidão o valor futuro do patrimônio de uma empresa que deve ser levado em consideração quando da estimativa do pagamento do valor mínimo ao credor.

2.3 O Direito português

Em Portugal, o Código da Insolvência e da Recuperação de Empresas (CIRE) permite que um plano de insolvência, inspirado no *Insolvenzplan* alemão,[32] estabeleça um regime de insolvência que derrogue as regras previstas na lei e que possa, inclusive, prever a recuperação empresarial.[33] O plano pode ser proposto pelo devedor, pelo administrador da insolvência ou por alguns credores, nos termos do art. 193.

A proposta não é admitida pelo juiz nos casos arrolados no art. 207. Essas hipóteses incluem, dentre outras, a aprovação do plano pelos credores ser inverossímil (art. 207, 1, "b") e o plano ser manifestamente inexeqüível (art. 207, 1, "c"). A lei permite, portanto, que o juiz avalie o mérito do plano de insolvência antes de submetê-lo à deliberação, embora apenas para controlar abusos na sua confecção. Além disso, o plano deve prever tratamento igualitário aos credores de mesma situação, exceto nos casos de concordância do credor afetado (art. 194).

Se o juiz admitir o plano de insolvência, ele é submetido à aprovação da assembléia de credores (art. 209). Durante as discussões, permite-se que o proponente altere o plano (art. 210). Após as discussões, os credores com direito a voto (nos termos do art. 212, 2) e que tenham participado da assembléia podem votar a aprovação do plano (art. 211, 1); não podem, contudo, propor modificações (art. 211, 2). O quórum para aprovação é dois terços do total de votos emitidos, desde que ao menos um terço do total de créditos votantes tenha estado presente na assembléia (art. 212, 1).

Depois de aprovado, o juiz pode recusar-se a homologar o plano de ofício apenas por violação de regras procedimentais (art. 215). O art. 216 prevê, contudo, que o

32. C. Serra, *O Novo Regime Português da Insolvência: uma Introdução*, p. 65.

33. Cf. art. 195, 2, "b" e "c".

juiz não homologue o plano por requerimento do devedor não proponente ou do credor dissidente caso (*i*) a sua situação ao abrigo do plano seja menos favorável do que na liquidação (art. 216, 1, "a") ou (*ii*) o plano proporcione a algum dos credores um valor superior aos seus créditos (art. 216, 2, "b"). Ao estipular que o credor dissidente pode se opor à aprovação do plano caso não receba o mínimo da liquidação (art. 216, 1, "a"), o direito português adota uma regra semelhante à do *best-interest-of-creditors* do direito norte-americano e à da proteção aos credores minoritários do direito alemão. Além disso, a regra do art. 216, 2, "b", que determina que o plano possa ser recusado caso atribua ao credor um valor superior aos seus créditos, pode ser vista também como uma forma de proteção ao devedor não proponente que tenha se manifestado contrário à aprovação.

Os dispositivos do CIRE permitem, assim, que o juiz atue para recusar a homologação do plano de insolvência quando ele for aprovado, mas não prevê o contrário, isto é, um mecanismo que permita ao juiz aprová-lo caso o quórum para a aprovação não seja atingido, como o *cram down* do direito norte-americano. Essas regras são consentâneas com a orientação da lei de privilegiar a vontade dos credores nos casos de insolvência, ainda que isto dificulte a reorganização empresarial.[34]

Há, porém, a previsão de uma espécie de *cram down* para os casos específicos da insolvência de não empresários e titulares de pequenas empresas. Nesse caso, o devedor pode apresentar um plano de pagamentos dos credores (art. 251), que deve ser aprovado por todos os credores para que seja aceito (art. 257). O art. 258 prevê o suprimento da aprovação, desde que o plano tenha sido aceito por credores com créditos superiores a dois terços do total de créditos, caso os credores dissidentes (*i*) não recebam menos do que receberiam em uma liquidação, (*ii*) não sejam discriminados injustamente e (*iii*) não suscitem dúvidas legítimas quanto à veracidade ou completude da relação de créditos apresentada pelo devedor e que acarretem reflexos na sua própria situação.

O direito português compartilha um dos requisitos do *cram down* norte-americano (a *unfair discrimination*) e dois do alemão (*unfair discrimination* e *best-interest-of-creditors*). Considerando que não há divisão de classes na assembléia, o CIRE não exige que o plano seja *fair and equitable* para que o voto dos credores dissidentes possa ser suprido. A terceira exigência do CIRE é que a relação dos créditos apresentada pelo devedor seja completa e verdadeira. Esse requisito, que visa a impedir fraudes, consta do *cram down* português porque o plano de pagamentos aos credores previsto no art. 251 é apresentado logo no início do processo, antes que os credores tenham a oportunidade de verificar a exatidão dos créditos relacionados pelo devedor.

Pelo exposto, percebe-se que a lei portuguesa é mais protetora da vontade dos credores do que a norte-americana e a alemã. Ela dá prioridade à vontade dos credores e não permite o *cram down*, exceto nos casos de insolvência de não empresários e de titulares de pequenas empresas.

3. O "cram down" previsto na LRE: interpretação, críticas e contribuições interpretativas

Feitas essas breves considerações acerca dos principais aspectos do instituto do *cram down* no direito estrangeiro, importante conhecer a regra brasileira e assi-

34. Cf. O. de Castro, "Preâmbulo não publicado do Decreto-lei que aprova o Código", *Código da Insolvência e da Recuperação de Empresas*; e C. Serra, *O Novo Regime Português*, cit. (nota supra), pp. 7-11. Da mesma forma, consta do Decreto-lei n. 53/2004, diploma preambular e de aprovação do CIRE, que "[f]ugindo da errónea ideia afirmada na actual lei, quanto à suposta prevalência da via da recuperação da empresa, o modelo adoptado pelo novo Código explicita, assim, desde o seu início, que é sempre a vontade dos credores a que comanda todo o processo".

nalar as possíveis contribuições de tais estudos à sua interpretação.

Cumpre inicialmente mencionar que o *cram down* é um instrumento de superação do veto de uma classe de credores.[35] Sua utilização depende da adequada proteção aos direitos das classes de credores que desaprovaram o plano. Pode-se dizer, assim, que dois parecem ser os principais objetivos do instituto ora em comento: (*i*) a superação do veto de uma classe de credores dissidente com vistas à aprovação do plano, e, por outro lado, (*ii*) a proteção aos interesses e direitos dessa classe.

Quanto à primeira meta, sabe-se que o *cram down*, ao possibilitar a superação do veto de uma classe de credores, é um mecanismo da LRE que controla o voto do credor, funcionando como um meio de proteção aos interesses dos demais credores, do devedor e da sociedade como um todo.[36]

O segundo objetivo acima referido representa um contraponto ao primeiro. Se, de um lado, o *cram down* protege a recuperação da empresa por meio da superação do veto de uma classe, de outro, ao agir como instrumento de imposição do plano de recuperação a uma classe dissidente, deve zelar pelos interesses e direitos dos credores que não aprovaram o plano.

As discussões traçadas a partir de agora se referem justamente à busca do melhor caminho para que ambos os propósitos do *cram down* sejam atingidos: a superação do veto e a concessão de tratamento justo à classe dissidente.

Para tanto, serão analisados os §§ 1º e 2º, do art. 58, da LRE, regras que no

35. Cabe notar, contudo, a possibilidade de o plano de recuperação ser aprovado por todas as classes de credores, mas sofrer o veto do devedor. Tal hipótese pode ser verificada nos casos em que o plano não reflete os interesses deste último, tais como: (*i*) elaboração por outros interessados na recuperação judicial, que não o devedor, situação prevista nos ordenamentos estrangeiros supra estudados, ou (*ii*) elaboração pelo próprio devedor seguida de alterações propostas pelos credores, situação prevista na experiência estrangeira e na LRE. A utilização do *cram down* contra a vontade do devedor é expressamente prevista nas legislações da insolvência alemã, § 247 da *InsO*, e portuguesa, art. 216, 1, do CIRE, as quais estipulam que o veto do devedor ao plano será desconsiderado sempre que (*i*) sua situação não for menos favorável do que a obtida na ausência do plano, e (*ii*) nenhum credor receber montante superior ao valor de seus créditos. Ainda, com relação ao CIRE, exige-se, cumulativamente, que o devedor não tenha sido o proponente do plano. Embora o *Chapter 11* do *Bankruptcy Code* não faça previsão expressa da superação do veto do devedor, há decisões judiciais que admitiram a aprovação de um plano a despeito da oposição do acionista controlador da empresa em crise, conforme visto no caso *Evans Product*. No Brasil, o art. 56, § 3º, da LRE permite que o plano de recuperação apresentado pelo devedor sofra alterações na assembléia-geral de credores somente se existir expressa concordância do devedor. Não há, portanto, nenhum mecanismo destinado à superação do veto do devedor. Melhor seria que o legislador tivesse previsto essa possibilidade mediante a satisfação de requisitos específicos, tal como no direito estrangeiro. Torna-se, portanto, imperativo o estudo aprofundado sobre a matéria, o que, todavia, extrapola os limites do presente trabalho.

36. No entanto, deve-se lembrar que tal controle pode não ser suficiente, visto que não foram estabelecidos critérios para a caracterização do abuso de voto ou medidas sancionatórias, tal qual previsto no art. 115 da Lei n. 6.404/1976. Dispõe o artigo citado: "Art. 115. O acionista deve exercer o direito a voto no interesse da companhia; considerar-se-á abusivo o voto exercido com o fim de causar dano à companhia ou a outros acionistas, ou de obter, para si ou para outrem, vantagem a que não faz jus e de que resulte, ou possa resultar, prejuízo para a companhia ou para outros acionistas. § 1º. O acionista não poderá votar nas deliberações da assembléia-geral relativas ao laudo de avaliação de bens com que concorrer para a formação do capital social e à aprovação de suas contas como administrador, nem em quaisquer outras que puderem beneficiá-lo de modo particular, ou em que tiver interesse conflitante com o da companhia. § 2º. Se todos os subscritores forem condôminos de bem com que concorreram para a formação do capital social, poderão aprovar o laudo, sem prejuízo da responsabilidade de que trata o § 6º do art. 8º. § 3º. O acionista responde pelos danos causados pelo exercício abusivo do direito de voto, ainda que seu voto não haja prevalecido. § 4º. A deliberação tomada em decorrência do voto de acionista que tem interesse conflitante com o da companhia é anulável; o acionista responderá pelos danos causados e será obrigado a transferir para a companhia as vantagens que tiver auferido"

ordenamento pátrio estabelecem a possibilidade de homologação de plano de recuperação não aprovado por todas as classes de credores.

Os requisitos legais para que essa homologação ocorra[37] são os seguintes: (*i*) quórum mínimo formado (*a*) pelo voto favorável de credores representantes de mais da metade dos créditos presentes na assembléia, independentemente de classe, (*b*) pela aprovação de duas das três classes de credores, ou, caso existam apenas duas classes, a aprovação de uma delas, e (*c*) pelo voto favorável de mais de um terço dos credores da classe que houver rejeitado o plano,[38] e (*ii*) inexistência de tratamento desigual entre os credores da classe que houver rejeitado o plano.

Face ao exposto, parece relevante analisar cada um dos pressupostos mencionados. Entretanto, conforme se verá, a disciplina do assunto constante da LRE deixa a desejar, motivo por que, ao final, serão traçadas leituras que ultrapassam o quanto estabelecido na lei com vistas à criação de uma interpretação plausível com o objetivo da legislação concursal pátria e consentânea com as melhores práticas do direito comparado.

3.1 A exigência de porcentagens de aprovação

3.1.1 Interpretação e críticas

O primeiro requisito para a aplicação do *cram down*, como visto, constitui-se da estipulação de um quórum. Disso resulta que além dos quóruns necessários com relação às classes concordantes com o plano, exige-se, ainda, que três outras somas sejam alcançadas.

A primeira delas diz respeito ao valor total dos créditos concordantes, independentemente da divisão dos credores em classes. Exige-se, assim, que a maioria dos créditos presentes na assembléia que votou o plano tenha sido a ele favorável.

A segunda refere-se à exigência da concordância de duas das três classes de credores, nas situações em que existirem as três classes, ou de uma delas, no caso de serem apenas duas as classes afetadas pelo plano. Cabe lembrar que, quanto à matéria, a regra alemã exige que a maioria das classes votantes tenha aprovado o plano como requisito necessário para que o veto de outra classe possa ser superado. A norma norte-americana, contudo, é divergente: exige-se apenas que ao menos uma das classes afetadas pelo plano tenha concordado com

37. A redação do art. 58, § 1º (o juiz *poderá*) sugere que a realização do *cram down* brasileiro é uma faculdade do juiz e que ele não é obrigado a adotá-la mesmo que todos os requisitos estejam presentes. Ela não estabelece, porém, quais os critérios que o juiz deve levar em conta para avaliar a conveniência da aplicação do *cram down*. Dada a relevância do *cram down* para a consecução do objetivo de preservação da empresa, não parece acertada a opção de conferir ao juiz total liberdade para decidir acerca da conveniência da superação do veto de uma das classes de credores. O dispositivo deve ser interpretado de forma a buscar uma atuação do juiz balizada por parâmetros capazes de demonstrar que o plano concede tratamento justo, equânime e sem discriminação injusta aos credores da classe discordante. O delineamento desses parâmetros é o objetivo do presente estudo. Sobre o tema, v. C. Salomão Filho, in F. S. de Souza Júnior e A. S. A. de M. Pitombo (coords.), *Comentários à Lei de Recuperação*, cit. (nota supra), p. 49, segundo o qual, a faculdade contida no art. 58, § 1º, deve ser interpretada sistemática e teleologicamente, cabendo ao juiz exigir a adaptação das propostas não aprovadas por uma das classes para que apresentem garantias suficientes de preservação da empresa. E. S. Munhoz, in F. S. de Souza Júnior e A. S. A. de M. Pitombo (coords.), *Comentários à Lei de Recuperação*, cit. (nota supra), p. 286, em sentido contrário, entende que "[a] interpretação sistemática da Lei leva a concluir que, estando presentes os requisitos previstos nos incs. I a III do § 1º e no § 2º do art. 58, o juiz não poderá deixar de conceder a recuperação, superando, portanto, o veto apresentado por uma classe de credores".

38. Importante mencionar que, nos termos do art. 45, § 3º da LRE, apenas os credores que tiverem o valor ou as condições originais de pagamento do seu crédito alterados terão direito a voto e serão considerados para fins de verificação de quórum de deliberação acerca do plano de recuperação.

a sua homologação para que o magistrado possa interferir e sobrepujar o veto de outra(s) classe(s).[39] Importante notar que a regra brasileira representa, de um lado, um entrave à aprovação do plano e, de outro, critério mais rigoroso para a avaliação da conveniência da proposta apresentada pelo devedor.[40]

A última cuida da necessária obtenção do voto favorável de mais de um terço dos credores participantes da classe dissidente. Cumpre notar que o cálculo do percentual de aprovação varia conforme a classe que tenha discordado da proposta apresentada pelo devedor. Caso a classe dissidente seja a dos credores trabalhistas e detentores de créditos decorrentes de acidente de trabalho, a terça parte dos credores será calculada com base no número de credores presentes à assembléia, independentemente do valor do crédito por eles detido. Por outro lado, nas situações em que a classe de credores garantidos ou a classe de titulares de créditos quirografários, com privilégio especial, com privilégio geral e subordinados dissentir, a exigência de aprovação de mais de um terço dos credores é satisfeita mediante a apuração do valor total dos créditos dos credores concordantes presentes à assembléia e do número de credores presentes.

A exigência de tantos quóruns pode prejudicar os resultados a serem obtidos. Tome-se, como exemplo, uma situação em que há somente um credor com garantia real; sua desaprovação ao plano, mesmo que egoística e contrária ao interesse público impossibilitará a aprovação por *cram down* (não será cumprido o requisito de aprovação por mais de 1/3 da classe dissidente) e acarretará a liquidação de uma empresa independentemente de sua viabilidade econômica. Esse simples exemplo demonstra que a LRE criou um sistema em que a sorte da empresa pode depender da vontade e dos caprichos de um único credor.

Cumpre lembrar que as regras estrangeiras de recuperação de empresa estudadas não contam com nenhuma exigência de aprovação mínima no que se refere à classe dissidente. Exige-se apenas, o que no mais também está previsto na lei brasileira, que uma outra classe tenha aprovado o plano de acordo com o quórum necessário para tanto. A indicação de percentuais adicionais representa uma criação nacional, cujos benefícios, como visto, são duvidosos.

3.1.2 Contribuições à interpretação da lei

Consoante comentado acima, o art. 58, § 1º, indica em seus três incisos a exigência de percentuais específicos de aprovação do plano como requisito para a eventual necessidade de superação do veto de uma classe dissidente.

Nesse sentido, o inciso I do referido parágrafo requer o voto favorável de mais da metade do valor dos créditos presentes à assembléia destinada a deliberar sobre o plano. O inciso II, por seu turno, demanda que uma ou duas das classes de credores, conforme existam duas ou três classes, respectivamente, aprove(m) o plano. Por fim, o inciso III determina a aprovação de mais de um terço dos credores pertencentes à classe dissidente.

No que se refere aos incisos I e II, como visto nos estudos do direito estrangeiro, há necessidade de existência de um consenso mínimo[41] quanto à aptidão do plano de recuperação para cumprir sua função, o que, a princípio, parece salutar.

39. Cf. 11 U.S.C. § 1.129(a)(10): "(10) If a class of claims is impaired under the plan, at least one class of claims that is impaired under the plan has accepted the plan, determined without including any acceptance of the plan by any insider".

40. Cf. item 3.2.2, quanto à exigência de aprovação da maioria das classes em vez de reprovação por apenas uma das classes.

41. O inciso I cuida do consenso mínimo quanto à porcentagem de créditos. O inciso II, por seu turno, exige um consenso mínimo quanto ao número de classes.

A escolha, portanto, entre a manutenção dos requisitos tais quais previstos nos incisos I e II, do § 1º, do art. 58, e a estipulação de uma exigência mais branda, nos moldes norte-americanos, parece estar intimamente ligada ao valor depositado na decisão dos credores quando comparado ao objetivo de preservação da empresa. Considerando que, na legislação brasileira, o instituto da recuperação judicial busca, dentre outros, promover a preservação da empresa, nos termos do art. 47, exigir-se a aprovação da maioria dos créditos e de não menos da metade das classes de credores como requisito à superação do veto dificulta o alcance do objetivo declarado pela norma.

Cumpre notar que as determinações contidas no mencionado inciso III constituem, como o inciso I, inovação do legislador pátrio. Contudo, conforme já salientado, a exigência de aprovação de um terço dos credores componentes da classe dissidente pode acarretar prejuízos à preservação da empresa, ao dificultar a superação de um veto e a conseqüente aprovação de um plano de recuperação que se apresenta com soluções economicamente viáveis. Acredita-se, portanto, tratar-se de requisito prejudicial a ser desconsiderado quando da análise judicial. O proposto afastamento desse requisito legal não significa que a classe dissidente não contará com nenhuma proteção. Na verdade, seus direitos estarão resguardados mediante a utilização de outros requisitos capazes de averiguar a eqüidade do plano, conforme abaixo sugerido.

3.2 A "unfair discrimination" e a reunião, na terceira classe de credores, de titulares de créditos díspares

3.2.1 Interpretação e críticas

O estudo do direito comparado permite concluir que a LRE não exige, para a superação de um veto, todos os requisitos normalmente solicitados por outros ordenamentos que também contam com institutos destinados ao alcance dos objetivos do *cram down*.

De fato, conforme acima explicado, nas leis norte-americana e alemã, a proteção aos credores dissidentes é realizada em dois níveis, o horizontal e o vertical. O primeiro traz o requisito da inexistência de *unfair discrimination*, proibindo-se a discriminação entre credores de classes semelhantes e protegendo-se a classe dissidente e os credores que dela participam. Por outro lado, a proteção vertical é feita pela regra da *fair and equitable*, a qual impede a desobediência à ordem de classificação dos créditos e protege a classe dissidente no que diz respeito à observância das prioridades de pagamento.

O *cram down* brasileiro não conta com proteção aos credores em ambos os níveis citados. Na verdade, ao lado dos mencionados quóruns, exige-se apenas a ausência de *unfair discrimination*, protegendo-se, portanto, a classe dissidente de maneira incompleta.

Assim, o segundo requisito apresentado pela LRE para a aprovação do plano não obstante o veto de uma das classes representa a importação da condição de inexistência de *unfair discrimination*. Essa exigência diz respeito à proibição de tratamento diferenciado entre titulares de créditos que compõem a mesma classe de credores.[42] Trata-se, conforme supra explicitado, de uma condição que cuida do tratamento equânime em análise horizontal dos créditos.

42. A regra da *unfair discrimination* em sua origem, conforme explicado, tem o condão de proteger a classe dissidente no nível horizontal, na medida em que compara a situação dos credores que dela participam com o tratamento conferido aos credores que, não obstante titulares de créditos de mesma natureza, compõem outras classes. No Brasil, no entanto, os titulares de créditos de mesma natureza não são divididos para fins de recuperação judicial em classes diferentes. Por esse motivo, a regra importada é aplicada no país para averiguar a igualdade de tratamento entre os credores da mesma classe.

Note-se que esse requisito pode trazer perplexidades principalmente no que diz respeito aos créditos abrangidos pela terceira classe arrolada no art. 41, qual seja, a classe dos titulares de créditos quirografários, com privilégio especial, com privilégio geral e subordinados. Deve-se considerar, ainda, que essa classe também pode abarcar os titulares de créditos com garantia real, cujos créditos excederem o valor do respectivo bem gravado, nos termos do art. 41, § 2º. Isso demonstra que a classe em apreço é formada por titulares de créditos de distintas naturezas, que, em uma liquidação, comporiam grupos de hierarquias diferentes, conforme os critérios estabelecidos pelo art. 83.

A dessemelhança de interesses que justifica a separação dos créditos em classes variadas para fins de falência também deve ser levada em consideração quando da criação de grupos relacionados à recuperação judicial, na medida em que abarcar direitos díspares em uma mesma classe dificulta a proteção de todos os envolvidos.[43]

A interpretação literal do art. 58, § 2º, indica que, caso a terceira classe fosse aquela a rejeitar o plano, contra a qual, portanto, o *cram down* seria almejado, a proposta do devedor só seria aprovada se contivesse tratamento igualitário a credores cujos créditos são de naturezas desiguais.

Exige-se, por conseguinte, como uma das condições para que o juiz possa superar o veto da terceira classe, que titulares de créditos distintos tenham sido tratados de forma igualitária pelo plano de recuperação proposto pelo devedor. Disso decorre que a regra da *unfair discrimination*, inicialmente delineada, como visto, para evitar o tratamento diferenciado entre detentores de créditos similares, passa ser utilizada, no Brasil, entre titulares de créditos bastante díspares que, por opção legislativa, foram unidos em uma só classe para fins da recuperação judicial.

De qualquer forma, não obstante as possíveis críticas, deve-se reconhecer que a LRE ao menos buscou tratar da concessão de tratamento igualitário aos credores no nível horizontal, ou seja, no que se refere aos membros da mesma classe de credores.

3.2.2 Contribuições à interpretação da lei

Nos termos do art. 41, inciso III, da LRE, a terceira classe de credores a formar a assembléia-geral de credores deve ser composta por "titulares de créditos quirografários, com privilégio especial, com privilégio geral ou subordinados".[44]

A combinação de detentores de créditos de natureza distinta e diferentes uns dos outros para os fins de classificação e pagamento de credores pode trazer obstáculos no que diz respeito à apreciação do plano e à apresentação do voto dos credores reunidos nessa classe.

Considerando-se a rígida separação de classes de credores nos termos da classificação de créditos estabelecida na LRE,[45] pareceria mais coerente que a regra da

43. A ausência de critério na separação dos credores também pode ser observada no art. 26 da LRE, que, ao estabelecer a forma de deliberação para a composição do comitê de credores, adota classificação diferente daquela constante dos arts. 41 e 83.

44. Note-se ser descabida a utilização da conjunção alternativa "ou" no dispositivo em comento, uma vez que, verificando-se a existência de titulares de créditos de todas as naturezas mencionadas, todos eles serão conjuntamente inseridos em uma só classe. Deste modo, já que a inclusão de titulares de um tipo de crédito não exclui a admissão de outros tipos de credores, não faz sentido o uso da conjunção ora tratada.

45. Ao estabelecer a divisão rígida das classes, a lei brasileira não permite que o plano preveja a separação de credores em grupos distintos dos indicados no art. 41. Além disso, a rígida hierarquia estabelecida pelo art. 41 é inconsistente com o previsto no art. 83. Essa incoerência torna ainda mais relevante a utilização de princípios por meio do estabelecimento de regras claras acerca do tratamento a ser conferido aos credores, tais como a *unfair discrimination* e a *fair and equitable*.

unfair discrimination fosse aplicada com relação aos membros de cada uma das classes apresentadas no art. 83 da lei, e não relativamente aos credores divididos conforme o art. 41. Dessa maneira, o instituto seria utilizado consoante a sua origem, dispensando tratamento igualitário aos semelhantes.

O ideal seria que o art. 41 refletisse a classificação constante do art. 83, com a existência de seis classes de credores[46] na formação da assembléia geral de credores, em vez de apenas três. Nesse caso, o *cram down* não seria utilizado para a superação do veto de apenas uma classe dissidente, mas para suplantar a desaprovação de uma minoria de classes.[47] Contudo, essa não foi a opção do legislador brasileiro.

Assim sendo, a única solução interpretativa com vistas à adequada separação dos interesses dos credores é considerar a divisão de classes do art. 83 na verificação da ausência da *unfair discrimination* dentro da terceira classe. Nesse sentido, caso a terceira classe desaprovasse o plano de recuperação, o juiz deveria (*a*) considerar a classe subdividida de acordo com a hierarquia estabelecida para os casos de falência, conforme o art. 83; (*b*) identificar quais subclasses não atingiram o quórum de aprovação; (*c*) verificar se, em cada uma das subclasses em que não foi atingido o quórum de aprovação, os credores receberam tratamento igualitário (v. gráfico 1 do Anexo 2).

Tome-se como exemplo uma classe dissidente formada por credores com privilégio especial e credores quirografários. Suponha-se, ainda, que os credores com privilégio especial tenham aprovado o plano e que a discordância da classe tenha sido causada pelo voto dos credores quirografários. Nesse caso, para verificar o cabimento do *cram down*, o juiz deveria separar a classe em duas subclasses, reunindo, em uma, os credores com privilégio especial e, na outra, os quirografários (conforme o art. 83, IV e VI, respectivamente). Caberia ao magistrado avaliar o tratamento igualitário concedido pelo plano não com relação à terceira classe como um todo, mas apenas dentro da subclasse dos quirografários. Assim, não haveria discriminação injusta caso houvesse homogeneidade nas condições de pagamento dos credores quirografários.

Essas interpretações tentam combater os potenciais conflitos decorrentes da separação dos credores nos termos do art. 41, que podem acarretar dificuldades à consecução do *cram down*.

Note-se que a proposta apresentada deve ser aplicada em conjunto com as regras abaixo desenvolvidas relacionadas ao aferimento do respeito à ordem de pagamento de créditos na terceira classe de credores (v. item 3.3.2.3).

3.3 Ausência de preocupações com a ordem de pagamento de créditos ("fair and equitable rule")

3.3.1 Interpretação e críticas

Conforme já adiantado, dentre os requisitos para a superação do veto de uma classe, a LRE não lista a exigência de que a ordem da classificação dos créditos seja respeitada. Ao contrário do que se verifica nos direitos estadunidense e alemão, não se exige, para que a desaprovação de uma das classes seja superada, que os créditos de classes inferiores à classe dissidente tenham tratamento menos favorecido e que os créditos de classes superiores não rece-

46. Essas classes seriam: titulares de créditos trabalhistas e decorrentes de acidente de trabalho; titulares de créditos com garantia real até o limite do valor do bem gravado; titulares de créditos com privilégio especial; titulares de créditos com privilégio geral; titulares de créditos quirografários; titulares de créditos subordinados.

47. Nesse caso, o requisito constante do art. 58, § 1º, inc. II, deveria ser modificado para permitir a interpretação proposta, segundo a qual a aprovação da maioria das classes votantes autorizaria a utilização do *cram down*.

bam mais do que os seus respectivos valores.

Em face da inexistência de previsão de preocupações relacionadas ao tratamento entre credores em nível vertical, tal qual apresentada nos termos da *fair and equitable rule*, algumas perplexidades podem surgir e a insuficiência da proteção à classe dissidente torna-se nítida.

Um exemplo dessa conclusão pode ser obtido da possível situação consistente na apresentação de um plano de recuperação que preveja o pagamento integral das classes de credores com garantia e de credores quirografários e o diminuto adimplemento dos créditos trabalhistas e decorrentes de acidentes de trabalho. Caso a homologação do plano seja obtida mediante o *cram down*, ou seja, superando-se o veto dessa última classe de credores, chegar-se-á à situação em que os credores trabalhistas perderão direitos (de forma limitada nos termos do art. 54 da LRE), muito embora tenham rejeitado a proposta do devedor.

Para combater a ausência de tratamento equânime no exemplo apresentado, a regra da *fair and equitable* torna-se imperativa.

A referida regra está relacionada à estipulação de respeito à ordem de prioridade no pagamento das classes. De fato, a LRE não contém nenhuma previsão quanto à observância da regra de classificação dos créditos dentro da recuperação judicial. Tal estipulação apenas é encontrada no que diz respeito à classificação dos credores para os fins da falência.[48] Isso significa que o plano de recuperação pode estabelecer mudanças na ordem de pagamento, tal qual no exemplo supra indicado.

A ausência de qualquer estipulação de observância à classificação de créditos parece não ocasionar prejuízos às classes de credores nas situações em que todas elas concordarem com o plano elaborado pelo devedor.[49] Nos casos em que houver um veto à aprovação do plano, contudo, a inexistência de preocupação com o tratamento equânime em nível vertical torna-se nociva, na medida em que permite sacrificar os direitos da classe discordante em benefício das outras.

3.3.2 Contribuições à interpretação da lei

Dentre todos os desacertos do legislador pátrio no que diz respeito ao tema em apreço, a ausência de preocupações com a ordem de pagamento dos créditos, nas situações de *cram down*, parece ser o mais grave.

Como visto, os requisitos de percentuais de aprovação e de tratamento igualitário podem ser objeto de críticas, mas não representam inconveniente capaz de perturbar de forma irremediável a aplicação da norma. O mesmo, contudo, não se pode dizer com relação à inexistência de considerações sobre o tratamento vertical entre as classes de credores.

Esse quadro demonstra que o legislador brasileiro agiu corretamente ao estipular ao menos uma possibilidade de superação do veto de uma classe de credores em prol da concessão da recuperação, mas esqueceu-se de importar de forma completa o útil mecanismo do *cram down*. Dessa forma, previu-se o requisito de ausência de discriminação injusta entre credores da mesma classe, mas deixou-se de estabelecer a regra da *fair and equitable*, a qual, conforme supra apontado, constitui garantia que acompanha e está intimamente ligada à *unfair discrimination* nos casos de confirmação do plano contra a vontade de classes de credores.

Ao que tudo indica, a preocupação com o âmbito vertical de tratamento aos credores foi substituída pela previsão dos diversos quóruns necessários à superação do veto de uma classe, conforme estabele-

48. V. art. 83 da LRE para os casos de falência.

49. Cf., contudo, item 4.5, infra.

cidos no § 1º, do art. 58. Contudo, a rigidez imbuída na estipulação de rígidos quóruns, de um lado, presta um desserviço à satisfação dos objetivos do *cram down* ao dificultar, sem justificativa, a sua prática, e, de outro, não cumpre o papel de proteger os credores pertencentes à classe dissidente contra perdas relativas à ordem de pagamento.

Sabe-se que o instituto da recuperação judicial, tal qual estabelecido na LRE, atribuiu grande ênfase às decisões dos credores, entregando, inclusive, a eles a deliberação acerca da viabilidade da empresa, ou seja, da aprovação do plano. Sabe-se, também, que, uma vez aprovado pelas classes, mediante a maioria exigida em lei, o plano pode dispor livremente sobre a composição e pagamento dos créditos.[50]

Face à respeitável autonomia conferida às partes, credores e devedor, no ajuste dos termos a regular a sua relação obrigacional, não contém a lei, salvo no que diz respeito aos credores trabalhistas,[51] nenhuma preocupação com a indicação da ordem de pagamento dos créditos sob o plano de recuperação. Tal solução parece de todo consentânea com a referida autonomia nas situações em que todas as classes de credores estiverem de acordo com as suas estipulações.

Contudo, nos casos em que a superação do veto de uma das classes de credores for necessária para a aprovação do plano, ou seja, sempre que o voto contrário à proposta do devedor for desconsiderado pelo magistrado quando da homologação do plano, as preocupações com a ordem de classificação dos créditos tornam-se relevantes.

Face ao reconhecimento da importância de uma regra análoga àquela da *fair and equitable* norte-americana, que, com ajustes, encontra-se refletida também na legislação alemã, importa criar, para o ordenamento pátrio, interpretações que levem em consideração o respeito à classificação das classes de credores.

Conforme detalhado acima, a regra norte-americana estipula requisitos distintos para cada uma das classes de credores capazes de atribuir ao plano a característica de *fair and equitable*. Por outro lado, a *InsO* exige apenas que nenhum outro credor receba valores econômicos excedentes ao valor total do seu crédito e que nem os titulares de créditos com classificação inferior ao da classe dissidente, nem o devedor e nem os detentores de participação no capital do devedor recebam qualquer valor econômico.

As construções interpretativas expostas a seguir levarão em consideração a experiência estrangeira, adaptando-a aos objetivos da LRE.

Um problema a ser enfrentado em tal tarefa diz respeito à inaplicação do art. 83, relacionado à classificação dos créditos, ao instituto da recuperação judicial. O referido dispositivo, nos termos da LRE, deve ser empregado apenas aos procedimentos falimentares, o que também traz dificuldades na análise da *unfair discrimination*, como já visto. Em conseqüência, a separação de credores em classes para a votação do plano não coincide com as divisões previstas para os fins da falência. Essa diferença é parcialmente justificada porque nem todos os credores participantes da falência estão incluídos na recuperação judicial.

Ciente dessa dificuldade, a propositura de possíveis regras tendentes a inserir considerações sobre o tratamento vertical entre credores nos casos de *cram down* partirá da seguinte classificação dos créditos, a qual decorre de aplicação analógica do art. 83 da LRE aos casos de recuperação judicial: (*i*) os créditos decorrentes da legislação do trabalho, com limitação a cento e cinqüenta salários-mínimos por credor, e os créditos decorrentes de acidente de traba-

50. Para comentários sobre a estipulação de tratamento desigual entre os credores quando da aprovação do plano por todas as classes, v. item 4 infra.

51. V. art. 54 da LRE.

lho constituem a primeira classe de credores para os fins da regra de respeito à ordem de créditos na recuperação ("classe de trabalhadores"); e (*ii*) os créditos com garantia real até o limite do valor do bem gravado constitui a segunda classe para os fins da regra de respeito à ordem de créditos na recuperação ("classe de garantidos"). No que diz respeito à terceira classe, as considerações respectivas serão feitas quando do tratamento específico da interpretação proposta a ela.

Cabe, ainda, ressaltar que as soluções ora propostas devem ser estudadas juntamente com as considerações acerca da *unfair discrimination* tecidas acima (item 3.2), na medida em que, conforme já salientado, a regra da *fair and equitable* deve ser aplicada em conjunto com e está intimamente relacionada à garantia de ausência de discriminação injusta. Destarte, apenas interpretações conjugadas de ambas as regras são capazes de satisfazer por completo o objetivo de proteção mínima à classe dissidente à aprovação do plano de recuperação.

Feita essa breve introdução, cumpre passar à indicação de vias interpretativas com relação a cada uma das classes de credores.

3.3.2.1 *Propostas quanto à classe de trabalhadores*

Cumpre inicialmente notar que os créditos trabalhistas foram inseridos na primeira classe com limitação a 150 salários-mínimos para apuração da *fair and equitable*, em dissonância com o que ocorre para os fins de manifestação do voto na recuperação judicial, pois a exigência de pagamento integral de tais credores tornar-se-ia empecilho de grande monta à maioria dos casos em que a superação do veto de tal classe se apresentasse necessária. De fato, a exigência de satisfação total dos créditos trabalhistas vai de encontro à regra de pagamento dos credores sob a falência e constitui exigência de extrema severidade capaz de desequilibrar os direitos em jogo e inviabilizar muitas recuperações judiciais. Essa classificação, contudo, não busca prejudicar os direitos dos trabalhadores, os quais serão devidamente ponderados a seguir.

Nas situações em que a classe de trabalhadores reprovar o plano de recuperação, as seguintes possibilidades são propostas como regra de aferição do respeito ao tratamento vertical:

(*i*) pagamento integral do limite de 150 salários-mínimos e dos créditos decorrentes de acidentes de trabalho na sua integralidade antes que qualquer valor possa ser entregue às classes inferiores; ou

(*ii*) (*a*) pagamento integral do limite de 150 salários-mínimos e dos créditos decorrentes de acidentes de trabalho na sua integralidade antes que qualquer valor possa ser entregue às classes inferiores, e (*b*) inexistência de previsão de pagamento superior a 100% dos créditos das classes superiores à subclasse dos credores quirografários.

A hipótese (*i*), embora determine o respeito à hierarquia dos créditos conforme o art. 83, I, protege apenas os credores trabalhistas cujo crédito não ultrapasse os 150 salários-mínimos. Os credores que possuam valores excedentes a esse limite não contam com nenhuma garantia adicional.

A hipótese (*ii*) resolve o problema dos titulares de créditos trabalhistas excedentes a 150 salários-mínimos ao determinar que as classes que lhe são hierarquicamente subordinadas não recebam mais do que o total de seus créditos. Essa regra garante que os saldos dos créditos derivados da legislação do trabalho, considerados quirografários nos termos do art. 83, VI, "c", sejam minimamente protegidos ao assegurar a inexistência de pagamento excessivo aos credores garantidos e aos titulares de créditos com privilégio especial ou geral.

Conclui-se, portanto, que a melhor opção é a alternativa (*ii*) por proteger todos os créditos sem gerar tensão entre os credores com interesses diversos.

Contudo, pode-se alegar que, tendo em vista o disposto no art. 54, o qual determina o pagamento, no prazo máximo de um ano, dos créditos trabalhistas e decorrentes de acidente de trabalho vencidos até a data do pedido da recuperação judicial, a aplicação da hipótese (*ii*) juntamente com a garantia legal contida em tal artigo demonstra-se excessiva. Exigir que a superação do veto da classe de trabalhadores dependa não apenas da satisfação de seus créditos em apenas um ano, como também dos requisitos da *fair and equitable* tais quais supra apontados poderia resultar na denegação de recuperações viáveis.

A excessividade de tal cumulação, porém, não se verifica caso seja aceita a interpretação de que o pagamento no prazo máximo de um ano previsto no art. 54 refere-se apenas ao limite de 150 salários-mínimos com relação aos créditos trabalhistas. Motivo para essa leitura do dispositivo em comento é que apenas os créditos trabalhistas até o valor de 150 salários-mínimos possuem natureza trabalhista sob a LRE (v. art. 83, I). Os valores que excedam esse limite são considerados créditos quirografários e, portanto, devem ser tratados como tal (art. 83, VI, "c"). De fato, essa parece ser a interpretação mais condizente com o objetivo da preservação de empresas e com a aplicação dos dispositivos referentes à classificação de créditos à recuperação judicial.

Como decorrência dessa limitação, contudo, resultaria que os credores trabalhistas cujos créditos excedessem o valor correspondente a 150 salários-mínimos ficariam sem nenhum poder de manifestação na classe em que tal excedente estaria incluído, ou seja, na classe dos quirografários. Sobre o assunto, sabe-se que o § 1º, do art. 41, da LRE determina que os titulares de créditos decorrentes da legislação do trabalho devem votar na classe dos trabalhadores com o total de seu crédito, independentemente de valor. Isso significa que o legislador não quis atribuir direito de voto aos trabalhadores na classe dos quirografários, ao contrário do previsto aos credores garantidos cujos créditos ultrapassem o valor do bem gravado (art. 41, § 2º). Contudo, essa também não parece ser a solução mais adequada. Os credores trabalhistas devem, na verdade, votar na classe trabalhista com o total de seus créditos *de natureza trabalhista*, ou seja, créditos limitados a 150 salários-mínimos, consoante o disposto no art. 83, I. Na classe dos quirografários deve-se atribuir direito de voto aos credores trabalhistas titulares de excedentes na qualidade de credores quirografários, em analogia ao que ocorre com os créditos não cobertos pelas garantias reais.[52]

Prova da total incoerência da previsão de pagamento integral dos créditos trabalhistas no prazo de um ano, tal qual estabelecido no art. 54, é o fato de que caso o devedor não consiga arcar com esse dever e descumpra, por esse motivo, o plano, sua recuperação judicial será convolada em falência e, sob esse procedimento, os credores trabalhistas, cuja impossibilidade de pagamento integral tenha resultado na decretação da quebra, receberão apenas até o limite de 150 salários-mínimos antes que os demais credores sejam pagos. Isso demonstra que, em caso de recuperação judicial, o art. 54 garante aos trabalhadores uma situação de pouquíssimo sacrifício e benefícios desproporcionais quando comparados aos auferidos pelo devedor e demais credores.

Face ao exposto, conclui-se que a aplicação da regra da *fair and equitable* proposta na hipótese (*ii*) serve para proteger

52. A ausência de previsão de direito de voto aos trabalhadores na classe dos quirografários justifica-se em vista da inexistência de limitação, na recuperação judicial, dos créditos trabalhistas. Entretanto, face à interpretação ora proposta, segundo a qual os créditos trabalhistas devem ser limitados, na classe dos trabalhadores, a 150 salários-mínimos, impõe-se a atribuição do direito de voto aos credores trabalhistas cujo excedente dos créditos seja considerado quirografário.

os credores da classe de trabalhadores e não se torna garantia excessiva caso cumulada com (*a*) a interpretação de que o pagamento previsto no art. 54 diz respeito aos créditos de natureza trabalhista, ou seja, aqueles com valor limitado a 150 salários-mínimos, e (*b*) a atribuição de direito de voto na classe dos quirografários aos detentores de créditos trabalhistas que excedam o limite de 150 salários-mínimos, considerados quirografários por força do art. 83, VI, "c".

Da referida condição (*b*) resulta proteção suficiente ao crédito trabalhista excedente a 150 salários-mínimos, tornando-se dispensável, e até mesmo imprópria, a proibição de pagamento acima de 100% dos créditos das classes superiores à subclasse dos credores quirografários, tal qual acima previsto na hipótese (*ii*). Uma vez que tais créditos excedentes são considerados quirografários, sua proteção deve ser feita em consonância com as regras aplicáveis aos demais credores dessa subclasse, não cabendo nenhuma diferenciação em razão de seus titulares. A solução adotada para a terceira classe de credores, na qual os titulares de créditos decorrentes da legislação do trabalho excedentes a 150 salários-mínimos estão inseridos, será demonstrada no item 3.3.2.3 abaixo.

A conclusão é a de que a regra da *fair and equitable*, juntamente com a garantia do art. 54 limitada aos 150 salários-mínimos, deve ser adaptada a partir da hipótese (*ii*), da seguinte forma: (*a*) pagamento integral do limite de 150 salários-mínimos e dos créditos decorrentes de acidentes de trabalho na sua integralidade, antes que qualquer valor possa ser entregue às classes inferiores, e (*b*) atribuição de direito de voto na classe dos quirografários aos credores trabalhistas pelo valor de seus créditos que exceder 150 salários-mínimos (v. gráfico 2 do Anexo 2).

3.3.2.2 *Propostas quanto à classe de garantidos*

Nas situações em que a classe de garantidos reprovar o plano de recuperação, as seguintes possibilidades são propostas como regra de aferição do respeito ao tratamento vertical:

(*i*) (*a*) nenhum credor pertencente à classe trabalhista pode receber mais do que cento e cinqüenta salários-mínimos, no caso de créditos decorrentes da legislação do trabalho, ou mais do que o valor total do seu crédito, no caso de créditos decorrentes da legislação do trabalho inferiores a cento e cinqüenta salários-mínimos, de créditos decorrentes de acidente de trabalho e de créditos trabalhistas vencidos antes da apresentação do pedido da recuperação, e (*b*) pagamento integral dos créditos garantidos antes que qualquer valor possa ser entregue aos credores da terceira classe; ou

(*ii*) (*a*) cada um dos credores garantidos deve permanecer com a sua garantia real sobre o bem, seja ele mantido com o devedor ou alienado a terceiros, e receber pagamento diferido de ao menos o seu crédito garantido, ou (*b*) cada um dos credores deve receber a garantia sobre o valor de venda do respectivo bem gravado, no caso de ele ser alienado desonerado, ou (*c*) cada um dos credores garantidos deve receber o valor equivalente ao seu crédito.

A proposta indicada no item (*i*) reflete os princípios da *fair and equitable* ao proteger a classe dissidente contra alterações na ordem de pagamento. Ela confere, porém, proteção excessiva aos credores garantidos ao exigir a sua satisfação completa antes de prosseguir ao pagamento dos créditos constantes da terceira classe.

A hipótese do item (*ii*) é derivada do direito norte-americano. Ela protege o direito dos credores garantidos porque não altera os termos da garantia. Além disso, ao permitir que o recebimento dos créditos garantidos seja diferido, viabiliza a construção de um plano de recuperação que preveja o pagamento dos credores com privilégio especial, geral, quirografários e subordinados. É, portanto, a solução que deve ser adotada pelo direito brasileiro.

3.3.2.3 *Propostas quanto à terceira classe*

Nas situações em que a terceira classe reprovar o plano de recuperação, as seguintes possibilidades são propostas como regra de aferição do respeito ao tratamento vertical:

(*i*) (*a*) nenhum credor pertencente à classe trabalhista pode receber mais do que cento e cinqüenta salários-mínimos, no caso de créditos decorrentes da legislação do trabalho, ou mais do que o valor total do seu crédito, no caso de créditos decorrentes da legislação do trabalho inferiores a cento e cinqüenta salários-mínimos e de créditos decorrentes de acidente de trabalho, e (*b*) nenhum credor pertencente à classe de garantidos pode receber mais do que o valor total do seu crédito garantido; ou

(*ii*) em caso de divisão da terceira classe, para averiguação dos requisitos do *cram down*, em "subclasses" em conformidade com o art. 83 da LRE, (*a*) nenhum credor pertencente à classe trabalhista pode receber mais do que cento e cinqüenta salários-mínimos, no caso de créditos decorrentes da legislação do trabalho, ou mais do que o valor total do seu crédito, no caso de créditos decorrentes da legislação do trabalho inferiores a cento e cinqüenta salários-mínimos e de créditos decorrentes de acidente de trabalho, (*b*) nenhum credor pertencente à classe de garantidos pode receber mais do que o valor total do seu crédito garantido, e (*c*) pagamento integral e não mais do que integral da "subclasse" superior antes que qualquer valor possa ser entregue aos credores pertencentes a qualquer das "subclasses" inferiores.[53]

A possibilidade descrita no item (*i*) mostra-se mais consentânea com o texto da LRE, que agrupa quatro das classes de credores em apenas uma classe da assembléia-geral. Entretanto, tal opção já foi rechaçada no item 3.2.1 devido às dificuldades dela decorrentes.

A hipótese (*ii*), por seu turno, é condizente com a contribuição interpretativa apontada à aplicação da regra da *unfair discrimination* para a terceira classe (item 3.2.2). De fato, conforme supra referido, a aplicação de ambas as regras deve ser feita em conjunto e de maneira coerente, de forma a permitir que o mecanismo do *cram down* atinja o objetivo de concessão da recuperação judicial sem causar injustiças aos credores da classe dissidente.

Assim, uma vez indicado que, para os fins da apuração da discriminação injusta, a terceira classe deve ser apreciada em subclasses de acordo com a divisão proposta pelo art. 83, o mesmo deve ser aplicado aos casos de tratamento vertical das classes de credores. A melhor opção, conforme já apontado no item 3.2.2, seria que a própria lei utilizasse os mesmos critérios para dividir as classes de credores na falência e na assembléia-geral. Todavia, como isso não ocorreu, a alternativa viável é a adoção da hipótese (*ii*).

3.3.3 Conclusões quanto à ordem de pagamento de créditos

Pelo exposto, a regra da *fair and equitable* no direito brasileiro deve ser a seguinte:

(*i*) caso a classe de trabalhadores não aprove o plano, ele será considerado *fair and equitable* se houver (*a*) pagamento integral do limite de 150 salários-mínimos e dos créditos decorrentes de acidentes de trabalho na sua integralidade, antes que qualquer valor possa ser entregue às classes inferiores, e (*b*) atribuição de direito de voto na classe dos quirografários aos credores trabalhistas pelo valor de seus créditos que exceder 150 salários-mínimos.

53. Importante notar que caso essa solução seja escolhida, ela deve ser combinada com a utilização da regra de inexistência de tratamento diferenciado dentro da classe dissidente, considerando-se a divisão da terceira classe em diversas subclasses de credores, nos termos do art. 83 da LRE. Caso contrário, a aplicação da regra da *fair and equitable* levaria à discriminação de credores pertencentes à mesma classe.

(*ii*) caso a classe dos credores garantidos não aprove o plano, ele será considerado *fair and equitable* se (*a*) cada um dos credores garantidos permanecer com a sua garantia real sobre o bem, seja ele mantido com o devedor ou alienado a terceiros, e receber pagamento diferido de ao menos o seu crédito garantido, ou (*b*) cada um dos credores receber a garantia sobre o valor de venda do respectivo bem gravado, no caso de ele ser alienado desonerado, ou (*c*) cada um dos credores garantidos receber o valor equivalente ao seu crédito.

(*iii*) caso a terceira classe não aprove o plano, ele será considerado *fair and equitable* se, existindo divisão da terceira classe, para averiguação dos requisitos do *cram down*, em "subclasses" em conformidade com o art. 83 da LRE, (*a*) nenhum credor pertencente à classe trabalhista receber mais do que cento e cinqüenta salários-mínimos, no caso de créditos decorrentes da legislação do trabalho, ou mais do que o valor total do seu crédito, no caso de créditos decorrentes da legislação do trabalho inferiores a cento e cinqüenta salários-mínimos e de créditos decorrentes de acidente de trabalho, (*b*) nenhum credor pertencente à classe de garantidos receber mais do que o valor total do seu crédito garantido, e (*c*) houver pagamento integral e não mais do que integral da "subclasse" superior antes que qualquer valor possa ser entregue aos credores pertencentes a qualquer das "subclasses" inferiores.

3.4 Conclusão

A LRE estipulou para o *cram down* requisitos relacionados à quantidade de votos favoráveis ao plano, ao número de classes partidárias à aprovação e ao tratamento igualitário entre credores da classe que houver rejeitado o plano. O supra exposto esclarece dois aspectos da matéria em estudo. De um lado, a lei impõe condições inexistentes nos outros ordenamentos estudados (esse é o caso dos quóruns) e não conta com todos os critérios constantes das regras de *cram down* no direito estrangeiro. De outro, observa-se uma excessiva rigidez da lei, que não estabelece regras para uma atuação balizada do juiz na análise dos votos e vetos dos credores.

Face à leitura da lei, conclui-se que a única interpretação literal possível do art. 58 resulta na observância dos variados quóruns e na análise de tratamento igualitário conferido a credores da classe dissidente.

A combinação de ambos os critérios, como visto, apresenta falhas e não satisfaz nenhum dos dois objetivos do *cram down* apresentados acima. De um lado, dificulta-se a superação do veto, na medida em que são exigidas aprovações dentro da própria classe dissidente, dentro das classes concordantes e dos credores como um todo, considerados sem a diferenciação em classes. De outro, a LRE não é capaz de proteger os interesses e direitos da classe dissidente, uma vez que conta com requisito insatisfatório de apreciação das relações entre os credores quanto ao nível horizontal e nenhum requisito quanto ao vertical.

As críticas ao *cram down* brasileiro referem-se, portanto, à (*i*) exigência de porcentagens de aprovação, (*ii*) *unfair discrimination* e a reunião, na terceira classe de credores, de titulares de créditos díspares, e (*iii*) ausência de preocupações com a ordem de pagamento de créditos (*fair and equitable rule*). Em vista dessas dificuldades, foram traçadas, sob a influência das soluções encontradas no direito comparado e buscando uma adaptação à realidade e ao sistema concursal brasileiros, possíveis interpretações construtivas ao art. 58 da LRE.

Assim, na existência de um quadro desanimador acerca de um instituto relevante, cumpre aos intérpretes buscar uma análise do art. 58, §§ 1º e 2º, que seja sistemática, e condizente com os propósitos da lei. Esse foi o objetivo do presente item.

4. *A apreciação judicial do plano aprovado por todas as classes de credores na LRE*

Após a análise dos ordenamentos jurídicos estrangeiros e o estudo da regra brasileira destinada a superar o veto de uma classe de credores, cumpre estudar a possibilidade de apreciação do plano de recuperação judicial que tenha sido aprovado por todas as classes de credores.

Todos os ordenamentos jurídicos estrangeiros supra estudados atribuem ao juiz o poder de, em algumas hipóteses, apreciar o plano antes da deliberação dos credores[54] e mesmo depois de aprovado por todas as classes. Os problemas aqui estudados referem-se ao segundo caso, ou seja, à apreciação do plano aprovado, com vistas à proteção do credor dissidente pertencente à classe concordante ("credor minoritário").

A proteção do credor minoritário é feita, no direito estrangeiro, como visto, por meio da regra do *best-interest-of-creditors* e pela proibição de tratamento diferenciado entre credores participantes da mesma classe. A lei brasileira, porém, não traz nenhum dispositivo específico apto a conferir proteção aos credores dissidentes no caso de aprovação do plano de recuperação por todas as classes. Dessa forma, será estudada a adequação das regras estrangeiras ao direito brasileiro, como forma de suprir as deficiências da LRE e atribuir proteção aos credores minoritários.

É preciso, portanto, conferir ao juiz a possibilidade de não homologar[55] um plano de recuperação que prejudique injustamente credores minoritários, de forma a respeitar todos os interesses envolvidos na recuperação judicial, conforme o disposto no art. 47 da LRE. Referido dispositivo estabelece quais são os objetivos da recuperação de empresas, resumindo o espírito da lei e informando, inclusive, em conjunto com o art. 75, os processos falimentares.

Embora nem todas as leis estrangeiras compartilhem dos mesmos objetivos da lei brasileira,[56] todos os ordenamentos supra analisados preocupam-se com a proteção dos interesses dos credores. Como conseqüência dessa preocupação, os ordenamentos norte-americano, alemão e português contemplam formas de proteção aos credores minoritários, o que não existe no direito pátrio. Considerando a necessidade de criação de uma regra com o mesmo propósito no direito brasileiro e que essas leis são regidas por objetivos distintos, é preci-

54. Há situações em que o plano é recusado quando da sua apresentação, sem que seja sequer submetido à apreciação dos credores. Essa possibilidade é prevista no direito norte-americano, por exemplo, quando o juiz rejeita o plano por não considerá-lo *feasible*. As leis alemã e portuguesa prevêem que o plano seja rejeitado quando, dentre outros motivos, o juiz o considerar manifestamente inexeqüível ou quando sua aprovação pelos credores for muito improvável. Ao rejeitar o plano por esses fundamentos, é preciso que o juiz faça uma análise, ao que tudo indica superficial, sobre a viabilidade de sua aceitação ou de sua aplicação. A lei brasileira não traz nenhum dispositivo semelhante. O art. 53, II, entretanto, estabelece que o plano deva conter, dentre outros requisitos, a "demonstração de sua viabilidade econômica". Esse dispositivo pode ser interpretado de três formas: (*i*) o juiz procede a uma análise exclusivamente formal para verificar se consta uma descrição visando a demonstrar a viabilidade econômica do plano; (*ii*) o juiz, mediante uma análise superficial, verifica se o plano não é manifestamente inexeqüível; (*iii*) o juiz deve se convencer de que o plano é economicamente viável. Sobre o tema na lei brasileira, v. comentários de J. Lobo, in P. F. C. S. de Toledo e C. H. Abrão, *Comentários à Lei de Recuperação de Empresas e Falência*, pp. 142-145.

55. Cumpre notar que o ideal seria que a LRE contivesse um mecanismo de devolução do plano pelo juiz para adaptação pelas partes. Assim, credores e devedor teriam a oportunidade de ajustar o plano após as considerações feitas pelo juiz, de forma a evitar a não homologação do plano e a convolação da recuperação judicial em falência. Trata-se de assunto de extrema importância, mas que devido à sua abrangência foge ao escopo do presente estudo.

56. Cf., p.ex., o Diploma Preambular e de Aprovação (Decreto-lei n. 53/2004, de 18 de março) do CIRE: "fugindo da errónea ideia afirmada na actual lei quanto à suposta prevalência da via da recuperação da empresa, modelo adoptado pelo novo Código explicita, assim, desde o seu início, que é sempre a vontade dos credores a que comanda todo o processo".

so adaptar as soluções encontradas no direito estrangeiro aos fins buscados pela LRE.

No direito brasileiro, conforme já mencionado, a aprovação do plano de recuperação é obtida mediante a aprovação da maioria simples dos credores presentes no ato da votação cumulativamente, com relação às duas últimas classes, com a maioria dos créditos cujos titulares participaram da assembléia-geral. A exigência do voto favorável da maioria numérica dos credores é uma medida que evita que um pequeno número de credores titulares de uma grande quantidade de créditos possa aprovar um plano de recuperação. Entretanto, esse mecanismo não confere proteção suficiente porque deixa totalmente desprotegidos os credores que estão em inferioridade numérica e cujos créditos representam menos da metade do total presente na assembléia-geral.

Ademais, a LRE não estabelece a igualdade entre os credores de mesma hierarquia como requisito para apresentação do plano, nem atribui aos credores individualizados a possibilidade de requerer ao juiz a não homologação do plano caso este o coloque em uma situação inferior à que estaria se a falência fosse decretada (*best-interest-of-creditors*).

A ausência de previsão legal pela LRE de um mecanismo específico de proteção ao credor dissidente permite duas possibilidades de interpretação da atuação do juiz no caso de aprovação do plano por todas as classes:

(*i*) não atribuir ao juiz nenhum controle sobre o resultado da deliberação dos credores, obrigando-o a homologar, independentemente de qualquer análise do seu conteúdo, a proposta aceita na assembléia-geral;

(*ii*) permitir que o juiz aprecie o conteúdo do plano de recuperação após a aprovação dos credores, recusando-se a homologá-lo caso o considere inadequado.

As duas possibilidades supra descritas são, porém, impróprias.

A hipótese (*i*) não concede nenhum tipo de garantia aos credores minoritários. Segundo ela, o juiz só poderia recusar o plano quando este não cumprisse requisitos formais. Ele seria o responsável por verificar se o devedor teria direito a se submeter ao processo de reorganização (isto é, se cumpridos os requisitos do art. 48) e se o pedido de recuperação teria sido instruído com todos os documentos necessários (ou seja, o cumprimento dos requisitos do art. 51). Caso esses requisitos subjetivos e objetivos tivessem sido cumpridos, a lei não daria opção ao juiz senão deferir o processamento da recuperação (art. 52). Ele deveria zelar, ainda, pelo cumprimento dos prazos e certificar-se da observância dos requisitos legais. O papel do juiz seria, assim, cuidar da regularidade formal do processo.

A hipótese (*ii*), por sua vez, permitiria uma ampla e desmedida atuação do juiz que, sem parâmetros para analisar o conteúdo do plano, poderia homologá-lo ou não. Disso resultaria a indesejada insegurança jurídica.

A melhor opção é estabelecer critérios que permitam uma atuação balizada do magistrado. Por meio da clara definição do âmbito de atuação do juiz, quando da análise do plano aprovado por todas as classes de credores, evitam-se os prejuízos decorrentes tanto da ausência de qualquer verificação do conteúdo do documento que conduzirá a recuperação, quanto da livre apreciação do juiz na homologação do plano.

A existência de demarcações nítidas a guiar o comportamento do juiz constitui, ademais, a conjugação entre o papel decisório concedido pela LRE aos credores e os objetivos contidos no art. 47.[57] De fato,

57. Os objetivos declarados pelo art. 47 da LRE devem ser perseguidos durante todo o procedimento de recuperação de empresas. Considerando que a análise desse dispositivo foge aos objetivos do presente estudo, salienta-se apenas que a previsão de uma atuação balizada do juiz quando da decisão acerca da homologação do plano é um dos meios de se alcançar os objetivos da recuperação judicial.

o estabelecimento de critérios para a análise acerca da homologação do plano, tal qual ocorre no direito estrangeiro, contribui para que o princípio da preservação de empresas viáveis não sofra afrontas e seja coadunado com a concepção de que cabe aos credores deliberar acerca da proposta do devedor. A criação de requisitos a nortearem a decisão do juiz minimiza a insegurança jurídica e permite que o Estado-juiz controle a deliberação dos credores mediante regras previamente estabelecidas, conhecidas pelas partes envolvidas e capazes de atribuir cobertura aos direitos dos credores que eventualmente discordem do resolvido pela assembléia-geral.

A seguir, são apresentadas regras que parecem adequadas à realidade brasileira, inspiradas no direito estrangeiro. Elas são formas adaptadas das garantias do *best-interest-of-creditors* e da *unfair discrimination*.

4.1 O "best-interest-of-creditors"

A regra do *best-interest-of-creditors* consiste em exigir o pagamento aos credores dissidentes, na recuperação judicial, de, no mínimo, o valor equivalente ao que receberiam com a liquidação dos bens do devedor no caso de falência.[58] O credor minoritário estaria protegido, assim, pelo recebimento de um valor mínimo (o da liquidação) e pela garantia de que a recuperação não lhe seria, por esse motivo, prejudicial[59] (v. gráfico 3 do Anexo 2).

A capacidade de pagamento de no mínimo o equivalente ao que seria recebido na falência é um mecanismo de verificação da viabilidade econômica da empresa. Ele visa a uma comparação entre os resultados obtidos por uma falência e por uma recuperação com a finalidade de se optar pela alternativa que maximize o valor da empresa. É uma regra compatível com o objetivo dos sistemas de insolvência de saneamento da economia,[60] ao servir como um filtro para identificar as empresas viáveis. A observância dessa garantia é, assim, uma forma de se apurar em que hipóteses a recuperação de empresas deve ser considerada uma alternativa ao processo de falência.[61]

A proteção conferida aos credores pelo *best-interest-of-creditors test*, porém, apresenta imperfeições.

A exigência de se observar o *best-interest-of-creditors test* significa que a recuperação judicial deve ser adotada apenas quando todos os credores estiverem em uma situação não inferior à que estariam

Além disso, é um meio de evitar que a vagueza dos termos utilizados pelo dispositivo (como "preservação da empresa") leve à sua não aplicação ou a interpretações completamente diferentes (cf., sobre os problemas de utilização de termos genéricos no direito comercial, o exemplo dado por C. Salomão Filho, *O Novo Direito Societário*, 2ª ed., p. 37, com relação à declaração de deveres genéricos do controlador contida no parágrafo único, do art. 116, da Lei n. 6.404, de 15.12.1976). V., a respeito do art. 47, comentários de R. Sztajn, in F. S. de Souza Júnior e A. S. A. de M. Pitombo (coords.), *Comentários à Lei de Recuperação*, cit. (nota supra), pp. 220-222; e J. Lobo, in P. F. C. S. de Toledo e C. H. Abrão (coords.), *Comentários à Lei de Recuperação*, cit. (nota supra), pp. 104-111.

58. Um pré-requisito para a aplicação do *best-interest-of-creditors test* é o conhecimento de quanto os credores receberiam caso a falência do devedor fosse decretada. Observa-se, contudo, dificuldade em determinar com precisão as quantias que seriam arrecadadas mediante a realização do ativo.

59. O *best-interest-of-creditors* protege o credor minoritário contra perdas em benefício dos demais credores ou do devedor. Sobre o tema, v. os comentários de A. Epstein, "From debtors shield to creditor's sword: cram down under the Chandler Act and the Bankruptcy Reform Act", in *Chicago-Kent Law Review* 55/743: "A requirement that dissenters receive liquidation value or better, rather than complete compensation, actually could protect creditors generally, in that such a requirement would prevent debtors from taking advantage of dissenters by forcing them to accept less than the value to which they are entitled".

60. Cf. L. F. de la Gándara e A. L. Calvo Caravaca, *Derecho Mercantil Internacional*, 2ª ed., p. 658.

61. United Nations Commission on International Trade Law, *Legislative Guide on Insolvency Law*, p. 11.

caso a falência fosse decretada. Por um lado, essa regra não admite a redistribuição dos créditos em prejuízo dos credores minoritários. Por outro lado, contudo, ela não implica necessariamente a maximização dos resultados e, por esse motivo, não deve ser considerada como critério mais adequado para justificar a não homologação do plano.

Além disso, exigir, como pressuposto da homologação do plano, que o credor minoritário receba sob a recuperação no mínimo o valor que seria por ele obtido em caso de falência confere força excessiva ao credor dissidente e compromete os demais interesses envolvidos na recuperação da empresa. Isso porque o *best-interest-of-creditors*, aplicado isoladamente como requisito inquestionável da homologação do plano, permite que a vontade de um único credor possa prevalecer sobre a vontade da maioria. Assim, mesmo que o plano tenha sido aceito pela maioria dos credores, o *best-interest-of-creditors test* pode impedir a concessão da recuperação, medida benéfica a diversas partes com interesses na preservação empresa, apenas com base no argumento de que os credores minoritários estariam sendo prejudicados pelo não recebimento do mínimo da falência.

O requisito da observância do *best-interest-of-creditors* pode comprometer, assim, o objetivo de preservação da empresa expressamente previsto no art. 47 da LRE, por permitir que interesses individuais se sobreponham à pluralidade de interesses na empresa em crise.

Contudo, a admissão do prejuízo dos credores minoritários em relação ao que receberiam na falência em prol da preservação da empresa não deve ser vista como medida absoluta, ou seja, não significa que a homologação do plano será imperativa em todos os casos em que a classe de credores tiver aprovado a proposta, sem a concessão de nenhuma proteção aos dissidentes. Conforme apontado abaixo (item 4.4), aos credores minoritários deve ser garantida alguma proteção.

4.2 A "unfair discrimination"

Nas legislações acima tratadas, há, ainda, uma regra análoga, que estabelece a observância do tratamento igualitário entre credores da mesma classe nas situações em que o plano é aprovado por todas as classes de credores. Por ser uma regra baseada no mesmo princípio de tratamento paritário (o *par conditio creditorum*), ela também será aqui chamada de *unfair discrimination*.

Essa regra garante uma proteção mínima ao credor, qual seja, a de que ele não receberá proporcionalmente menos do que e/ou em condições desfavoráveis em relação aos outros titulares de créditos semelhantes (v. gráfico 4 do Anexo 2).

Tome-se, como exemplo, um caso em que o devedor elabore um plano de recuperação e, para buscar a adesão de uma das classes de credores, proponha uma divisão desigual. Detentores de 3/4 do total de créditos presentes e representantes de mais da metade do total dos votantes presentes receberiam 95% dos seus créditos. Os outros credores, minoritários, embora tivessem 1/4 do total de créditos, receberiam apenas 5%. Suponha-se, ainda, que essa proposta conseguisse a adesão dos majoritários, garantindo a aprovação da classe. Se todos os credores da mesma classe tivessem o direito de receber na mesma proporção, os minoritários poderiam exigir, como requisito para a homologação do plano, o recebimento de 95% de seus créditos.

A *unfair discrimination* pode ser uma forma eficiente de resguardo do credor individual porque evita que ele receba tratamento menos favorável do que aquele conferido aos detentores de créditos de mesma natureza, garantindo a observância da *par conditio creditorum*.

A regra da exigência da ausência de *unfair discrimination* apresenta algumas vantagens em relação ao *best-interest-of-creditors test*. A regra do *best-interest-of-creditors* pressupõe que os interesses dos credores restrinjam-se ao recebimento dos seus créditos e, por esse motivo, compara os valores previstos no plano de recuperação com os provavelmente resultantes da liquidação dos bens no processo de falência. Os credores, contudo, podem ser fornecedores do devedor e decidir abrir mão de parte dos seus créditos para que se beneficiem da continuidade do funcionamento da empresa. Esses credores, assim, teriam estímulo a aprovar o plano ainda que não recebessem, de acordo com ele, valores tão altos ou tão rapidamente quanto em uma falência. Se a regra do *best-interest-of-creditors* fosse adotada, a decisão dos credores majoritários favoráveis à recuperação, tomada com base na ponderação entre o recebimento de seus créditos e a manutenção da empresa, seria imediatamente afastada mediante a simples verificação de que um credor dissidente não receberia, sob o plano, no mínimo o mesmo valor que seria recebido sob a falência.

A regra da *unfair discrimination* impede a ocorrência dessa situação. Ela pressupõe que o direito a voto permita que os credores aprovem o plano que lhes for benéfico, seja por pagar mais e/ou em melhores condições do que na liquidação, seja por permitir que a empresa continue em funcionamento. A aprovação do plano pela maioria dos credores significa, nesse contexto, que o plano de recuperação é mais vantajoso para eles do que a submissão a um processo de falência. Dessa forma, a regra da proibição da *unfair discrimination* garante que os credores dissidentes, ainda que não tenham direito ao mínimo estipulado pelo *best-interest-of-creditors test*, recebam os seus créditos na mesma proporção e condições aceitos pela maioria dos credores na mesma situação.

A aplicação da regra da ausência de *unfair discrimination* também apresenta, porém, desvantagens. Nas mãos de um credor individual, a *unfair discrimination* pode ser um instrumento de pressão, que lhe permite exigir satisfação equivalente à oferecida a outro credor de mesma situação, inviabilizando a homologação do plano e, por conseguinte, a recuperação. A possibilidade de invocar a *unfair discrimination* pode levar o credor minoritário a impugnar o plano apenas por ser injustamente discriminado em relação aos outros, mesmo que receba a garantia mínima da falência. Dessa forma, a regra pode estimular credores que em outras circunstâncias estariam satisfeitos com o pagamento previsto no plano a adotarem condutas oportunistas, aproveitando-se do poder de barganha dos credores majoritários em benefício próprio.

A regra da ausência da *unfair discrimination*, assim, também não é a medida mais adequada à proteção do credor minoritário dissidente.

4.3 "Best-interest-of-creditors" e "unfair discrimination" cumulados

Todos os ordenamentos jurídicos estrangeiros analisados prevêem a aplicação conjunta do *best-interest-of-creditors* e do tratamento não discriminatório. A conjugação dessas duas regras daria ao credor dissidente o direito de receber um valor que não fosse inferior ao que seria recebido no caso da liquidação dos bens do devedor e, simultaneamente, fosse proporcional ao recebido pelos outros credores que estivessem na mesma situação (v. gráficos 5 e 6 do Anexo 2).

Nesse caso, o credor minoritário encontraria argumento contra a aprovação do plano em dois mecanismos. Essa dupla garantia, porém, é excessiva. Se cada uma das soluções apresentadas é passível de críticas por privilegiar a posição do minoritário em prejuízo da coletividade, até mesmo quando aplicada individualmente, a utilização conjunta de ambas agrava os problemas delas decorrentes.

A aplicação simultânea das duas regras, portanto, não resolve os problemas gerados pela adoção do *best-interest-of-creditors test* e da *unfair discrimination*.

4.4 Contribuições interpretativas: "best-interest-of-creditors" ou "unfair discrimination"

Apresentadas as duas regras constantes do direito estrangeiro para lidar com a proteção ao credor minoritário, conclui-se que nenhuma delas, exigida isolada ou cumulativamente à outra, é adequada.

A regra do *best-interest-of-creditors* funciona melhor do que a *unfair discrimination* para se atribuir uma garantia aos credores individuais. O *best-interest-of-creditors test* compara os valores recebidos pelo credor dissidente na recuperação e na liquidação. A *unfair discrimination*, por sua vez, envolve a comparação dos valores recebidos pelo credor minoritário com os valores atribuídos aos majoritários.

Contudo, como visto nos itens 4.1 e 4.2, a aplicação das regras do *best-interest-of-creditors* e da ausência da *unfair discrimination* não é adequada para a proteção dos credores minoritários. A conjugação das duas regras para serem aplicadas cumulativamente, como visto no item 4.3, também não se mostra uma solução apropriada por não resolver e agravar os problemas trazidos pela aplicação individual das duas regras.

A solução pode ser obtida, porém, com uma conjugação de ambas as regras para que sejam aplicadas alternativamente. Essa aplicação alternativa elimina os excessos de ambas as regras. Por um lado, ela impede que o credor minoritário que já recebe o que lhe seria pago no caso de falência se aproveite da situação favorável de outros credores na mesma posição para requerer a equiparação com eles (por meio da aplicação da regra da ausência da *unfair discrimination*) (v. gráfico 7 do Anexo 2). Por outro lado, impossibilita que o credor minoritário impugne o recebimento de um valor inferior ao que receberia em caso de falência se a classe a que ele pertence aceitar receber na mesma proporção (v. gráfico 8 do Anexo 2).

Ao mesmo tempo em que impede os potenciais abusos causados pela aplicação isolada das regras do *best-interest-of-creditors* e da *unfair discrimination*, a solução proposta traz uma garantia mínima aos credores minoritários, que é suficiente para impedir que ele seja desmedidamente prejudicado, não inviabilizando a recuperação das empresas viáveis.

Segundo a regra que conjuga de forma alternativa o requisito do *best-interest-of-creditors* com o da ausência da *unfair discrimination*, para que o credor dissidente tenha o direito de impugnar, sozinho, o plano de recuperação, é preciso que nenhum deles tenha sido observado. Assim, o credor minoritário pode impugnar o plano de recuperação judicial aprovado quando verificado, cumulativamente, o seguinte:

(*i*) o credor minoritário votou contra a aprovação do plano;

(*ii*) o plano prevê que o credor minoritário receba menos do que receberia em um processo de liquidação; e

(*iii*) o plano prevê que o credor minoritário receba tratamento discriminatório em comparação aos demais titulares de crédito de mesma natureza.

Essa regra é condizente com a orientação pró-recuperação empresarial contida na nova lei brasileira. O credor minoritário só tem direito de impugnar o plano de recuperação caso o plano não garanta o pagamento do mínimo previsto em um processo de liquidação e caso os outros credores recebam proporcionalmente mais do que ele. Assim, o plano que atende ao *best-interest-of-creditors test* e prevê que o credor minoritário receba menos do que os outros credores na mesma situação não pode ser impugnado porque há a garantia de recebimento do mínimo da falência. Além disso, se não há *unfair discrimination*, o credor minoritário não pode reclamar por receber menos do que a garantia mínima porque a maioria dos credores, que está na mesma situação, concordou com essa disposição. A idéia é que a recuperação empresarial possa exigir concessões de um grupo de credores, mas não sacrificar apenas os credores minoritários, desprovidos de meios para defender eficazmente seus interesses (v. gráfico 9 do Anexo 2).

4.5 Contribuições interpretativas: a observância da ordem de pagamento

A regra de proteção ao interesse dos credores minoritários acima proposta não abarca, contudo, uma possibilidade, qual seja, a de um credor aproveitar-se do fato de participar de mais de uma classe de credores para alterar a ordem de pagamento das classes de que faz parte.

Tome-se como exemplo um banco que seja titular de um crédito de grande monta. Ele pode ter uma parte do seu crédito coberta por uma garantia real e outra parte descoberta. Terá direito a voto, assim, tanto na classe dos credores com garantia real quanto na terceira classe. O banco poderá, então, usar seu direito de voto para alterar a ordem de pagamento das classes visando a maximizar seus ganhos e, portanto, a obter benefícios em detrimento dos demais credores garantidos.

A ocorrência dessa hipótese poderia ser combatida com a adoção da regra isolada do *best-interest-of-creditors* para proteção dos credores minoritários. A aplicação alternativa da regra da *unfair discrimination*, contudo, poderia neutralizar a proteção conferida pelo *best-interest-of-creditors test*, caso, por exemplo, a classe de credores garantidos recebesse, sob o plano, proporcionalmente e nas mesmas condições. A proteção dos credores minoritários, nesse caso, não poderia se basear na ausência de *unfair discrimination* porque a aprovação do plano pela maioria dos credores teria sido motivada por interesses estranhos à classe. De fato, observa-se que a aceitação do plano pela classe implica em benefícios exclusivamente aos credores que também detiverem créditos na classe privilegiada pela alteração na ordem de pagamento e em prejuízo a todos os outros.

Essa situação demonstra a conveniência da criação de uma regra para evitar a prevalência de um voto abusivo que altere a ordem de pagamento das classes. A regra ora apresentada foi inspirada na *fair and equitable rule* criada no direito norte-americano para os casos de *cram down*.[62] A utilização da *fair and equitable rule* como modelo para a elaboração da presente regra deve-se à sua natureza de proteção vertical dos credores, o que possibilita a observância da ordem de pagamento das classes. A existência de um credor com direito a voto em duas classes elimina a garantia de que a aprovação pela maioria da classe assegura a prevalência da vontade geral dos credores a ela pertencentes. Dessa forma, buscou-se desenvolver um mecanismo que permita garantir a proteção da classe como um todo contra alterações na hierarquia de créditos.

De acordo com a regra proposta, verifica-se a ocorrência de abuso do direito de voto com o objetivo de alteração da ordem de pagamento das classes quando:

(*i*) o plano de recuperação estipula a mudança da ordem de pagamento das classes;

62. Embora a regra da *unfair discrimination* possa ser adaptada para os casos de aprovação do plano por todas as classes de credores, o mesmo não ocorre de forma absoluta com o outro requisito do *cram down*, a regra da *fair and equitable*. Como visto, ambas as regras foram criadas para a proteção de classes dissidentes da aprovação do plano de recuperação. A *unfair discrimination*, embora concebida como uma garantia para a proteção de uma classe contra o tratamento favorável a outra classe de mesma hierarquia, pode ser aplicada a credores individuais pertencentes à mesma classe (pelos motivos apresentados no item 4.2 supra). Isso se deve ao fato de que a proibição da *unfair discrimination* é uma garantia horizontal. A *fair and equitable*, porém, não pode ser aplicada entre titulares de créditos de mesma natureza devido à ausência de hierarquia entre eles: ela é uma proteção atribuída à própria classe contra a mudança de sua posição na ordem de pagamentos que tenha sido desaprovada pela maioria dos credores. Por esse motivo, ela pode ser adaptada aos casos mencionados no presente item, os quais dizem respeito especificamente às situações de alteração na ordem de pagamento dos créditos.

(*ii*) um credor tem direito a voto em duas classes de credores distintas;

(*iii*) as duas classes de credores mencionadas no item (*ii*) sofreram mudança da ordem de pagamento;

(*iv*) o credor mencionado no item (*ii*) tem direito a receber mais do que teria se a mudança da ordem de pagamento não tivesse ocorrido;

(*v*) o voto do credor mencionado no item (*ii*) foi indispensável para a aprovação do plano de recuperação;

(*vi*) os credores pertencentes à classe que rejeitaria o plano caso o credor mencionado no item (*ii*) não tivesse votado foram prejudicados com a mudança da ordem de pagamento da classe.

Constatada a ocorrência do abuso, a participação do credor manipulador deve ser anulada na classe prejudicada para a apuração da verdadeira vontade do grupo (v. gráfico 10 do Anexo 2).

Dessa forma, a aplicação da regra da observância da ordem de pagamento traz uma solução adequada aos casos de prejuízo ao credor minoritário causados pelo abuso de direito de voto, do qual resulta a alteração da ordem de pagamento das classes, e não resolvidos pela conjugação alternativa do *best-interest-of-creditors test* e da ausência da *unfair discrimination*.

5. *Conclusão*

Este trabalho visou a estudar as possibilidades legais de o juiz não acatar a decisão da assembléia-geral de credores acerca do plano de recuperação. Buscou-se perquirir especificamente as regras relacionadas à (*i*) proteção da classe dissidente à aprovação do plano quando da superação do seu veto por meio do mecanismo do *cram down*, e (*ii*) proteção conferida a cada um dos credores afetados pelo plano nas situações em que todas as classes concordam com o plano em voga.

Inicialmente, foram abordadas as regras constantes de legislações concursais estrangeiras sobre os dois temas indicados. Foram analisadas a lei norte-americana (*Bankruptcy Code*), alemã (*Insolvenzordnung*) e portuguesa (Código da Insolvência e da Recuperação de Empresas), as quais contribuíram para a compreensão dos assuntos em apreço.

Em seguida, passou-se à apreciação das regras nacionais relacionadas à superação do veto de uma das classes de credores à aprovação do plano de recuperação apresentado pelo devedor. Visou-se, assim, a entender as normas que permitem a adoção do *cram down* brasileiro.

A pesquisa revelou inúmeras falhas no trato do tema pela LRE, as quais se tornaram ainda mais nítidas após a compreensão das soluções estrangeiras. Identificadas as dificuldades constantes da utilização do instituto no ordenamento pátrio, os esforços foram destinados ao delineamento de novas formas interpretativas que, de um lado, permitissem a homologação do plano não obstante o veto de uma das classes de credores, e, de outro, satisfizessem requisitos mínimos de proteção à classe discordante.

Posteriormente, foi feita a averiguação do tema relacionado à possibilidade de o magistrado não homologar um plano de recuperação aprovado pela unanimidade das classes de credores com base na análise do tratamento conferido aos credores. Constatou-se que o direito brasileiro não incorpora nenhuma das soluções presentes nos sistemas estrangeiros, impedindo intervenções judiciais no mérito do acordo entre credores e devedor.

Face à inexistência de critérios para a atuação do juiz, foram desenvolvidos parâmetros para a verificação da ocorrência de prejuízos aos credores dissidentes à aprovação do plano.

Após o término da pesquisa, pôde-se concluir que o sistema falimentar brasileiro, recentemente modificado, carece de regras necessárias à proteção dos interesses das classes de credores discordantes no caso de *cram down* e à atribuição de garantia mínima aos credores dissidentes no caso de aprovação do plano por todas as classes. Trata-se de uma situação em que a LRE deixou de fixar normas imprescindíveis à harmonização dos interesses envolvidos pela recuperação da empresa.

Verificou-se, portanto, que o legislador brasileiro, à luz dos avanços estrangeiros sobre o tema da empresa em crise, introduziu no ordenamento jurídico um novo instituto destinado à recuperação e manutenção de empresas, mas deixou de prever os necessários princípios que acompanham o sistema recuperacional. Nesse sentido, o *cram down* foi inserido sem a garantia imprescindível do *fair and equitable* e cercado de exigências incompatíveis com a melhor utilização do instituto, conforme a estipulação de rígidos quóruns e a determinação de tratamento não discriminatório a credores de natureza distinta. Da mesma forma, a LRE regulamentou a aprovação do plano de recuperação mediante a aceitação majoritária dos credores sem atribuir, porém, nenhuma forma de proteção aos credores minoritários.

A ausência de atenção às diretrizes básicas imprescindíveis à configuração de um sistema coerente capaz de permitir a superação da crise demonstra ser a LRE insatisfatória ao perfeito alcance dos seus próprios objetivos. Por esse motivo, a análise empreendida no presente estudo e as interpretações propostas buscaram construir mecanismos destinados a tornar a LRE um diploma coerente e capaz de refletir em suas regras os princípios basilares do instituto da recuperação de empresas em crise de forma a impedir que os votos e participações dos interessados sejam pautados apenas por interesses egoísticos. Ao final, os critérios propostos visam a permitir a cooperação entre os interesses envolvidos pela sociedade em crise, auxiliando-se, assim, a preservação da empresa e o alcance dos objetivos previstos no art. 47 da LRE.

Torna-se, face ao exposto, imperioso o desenvolvimento de avanços doutrinários e jurisprudenciais relacionados a ambos os temas ora tratados e que permitam a interpretação das normas recém-introduzidas de forma consentânea com os objetivos da própria lei.

6. Bibliografia

BAIRD, Douglas G. *Elements of Bankruptcy*. 3ª ed., Nova Iorque, Foundation Press, 2001.

Bankruptcy Judges Division of the Administrative Office of the United States Courts. *Bankruptcy Basics (Applicable to Cases Filed on or after October 17, 2005)*, disponível in *http://www.uscourts.gov/bankruptcycourts/BB101705final2column.pdf.*

BERGER, Dora. *A Insolvência no Brasil e na Alemanha*. Porto Alegre, Fabris, 2001.

BROUDE, Richard F. "Cram down and Chapter 11 of the Bankruptcy Code: the Settlement Imperative", in *The Business Lawyer* 39 (1984), pp. 441-454.

CASTRO, Osório de. "Preâmbulo não publicado do Decreto-lei que aprova o Código", *Código da Insolvência e da Recuperação de Empresas*. Ministério da Justiça, Gabinete da Política Legislativa e Planejamento. Coimbra, Coimbra Editora, 2004.

Committee on Bankruptcy and Corporate Reorganization of the Association of the Bar of the City of New York. "Making the test for unfair discrimination more 'fair': a proposal", in *The Business Lawyer* 58 (2002), pp. 83-108.

EIDENMÜLLER, Horst. *Obstruktionsverbot, Vorrangregel und Absonderungsrechte*, pp. 1-16, disponível in *http://www.horst-eidenmueller.de/forschung/veroeff/FS_Drukarczyk.pdf* (consultado em 9.8.2006).

EPSTEIN, Anne W. "From debtors shield to creditor's sword: cram down under the Chandler Act and the Bankruptcy Reform Act", in *Chicago-Kent Law Review* 55 (1979), pp. 713-746.

GÁNDARA, Luis Fernández de la, e CALVO CARAVACA, Alfonso-Luis. *Derecho Mercantil Internacional*. 2ª ed., Madri, Tecnos, 1993.

KLEE, Kenneth N. "All you ever wanted to know about cram down under the New Bankruptcy Code", in *American Bankruptcy Law Journal* 53 (1979), pp. 133-171.

______. "Cram down II", in *American Bankruptcy Law Journal* 64 (1990), pp. 229-244.

LABOVITZ, Irving D. "Outline of 'cram down' provisions under Chapter 11 of the Bankruptcy Reform Act of 1978", in *Commercial Law Journal* 86 (1981), pp. 51-56.

MALOY, Richard. "A primer on cram down – How and why it works", in *St. Thomas Law Review* 16 (2003-2004), pp. 1-57.

MARKELL, Bruce A. "A new perspective on unfair discrimination in Chapter 11", in *American Bankruptcy Law Journal* 72 (1998), pp. 227-263.

______. "Slouching toward fairness: a reply to the ABCNY's Proposal on unfair discrimination", in *The Business Lawyer* 58 (2002), pp. 109-121.

PAIVA, Luiz Fernando Valente de. *Direito Falimentar e a Nova Lei de Falências e Recuperação de Empresas*. São Paulo, Quartier Latin, 2005.

POLIVY, Denice R. "Unfair discrimination in Chapter 11: a comprehensive compilation of current case law", in *American Bankruptcy Law Journal* 72 (1998), pp. 191-225.

SALOMÃO FILHO, Calixto. *O Novo Direito Societário*. 2ª ed., São Paulo, Malheiros Editores, 2002.

SEPINUCK, Stephen L. "Rethinking unfair discrimination in Chapter 13", in *American Bankruptcy Law Journal* 74 (2000), pp. 341-398.

SERRA, Catarina. *O Novo Regime Português da Insolvência: uma Introdução*. Coimbra, Almedina, 2004.

SOUZA JÚNIOR, Francisco Satiro de, e PITOMBO, Antônio Sérgio A. de Moraes (coords.). *Comentários à Lei de Recuperação de Empresas e Falência*. São Paulo, Ed. RT, 2005.

STERBACH, Charles R., e ATENCIO, Keriann M. "Why Johnny can't get paid on his general unsecured claims: a potpourri of lingering abuses in Chapter 11 cases", in *Journal of Bankruptcy Law and Practice* 14 (2005), pp. 111-150.

TOLEDO, Paulo Fernando Campos Salles de, e ABRÃO, Carlos Henrique (coords.). *Comentários à Lei de Recuperação de Empresas e Falência*. São Paulo, Saraiva, 2005.

United Nations Commission on International Trade Law. *Legislative Guide on Insolvency Law*. Nova Iorque, United Nations, 2005.

WOOD, Philip R. *Principles of International Insolvency*. Londres, Sweet & Maxwell, 1995.

ANEXO 1

QUADROS COMPARATIVOS

Assunto	Estados Unidos	Alemanha	Portugal	Brasil (interpretação literal)	Brasil (interpretação construtiva)
1. Motivos para o juiz aceitar o plano recusado pelos credores (*cram down*)	- aprovação do plano por pelo menos uma das classes de credores afetadas; - não haver *unfair discrimination*; e - ser *fair and equitable*	- aprovação da maioria dos grupos autorizados a votar sobre o plano; - os credores do grupo dissidente não estarem em situação pior sob o plano do que estariam em um processo de liquidação (*best-interest-of-creditors*); e - o plano estipular uma participação econômica razoável para os credores do grupo dissidente (*unfair discrimination* e *fair and equitable*)	- o plano ser proposto por um devedor não empresário ou titular de pequena empresa; - os credores dissidentes não estarem em situação pior sob o plano do que estariam em um processo de liquidação (*best-interest-of-creditors*); - os credores dissidentes não serem discriminados injustamente (*unfair discrimination*); e - os credores dissidentes não suscitarem dúvidas legítimas quanto à exatidão da relação dos créditos apresentada pelo devedor	- aprovação do plano pela maioria dos créditos presentes à assembléia, independentemente de classe; - aprovação do plano por duas classes de credores, caso existam três, ou por uma classe, caso existam apenas duas; - aprovação do plano por pelo menos um terço dos credores da classe dissidente; e - não haver *unfair discrimination* entre os credores da classe dissidente	- aprovação do plano por pelo menos uma das classes de credores afetada pelo plano; - não haver *unfair discrimination* entre os titulares de crédito de mesma natureza; e - ser *fair and equitable*

Assunto	Estados Unidos	Alemanha	Portugal	Brasil (interpretação literal)	Brasil (interpretação construtiva)
2. Motivos para o juiz recusar o plano aprovado pelos credores	- distinguir injustamente credores da mesma classe, sem que haja concordância expressa; e - o plano não passar no *best-interest-of-creditors test*	- distinguir injustamente credores em situação semelhante, sem que haja concordância expressa; e - o credor dissidente requerer ao juiz a recusa do plano por estar em situação pior sob o plano do que estaria em um processo de liquidação (proteção ao credor minoritário, *best-interest-of-creditors*)	- distinguir injustamente credores em situação semelhante, sem que haja concordância expressa; - devedor não proponente ou credor dissidente requerer ao juiz a recusa do plano por estar em situação pior sob o plano do que estaria em um processo de liquidação (*best-interest-of-creditors*); e - devedor não proponente ou credor dissidente requerer ao juiz a recusa do plano por um dos credores receber mais do que o valor do seu crédito	- não há	- estar o credor dissidente, simultaneamente, em situação pior sob o plano do que estaria em um processo de liquidação (*best-interest-of-creditors*) e em situação inferior em relação a titulares de crédito de mesma natureza (*unfair discrimination*); e - não ocorrer abuso do direito de voto que leve à inversão de ordem de pagamento das classes

ANEXO 2

GRÁFICOS

Gráfico 1
Critério para verificação da ocorrência de *unfair discrimination* na terceira classe de credores

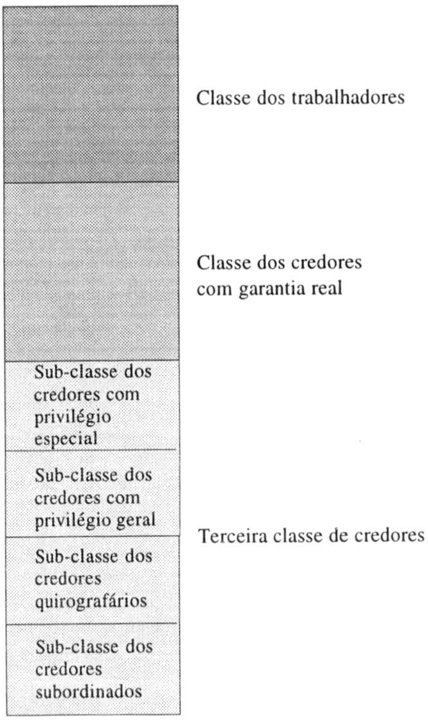

Gráfico 2
Critério para verificação da ocorrência de *fair and equitable* na classe dos trabalhadores

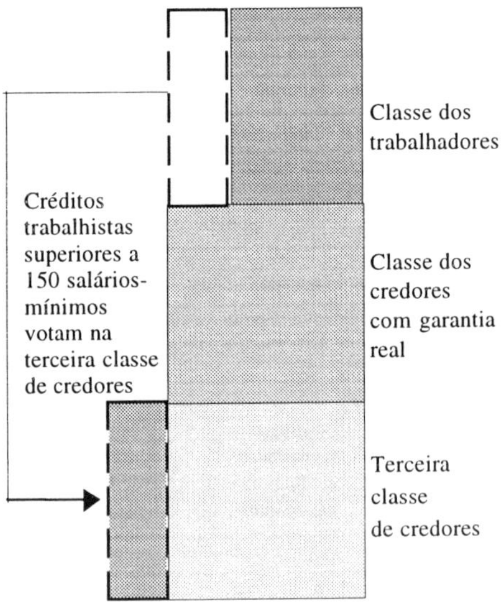

Gráfico 3
Best-interest-of-creditors test

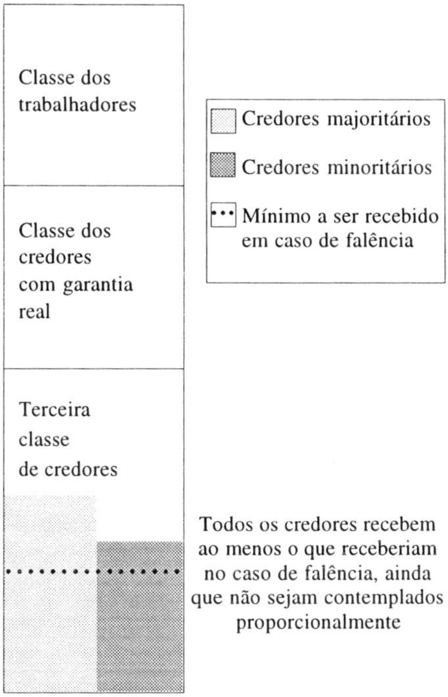

Gráfico 4
Unfair discrimination

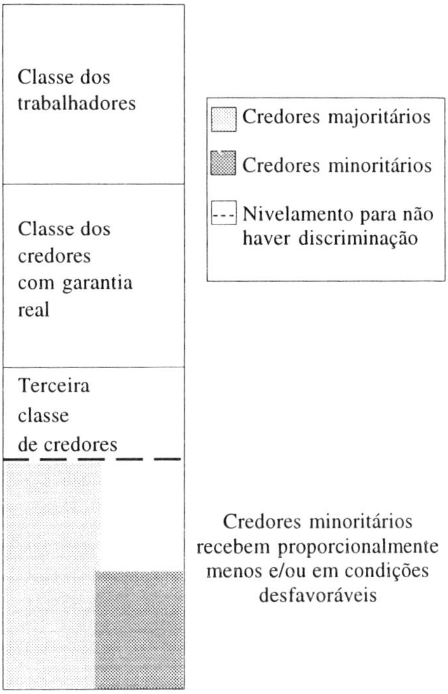

Gráfico 5

Best-interest-of-creditors e *unfair discrimination*

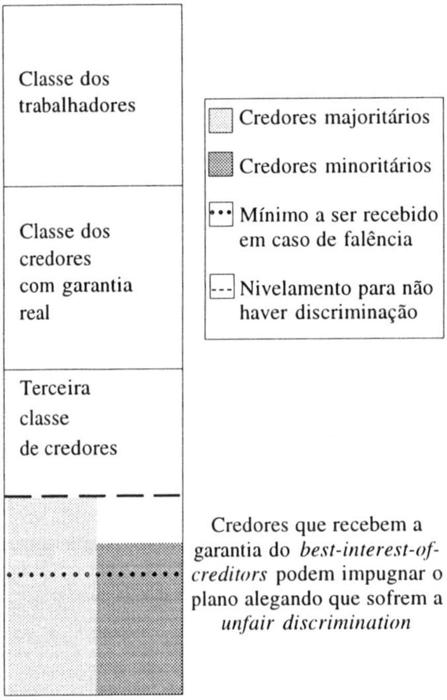

Gráfico 6

Best-interest-of-creditors e *unfair discrimination*

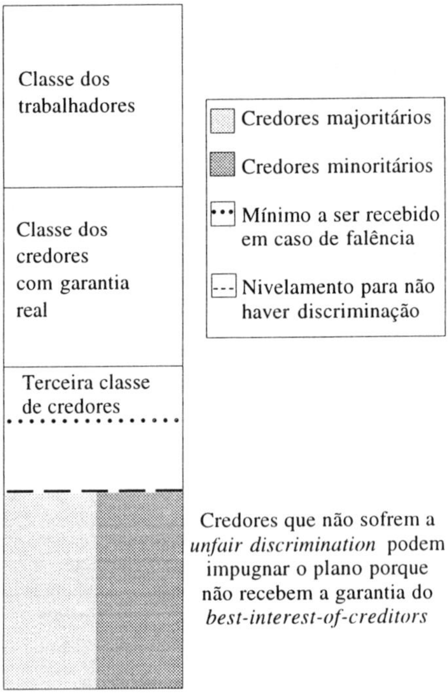

Gráfico 7
Best-interest-of-creditors ou *unfair discrimination*

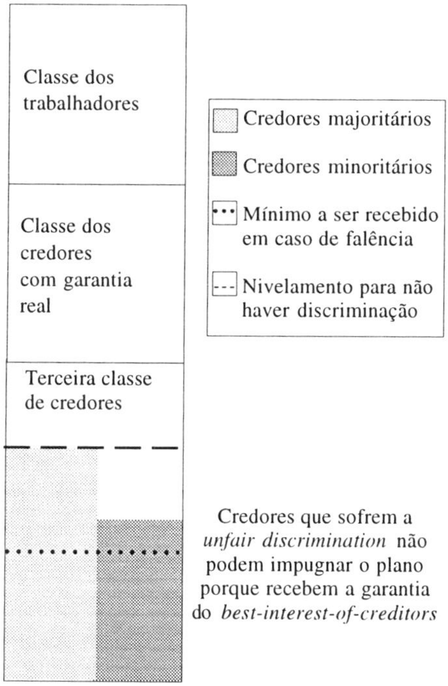

Gráfico 8
Best-interest-of-creditors e *unfair discrimination*

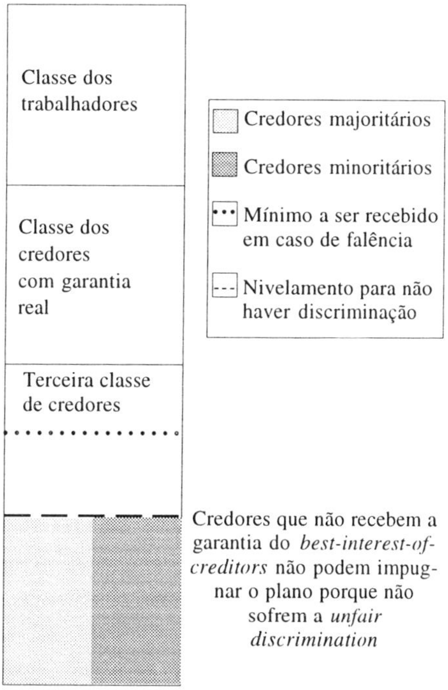

Gráfico 9
Best-interest-of-creditors ou *unfair discrimination*

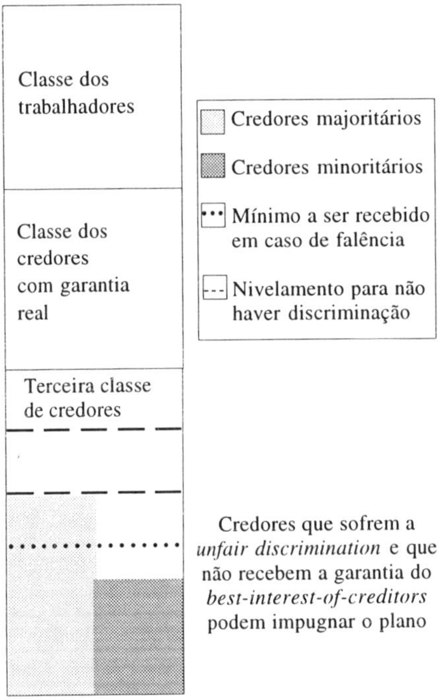

Gráfico 10
Observância da ordem de pagamento

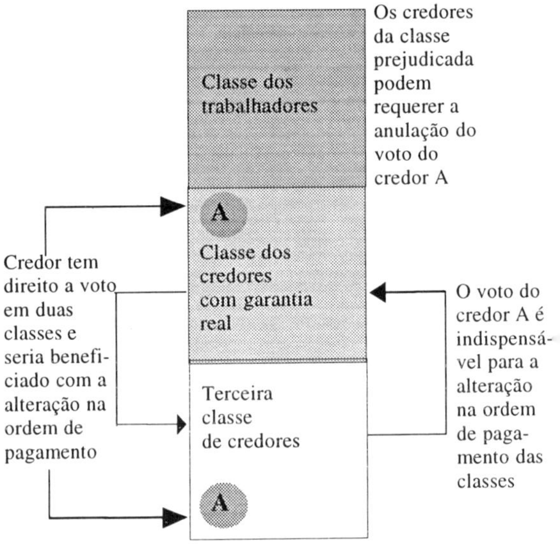

Espaço Discente

O CONTRATO PRELIMINAR E A ANÁLISE ECONÔMICA DO DIREITO*

JULIANA PITELLI DA GUIA

I. Introdução. II. O contrato preliminar. III. Contrato preliminar e análise econômica do direito: III.1 Alguns conceitos elementares da análise econômica do direito; III.2 O contrato preliminar como contrato incompleto; III.3 O contrato preliminar e o inadimplemento eficiente. IV. Análise funcional e análise estrutural do direito. V. Conclusões.

I. Introdução

Há muitos anos o contrato preliminar vem se consolidando como um instituto de grande utilidade nas relações econômicas, sendo admitido em diversos ordenamentos. Contudo, o ordenamento jurídico brasileiro só veio a tratar explicitamente do instituto no atual Código Civil (Lei n. 10.406/2002), que dedica a ele seus arts. 462 a 466. Não obstante a importância do reconhecimento legal de tão relevante instituto, a disciplina conferida pelo legislador brasileiro não está livre de falhas.

O presente trabalho se propõe a identificar essas falhas, através da aplicação dos princípios da chamada *análise econômica do direito* à área de contratos, em especial, ao contrato preliminar. Além disso, propõe-se a identificar as possíveis conseqüências dos problemas apresentados por essa disciplina legal, muito embora não possam ser mais do que previsões, uma vez que uma lei só pode ter seus efeitos completamente reconhecidos após sua aplicação ao longo do tempo.

Para esse fim, a exposição a seguir apresenta-se divida em quatro partes. A primeira dedica-se ao estudo do contrato preliminar, de sua disciplina no atual Código Civil, juntamente com a origem desta. A segunda parte visa à aplicação da análise econômica do direito ao contrato preliminar, com especial enfoque às noções de contratos incompletos, assimetria de informações e de inadimplemento eficiente. A terceira parte, por sua vez, ressalta a importância de se considerar a função econômico-social dos institutos jurídicos e do direito em geral. Finalmente, a quarta parte apresenta uma conclusão acerca da disciplina legal do contrato preliminar e os resultados de seu estudo à luz da análise econômica do direito.

II. O contrato preliminar

O contrato preliminar, segundo a concepção mais amplamente difundida na dou-

* O presente artigo foi escrito com base na Tese de Láurea "Análise Econômica do Contrato Preliminar", apresentada ao Departamento de Direito Comercial da Faculdade de Direito da USP, sob orientação da Profa. Associada Rachel Sztajn, no ano de 2006.

trina, é o contrato mediante o qual as partes se obrigam a concluir, no futuro, um outro contrato, a que se dá o nome de contrato definitivo ou principal.[1] Ele não é fruto de uma elaboração puramente teórica de juristas, tendo surgido como resposta a necessidades práticas do ambiente comercial e se revelado como um instrumento negocial de extrema importância nas contratações, razão pela qual suscita o interesse dos agentes econômicos e chama a atenção de doutrinadores mesmo em ordenamentos em que não há normas específicas a respeito do instituto.

Em certas ocasiões, muito embora exista um interesse das partes em realizar uma contratação, há razões que não permitem que esta se realize de imediato, ou pelo menos pareça mais conveniente às partes realizá-la em momento posterior. O contrato preliminar, nesse sentido, confere às partes maior intervalo de tempo para ajustar as condições do negócio aos seus interesses, mas já com a existência de um vínculo entre elas, buscando garantir a conclusão da operação em definitivo. Ele possibilita que o vínculo contratual se forme de maneira progressiva, apresentando uma função preparatória e instrumental à estipulação do contrato definitivo.

É um contrato utilizado com freqüência nos negócios de venda e compra, em especial em operações econômicas complexas, como a alienação de participações societárias de uma companhia. No que diz respeito aos negócios imobiliários de venda e compra, contratos preliminares apresentam relevância tal que a própria legislação tributária brasileira traz a sua celebração como fato gerador do Imposto sobre Transmissão de Bens Imóveis (ITBI).[2]

Até o advento do atual Código Civil (Lei n. 10.406/2002), o contrato preliminar não dispunha de disciplina legislativa específica. Não obstante isso, já era objeto de estudo da doutrina, que tratava largamente da promessa de contratar, instituto muito utilizado na prática, em especial em negócios de venda e compra de imóveis (promessa de venda e compra). O primeiro indício de regulamentação legislativa envolvendo o contrato preliminar surgiu com o Decreto-lei n. 58/1937, que dispunha sobre o loteamento e a venda de terrenos para pagamento em prestações, através da realização de compromissos de venda e compra.

O art. 15 do decreto previa a possibilidade de que os compromissários exigissem a outorga da escritura de venda e compra (meio apto a transferir a propriedade, mediante registro), desde que completassem o pagamento das prestações e estivessem em dia com impostos. Além disso, em caso de recusa do compromitente vendedor em passar a escritura, era conferida a possibilidade de que tal fosse exigido em juízo, situação em que, persistindo a recusa, permitia-se que o juiz, por sentença, *adjudicasse* os lotes aos compradores.[3]

1. Cf. Roppo, *Il Contratto*, Milão, Giuffrè, 2001, p. 651; Giusti e Paladini, *Il Contratto Preliminare*, Milão, Giuffrè, 1992, pp. 11-12; Coviello, *Contratto Preliminare*, cit., p. 68; Chianale, "Contratto preliminare", in *Digesto delle Discipline Provatistiche*, sezione civile, v. IV, Turim, Unione Tipografico-Editrice Torinense, 1989, p. 278; Messineo, "Contratto preliminare, Contratto preparatorio e Contratto di coordinamento", in *Enciclopedia del Diritto*, v. X, Giuffrè, 1962, p. 167; Moschella, "Contratti preliminari", in *Nuovo Digesto Italiano*, v. IV, Turim, Unione Tipografico-Editrice Torinense, 1938, p. 22; Caio Mário da Silva Pereira, *Instituições de Direito Civil – Contratos*, v. III, 12ª ed., Rio de Janeiro, Forense, 2006; Orlando Gomes, *Contratos*, 24ª ed., Rio de Janeiro, Forense, 2001.

2. Decreto n. 42.396/2002 do Município de São Paulo. "Art. 78. Estão compreendidos na incidência do imposto: (...) IX – a cessão de direitos decorrente de compromisso de compra e venda; (...)". Ressalte-se que a expressão "compromisso" ou ainda "promessa" é por vezes utilizada para referir-se ao contrato preliminar, contudo, não é a que será adotada ao longo deste trabalho.

3. Decreto-lei n. 58, de 10.12.1937: "Art. 16. Recusando-se os compromitentes a passar a escritura definitiva no caso do art. 15, serão intimados, por despacho judicial e a requerimento do compromissário, a dá-la nos 10 dias seguintes à intimação, correndo o prazo em cartório. § 1º. Se nada alega-

Conferiu-se tratamento legislativo mais favorável ao compromissário, como forma de resolver um verdadeiro problema social que se instalava, uma vez que mesmo após pagas as prestações, os compradores de lotes muitas vezes não recebiam a escritura de venda e compra do vendedor.

A ausência de previsão legislativa específica fez com que a doutrina e a jurisprudência desempenhassem importante papel no que toca ao desenvolvimento da disciplina do contrato preliminar. Nesse sentido, especial destaque teve o chamado "caso Disco",[4] julgado pelo Supremo Tribunal Federal e que pode ser considerado verdadeiro *leading case* em matéria de contrato preliminar. Discutia-se no caso a qualificação jurídica – como contrato preliminar ou simples minutas – de um contrato celebrado entre Supermercados Pão de Açúcar S/A e a Distribuidora de Comestíveis Disco S/A, cujo objeto era a transferência de controle acionário dessa última para a primeira. Surgiram divergências entre as duas empresas a respeito de algumas disposições do mencionado contrato, de forma que se iniciou uma disputa judicial relacionada à efetiva transferência das ações da Disco.

A discussão acerca da caracterização ou não do contrato celebrado como um contrato preliminar surgiu em razão do disposto no art. 639 do Código de Processo Civil, que assim dispunha:[5] "se aquele que se compromete a concluir um contrato não cumprir a obrigação, a outra parte, sendo isso possível e não excluído pelo título, poderá obter uma sentença que produza o mesmo efeito do contrato a ser firmado". Fosse o acordo entre as partes entendido como um contrato preliminar, seria possível obter a sentença mencionada no artigo; caso contrário, isso não seria possível.

O Ministro Moreira Alves, Relator do processo, votou pela inexistência de um contrato preliminar no caso analisado, no que foi seguido pela maioria dos Ministros. Entendeu que o contrato celebrado não se caracterizava como um contrato preliminar, pois para tanto deveria conter *todos* os elementos do contrato definitivo, havendo acordo sobre *todos* os pontos relacionados ao seu objeto. Note-se que tal decisão não qualificou propriamente o contrato preliminar, uma vez que o interesse em celebrar esse tipo de contrato reside justamente na possibilidade de se criar um vínculo contratual que ofereça maior garantia da efetivação do negócio – no futuro – quando *ainda não estão presentes* todas as condições e elementos necessários à contratação definitiva.

Não obstante as críticas ao entendimento adotado no mencionado acórdão, ele parece ter inspirado o legislador do atual Código Civil ao disciplinar o contrato preliminar. Com efeito, o art. 462 determina que "o contrato preliminar, exceto quanto à forma, deve conter todos os requisitos essenciais ao contrato a ser celebrado". Muito embora tenha sido excluída qualquer exigência de forma específica, não se pode deixar de notar o maior enfoque que foi conferido à estrutura do contrato preliminar, em detrimento de sua função, uma vez que ao se vincular a qualificação de um contrato preliminar à existência dos requisitos do contrato definitivo acaba-se por confundir àquele com esse último. Dessa forma, o legislador acabou por impor uma restrição ao uso de instituto tão difundido na prática comercial.

Contudo, esse não parece ser o único problema da disciplina legislativa do instituto, pois ela também apresenta falhas no que diz respeito aos efeitos do inadimplemento do contrato preliminar. O Código Civil prevê a possibilidade de que qualquer das partes exija da outra a celebração do contrato definitivo, dentro de prazo determinado, desde que não haja, no contrato preliminar, cláusula de arrependimento (art.

rem dentro desse prazo, o juiz, por sentença, adjudicará os lotes aos compradores (...)".

4. RE n. 88.176-RJ, j. 11.9.1979.

5. O art. 639 foi revogado pela Lei n. 11.232/2005, que inseriu o art. 466-B, com a mesma redação.

463). Além disso, esgotado esse prazo sem que o contrato definitivo tenha sido celebrado, a lei permite que o juiz, a pedido da parte interessada, supra a vontade da parte inadimplente, conferindo através de uma sentença o caráter de definitivo ao contrato preliminar (art. 464).[6] Finalmente, se uma das partes não cumprir o contrato preliminar, a lei autoriza a outra parte a considerá-lo desfeito e pleitear o pagamento de perdas e danos (art. 465).

Neste aspecto o legislador do Código Civil parece ter se inspirado mesmo no mencionado Decreto-lei n. 58/1937, desconsiderando que tal diploma legal surgiu para solucionar um problema bastante específico, conforme ressaltado acima. Assim sendo, não deveria servir como inspiração à disciplina legal de um instituto de uso geral como o contrato preliminar.

A possibilidade de conversão do contrato preliminar em definitivo por uma decisão judicial também se mostra como uma restrição imposta pela lei ao uso do referido instituto. Se as partes optam pela celebração de um contrato preliminar é porque não há, no momento, interesse ou conveniência em se contratar de forma definitiva e a sua conversão em definitivo pode não vir a atender completamente o melhor interesse de nenhuma das partes.

O contrato preliminar se mostra especialmente útil em situações em que não há informação perfeita entre as partes – como freqüentemente ocorre, aspecto que será tratado mais adiante –, quando se trata de contratos de execução continuada ou diferida ou ainda quando se exige maior certeza para a contratação definitiva (p.ex., no caso de alienação de ações, que é um processo bastante complexo e que geralmente se prolonga no tempo). Nesse sentido, o Código Civil pode não ter disciplinado o contrato preliminar da melhor forma, permitindo ainda intervenções desnecessárias do juiz na relação contratual entre as partes.

Feita esta exposição sobre o contrato preliminar e o tratamento que lhe foi conferido pelo atual Código Civil, cabe analisar o instituto à luz da análise econômica do direito, conferindo especial atenção à noção de contratos incompletos e de inadimplemento eficiente.

III. Contrato preliminar e análise econômica do direito

III.1 Alguns conceitos elementares da análise econômica do direito

A boa compreensão do que propugna a doutrina da análise econômica do direito exige uma exposição sobre alguns de seus conceitos fundamentais. Em primeiro lugar, a noção de *custos de transação*, introduzida por Ronald H. Coase em seu trabalho "The Problem of Social Cost".[7]

Segundo o que a doutrina denominou *Teorema de Coase*, a realização de qualquer *transação* – termo amplamente difundido pelos economistas, com sentido de operações econômicas em geral – envolve custos, que vão desde a procura por uma parte interessada até a solução de um eventual litígio, passando ainda pelas negociações necessárias para a efetivação da operação. Esses custos são o que Coase denominou *custos de transação*.

O *Teorema de Coase* descreve que em uma situação sem custos de transação as instituições existentes não exercem influência sobre a alocação eficiente de recursos, pois os direitos podem ser negociados livremente entre as partes, de forma a se alcançar a alocação eficiente, independente-

6. Tal disposição relaciona-se ao disposto no art. 461 do CPC: "Na ação que tenha por objeto o cumprimento de obrigação de fazer ou não fazer, o juiz concederá a tutela específica da obrigação ou, se procedente o pedido, determinará providências que assegurem o resultado prático equivalente ao do adimplemento. § 1º. A obrigação somente se converterá em perdas e danos se o autor requerer ou se impossível a tutela específica ou a obtenção do resultado prático correspondente".

7. "The Problem of Social Cost", in *The Journal of Law & Economics*, v. III, 1960.

mente de sua distribuição inicial. Contudo, a realidade é diferente e os custos de transação são de fato positivos e, não raro, muito altos. Assim, o direito passa a ter significante papel de influência nas ações dos agentes econômicos, podendo contribuir para a obtenção de uma alocação eficiente dos recursos disponíveis ou, ao contrário, prejudicá-la.[8]

A noção de custos de transação implica o esclarecimento de alguns conceitos econômicos elementares, uma vez que a própria análise econômica do direito se desenvolve a partir de princípios da teoria microeconômica.[9] Os principais desses conceitos são o de *maximização*, o de *equilíbrio* e o de *eficiência.*

O conceito de *maximização* insere-se nas premissas da escola da economia neoclássica, que pressupõe que os agentes econômicos são dotados de uma *racionalidade ilimitada* e que, portanto, buscam sempre *maximizar* os resultados de suas escolhas, a partir dos recursos de que dispõem.[10] Contudo, o pressuposto neoclássico da racionalidade ilimitada foi criticado por diversas escolas da economia. A refutação desse postulado neoclássico traz a idéia de *racionalidade limitada*, a partir da qual se considera que os agentes econômicos nem sempre adotam comportamento maximizador, muitas vezes buscando tão-somente a sua satisfação.

O segundo conceito da teoria microeconômica a ser esclarecido é o de *equilíbrio.* Cooter e Ulen definem equilíbrio como um padrão de interação entre indivíduos que persiste até que perturbado por fatores externos. Os autores consideram que existe forte conexão entre o conceito de maximização e o de equilíbrio, uma vez que o comportamento maximizador tende a levar os agentes a uma situação de equilíbrio.[11]

Resta falar do conceito de *eficiência.* A título exemplificativo, pode-se dizer que um processo de produção de uma indústria será eficiente se pelo menos uma de duas condições se verificar: se não for possível produzir a mesma quantidade de produto a partir de uma combinação de insumos a menor custo; *ou* se não for possível produzir maior quantidade de produto usando a mesma combinação de insumos.[12] Essa situação nos dá uma idéia básica de *eficiência*, em que os recursos são aplicados da melhor forma possível para a produção de determinado resultado.

Mas há na verdade dois importantes conceitos de eficiência em economia. O primeiro deles é chamado de *eficiência de Pareto* – ou ainda *eficiência alocativa.* Esse conceito relaciona-se à satisfação das preferências individuais e propugna que os bens e/ou recursos tendem a ser transferidos de quem menos os valoriza para quem mais os valoriza para que se atinja uma situação eficiente. Haverá eficiência de Pareto se for impossível alterar determinada situação de forma a deixar ao menos um indivíduo em posição melhor (segundo sua

8. Coase ensina que, com altos custos de transação, a negociação de direitos entre as partes pode não ser bem sucedida no sentido de promover sua alocação mais eficiente e maximizar resultados. Nesses casos, decisões judiciais exercem importante papel na promoção da alocação eficiente de recursos na sociedade. Esse raciocínio aplica-se às instituições jurídicas em geral: havendo custos de transação positivos, e especialmente quando forem altos, estas exercem importante influência sobre a alocação eficiente de recursos.

9. Cf. Robert Cooter e Thomas Ulen, *Law & Economics*, Pearson Addison Wesley, 2004. Cooter e Ulen explicam que a microeconomia diz respeito a decisões de indivíduos e pequenos grupos – como famílias, clubes, empresas, etc. – em relação à alocação de recursos escassos segundo diferentes finalidades.

10. Assim, cada indivíduo busca maximizar algo, p.ex., consumidores maximizam a utilidade a ser obtida com a aquisição de um bem; empresas maximizam lucros; políticos maximizam votos; e assim por diante (cf. Cooter e Ulen, p. 15).

11. Na verdade esse é um conceito básico, pois há mais de um conceito de equilíbrio em economia. P.ex., o conceito do *Equilíbrio de Nash*, relacionado à teoria dos jogos. Para maiores detalhes a respeito, v. Douglas G. Baird, Robert H. Gertner e Randal C. Picker, *Game Theory and the Law*, Harvard University Press, 2003.

12. Cf. Cooter e Ulen, p. 16.

estimativa), *sem que* nenhum outro indivíduo piore sua posição (também segundo sua estimativa). Ou seja, deve ser viável que um indivíduo melhore seus ganhos, sem que nenhum outro indivíduo se prejudique, ficando em situação pior.[13]

Um outro critério de eficiência é aquele que se denomina *eficiência de Kaldor-Hicks*, segundo o qual uma mudança em que alguns indivíduos saiam prejudicados é possível, desde que aqueles que melhoram sua posição ganhem mais do que perdem aqueles que pioram de situação. Assim, os indivíduos que melhoram sua situação podem *teoricamente compensar* aqueles que ficam piores,[14] podendo eventualmente levar a uma situação de eficiência alocativa no sentido de *Pareto*.

Por último, cabe analisar também o conceito de assimetria de informações, muito relevante para a análise econômica do direito, especialmente em matéria de contratos. A troca de informações entre as partes de um contrato apresenta um importante papel em relação ao estímulo do compromisso e da cooperação entre elas.

Antes de celebrarem um contrato, cada uma das partes possui um conhecimento particular a respeito do que espera obter daquela relação contratual – p.ex., o preço que está disposta a pagar, compromissos que está disposta a assumir, aspectos da contratação que lhe são mais ou menos importantes, etc. Contudo, uma das partes pode deter uma informação relacionada ao potencial contrato que a outra parte desconhece, mas que lhe seria de grande valia conhecer – p.ex., a existência de fontes de água mineral no terreno a ser comprado.[15]

Nessas situações, diz-se que existe *assimetria de informações* ou *assimetria informacional*, pois o conhecimento de ambas as partes a respeito dos aspectos envolvidos na contratação não é uniforme: uma delas possui informações que a outra não possui – e que podem lhe ser relevantes. A assimetria informacional pode prevenir a ocorrência de trocas eficientes e tais situações são consideradas especialmente problemáticas em contratações de longo prazo.

Essa falta de uniformidade na informação corrente entre as partes relaciona-se a um oportunismo – ligado à possibilidade de maior barganha. Nesse sentido, conforme notam Cooter e Ulen, o direito contratual pode auxiliar as partes a lidar com a assimetria de informações, por meio da criação de regras jurídicas sobre a formação e a execução de contratos que as guiem a respeito de quais informações devem ser obrigatoriamente divulgadas e quais não. Mas leis que estabeleçam deveres de informar não são o único instrumento jurídico apto a mitigar o problema da assimetria informacional; contratos apresentam também importante papel a esse respeito. Isso posto, cumpre verificar como o contrato preliminar pode ser interpretado à luz da análise econômica do direito.

III.2 O contrato preliminar como contrato incompleto

A análise econômica propõe uma divisão dos contratos em *contratos comple-*

13. O conceito de eficiência de Pareto, muito embora seja o grande parâmetro dos economistas, sofre algumas críticas. Cooter e Ulen ressaltam que esse critério exige que os "ganhadores" – os que melhoram sua situação – explicitamente compensem os "perdedores"; caso contrário, esses poderiam vetar a mudança, exigindo-se o seu consenso para que ela se realizasse. Os autores notam, apropriadamente, que isso teria claras desvantagens em relação a políticas públicas. De fato, na prática, seria quase impossível proceder a qualquer grande mudança – como aquelas de política econômica – sem que pelo menos alguém ficasse em situação pior.

14. A compensação aqui não precisa ser efetiva, bastando que seja possível. Esse conceito de eficiência maximiza o bem-estar social e é muito aplicado no ramo da economia chamado *Welfare economics*. Cooter e Ulen notam que o conceito de eficiência de Kaldor-Hicks representa, em sua essência, uma técnica para análises de custo-benefício, em que, p.ex., um projeto é realizado se seus benefícios superam seus custos. Mas esse conceito também é alvo de críticas, p.ex., por apenas considerar o nível absoluto de renda envolvido, e não sua distribuição.

15. Cf. Cooter e Ulen, p. 200.

tos e *contratos incompletos*. Um contrato é considerado completo (*completely specified*) se a lista das condições em que as ações das partes são baseadas é *explicitamente exaustiva*, ou seja, se o contrato trata de todas as possíveis contingências associadas à relação contratual.[16] Um contrato é considerado incompleto se não lista exaustivamente todas as possíveis condições relacionadas ao contrato, em um determinado universo relevante de condições.

Há ainda um outro tipo de contrato a ser considerado. Mencionamos que a eficiência é um dos pilares da análise econômica, sendo o conceito de eficiência de Pareto o grande parâmetro dos economistas. E a eficiência de Pareto, em matéria de contratos, encontra-se refletida no conceito dos chamados contratos mutuamente benéficos (*mutually beneficial contracts*). São aqueles que não podem ser modificados de forma a aumentar a utilidade esperada por cada uma das partes. Nesse tipo de contrato, nenhuma das partes pode melhorar sua situação sem que com isso a outra piore. Caso um contrato *possa* ser alterado nesse sentido, verifica-se que ele *não é* mutuamente benéfico e espera-se que a alteração seja feita, para que se atinja o resultado mais eficiente, segundo propugna a análise econômica.

Na prática, contudo, é sabido que a hipótese de se celebrar contratos completos é bastante rara, por diversos motivos. Há custos relacionados às variadas etapas envolvidas na celebração de contratos, desde a procura por um parceiro, à negociação dos termos do contrato, sua elaboração e ainda a obtenção de sua execução. A antecipação de todas as possíveis contingências relacionadas ao contrato também implica custos.

Além disso, a todo contrato são inerentes alguns problemas potenciais, mas nem sempre é possível que os agentes econômicos prevejam todos eles na elaboração dos arranjos institucionais no presente. Nesse sentido, é possível afirmar que o contrato preliminar é, por definição, um *contrato incompleto*, por não prever especificamente todas as possíveis contingências relacionadas à relação contratual que se estabelece.

E essa sua incompletude pode estar fundada em diversos dos motivos mencionados, notadamente, os custos de transação existentes e a impossibilidade de se prever todas as contingências. A própria utilidade em se celebrar um contrato preliminar reside na constituição de um vínculo contratual quando as partes entendem ainda não estarem presentes todas as condições necessárias à contratação definitiva.

Como contrato incompleto que é, o contrato preliminar confere maior intervalo de tempo às partes para a obtenção das informações que julgarem necessárias e para a conformação dos elementos da relação contratual aos seus interesses. É um instrumento que permite economizar custos de transação, assim como mitigar a assimetria informacional existente entre as partes, tendendo a promover resultados mais eficientes na contratação definitiva.

Mas se o contrato preliminar é um contrato incompleto, então fica claro que o legislador do atual Código Civil não o disciplinou adequadamente. De fato, o art. 462 estabelece que o contrato preliminar "deve conter todos os requisitos essenciais ao contrato a ser celebrado", mas se assim for ele se descaracteriza, como contrato incompleto que é. Disso só se pode concluir que o contrato preliminar, tal como previsto na lei, não é senão um *contrato completo*, o que torna nítida a impropriedade dessa disciplina legal e a desconsideração do legislador para com a verdadeira função do contrato preliminar.

Ao se exigir a presença de todos os elementos essenciais do contrato definitivo, as partes podem eventualmente perder o interesse em celebrar contratos preliminares, como contratos incompletos que são.

16. Cf. Steven Shavell, *Economic Analysis of Contract Law*, 2003, disponível (*on-line*) em *http://www.nber.org/papers/w9696*.

Não se permite que as partes se valham da omissão de certos elementos no contrato preliminar – muitas vezes como forma de economizar custos de transação – em vista da possibilidade de que o ordenamento não lhe confira a devida tutela jurídica, garantindo-lhe exeqüibilidade e oferecendo segurança às partes.

A análise econômica demonstra que celebrar contratos incompletos é uma forma de economizar custos de transação. E a eficiência de um contrato possui relação direta com os custos de transação associados à relação contratual.[17] Não obstante, o Código Civil, ao disciplinar o contrato preliminar como se fosse um contrato completo, não permite que os agentes econômicos se valham desse instituto para economizar custos, o que pode em última instância afetar a eficiência do desempenho econômico das contratações.

III.3 O contrato preliminar e o inadimplemento eficiente

Existem basicamente dois tipos de *remédios ao inadimplemento*, conforme é possível verificar nos próprios dispositivos do Código Civil sobre o contrato preliminar: o pagamento de danos (multas compensatórias)[18] à parte lesada e a execução específica do contrato (no caso do contrato preliminar, isso implica que o juiz supra a vontade da parte inadimplente por meio de uma sentença constitutiva). A doutrina da análise econômica do direito, ao tratar do tema, busca demonstrar como os diferentes remédios ao inadimplemento afetam a eficiência de uma contratação.

Da perspectiva da análise econômica dos contratos, o pagamento de multas compensatórias pode ser visto como um incentivo ao cumprimento do contrato, pois surge como conseqüência do inadimplemento. Nesse sentido, o valor da multa a ser paga tem influência sobre o incentivo que será promovido. Em princípio, poder-se-ia dizer que quanto maior o valor previsto, maior o incentivo ao adimplemento. Mas isso nem sempre é verdade.

Shavell afirma que no caso dos *contratos completos*, a previsão contratual de um alto valor de multas compensatórias a serem pagas seria a melhor opção, pois forneceria um maior incentivo ao cumprimento do contrato. Para esclarecer essa afirmação, deve-se considerar que conforme a análise econômica dos contratos, o adimplemento somente será interessante às partes se *o valor do cumprimento do contrato superar os custos de cumpri-lo*. Esse valor do cumprimento relaciona-se ao montante em que uma parte – o comprador, p.ex. – valoriza o adimplemento – p.ex. a aquisição de determinado bem. Exemplificando: uma mesa pode custar $ 50, mas o comprador pode valorizar a aquisição da mesa em $ 100. Assim, será interessante cumprir o contrato somente enquanto o custo do adimplemento – suponha-se, o custo de produzir a mesa – não supere o valor de $ 100.

Em um contrato completo e mutuamente benéfico, Shavell afirma que a previsão de um alto valor de multas compensatórias por inadimplemento implicaria: (*i*) que o cumprimento do contrato estivesse sempre garantido e; (*ii*) que não houvesse risco de uma parte ter que cumprir o contrato mesmo quando isso fosse excessivamente oneroso. Além disso, não haveria risco de uma parte ter que suportar o pagamento de alto valor de multas pelo inadimplemento. Essas afirmações são verdadeiras, pois, como visto, um contrato completo e mutuamente benéfico é *eficiente no sentido de Pareto*.

Assim sendo, tal contrato *exime* a parte do cumprimento quando o custo para tanto

17. Essa afirmação é corroborada por Avery Katz, "The strategic structure of offer and acceptance: Game Theory and the Law of contract formation", in *Michigan Law Review*, v. 89:215, 1990.

18. O pagamento de danos, como conseqüência do inadimplemento contratual, pode ser imposto pelo juiz ou ser estipulado antecipadamente pelas próprias partes, ao redigir o contrato.

for muito alto – maior que o valor que a outra parte deposita no bem, ou ainda, maior que o benefício decorrente do adimplemento. No exemplo acima, note-se que a nenhuma das partes interessa que haja a produção da mesa caso o custo para tanto supere $ 100, porque o comprador valoriza a mesa em $ 100 e não seria interessante pagar mais por ela. Da mesma forma, o vendedor não teria interesse em produzir a mesa a um custo de $ 100, pois não iria lucrar com isso. Assim, vê-se que um contrato completo e mutuamente benéfico – que é eficiente no sentido de Pareto – *autoriza* expressamente o não cumprimento quando o seu custo superar o montante em que se valoriza o contrato. A previsão de multas de alto valor seria um bom incentivo ao cumprimento sem, contudo, trazer o risco de um cumprimento excessivamente oneroso (*excessive performance*).

Mas as conclusões são diferentes para os *contratos incompletos*. Nesse caso, a previsão de multas compensatórias de alto valor poderia levar ao cumprimento do contrato *ainda que* isso fosse excessivamente oneroso, o que não seria eficiente. Nesse tipo de contrato, apenas a previsão um valor moderado de multas compensatórias seria interessante para conduzir ao adimplemento, permitindo a quebra contratual (*breach of contract*) – com o respectivo pagamento desses valores – quando o custo do cumprimento se tornasse excessivo. Pela sua própria definição, um contrato incompleto não conteria a previsão de que a obrigação não deveria ser cumprida se o custo para tanto excedesse certo limite, porque esse contrato não prevê todas as possíveis contingências relacionadas ao negócio. Ou seja, um contrato incompleto não autoriza expressamente o inadimplemento em caso de onerosidade excessiva.

Nesse tipo de contrato, um alto valor de multas compensatórias seria pior para ambas as partes, em razão do risco do cumprimento excessivamente oneroso. Segundo a análise econômica, a previsão de multas compensatórias de alto valor em contratos incompletos se assemelha à hipótese de execução específica determinada pelo juiz, já que o elevado valor da multa desestimula o inadimplemento e assim o contrato será cumprido ainda que o custo para tanto seja excessivo, o que não é eficiente. Por outro lado, a previsão de multas compensatórias de valor muito baixo tampouco tende a resultados eficientes na contratação, pois pode resultar em inadimplemento mesmo quando o custo do cumprimento da obrigação for *inferior* ao valor conferido pelas partes ao contrato.

Disso decorre que, segundo a análise econômica, a medida ideal para as multas compensatórias em contratos incompletos é aquela moderada, que leva ao adimplemento *apenas* quando o custo de adimplir não superar a valoração conferida pelas partes ao cumprimento do contrato. Caso contrário, seria mais eficiente não cumprir o contrato e pagar o valor das multas, na busca pelo melhor resultado coletivo e não apenas individual. A previsão de multas compensatórias de valor moderado induz ao adimplemento em condições semelhantes àquelas de um contrato completo e mutuamente benéfico, que é eficiente no sentido de Pareto.

Quanto à execução específica, as mesmas conclusões se aplicam. Em contratos completos e mutuamente benéficos ela *nunca* implicaria um ônus excessivo a nenhuma das partes, pois esse tipo de contrato as exime do cumprimento nas hipóteses em que este se tornar excessivamente oneroso, de forma a se alcançar resultados eficientes. Contudo, o mesmo não vale para o caso de contratos incompletos, basicamente pelas mesmas razões apontadas para o remédio de pagamento de danos (multas compensatórias).

As considerações acima importam o esclarecimento do que a doutrina da análise econômica chama de *inadimplemento eficiente* (*efficient breach*). Considerando-se que a eficiência é um dos pilares dessa doutrina, o inadimplemento eficiente diz respeito a situações em que o custo de inadimplir é menor do que o custo de adimplir, de forma que a primeira decisão é mais eficiente e desejável.[19] Os casos acima mencionados de cumprimento do contrato a custos excessivos, são casos em que o inadimplemento seria a solução mais eficiente. No caso de contratos incompletos, a previsão de multas compensatórias de valor moderado confere às partes a opção pelo inadimplemento eficiente.

Para o jurista tradicional, a possibilidade de inadimplir um contrato, optando pelo pagamento do valor da multa compensatória, pode parecer absurda e imoral, além de conflitante com a noção de *pacta sunt servanda*. Contudo, se o que se busca é a eficiência nas contratações, direcionada à maximização de riqueza e do bem-estar econômico e social, o ordenamento jurídico deveria autorizar o inadimplemento eficiente, conferindo aos agentes econômicos a opção de adimplir contratos apenas quando esta fosse a saída que maximizasse os ganhos resultantes da contratação.

A esse respeito, interessante a colocação de Shavell, no sentido de que não cumprir um contrato seria como quebrar uma promessa, que é o que de fato constitui a essência dos contratos. Deve-se partir da premissa de que o tipo de promessa que deve ser cumprida seria aquela promessa *completamente especificada* – como um contrato completo e mutuamente benéfico –, o que faz sentido, pois somente esse tipo de promessa reflete *explicitamente* os desejos das partes em cada circunstância relevante. Por conseguinte, as promessas decorrentes de contratos *incompletos* não seriam aquelas que devem necessariamente ser cumpridas.

Dessa forma, não haveria nada de imoral em não cumprir um contrato e pagar respectivo valor de multa compensatória, considerando-se que na prática os contratos são geralmente incompletos. De acordo com Shavell, a visão de que inadimplir e pagar o valor da multa é algo imoral reflete uma falha em reconhecer a possibilidade – assim como a realidade prática e os motivos justificadores – de contratos incompletos.

Não obstante isso, o inadimplemento eficiente não é uma opção admitida pelo ordenamento jurídico brasileiro, o que fica claro a partir da leitura do art. 464 do Código Civil, que prevê a execução específica do contrato preliminar. Tal previsão legal impõe um risco às partes, podendo trazer-lhes significativos ônus, em especial quando restar demonstrado que a contratação definitiva não é mais interessante a uma delas.

Assim, uma das principais funções do contrato preliminar, qual seja, mitigar a assimetria informacional, acaba tendo seu valor reduzido, ante a possibilidade de que a eventual descoberta de informações desfavoráveis seja infrutífera, no que se refere a uma análise de custo-benefício a respeito da celebração do contrato definitivo. O legislador brasileiro poderia ter adotado melhor solução, caso houvesse estabelecido o simples pagamento de perdas e danos como decorrência do inadimplemento do contrato preliminar. Como vimos demonstrando, a análise econômica considera efetivamente que esta é a melhor solução no caso de contratos incompletos, como é o preliminar.

IV. Análise funcional e análise estrutural do direito

A análise econômica preocupa-se com os efeitos que as leis, políticas e instituições em geral podem trazer para o meio econômico e social, considerando-os todos como instrumentos para se atingir determinados objetivos, ou seja, considerando que o direito como um todo possui funções a serem preenchidas. Assim sendo, a maneira como se pretende atingir os objetivos ganha especial relevância neste enfoque de estudo do direito.

Tradicionalmente, contudo, o direito tem sido analisado a partir de um enfoque mais estrutural do que funcional, ou seja,

19. Cf. Cooter e Ulen.

com prevalência da estrutura dos institutos jurídicos e do próprio ordenamento em si. Como bem aponta Norberto Bobbio[20] ao abordar essa questão, o direito foi tradicionalmente concebido como um *ordenamento coativo*, de característica protetivo-repressiva, relacionada à função de controle social que caberia ao Estado exercer. Essa função protetiva do direito se desenvolveria em relação aos atos lícitos, mediante a repressão dos atos ilícitos.

Essa concepção tradicional do direito como um ordenamento coativo permite representar um particular tipo histórico de sociedade em que a atividade econômica subtraia-se – ou ao menos se desejava que assim fosse – à intervenção do poder político. Contudo, a partir do desenvolvimento do Estado contemporâneo, relacionado às transformações que originaram o chamado *Welfare State*, surgiram novas técnicas de controle social que não mais se enquadravam à concepção do direito como acima apontada.

Segundo Bobbio, torna-se cada vez mais freqüente o uso de "técnicas de estímulo" (*incoraggiamento*) à adoção de certos comportamentos desejados, em conjunto ou mesmo em substituição àquelas tradicionais "técnicas de desestímulo" (*scoraggiamento*), relacionadas a comportamentos indesejados. Nesse sentido, as tradicionais teorias do direito, fundadas na concepção acima apontada, necessitavam ser revistas.

Assim, ao considerarmos as alterações na própria concepção das funções do Estado, tendo gradualmente aumentado as intervenções políticas em relação aos interesses econômicos, uma nova concepção do direito fez-se necessária, mesmo porque uma nova espécie de norma passou a ser utilizada – aquela de estímulos. Nesse sentido, Bobbio afirma que ao lado da concepção tradicional do direito como ordenamento protetivo-repressivo surge uma concepção do direito como ordenamento com uma *função promocional*, no sentido de que ao Estado (e ao direito) não caberia mais simplesmente tutelar ou garantir, mas também *promover*.

Nesse contexto, Bobbio argumenta em favor do desenvolvimento de uma "teoria funcionalista do direito", centrada mais na função do direito ("para que ele serve") do que em sua estrutura ("como é feito o direito"), diferentemente do que a doutrina jurídica tradicional se preocupara em fazer. Considerar o aspecto funcional do direito é muito relevante, pois a falta de interesse pelo estudo dos fins, quaisquer que sejam, pode acabar prejudicando mesmo o seu alcance, uma vez que a ênfase apenas na estrutura dos institutos pode implicar a adoção de formas que não sejam as melhores para atingir os fins que se pretende.

As funções serão tão melhor preenchidas quinto maior for o comprometimento da estrutura para com elas, de modo que não se pode negar que ambas – estrutura e função – estão relacionadas e não são independentes. Daí depreende-se a importância de uma análise funcional do direito. O legislador deve orientar-se no sentido de elaborar um direito que seja *otimizador de resultados*, isto é, as normas devem ser tais que permitam o alcance das funções da melhor maneira possível.

A análise econômica do direito encaixa-se perfeitamente nesses conceitos, pois propugna a organização do ordenamento jurídico considerando-se os efeitos das leis e instituições sobre o comportamento dos agentes econômicos – e dos indivíduos em geral –, com foco na promoção da eficiência na distribuição de renda e riqueza, visando a melhora do desenvolvimento econômico. Verifica-se que a oposição dos juristas tradicionais à análise econômica do direito carece de fundamentos sólidos, mesmo porque a idéia de eficiência não necessariamente se opõe ao ideal de justiça.

20. *Dalla Strutura alla Funzione – Nuovi Studi di Teoria del Diritto*, Milão, Edizioni di Comunità, 1977.

V. *Conclusões*

A análise econômica do contrato preliminar serve como exemplo das contribuições que a economia tem a oferecer ao direito, como um *método* de estudo que considera os efeitos das normas, decisões e instituições jurídicas, concebendo-os ainda como *incentivos* ao comportamento dos agentes econômicos. A partir dessa análise pudemos notar que o tratamento conferido ao contrato preliminar pelo atual Código Civil pode acabar trazendo conseqüências perversas ao uso do instituto. Ao não considerar os possíveis custos e riscos impostos às partes, o legislador não percebeu que o próprio interesse em celebrar contratos preliminares pode se esvair – não obstante eles tenham tido sua utilidade comprovada no decorrer de muitos anos.

A exigência de que o contrato preliminar contenha todos os requisitos do contrato definitivo – muito embora sejam excluídos quaisquer requisitos de forma –, o desqualifica como o contrato incompleto que é, desvirtuando suas funções, notadamente, a economia de custos de transação e a mitigação da assimetria informacional. Dessa forma, um instrumento de especial utilidade para os agentes econômicos perde as principais características que justificavam sua utilização.

Ainda, a previsão de execução específica do contrato preliminar, além de representar uma intervenção desnecessária do juiz na relação contratual entre as partes, impede que os agentes econômicos façam um juízo de oportunidade e análises de custo-benefício sobre a contratação definitiva. Exclui-se a opção pelo inadimplemento eficiente do contrato, muito embora a análise econômica demonstre que essa conduta tende à obtenção de resultados mais vantajosos na contratação, maximizando os ganhos coletivos e não apenas individuais.

O desenvolvimento econômico e social depende da criação de riqueza, que em última instância é alcançada por meio de relações de trocas em mercados. E esse desenvolvimento será tão melhor alcançado quanto mais *eficientes* forem as trocas, no sentido de proporcionar a alocação de recursos da forma que mais os valorize, tendo como conseqüência vantagens relacionadas ao bem-estar da coletividade. Assim, o ambiente jurídico deve estar organizado de forma a permitir o desenvolvimento dos mercados a partir do estímulo a trocas mais eficientes, com uma estrutura institucional que busque potencializar o desenvolvimento econômico.

A análise econômica mostra que inclusão da eficiência como algo a ser buscado pelo direito representa um avanço também no sentido de um sistema jurídico orientado para a maximização da produção de riqueza através do desenvolvimento dos mercados. Nesse sentido, é fundamental a compreensão de que o direito exerce importante papel no que tange ao desenvolvimento econômico e social. Mas na medida em que a disciplina legal de um instituto – como a do contrato preliminar – não corresponde à realidade econômica que o permeia, ele poderá cair em desuso. Disso decorre a importância de se considerar os aspectos econômicos envolvidos e os possíveis efeitos relacionados às normas, políticas, decisões e institutos jurídicos em geral.

Pareceres

ATOS E OPERAÇÕES SOCIETÁRIAS EM FRAUDE À LEI, VISANDO À TOMADA ILÍCITA DO CONTROLE DE COMPANHIA ABERTA – ABUSO DO PODER DE CONTROLE E CONFLITO DE INTERESSES CARACTERIZADOS – INVALIDADE

ERASMO VALLADÃO A. E N. FRANÇA

CONSULTA: 1. Antecedentes; 2. A "Reorganização"; 3. Prejuízos à D-1 e aos Acionistas Minoritários da D-1 e da D; 4. Conflitos de Interesse; 5. Alienação Indireta de Controle; 6. Quesitos. PARECER: O controle da D-1; O abuso do poder de controle; O conflito de interesses.

A empresa Consulente – doravante denominada simplesmente *A*, ou *Consulente*, por intermédio de seus ilustres advogados, Drs. Valdo Cestari de Rizzo e Sérgio Varella Bruna, nos submetem a seguinte

CONSULTA

Prezado Professor,

A pedido de nossa cliente, *A*, e na forma de nossos entendimentos anteriores, vimos solicitar seu parecer sobre as questões adiante expostas.

1. Antecedentes

1.1 A empresa *A*, conjuntamente com a empresa *B* (em conjunto com as demais empresas pertencentes ao assim denominado *Grupo B*, doravante designadas, em conjunto ou separadamente, e como o contexto permitir, simplesmente, como *B*) e a empresa *C*, são as principais acionistas da companhia *D*, sociedade *holding* cujo objeto social é a administração de bens próprios e a participação em outra sociedade, qual seja, a *D-1*.

1.2 Pelas próprias características do Estatuto Social da *D*, pode-se depreender claramente que a sociedade foi moldada para que suas sócias exercessem o controle compartilhado da *D-1*.

1.3 O capital social e votante da *D* está distribuído entre as suas acionistas da seguinte forma:

(i) 33,43% é detido pela *A*;

(ii) 52,34% é detido pela *B*;

(iii) 12,8%, é detido pela *C*; e

(iv) o restante é detido por outros acionistas.

1.4 A *D* é a acionista controladora da *D-1*, a maior produtora de matéria-prima para fertilizantes do País, detendo 56,21% do seu capital social total e 81,53% do seu capital votante.

1.5 O Conselho de Administração da *D* é composto por nove membros e respectivos suplentes, com mandato de dois anos, sendo de *7 votos afirmativos a maioria exigida para as deliberações*.

1.6 Nesse contexto, com a adoção do mecanismo do voto múltiplo e considerando a distribuição do capital votante respectivo, na composição do Conselho de Administração da *D-1*, a *B* teria direito a 5 cadeiras, a *A* a 3 cadeiras e a *C* a 1 cadeira. Essa distribuição sempre satisfez o acordo entre as acionistas da *D* para a administração do exercício do controle da *D-1*.

1.7 Dentre as atribuições do Conselho de Administração da *D*, inclui-se a de deliberar sobre o exercício do direito de voto pela companhia, em qualquer matéria, na qualidade de acionista controladora da *D-1* (artigo 21 do Estatuto Social).

1.8 Todavia, no momento atual, o Conselho de Administração da *D*, com mandato em vigor até a AGO de 2007, é composto pelas pessoas abaixo, todos executivos da *B*, e por um ex-controlador da *C*, que foi mantido no exercício do cargo de conselheiro da *D* e da *D-1* pelos atuais controladores da empresa. Vejamos a situação de cada um dos representantes da *B* no Conselho de Administração da *D*:

(i) MABN, *Diretor-Presidente da B*, Presidente do Conselho de Administração da *D-1* e Presidente do Conselho de Administração da *D*;

(ii) SSS, *Vice-Presidente Financeiro da B*, Vice-Presidente do Conselho de Administração da *D-1* e membro do Conselho de Administração da *D*;

(iii) MN, *Diretor da B Brasil*, membro do Conselho de Administração da *D*;

(iv) HGH, *Diretora Jurídica da B Brasil*, membro do Conselho Fiscal da *D-1* e membro do Conselho de Administração da *D*;

(v) ARN, *Vice-Presidente de Operações da B* e membro do Conselho de Administração da *D*;

(vi) PCMT, *Vice-Presidente Comercial da B* e membro do Conselho de Administração da *D*;

(vii) RBB, *Ex-Diretor da Área de Informática da B Brasil* e membro do Conselho de Administração da *D*;

(viii) RPCP, *B* Limited, membro do Conselho de Administração da *D-1* e membro do Conselho de Administração da *D*;

1.9 Essa composição somente foi possível porque, em Assembléia Geral Ordinária ("AGO") da *D*, realizada em 27.4.2006 – ou seja, em pleno curso do mandato – os três membros do Conselho de Administração indicados pela *A* na AGO de 2005 foram ilicitamente substituídos por três novos membros indicados pela *B*. Por intermédio desse artifício, a *A* foi violentamente afastada do Conselho de Administração da *D* e, por conseqüência, do controle da *D-1*.

1.10 Contra a deliberação assemblear (AGO de 2006) por meio da qual a *B* afastou, no curso do mandato, três conselheiros que haviam sido eleitos pela *A*, nossa cliente ajuizou ação anulatória, conforme cópias dos autos que lhe estão sendo encaminhadas nesta data.

1.10.1 O fundamento da ação anulatória não guarda qualquer relação com a não adoção do voto múltiplo pela *A* na AGO da *D* de 27.4.2006 – até porque ambas as acionistas concordam ser inadmissível a adoção de voto múltiplo naquela situação.

1.10.2 Ao revés, a demanda fundou-se no fato de que, em inequívoco abuso de direito, a *B* violou os acordos especificamente estabelecidos entre as acionistas para a eleição do Conselho de Administração da *D* na AGO de 2005 e para a substituição de alguns de seus membros na AGO de 2006.

1.11 O fato é que, a partir da AGO realizada em 27.4.2006, a *B* passou a contar com 8 dos 9 membros do Conselho de Administração da *D* e, com isso, a ser capaz de determinar, unilateralmente, as deliberações daquele órgão social, o que não ocorreria se o Conselho de Administração da *D* estivesse constituído por legítimos representantes das acionistas, eleitos na forma da lei na proporção da distribuição de seu capital social.

2. A "Reorganização"

2.1 Conforme Fato Relevante conjunto publicado em 22.12.2006 ("*Fato Relevante*"), as administrações da *D-1* e da *B* anunciaram a intenção de (i) incorporar as ações da *B* no capital da *D-1*, com a conseqüente transformação da *B* em subsidiária integral da *D-1*; (ii) converter a totalidade das ações preferenciais da *D-1* em ações ordinárias; (iii) atribuir à totalidade das ações ordinárias de emissão da *D-1* o direito de serem incluídas em eventual oferta pública da alienação do controle da *D-1* por valor correspondente a 100% do preço das ações integrantes do controle ("*tag along*"); e (iv) aumentar o dividendo mínimo obrigatório de 25% para 27,5%.

2.2 Como o próprio Fato Relevante indica, após a implementação da referida operação ("*Reorganização*"), o capital da *D-1* ficará distribuído entre seus acionistas da seguinte forma:

Acionista	**ON**	**% Total e Votante**
D	59.920.523	31,79%
B Brasil Holdings B.V.	81.866.735	43,43%
B Cooperatief U.A.	7.332	0,01%
B Participações e Investimentos S/A	13.117.195	6,96%
Ações em tesouraria	347.800	0,18%
Outros	33.220.849	17,63%
Total	188.480.434	100%

2.3 Ou seja, por meio da Reorganização, a *B* pretende passar a deter o controle isolado e absoluto da *D-1*, com participação equivalente a 50,4% do capital social e votante da *D-1*.

3. Prejuízos à D-1 e aos Acionistas Minoritários da D-1 e da D

3.1 No entender da Consulente, a Reorganização trará significativos prejuízos à *D* e a seus acionistas minoritários. Com efeito, a Reorganização significará, para a *D*, a perda do controle da *D-1*, sem que ao menos o prêmio correspondente tenha sido considerado nos laudos de avaliação preparados para a operação.

3.2 Igualmente, a Reorganização poderá trazer prejuízos à *D-1* ou, pelo menos, atrasar de forma significativa o seu desenvolvimento.

3.2.1 De fato, a *B* (neste caso especificamente a *B* Fertilizantes S/A) *é uma empresa que não tem margens de lucratividade sequer parecidas com as da D-1.*

3.2.2 Além disso, a *B* tem ativos ociosos e outros de origem questionável. Por óbvio, a *B* estendeu a sua avaliação o quanto pôde para, na relação de troca proposta na Reorganização, atingir os 50,4% do capital votante da *D-1*, no limiar da maioria das ações com direito a voto.

3.3 A justificativa da Reorganização divulgada no Fato Relevante aduz vantagens, mas são todas elas questionáveis.

3.3.1 Sinergias que serão utilizadas somente pela *B*, pois todas elas serão extraídas da *D-1*.

3.3.2 Fortalecimento da D-1 para competir com seus concorrentes internacionais, quando, na verdade, a *B* pertence a um grupo com sede nas Ilhas Virgens Britânicas e com ações na Bolsa de Nova Iorque. As concorrentes internacionais (*A* e *Y*, atual controladora da *C*) são aquelas que, juntamente com os demais acionistas minoritários da *D-1*, estão sendo lesadas pela *B* na Reorganização.

3.3.3 Conversão das Ações Preferenciais em Ordinárias, "tag along" em caso de alienação de controle com 100% do respectivo prêmio e aumento do dividendo mínimo. Convém notar que a adoção de práticas de governança corporativa buscada por meio da unificação das ações e do direito a *tag along*, bem como a majoração do dividendo mínimo obrigatório, independem da incorporação da *B* pela *D-1*. Na verdade, a conversão das ações preferenciais em ordinárias somente serve ao objetivo maior da *B*, de atingir a maioria absoluta do capital da *D-1* após a conclusão da Reorganização. Isso porque a conversão das ações preferenciais atualmente detidas pela *B* no capital da *D-1* contribuirá para que a *B* possa alcançar os almejados 50,4% do capital da *D-1*.

3.4 Assim, a Consulente entende que a Reorganização está sendo utilizada pela *B* para tomar de assalto o controle da *D-1*, sem considerar que os acionistas da *D-1*, exceção feita à própria *B*, não terão qualquer vantagem no processo. Apenas passarão de acionistas de uma empresa rica, saudável e em franco progresso, para acionistas de uma empresa com ativos ociosos e questionáveis e que passará a atuar na área menos lucrativa do negócio de fertilizantes, qual seja, a mistura e a distribuição.

3.5 A Consulente tem evidências claras, outrossim, de que a *B* Fertilizantes S/A recebeu, ao longo do ano de 2006, sucessivos aportes de capital que, objetivamente, contribuíram para a melhoria da sua situação patrimonial. Tais aumentos de capital – se considerados no contexto da Reorganização – permitiriam aos acionistas da *B* Fertilizantes S/A uma melhor relação de troca, *i.e.*, dando à *B*, mais ações do capital da *D-1* do que ela receberia se tais aportes de capital não tivessem sido realizados (muito embora o laudo de avaliação da *B* Fertilizantes S/A contenha sérias inconsistências). Isso, a nosso ver, é mais um dos diversos atos que demonstram que a Reorganização toda não tem por objetivo senão a tomada do controle da *D-1* pela *B*.

4. Conflitos de Interesse

4.1 Como se pode observar da exposição dos fatos acima, a maioria (8 de 9 membros) dos atuais membros do Conselho de Administração da *D* foi eleita pela acionista *B* em 27.4.2006, não obstante a patente violação do acordo estabelecido entre *B* e *A* para garantir a representatividade proporcional no Conselho de Administração.

4.2 Dessa forma, esses mesmos membros do Conselho de Administração da *D* eleitos pela *B* (3 deles de forma ilícita) decidiram, em Reunião do Conselho realizada em 21.12.2006, *os votos da D* a serem dados na Assembléia Geral Extraordinária e na Assembléia Geral Especial de Preferencialistas da *D-1*, a serem realizadas em 23.1.2007 ("AGE").

4.3 Como era de se esperar, o Conselho de Administração da *D* decidiu pelo voto afirmativo na AGE, aprovando a incorporação da *B* pela *D-1*, nos exatos termos em que lhes foi proposta, além da conversão da totalidade das ações preferenciais em ordinárias, entre outras matérias.

4.4 Entretanto, como já referido, os oito membros do Conselho de Administração da *D*, eleitos pela *B*, ocupam, também, cargos de administração nas empresas do Grupo *B*.[1]

4.5 Releva notar que os conselheiros da *D* que votaram favoravelmente à Reorganização fizeram-no contrariamente aos interesses da *D*, uma vez que a deliberação levará à perda do controle da *D-1*, único ativo da *D*, sem que, pelo menos, a *D* seja recompensada pelo seu prêmio de controle. Os conselheiros da *D* que apro-

1. Frise-se que na Reunião do Conselho de Administração da *D* realizada em 21.12.2006, os Conselheiros RBB e RPCP, vinculados à *B* Limited, foram representados por seus Suplentes, respectivamente, Sr. VHLC, que é *Diretor Industrial da B*, e Sr. SLDP, que é *Diretor Financeiro da B*.

varam a Reorganização por sua deliberação de 21.12.2006 apenas consideraram o interesse de seu empregador, a *B*, em atingir a maioria absoluta no capital da *D-1* por intermédio da Reorganização.

4.6 Da mesma sorte, alguns membros do Conselho de Administração da *D-1* também ocupam cargos na *D*. São eles os Srs. MABN, SSS, OMT, RPCP, VJL.

4.7 Por conseguinte, a *D*, ao votar na AGE a se realizar na *D-1* para aprovar a Reorganização estará apenas concretizando os interesses da *B*, que é interessada direta na operação, pois com ela pretende adquirir o controle isolado da *D-1*.

5. Alienação Indireta de Controle

5.1 A incorporação da *B* pela *D-1* significa, em simples palavras, a união das operações de *B* e *D-1* e *a diluição da participação societária da D, até então controladora da Companhia*. Efetivada a incorporação, a *B* passará a ser a controladora da *D-1*.

5.2 Como se sabe, a *D* atualmente detém 57% do total da ações da *D-1* e *81% das ações votantes*. Com a implementação da incorporação, a *D* passará a deter *apenas 31% das ações com direito a voto* e o *Grupo B* passará a deter, isoladamente, 50,4% do capital votante:

	Antes da incorporação	**Após a incorporação**
D	81% do capital votante	31% do capital votante
Grupo *B*	12,3% do capital votante	50,4% do capital votante

5.3 Na verdade, a Reorganização operará a transferência para a *B* do controle acionário da *D-1*, até hoje detido pela *D*, levando a *B* a deter na *D-1* percentual quatro vezes maior do que aquele que possui atualmente.

5.4 E tal ocorrerá de modo indireto.

5.5 A *B*, ciente de que qualquer alienação, oneração ou transferência, de quaisquer das ações detidas pela *D* no capital social da *D-1* estava sujeita à aprovação de dois terços do capital social votante da *D* em assembléia geral de acionistas (artigo 12, "v", do estatuto), decidiu valer-se de artifícios para tentar atingir esse mesmo objetivo furtando-se ao dever de obter aprovação das demais acionistas para tanto.

5.6 Ora, de acordo com o Estatuto Social da *D*, a *B* não é a controladora da companhia. Apesar de deter 55% do capital social, a *B* não tem o poder de aprovar unilateralmente matérias em Assembléia Geral tendo em vista o *quorum* qualificado de 2/3, o que significa dizer que não conseguiria aprovar sozinha a alienação.

5.7 A *B*, deparando-se com o fato de que a *A* detinha poder de veto nas deliberações do Conselho de Administração da *D* e de que certamente não aprovaria a incorporação da *B* pela *D-1*, por saber que a incorporação ora em questão não atende aos interesses da *D*, nem da *D-1*, optou pelo caminho mais fácil, quebrando deliberadamente o acordo que havia feito com *A* para nomear oito membros no Conselho de Administração da *D*. Garantiu, assim, que sua vontade transparecesse nas decisões do Conselho no tocante aos votos a serem proferidos na *D-1*.

6. Quesitos

Em vista do exposto, pergunta-se:

6.1 Tendo em vista os conflitos de interesse acima apontados, é válida a deliberação tomada no Conselho de Administração da *D*, em 21.12.2006, aprovando os termos da Reorganização e o voto da companhia nas assembléias a serem realizadas com referência ao tema no âmbito da *D-1*?

6.2 Tendo em vista os conflitos de interesse acima apontados, é válida a deliberação tomada no Conselho de Administração da *D-1*, em 21.12.2006, aprovando os termos da Reorganização?

6.3 É viável para a *A* ou para os acionistas minoritários na *D-1* obter medida judicial tendente a: (i) suspender a eficácia da deliberação tomada no Conselho de Administração da *D* em 21.12.2006 até sua anulação por sentença; (ii) impedir a realização da assembléia da *D-1*, convocada para o dia 23.1.2007; e (iii) em última instância anular e suspender a eficácia de deliberações que venham a ser tomadas na referida assembléia?

6.4 As atitudes adotadas pela *B* no âmbito da *D* e a Reorganização proposta configuram abuso de poder de controle, nos termos da lei?

6.5 A Reorganização proposta caracteriza alienação indireta do controle da *D-1*?

Parecer

1. A questão toda, segundo nos parece, deve ser vista à luz do abuso do poder de controle, que entendemos inequivocamente caracterizado no caso concreto.

Os atos praticados direta ou indiretamente pela *B* Fertilizantes S/A (doravante simplesmente *B*), desde a substituição dos conselheiros indicados pela Consulente para compor o Conselho de Administração da *D*, objeto da ação anulatória mencionada na Consulta, até o último deles, consistente na convocação da Assembléia Geral Extraordinária da *D-1* para deliberar sobre a reorganização societária proposta, têm um único e claríssimo objetivo: *a tomada do poder de controle da D-1 pela B, de forma* ***direta, isolada*** *e* ***definitiva*** *– e ainda por cima de graça, sem o dispêndio de um centavo sequer.*

Esse objetivo é manifestamente ilícito, pois usurpará um direito que a Consulente inequivocamente detém, mas está momentaneamente impedida de exercer, como ficará esclarecido ao longo do Parecer.

E como o objetivo final de todos os atos praticados é ilícito – *é o de fraudar a lei* –, é evidente que todos e cada um deles são igualmente contaminados pela ilicitude. Eles não podem ser vistos isoladamente, mas sempre em conjunto, como atos de uma peça só.

O controle da D-1

2. Importa precisar, de início, o direito da Consulente, que estará sendo abusivamente usurpado com a reorganização proposta.

Segundo relata a Consulta, a *B*, a Consulente *A* e a *C* detêm cerca de 99% do capital social da *D*, sendo o restante detido por outros pequenos acionistas.

A *B* detém 52,34% do capital social; a Consulente *A* 33,43%; e a *C* 12,8%.

A *D*, por sua vez, é acionista controladora da *D-1*, e esta de outra companhia (*UF*), conforme se verifica no diagrama abaixo:

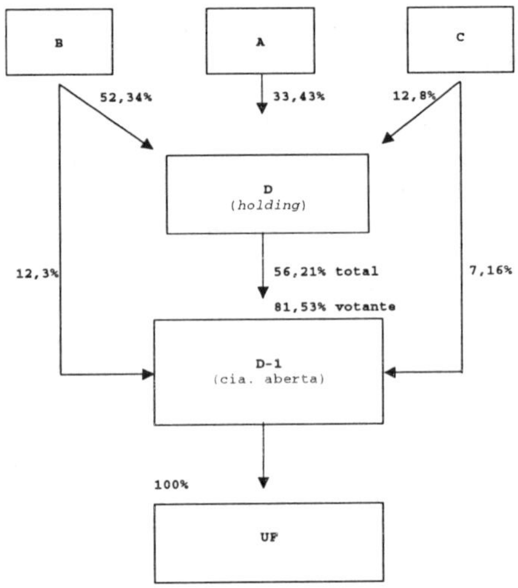

3. A *D* é uma sociedade *holding* pura, cujo objeto social é, unicamente, o de *exercer o controle societário da D-1* – objeto este para o qual, aliás, a *D* foi constituída, segundo nos foi relatado.

Como é exercido esse controle?

Fundamentalmente, através do Conselho de Administração da *D* – e não através da assembléia dos seus acionistas.

4. O voto da *D* na controlada *D-1*, é deliberado pelo seu Conselho de Administração, que é composto de 9 membros, *pelo voto afirmativo de 7 desses membros*, nos termos do artigo 21, item (iv), do Estatuto Social:

> Artigo 21. Além das demais atribuições previstas em lei, compete ao Conselho de Administração deliberar sobre as seguintes matérias *que dependerão, para sua validade, do voto afirmativo de 7 (sete) dos conselheiros* efetivos em exercícios por si, ou representados por seus respectivos suplentes.
>
> (...).
>
> (iv) exercício do direito de voto pela Sociedade, em qualquer matéria, na qualidade de acionista controladora da *D-1*. (destaques nossos)

Com essa exigência estatutária, perante um conselho composto de 9 membros, a Consulente, que é titular de 33,43% do capital social, tem matematicamente assegurado, por meio do exercício do voto múltiplo (art. 141 da Lei de S/A), *o direito de eleger 3 membros do conselho.*[2]

Ora, se a Consulente elege 3 membros em um conselho de 9 membros, e se é necessário o voto afirmativo de 7 membros para o exercício do voto da *D* nas assembléias da *D-1*, segue-se que, *sem a aprovação de pelo menos 1 dos 3 membros indicados pela Consulente*, a *B* não consegue o *quorum* necessário para determinar o voto da *D* na *D-1*.

Ou seja, o voto da *D* na *D-1* só pode ser determinado *conjuntamente* pela *B* e pela Consulente.

5. De outra parte, a cláusula estatutária em questão só pode ser modificada por maioria de 2/3 do capital social, eis que, nos termos do artigo 12, inciso (i), do estatuto social,

> Artigo 12. As deliberações da Assembléia Geral, ressalvadas as hipóteses especiais previstas em lei, serão tomadas por maioria de votos dos presentes, não se computando os votos em branco com exceção das seguintes decisões, *que exigirão a aprovação de acionistas que representem, no mínimo, 2/3 (dois terços) do total das ações com direito a voto do capital da Sociedade*:
>
> (i) *qualquer alteração deste Estatuto Social*, exceto para aumento do capital por incorporação de reservas ou por imposição legal; (grifos nossos)

No modelo estatutário adotado, portanto, é assegurado à Consulente o direito *inalterável* de, através do voto múltiplo, eleger três conselheiros da *D*, eis que a *B*, mesmo que se unisse a todos os outros acionistas, não atingiria o *quorum* necessário para modificar o estatuto.

6. Isto equivale a dizer que o *poder de determinar as deliberações da assembléia da D-1* – prerrogativa que constitui, para Fábio Konder Comparato e Calixto Salomão Filho, o núcleo da definição do poder de controle[3] – só pode ser exercido de forma compartilhada pela *B* e pela Consulente.

Claríssima hipótese de *controle conjunto*.

Tem-se, portanto, que as acionistas controladoras da *D-1* são a *B* e a Consulente, via *D*, pois quando o controle é piramidal ou em cascata (uma sociedade controla outra, que controla outra, que por sua vez controla outra, etc.), sociedade controladora é aquela que se acha no topo da pirâmide, ou seja, a controladora indireta, nos termos do art. 243, § 2º, da Lei de S/A:

> § 2º. Considera-se controlada a sociedade na qual a controladora, diretamente *ou através de outras controladas*, é titular de direitos de sócio que lhe assegurem, de modo permanente, preponderância nas de-

2. A própria *B*, na contestação à demanda mencionada na Consulta, reconhece, como não poderia deixar de ser, essa prerrogativa da Consulente.

3. "Resumindo e concluindo, o núcleo da definição de controle na sociedade anônima reside no poder de determinar as deliberações da assembléia geral" (cf. *O Poder de Controle na Sociedade Anônima*, 4ª ed., Forense, 2005, p. 88).

liberações sociais e o poder de eleger a maioria dos administradores.

E o controle, se sob determinada perspectiva é um poder, pois o seu exercício influi na esfera jurídica alheia, é, sob outra, um *direito* de quem o detém.

Comparato e Salomão Filho ponderam, justamente, que "(...) a existência de um *direito de controle* representa um elemento indispensável na economia social".[4]

A operação urdida pela *B*, portanto, *usurpará um direito que é também da Consulente*, embora esta, momentaneamente, esteja impedida de exercê-lo.

7. De fato, conforme narra a Consulta, a *B*, descumprindo acordo entre os acionistas, destituiu os membros do Conselho de Administração da *D* que haviam sido indicados pela Consulente, substituindo-os por outros, por ela nomeados.[5]

Dessa forma, passou a contar com 8 membros no Conselho de Administração da *D* – situação que lhe assegura a prerrogativa de, *isoladamente*, determinar o voto da *D* na *D-1*.

Vale dizer, a *B*, hoje – *temporária e circunstancialmente* –, exerce o poder de determinar, via *D*, as deliberações da assembléia geral da *D-1*. Ou seja, é a acionista controladora da *D-1*.

Tal prerrogativa é temporária e circunstancial porque a Consulente já anunciou que, na próxima assembléia geral ordinária da *D*, a ser realizada até o mês de abril deste ano de 2007, exercerá o direito de eleger 3 dos membros do Conselho de Administração da companhia, pelo sistema do voto múltiplo, voltando, assim, a compartilhar do controle da *D-1*, via *D*.

8. De qualquer forma, importa fixar que, no momento, a *B* é a acionista controladora da *D-1*, para efeitos de caracterização do abuso do poder de controle.

Não se alegue que, por ser um poder transitório, faltaria o requisito da permanência para caracterizar o controle atual da *B* ("é titular de direitos de sócio que lhe assegurem, *de modo permanente*, preponderância nas deliberações sociais", diz o art. 243, § 2º, da Lei de S/A).

Como ponderam Comparato e Salomão Filho, "(...) preponderância permanente nas deliberações sociais não significa, estritamente falando, situação majoritária prolongada no tempo. Pode alguém adquirir o controle de uma companhia para mantê-lo por curto período apenas. Durante este, há controle, desde que a preponderância nas deliberações sociais dependa unicamente da vontade do titular de direitos de sócio e não de acontecimentos fortuitos".[6]

O requisito da permanência, na verdade, está ligado à hipótese de controle minoritário, o que não é o caso aqui. Quando há excessiva dispersão das ações, e uma minoria exerce o controle, por vezes é difícil identificar quem é o acionista controlador. Assim, só pela permanência em sucessivas assembléias é que se pode vislumbrar o acionista ou grupo de acionistas que está controlando a sociedade. Para esse efeito, como se sabe, a hoje revogada Resolução 401, editada em 1976 pelo Conselho Monetário Nacional, caracterizou como acionista controlador o acionista ou grupo de acionistas que deteve a maioria dos votos nas três últimas assembléias gerais da companhia.

O abuso do poder de controle

9. Em petição juntada à ação anulatória, a Consulente denunciou que, no dia

4. Ob. cit., p. 363, itálico do original.

5. Essa questão é objeto da demanda anulatória referida na Consulta, mas é irrelevante para as conclusões deste Parecer a existência ou não do acordo mencionado, que é contestado pela *B*. O que é inegável é que os conselheiros que haviam sido indicados pela Consulente foram efetivamente substituídos por outros, nomeados pela *B*. Tudo leva à segura convicção – e sobretudo os fatos ocorridos posteriormente, objeto de análise neste Parecer – de que o acordo em tela realmente existia, tendo sido abusivamente rompido pela *B*. Mas a sua ocorrência ou não, como se disse, não tem relevo aqui.

6. Ob. cit., p. 86.

15.12.2006, não por coincidência às vésperas do Natal e do recesso forense, com toda a azáfama do final de ano, foi publicado um "Fato Relevante" pela administração da *D-1*, dando conta de que, no dia 21.12, o Conselho de Administração se reuniria, como de fato se reuniu, para deliberar, como deliberou, sobre uma proposta de reorganização empresarial mediante a qual a companhia procederia à incorporação das ações da *B* Fertilizantes S/A – sua atual controladora.

Essa proposta de reorganização foi feita, naturalmente, em termos sedutores, de forma a induzir, na sua aparência, a atribuição de grandes vantagens à companhia e, sobretudo, aos seus acionistas preferencialistas e minoritários.

A Consulta opõe as seguintes objeções às mencionadas vantagens:

> ***3.2*** Igualmente, a Reorganização poderá trazer prejuízos à *D-1* ou, pelo menos, atrasar de forma significativa o seu desenvolvimento.
>
> *3.2.1* De fato, a *B* (neste caso especificamente a *B* Fertilizantes S/A) *é uma empresa que não tem margens de lucratividade sequer parecidas com as da D-1.*
>
> *3.2.2* Além disso, a *B* tem ativos ociosos e outros de origem questionável. Por óbvio, a *B* estendeu a sua avaliação o quanto pôde para, na relação de troca proposta na Reorganização, atingir os 50,4% do capital votante da *D-1*, no limiar da maioria das ações com direito a voto.
>
> ***3.3*** A justificativa da Reorganização divulgada no Fato Relevante aduz vantagens, mas são todas elas questionáveis.
>
> *3.3.1 Sinergias* que serão utilizadas somente pela *B*, pois todas elas serão extraídas da *D-1*.
>
> *3.3.2 Fortalecimento da D-1 para competir com seus concorrentes internacionais*, quando, na verdade, a *B* pertence a um grupo com sede nas Ilhas Virgens Britânicas e com ações na Bolsa de Nova Iorque. As concorrentes internacionais (*A* e Y, atual controladora da *C*) são aquelas que, juntamente com os demais acionistas minoritários da *D-1*, estão sendo lesadas pela *B* na Reorganização.
>
> *3.3.3 Conversão das Ações Preferenciais em Ordinárias, "tag along" em caso de alienação de controle com 100% do respectivo prêmio e aumento do dividendo mínimo.* Convém notar que a adoção de práticas de governança corporativa buscada por meio da unificação das ações e do direito a "*tag along*", bem como a majoração do dividendo mínimo obrigatório, independem da incorporação da *B* pela *D-1*. Na verdade, a conversão das ações preferenciais em ordinárias somente serve ao objetivo maior da *B* de atingir a maioria absoluta do capital da *D-1* após a conclusão da Reorganização. Isso porque a conversão das ações preferenciais atualmente detidas pela *B* no capital da *D-1* contribuirá para que a *B* possa alcançar os almejados 50,4% do capital da *D-1*.

10. Essas objeções apenas põem a nu o que sempre ocorre nas hipóteses de utilização abusiva do poder de controle, na modalidade de desvio do poder.

Ao discorrerem sobre tal forma de abuso, Comparato e Salomão Filho, na clássica e definitiva obra sobre a matéria, que vimos citando, ressaltam o seguinte:

"115. A aplicação ao direito societário da doutrina do desvio de poder, consagrada no direito administrativo moderno pela iniciativa pioneira do Conselho de Estado francês, constitui uma das grandes conquistas atuais.

"Falando-se de desvio, subentende-se, evidentemente, uma via direta que deixou de ser seguida, para se atingir um alvo ou se chegar a um resultado. Supõe-se, pois, antes de tudo, a falha de um objetivo ou finalidade, impostos pelo direito, ou *aberratio finis legis*, como já foi dito, em paráfrase a consagrada expressão do direito penal. *Mas desvio de finalidade, esse, compatível com a observância das regras de procedimento formal, que disciplina o exercício do poder, o que torna o ato particularmente perigoso, pela dificuldade em que se encontram os prejudicados de comprovar a ilicitude. O desvio de poder consiste, assim, num afastamento não da forma mas do espírito da lei, representando ato típico de 'fraus legi'*, e não *contra legem*, segundo a conhecida advertência de Paulo: *Contra legem facit, qui id facit quo lex prohibet; in fraudem vero, qui salvis verbis legis sententiam eius circumvenit* (D. 1, 3, 29, *libro singulari ad legem Cinciam*)."[7]

Mais adiante, como se se referissem à hipótese controvertida, acrescentam:

"119. Não há dúvida que o poder de apreciação e decisão sobre a oportunidade e conveniência do exercício da atividade empresarial, em cada situação conjuntural, cabe ao titular do controle, e só a ele. Trata-se de prerrogativa inerente ao seu direito de comandar, que não pode deixar de ser reconhecida, como salientamos, em homenagem a uma concepção anárquica, ou comunitária, da sociedade por ações.

"*Freqüentemente, no entanto, sob a invocação de interesses superiores da sociedade (análoga à invocação da razão de Estado, na esfera política), o que ocorre, na verdade, é o sacrifício dos não-controladores ao capricho ou interesse pessoal dos controladores*; (...)."[8]

11. No caso em exame, a proposta de reorganização, que foi aprovada pelo Conselho de Administração da *D-1* (composto por 10 membros, 7 indicados pela *B*, dos quais 5 são administradores de empresas do mesmo Grupo), formalmente, apresenta-se com características normais.

Mas, na verdade, ela serve a outro objetivo do que aquele que é anunciado.

Está aí o *desvio de finalidade do ato*: aparentemente, pretende-se reorganizar a companhia, em seu benefício e de seus acionistas preferencialistas e minoritários, *mas a finalidade na realidade é outra*, é atribuir uma vantagem totalmente indevida à *B*.

O controle *isolado* da *D-1*, que hoje ela detém de forma indireta (via *D*), temporária e circunstancial, ser-lhe-á transferido, por força da operação proposta, direta e *gratuitamente*, em caráter *definitivo*.

O desvio de poder será praticado sob a aura de uma operação perfeitamente legítima na sua aparência.

12. O abuso de poder de controle, na modalidade de desvio de poder, como se viu, constitui ato típico de fraude à lei.

Conceituando a *fraus legi*, ensinava Pontes de Miranda: "A fraude à lei consiste, portanto, ***em se praticar o ato de tal maneira que eventualmente possa ser aplicada outra regra jurídica e deixar de ser aplicada a regra jurídica fraudada***. Aquela não incidiu, porque incidiu essa; a fraude à lei põe diante do juiz o suporte fáctico, de modo tal que pode o juiz errar. A fraude à lei é infração da lei, confiando o infrator em que o juiz erre. O juiz aplica a sanção, por seu dever de respeitar a incidência da lei (= de não errar)".[9]

Ou seja, ao invés de aplicar, no caso concreto, as regras que vedam a usurpação de bens ou direitos alheios e o abuso do poder de controle, o juiz poderia aplicar a regra que permite a incorporação de ações – eis que esta, *formalmente*, se apresenta regular.

No mesmo sentido, diz Regis Fichtner Pereira, em preciosa monografia sobre o tema: "***O ato praticado em fraude à lei, se analisado isoladamente, possui todas as características de um ato que estaria em perfeita consonância com a lei***. O agente quer efetivamente praticá-lo e submeter-se a todas as suas conseqüências normais. O problema é que estas conseqüências estarão produzindo o mesmo resultado que o sistema procura evitar através da norma proibitiva".[10]

7. Ob. cit., pp. 363-364, destaques nossos.

8. Ob. cit., p. 387, destaques nossos. Com a ressalva de que a Consulente não exerce o controle conjunto da *D-1* somente até a próxima assembléia geral ordinária da *D*, como já se ressaltou, devido à substituição dos membros do Conselho de Administração desta última companhia, que haviam sido indicados pela Consulente.

9. *Tratado de Direito Privado*, t. I, 4ª ed., 2ª reimp., Ed. RT, 1984, p. 51, destaques nossos.

10. *Fraude à Lei*, Renovar, 1994, p. 22, destaques nossos.

Vale dizer: se concretizada a operação proposta, *formalmente regular*, estarão consumados a usurpação de bens ou direitos alheios e o abuso do poder de controle da *B*, que o sistema procura evitar.

13. Com efeito, em conseqüência da incorporação das ações da *B* Fertilizantes S/A, haverá um aumento de capital na *D-1*, a incorporadora das ações (art. 252, § 1º, da Lei de S/A).

Esse aumento de capital, como também ocorre na incorporação *stricto sensu*, é realizado *sem direito de preferência para os acionistas da incorporadora*: as ações decorrentes do aumento são atribuídas diretamente aos acionistas da companhia cujas ações são incorporadas (art. 252, § 3º, da Lei de S/A) – no caso, duas outras empresas do Grupo *B*...

A *D*, portanto, que é a acionista controladora (direta) da *D-1*, não terá direito de preferência para subscrever as ações, com o que ela *perderá o controle direto da D-1*: passará a deter apenas 31,79% do capital votante e total (eis que todas as ações passarão a ser ordinárias), quando é certo que detém atualmente 81,53% do capital votante.

A *B* passará a controlar diretamente a *D-1*, tendo sua participação aumentada para 50,40% do capital votante e total, tudo conforme se pode verificar no "Fato Relevante".

Ao invés de exercer o controle da *D-1 conjuntamente* com a Consulente, indiretamente, via *D*, a *B* passará a controlá-la *isolada e diretamente*, em caráter *definitivo* – e tudo isso *de graça*, sem despender um centavo sequer.

14. Deve ser ressaltada ainda a relevante circunstância, registrada na Consulta, segundo a qual, se a composição do capital social da *D-1* permanecesse como está, dividido em ações ordinárias e ações preferenciais, isso não aconteceria, pois, mesmo com o aumento, a *D* ainda continuaria detentora da maioria do capital votante.

É por isso que, *além da incorporação das ações*, foi necessário prever a alteração da composição do capital social da *D-1*, oferecendo-se aos preferencialistas, como atrativo para a conversão de suas ações em ordinárias, um *tag along* de 100% e, ainda, um aumento do dividendo mínimo...

Mas, naturalmente, essas vantagens todas, como expressamente ressalva o "Fato Relevante", publicado pela *B*, estão *condicionadas à aprovação da reorganização como um todo*. Fica visível, portanto, que o interesse não é o de beneficiar os minoritários e preferencialistas da *D-1*, pois senão não haveria necessidade de se estabelecer essa condição. O interesse é o de agraciar estes *somente se a B puder tomar o controle da companhia. Se não, fica tudo como está...*

Considero relevantíssima, outrossim, a circunstância de que, ao longo do ano de 2006, a *B* recebeu sucessivos aportes de capital, destinados a contribuir, objetivamente, para a melhoria de sua situação patrimonial, de maneira a possibilitar uma melhor relação de troca, dando à *B* mais ações do capital da *D-1* do que ela receberia se tais aportes de capital não tivessem sido realizados.[11] Se não fossem esses aumentos, a *B* também não atingiria o objetivo de obter o controle da *D-1*.

A operação toda foi armada, portanto, visando uma finalidade claríssima, embora ocultada no "Fato Relevante": a tomada do controle isolado da *D-1*, de forma *definitiva* e *gratuita*, para a *B*. O que ela detém hoje de maneira ***transitória** e indireta*, via *D*, ser-lhe-á atribuído ***diretamente*** e em caráter ***definitivo***.[12]

11. Conforme se disse mais acima, em decorrência da incorporação das ações da *B* Fertilizantes pela *D-1*, ocorrerá um aumento de capital nesta última, em função do qual serão emitidas novas ações da *D-1*, que serão atribuídas às acionistas da *B* Fertilizantes (que são duas outras empresas do Grupo *B*), ***em troca*** das ações que aquelas possuíam nesta última companhia.

12. É por isso que se disse, no início deste Parecer, que os atos praticados não podem ser anali-

Uma espécie de expropriação de bens alheios em benefício particular, quando a Constituição garante o direito de propriedade, atribuindo unicamente ao Poder Público o poder de expropriar, por necessidade ou utilidade pública, ou interesse social, e assim mesmo mediante justa e prévia indenização em dinheiro (art. 5º, incisos XXII e XIV). Se é que a operação não invade ainda a seara do ilícito penal.

A reorganização proposta, portanto, nada tem a ver com os interesses da *D-1* e de seus acionistas minoritários e preferencialistas, estando evidentemente caracterizado o abuso do poder de controle por parte da *B*, a teor do disposto no art. 117, § 1º, alíneas "a", e "e", do seguinte teor:

> Art. 117. (...).
>
> § 1º. São modalidades de exercício abusivo do poder:
>
> a) orientar a companhia para fim estranho ao objeto social ou lesivo ao interesse nacional, *ou levá-la a favorecer outra sociedade*, brasileira ou estrangeira, *em prejuízo dos acionistas minoritários* nos lucros ou no acervo da companhia, ou da economia nacional;

(obs: a *B* orientou a *D* a favorecer a ela própria, *B*, em prejuízo da Consulente, que é acionista minoritária da *D*)

> (...).
>
> e) *induzir*, ou tentar induzir, *administrador* ou fiscal *a praticar ato ilegal*, ou, descumprindo seus deveres definidos nesta Lei e no estatuto, promover, contra o interesse da companhia, sua ratificação pela assembléia geral;

(obs: a *B*, segundo toda a probabilidade, induziu os membros do Conselho de Administração da *D* e da *D-1*, que são ademais seus empregados, a votar a ilegal e abusiva reorganização questionada)

sados isoladamente, mas sim no seu conjunto, como atos de uma peça só, todos convergindo para um mesmo objetivo. E isto ficará mais claro ainda no capítulo seguinte, onde será examinada a questão do conflito de interesses.

Finalmente, ainda que todas as vantagens anunciadas com a reorganização fossem reais, a Consulente, por óbvio, não poderia ter seus direitos usurpados pela *B* dessa maneira.

O conflito de interesses

15. Para que a reorganização da *D-1* possa vingar é necessária, naturalmente, a aprovação de sua controladora direta, ou seja, da *D*.

Como se esclareceu de início, o voto da *D* é definido, previamente à assembléia da *D-1*, pelo Conselho de Administração daquela.

A *B*, que nomeou 8 dos 9 conselheiros da *D* – todos eles administradores de empresas do Grupo *B* – fez o Conselho aprovar a operação, em manifesto e inescondível conflito com o interesse da companhia, como se passa a demonstrar.

16. A interpretação sistemática do estatuto social da *D* leva à conclusão de que o seu objeto social é, unicamente, o de exercer o controle direto da *D-1*, muito embora o artigo que cuida especificamente do objeto aparente não ser assim.

De fato, o artigo 3º do Estatuto diz o seguinte:

> Artigo 3º. A Sociedade tem por objeto social a administração de bens próprios e a participação em outras sociedades comerciais ou civis, nacionais ou estrangeiras, como sócia, acionista ou quotista.

Esse artigo traz a impressão de que o objeto da sociedade é o de participar em quaisquer outras sociedades, e não apenas na *D-1*.

Mas não é assim.

Os administradores da sociedade *não podem cumprir o que está disposto no artigo 3º*, porque o Estatuto Social, em outro artigo, prevê a competência da assembléia geral para deliberar sobre isso, *com o mesmo quorum previsto para a alteração estatutária*:

Artigo 12. As deliberações da Assembléia Geral, ressalvadas as hipóteses especiais previstas em lei, serão tomadas por maioria de votos dos presentes, não se computando os votos em branco com exceção das seguintes decisões, que exigirão a aprovação de acionistas que representem, no mínimo, 2/3 (dois terços) do total das ações com direito a voto do capital da Sociedade.

(...).

(ii) qualquer transformação, fusão, incorporação ou cisão, *a participação em outra sociedade* ou em grupo de sociedades e a criação de subsidiárias; (grifos nossos)

Que outra sociedade? Outra que não a *D-1*, evidentemente, que é citada logo a seguir, no item (iv), do mesmo artigo:

(iv) a alienação, oneração ou transferência, por qualquer forma, *de quaisquer das ações detidas pela Sociedade no capital social da D-1*, e ainda a aquisição ou subscrição de novas ações do capital da referida companhia (exceto a dação ao Banco Nacional de Desenvolvimento Econômico e Social – BNDES das referidas ações em garantia de empréstimo ou financiamento para pagamento do preço de aquisição dessas ações conforme alcançado no leilão realizado no âmbito do Programa Nacional de Desestatização); (grifos nossos)

Além disso, ao cuidar da competência do Conselho de Administração, o Estatuto Social prevê a seguinte esfera de atribuições:

Artigo 21. Além das demais atribuições previstas em lei, compete ao Conselho de Administração deliberar sobre as seguintes matérias que dependerão, para sua validade, do voto afirmativo de 7 (sete) dos conselheiros efetivos em exercício por si, ou representados por seus respectivos suplentes.

(i) eleição e destituição dos Diretores;

(ii) *indicação dos membros do Conselho de Administração da D-1, a serem eleitos pela Sociedade*;

(iii) aprovação da realização ou alteração de qualquer negócio entre a Sociedade e qualquer dos seus acionistas, ou qualquer pessoa, física ou jurídica, direta ou indiretamente ligada aos acionistas da sociedade;

(iv) *exercício do direito de voto pela Sociedade, em qualquer matéria, na qualidade de* ***acionista controladora*** *da D-1*. (destaques nossos)

Esses dispositivos todos levam à conclusão inarredável de que o objeto social da *D* é, exclusivamente, o de exercer o controle direto da *D-1*.

Mas ainda que, para argumentar, assim não fosse, ao menos não se poderia negar que a *atividade principal* da companhia é o exercício daquele controle.

17. Pois bem.

Se assim é, o Conselho de Administração, ao aprovar a proposta de reorganização, em virtude da qual a *D perderá* o controle da *D-1*, *está impossibilitando a realização do objeto social*!

O conflito de interesses não é apenas gritante, ele é escandaloso!

Como se sabe, o interesse da companhia é entendido como o interesse à realização do escopo social, abrangendo tanto o assim chamado escopo-meio (a atividade objeto da sociedade), como o escopo-fim (de produção e distribuição de lucros entre os sócios).[13-14]

O administrador que, com o seu voto, impossibilita a realização do escopo social, está evidentemente agindo contra o interesse da companhia.

13. Cf. o nosso *Conflito de Interesses nas Assembléias de S/A*, Malheiros Editores, 1993, pp. 59 e ss., com a citação de ilustres doutrinadores. Cf., outrossim, os estudos do Mestre José Alexandre Tavares Guerreiro, sobre o interesse social *como idéia geminada à de objeto social*, na *RDM* 51/29-32 e na *RDM* 54/71-72.

14. É evidente que, por vezes, para se atingir o escopo-fim, de distribuição de lucros, é necessário alterar o escopo-meio, consistente no objeto social, mas isso não pode ser realizado pelo Conselho de Administração, pois constitui atribuição *privativa* da Assembléia Geral (cf. art. 122, I, c/c art. 136, *caput*, e inciso VI, da Lei de S/A).

18. Mas o conflito não está só nesse ponto, por gravíssimo que ele já seja.

O conflito está também em que tudo isso foi feito para obter para outrem – a *B* – vantagem indevida, em prejuízo da companhia (art. 115 da Lei de S/A, aplicável analogicamente, por óbvio).

Ou seja, o Conselho de Administração da *D*, com 8 membros administradores de empresas do Grupo *B*, vai possibilitar à *B* tomar definitivamente o controle da *D-1*, que nunca lhe pertenceu *direta* e *isoladamente*, em prejuízo da própria *D*, que vai perdê-lo!

Não dá para imaginar hipótese de conflito de interesses mais estridente.[15-16]

Os votos dos 8 administradores da *B* são absolutamente nulos (art. 166, VII, *in fine*, do Código Civil, c/c arts. 115, 154 e 156 e seus parágrafos, da Lei de S/A) e acarretam a anulabilidade da deliberação[17] do Conselho de Administração da *D* que aprovou, a dano da própria companhia, a reorganização proposta.

19. Há, ainda, outro vício na deliberação.

O Conselho usurpou, claramente, a competência da Assembléia Geral dos acionistas da *D*.

Com efeito, consoante já se verificou acima, o Estatuto Social prevê ser da competência da Assembléia o seguinte:

Artigo 12. As deliberações da Assembléia Geral, ressalvadas as hipóteses especiais previstas em lei, serão tomadas por maioria de votos dos presentes, não se computando os votos em branco com exceção das seguintes decisões, que exigirão a aprovação de acionistas que representem, no mínimo, 2/3 (dois terços) do total das ações com direito a voto do capital da Sociedade.

(...).

(iv) a alienação, oneração ou transferência, *por qualquer forma, de quaisquer das ações detidas pela Sociedade no capital social da D-1*, e ainda a aquisição ou subscrição de novas ações do capital da referida companhia (exceto a dação ao Banco Nacional de Desenvolvimento Econômico e Social – BNDES das referidas ações em garantia de empréstimo ou financiamento para pagamento do preço de aquisição dessas ações conforme alcançado no leilão realizado no âmbito do Programa Nacional de Desestatização); (grifos nossos)

Portanto, a alienação de quaisquer ações – uma só que seja – detidas pela *D* no capital da *D-1* depende da aprovação da Assembléia.

O que se dirá, então, da alienação do controle acionário?

O voto da *D*, que vier a aprovar a incorporação das ações representa, a nosso ver, um ato de *disposição* do controle acionário direto da própria *D* para a *B*.

Só poderia ser autorizado pela Assembléia Geral da *D*, jamais pelo Conselho de Administração.

É também anulável, por essa razão, a deliberação enfocada (violação do estatuto, cf. art. 286 da Lei de S/A, aplicável analogicamente).

20. Last but not least, a deliberação em questão insere-se na cadeia de atos cujo objetivo final é possibilitar uma *fraude à lei*, sendo, também por isso inválida, a teor do disposto no art. 166, VI, do Código Civil.

E aqui o vício não é dos votos, mas sim da própria deliberação, que padece, por

15. O interesse conflitante, seja do acionista, seja do administrador, materializa-se justamente no interesse de obter, para si, *ou para outrem* (no caso, a *B*) vantagem a que não faz jus, em prejuízo da companhia ou de outros acionistas (cf. o nosso *Conflito...*, cit., pp. 93-94, sobretudo a nota 213, trazendo os clássicos ensinamentos de Agostino Gambino).

16. Afora o conflito de interesses (arts. 154 e 156 da Lei de S/A), os conselheiros que aprovaram a operação violaram, ainda, o disposto no art. 155, *caput*, e inciso II, da Lei de S/A ("Art. 155. O administrador *deve servir com lealdade à companhia* (...), sendo-lhe vedado: (...); II – *omitir-se no exercício ou proteção de direitos da companhia* (...)").

17. Cf. o nosso *Invalidade das Deliberações de Assembléia das S/A*, Malheiros Editores, 1999, p. 117.

esta razão, *de nulidade absoluta*,[18] a qual deve ser declarada até de ofício pelo juiz (art. 168, parágrafo único, do Código Civil).

***

Passo, em seguida, a responder aos quesitos formulados.

6. Quesitos

Em vista do exposto, pergunta-se:

6.1 Tendo em vista os conflitos de interesse acima apontados, é válida a deliberação tomada no Conselho de Administração da *D*, em 21.12.2006, aprovando os termos da Reorganização e o voto da companhia nas assembléias a serem realizadas com referência ao tema no âmbito da *D-1*?

***R.**: Não. A deliberação é estridentemente conflitante com o interesse da companhia, usurpa a competência da Assembléia Geral e tem por objetivo último possibilitar a realização de um ato em fraude à lei, sendo, por isso, inválida, a teor do disposto nos arts. 115, "caput" (analogicamente), 154, 156 e 286 (analogicamente) da Lei de S/A, e 166, VI, do Código Civil.*

6.2 Tendo em vista os conflitos de interesse acima apontados, é válida a deliberação tomada no Conselho de Administração da *D-1*, em 21.12.2006, aprovando os termos da Reorganização?

***R.**: Não. Os administradores não votaram no interesse da companhia, mas sim para outorgar a outrem – a empresa B – uma vantagem indevida: o controle da D-1, sendo certo, outrossim, segundo a Consulente, que a operação trará prejuízos à companhia. Ademais, essa deliberação também se insere na cadeia de atos cujo objetivo final é ilícito, como se demonstrou, sendo por isso igualmente inválida, a teor do disposto nos arts. 115, "caput" (analogicamente), 154 e 156, da Lei de S/A, e 166, VI, do Código Civil.*

6.3 É viável para a *A* ou para os acionistas minoritários na *D-1* obter medida judicial tendente a: (i) suspender a eficácia da deliberação tomada no Conselho de Administração da *D* em 21.12.2006 até sua anulação por sentença; (ii) impedir a realização da assembléia da *D-1*, convocada para o dia 23.1.2707; e (iii) em última instância anular e suspender a eficácia de deliberações que venham a ser tomadas na referida assembléia?

***R.**: Não nos resta a menor dúvida que sim, quer mediante antecipação da tutela, eis que estão presentes todos os elementos previstos para tanto no art. 273 do Código de Processo Civil, quer mediante a promoção de medida cautelar inominada, com fundamento no art. 798, do mesmo diploma legal. Mas não podemos deixar de observar que a realização da assembléia mencionada no item (ii) implicará a consumação da fraude à lei, o que não acreditamos que a CVM*[19] *ou o Poder Judiciário deixarão ocorrer.*

6.4 As atitudes adotadas pela *B* no âmbito da *D* e a Reorganização proposta configuram abuso de poder de controle, nos termos da lei?

***R.**: Sim, inequivocamente, a meu ver, com capitulação no art. 117, § 1º, alíneas "a" e "e", lembrando ainda que as hipóteses previstas no aludido § 1º são meramente exemplificativas.*[20]

6.5 A Reorganização proposta caracteriza alienação indireta do controle da *D-1*?

18. Cf. o nosso *Invalidade*..., cit., pp. 106-107, invocando exemplos do eminente Antigono Donati.

19. Afinal, a *D-1*, que é uma companhia aberta, fiscalizada pela CVM, *está sendo utilizada como instrumento para a realização de uma fraude*, que poderá, evidentemente, trazer prejuízos aos acionistas e influenciar negativamente o mercado. E a *B* é também acionista *direta* da *D-1*, estando, pois, sob a jurisdição da CVM, que, naturalmente, tem competência para impedir um exercício abusivo de poder de controle por parte daquela. Ademais, ainda que houvesse alguma *technicality* que pudesse impedir a intervenção do referido órgão regulador, haveria de prevalecer, na hipótese, a máxima segundo a qual ***a fraude derroga todas as regras***, a exigir o abortamento da operação.

20. Cf. Comparato e Salomão Filho, ob. cit., p. 392 e, ainda, Modesto Carvalhosa, *Comentários*

R.*: Sim, a operação implicará disposição do controle da companhia (alienação "lato sensu").*

É o parecer, s. m. j.

São Paulo, 2 de janeiro de 2007.

à Lei de Sociedades Anônimas, 2º v., Saraiva, 1997, p. 443, invocando, outrossim, em nota de rodapé, acórdão proferido no Recurso Extraordinário n. 108.650-5-SP, j. em 21.8.1987, em que se afirma textualmente: "A enumeração do § 1º do art. 117 é exemplificativa".

Pareceres

A VIGENTE REDAÇÃO DO ART. 25 DA LEI 4.595, DE 31.12.1964 E SEU REGIME JURÍDICO

HENRIQUE LEITE CAVALCANTI

e

LUIZ CARLOS STURZENEGGER

PARECER. I – Objeto. II – Análise: (i) O sistema de autorização do Banco Central do Brasil para a alteração de controle acionário de instituição financeira; (ii) A transferência de controle de sociedades anônimas em razão do não pagamento de dividendos mínimos; (iii) O regime do art. 25 da Lei n. 4.595/1964, com a redação dada pela Lei n. 5.710/1971; (iv) A forma de revogação de leis prevista no ordenamento jurídico brasileiro e sua aplicação no caso em tela. III – Conclusão.

PARECER

I – Objeto

Trata-se de identificar a vigente redação do art. 25 da Lei n. 4.595, de 31 de dezembro de 1964, e o seu regime jurídico.

Objetivamente, busca-se analisar os efeitos que a revogação expressa da Lei n. 5.710, de 7 de outubro de 1971 (que, em seu art. 1º, deu nova redação ao art. 25 da Lei n. 4.595/1964), operada pela Lei n. 7.565, de 19 de dezembro de 1986, teria em relação à regra, contida no referido art. 25, da não incidência do regime de aquisição de exercício do direito de voto, pelas ações preferenciais emitidas por instituições financeiras, na hipótese de não pagamento de dividendos mínimos, como previsto em estatuto, por prazo não superior a três exercícios consecutivos.

O enfrentamento do tema impõe a análise (*i*) do sistema de autorizações exigidas para a transferência do controle acionário de instituição financeira, (*ii*) do tratamento dado pela legislação societária às situações em que as companhias deixam de conferir às ações preferenciais os correspondentes dividendos, (*iii*) do alcance da disposição contida no art. 25 da Lei n. 4.595/1964, com a redação dada pela Lei n. 5.710/1971, e (*iv*) do sistema de revogação de leis no ordenamento jurídico brasileiro.

II – Análise

(i) O sistema de autorização do Banco Central do Brasil para a alteração de controle acionário de instituição financeira

Como se sabe, é por meio do funcionamento dos sistemas financeiros que as poupanças dos agentes econômicos superavitários são disponibilizadas, pelos intermediários financeiros, em nome próprio, aos agentes deficitários, propiciando o incremento da atividade produtiva. Na busca dos melhores retornos, os fluxos de capitais no sistema financeiro promovem a eficiência alocativa e a consolidação, no mercado, das empresas mais bem estruturadas.

A mobilização da poupança nacional e o efeito multiplicador da moeda, elementos característicos do exercício das atividades das instituições financeiras, interferem diretamente na atividade monetária do Estado, o que justifica o rigoroso controle daquelas atividades pelos entes governamentais.

A submissão da atividade financeira ao controle do Estado tem, no Brasil, assento constitucional. A Constituição Federal dá à atividade financeira uma função especial dentro do Título "Da Ordem Econômica e Financeira", definindo, como função específica do Sistema Financeiro Nacional, promover o desenvolvimento equilibrado do País e servir aos interesses da coletividade.

A Lei n. 4.595/1964, reguladora do Sistema Financeiro Nacional (recebida pela Constituição de 1988 com estatura de lei complementar), alocou, no Conselho Monetário Nacional (CMN) e no Banco Central do Brasil (BACEN), poderes para, em suas respectivas áreas de atuação, editar e executar as regras que formam o arcabouço normativo do mencionado sistema.

Ao CMN, órgão deliberativo máximo desse Sistema, compete estabelecer as diretrizes gerais das políticas monetária, cambial e creditícia, regular as condições de constituição, funcionamento e fiscalização das instituições financeiras e disciplinar os instrumentos de política monetária e cambial.

Ao BACEN cabe cumprir e fazer cumprir as disposições que lhe são atribuídas pela legislação em vigor e as normas expedidas pelo CMN. Compete, ainda, privativamente ao BACEN, conceder autorização às instituições financeiras, a fim de que possam: (a) *funcionar no País*; (b) instalar ou transferir suas sedes, ou dependências, inclusive no exterior; (c) ser transformadas, fundidas, incorporadas ou encampadas; (d) praticar operações de câmbio, crédito real e venda habitual de títulos da dívida pública federal, estadual ou municipal, ações, debêntures, letras hipotecárias e outros títulos de crédito ou mobiliários; (e) ter prorrogados os prazos concedidos para funcionamento; (f) alterar seus estatutos; e (g) *alienar ou, por qualquer outra forma, transferir o seu controle acionário* (art. 10, inciso X, da Lei n. 4.595/1964).

As atribuições do BACEN de conceder autorizações às instituições financeiras para que possam funcionar, ser transformadas, alienar ou, por qualquer outra forma, transferir o seu controle acionário, constituem instrumentos essenciais de supervisão bancária, voltados a impedir o acesso de pessoas e instituições não qualificadas ao Sistema Financeiro Nacional.[1]

Os procedimentos para a concessão de autorização para a constituição de instituições financeiras, definidos nas normas editadas pelo CMN e pelo BACEN, visam a assegurar, entre outras condições, a competência técnica dos responsáveis pela nova instituição, a competência técnica e inte-

1. Tratando do estágio da supervisão bancária na Europa, Rosa Maria Lastra observa que "o processo de licenciamento, registro ou autorização refere-se a requisito *ex ante* para assegurar práticas bancárias seguras e sólidas, particularmente com respeito a capital mínimo e competência e integridade administrativa. Outros critérios também podem ser considerados antes da concessão do registro, como previsões do banco sobre lucros futuros e necessidades de crédito da comunidade na qual estará localizado".

Ainda segundo a autora, "o licenciamento, registro ou autorização é um primeiro passo-chave no processo de supervisão; ele age como catalisador ou filtro para evitar que bancos 'ruins' ou pessoas desonestas ingressem no sistema bancário. Assim sendo, um país – especialmente no mundo em desenvolvimento – que quer melhorar a qualidade de sua supervisão preventiva deverá começar a adotar procedimentos rigorosos de autorização" (in *Banco Central e Regulamentação Bancária*, Belo Horizonte, Del Rey, 2000).

gridade de seus controladores, o cumprimento dos limites mínimos de capital em relação às atividades a serem desempenhadas, a viabilidade econômico-financeira do projeto que se quer desenvolver, e a identificar a origem dos recursos que serão utilizados no empreendimento.[2]

Por essas mesmas normas, a concessão de autorização para a transferência ou para qualquer mudança do controle societário de instituição financeira está condicionada ao cumprimento dos mesmos requisitos exigidos para a constituição de novas instituições financeiras.[3]

(ii) A transferência de controle de sociedades anônimas em razão do não pagamento de dividendos mínimos

Como se sabe, as ações preferenciais têm a finalidade básica de permitir a captação de recursos pelas sociedades anônimas sem a modificação do seu controle acionário.

Para atrair investidores que queiram correr os riscos e usufruir os benefícios da atividade empresarial sem participar da gestão política da sociedade, as ações preferenciais compensam a falta do direito de voto conferido pelas ações ordinárias com vantagens pecuniárias, mais condizentes com a sua natureza de "títulos de renda".

A fim de garantir a efetividade dos direitos dos acionistas preferencialistas, a lei societária criou um regime político es-

2. Dependem de prévia e expressa autorização do Banco Central do Brasil a constituição e o funcionamento das seguintes instituições: Agência de Fomento; Banco Comercial; Banco Cooperativo; Banco Múltiplo; Banco de Desenvolvimento; Banco de Investimento; Companhia Hipotecária; Cooperativa de Crédito; Sociedade Corretora de Câmbio; Sociedade Corretora de Títulos e Valores Mobiliários; Sociedade Distribuidora de Títulos e Valores Mobiliários; Sociedade de Arrendamento Mercantil (*Leasing*); Sociedade de Crédito ao Microempreendedor; Sociedade de Crédito, Financiamento e Investimento (Financeira); e Sociedade de Crédito Imobiliário.

Segundo estabelece o roteiro editado pela Diretoria de Normas e Organização do Sistema Financeiro do BACEN, "o ingresso no sistema financeiro nacional de nova instituição deve resultar do atendimento, em duas etapas, de diversos requisitos relacionados com a sua constituição e com a efetiva autorização para o seu funcionamento.

"Na etapa de constituição são objeto de prévio exame as informações, os estudos e os projetos capazes de delinear a trajetória do novo empreendimento nos seus primeiros anos de funcionamento, bem como analisados os históricos biográficos e financeiros de todos os organizadores, administradores e principais acionistas/quotistas.

"Caso não exista óbice, o Banco Central do Brasil comunicará aos interessados de que são satisfatórias as informações fornecidas pelos organizadores da nova instituição, seja no tocante à viabilidade do empreendimento, seja relativamente à reputação dos controladores e dos administradores indicados.

Uma vez reconhecido o atendimento aos requisitos legais e regulamentares, os organizadores devem adotar as providências formais necessárias à efetiva constituição da instituição, mediante a realização do ato societário de constituição, contemplando aprovação do estatuto ou do contrato social, eleição ou nomeação de administradores, subscrição e integralização do capital social.

"Tais atos irão compor a instrução do processo de autorização para funcionamento e somente poderão ser levados a registro público (arquivamento na Junta Comercial) após a aprovação pelo Banco Central do Brasil.

"Assim, o funcionamento de uma instituição pressupõe, resumidamente: – a apresentação do projeto de criação da nova instituição; – a aprovação do projeto pelo Banco Central do Brasil;

– a posterior formalização dos atos de constituição; – a instrução do processo de autorização para funcionamento; – a aprovação do processo pelo Banco Central do Brasil com a publicação no *Diário Oficial*; e – o subseqüente arquivamento dos atos societários no registro público.

"Deverão ainda ser observadas as disposições constantes do 'Roteiro para Análise de Processos de Eleição/Nomeação de Ocupantes de Órgãos Estatutários'" (in *http://www.bcb.gov.br*).

3. Exige-se, além disso, a comprovação da regularidade quanto ao cumprimento dos limites operacionais; às pendências de entrega de demonstrações financeiras e/ou outras informações exigidas pela legislação em vigor; aos registros no Cadastro Informativo de Créditos não Quitados para com o Setor Público – CADIN e no Cadastro de Emitentes de Cheques sem Fundos – CCF; às pendências relativas a informações não registradas no Sistema de Informações sobre Entidades de Interesse do Banco Central – UNICAD; e à inadimplência relativa a multa aplicada pelo Banco Central do Brasil.

pecial de defesa de seus interesses, consistente em atribuir-lhes, independentemente de qualquer disposição estatutária, a aquisição do direito de voto, sempre que não receberem os dividendos, inclusive os fixos ou mínimos, estabelecidos no estatuto social ou na lei.

É o que dispõem o art. 111 e seus parágrafos da Lei n. 6.404, de 15 de dezembro de 1976:

> Art. 111. O estatuto poderá deixar de conferir às ações preferenciais algum ou alguns dos direitos reconhecidos às ações ordinárias, inclusive o de voto, ou conferi-lo com restrições, observado o disposto no artigo 109.
>
> § 1º. As ações preferenciais sem direito de voto adquirirão o exercício desse direito se a companhia, pelo prazo previsto no estatuto, não superior a 3 (três) exercícios consecutivos, deixar de pagar os dividendos fixos ou mínimos a que fizerem jus, direito que conservarão até o pagamento, se tais dividendos não forem cumulativos, ou até que sejam pagos os cumulativos em atraso.
>
> § 2º. Na mesma hipótese e sob a mesma condição do § 1º, as ações preferenciais com direito de voto restrito terão suspensas as limitações ao exercício desse direito.
>
> § 3º. O estatuto poderá estipular que o disposto nos §§ 1º e 2º vigorará a partir do término da implantação do empreendimento inicial da companhia.

Pelo texto dos §§ 1º e 2º do art. 111, acima transcrito, portanto, quando deixa de receber o dividendo a que tem direito, o acionista preferencial, para todos os efeitos, assume, provisoriamente, a condição de acionista ordinário, com direito de voto, independentemente da causa do não pagamento dos dividendos.

Modesto Carvalhosa assinala que "o fundamento desse preceito legal é o de que, na espécie, terá o acionista preferencial acesso às decisões políticas da empresa e ao questionamento eficaz (voto) da administração, visando a remover os obstáculos à realização do objetivo econômico da companhia, que é o de produzir lucros e distribuí-los aos acionistas. (...) O preceito legal de estabelecimento do voto para o acionista preferencial na ausência de lucros ou de sua distribuição evita uma das formas mais iníquas de domínio dos controladores. Se essa regra não existisse, romper-se-ia o princípio de eqüidade e de isonomia que deve prevalecer na relação privilégio patrimonial *versus* cerceamento ou supressão de direitos políticos".[4]

Não há dúvida de que, nas sociedades anônimas em geral, o não pagamento dos dividendos fixos ou mínimos pelo prazo previsto no estatuto (não superior a três exercícios consecutivos) confere aos acionistas preferencialistas o mesmo direito de voto dado pelas ações ordinárias aos seus detentores. Dar-se-ia o mesmo no caso das instituições financeiras?

É o que se passa a analisar.

(iii) O regime do art. 25 da Lei n. 4.595/1964, com a redação dada pela Lei n. 5.710/1971

Tendo em conta os problemas que poderiam surgir entre o sistema de autorização do BACEN para a transferência de controle acionário de instituição financeira – que pressupõe, conforme visto, a formulação de pleito a ser estudado e decidido pela autarquia em consonância com as regras de supervisão bancária definidas pelo CMN – e a possibilidade de acionistas detentores de ações preferenciais adquirirem o controle dessas instituições, de forma transitória, pela simples razão da não distribuição de dividendos no prazo estabelecido nos estatutos, a Lei n. 5.710, de 7 de outubro de 1971, alterou o art. 25 da Lei n. 4.595/1964, nele introduzindo regra expressa definidora dos limites de emissão de ações preferenciais por essas instituições e

4. *Comentários à Lei das Sociedades Anônimas*, v. 2, São Paulo, Saraiva, 1997.

estabelecendo que a essas ações não se aplicaria o disposto no parágrafo único do art. 81 do Decreto-lei n. 2.627, de 26 de setembro de 1940 (cujo regime é atualmente tratado, com algumas modificações, no § 1º do art. 111 da Lei n. 6.404/1976).

Com a modificação promovida pela Lei n. 5.710/1971, o art. 25 da Lei n. 4.595/1964, cujo texto original estabelecia que "as instituições financeiras privadas, exceto as cooperativas de crédito, constituir-se-ão unicamente sob a forma de sociedade anônima, com a totalidade de seu capital representado por ações nominativas", passou a dispor que:

> Art. 25. As instituições financeiras privadas, exceto as cooperativas de crédito, constituir-se-ão unicamente sob a forma de sociedade anônima, devendo a totalidade de seu capital com direito a voto ser representada por ações nominativas.
>
> § 1º. Observadas as normas fixadas pelo Conselho Monetário Nacional as instituições a que se refere este artigo poderão emitir até o limite de 50% de seu capital social em ações preferenciais, nas formas nominativas, e ao portador, sem direito a voto, *às quais não se aplicará o disposto no parágrafo único do art. 81 do Decreto-lei n. 2.627, de 26 de setembro de 1940.*[5]
>
> § 2º. A emissão de ações preferenciais ao portador, que poderá ser feita em virtude de aumento de capital, conversão de ações ordinárias ou de ações preferenciais nominativas, ficará sujeita a alterações prévias dos estatutos das sociedades, a fim de que sejam neles incluídas as declarações sobre:
>
> I – as vantagens preferenciais e restrições atribuídas a cada classe de ações preferenciais, de acordo com o Decreto-lei n. 2.627, de 26 de setembro de 1940;
>
> II – as formas e prazos em que poderá ser autorizada a conversão das ações, vedada a conversão das ações preferenciais em outro tipo de ações com direito a voto.
>
> § 3º. Os títulos e cautelas representativas das ações preferenciais, emitidos nos termos dos parágrafos anteriores, deverão conter expressamente as restrições ali especificadas.[6]

Como exposto no início deste trabalho, não se coaduna com as regras de acesso ao Sistema Financeiro Nacional (elementos de supervisão prudencial) a possibilidade de acionistas detentores de ações pre-

5. Dispunha o art. 81 do Decreto-lei n. 2.627/1940 que: "Os estatutos poderão deixar de conferir às ações preferenciais algum ou alguns dos direitos reconhecidos às ações comuns, inclusive o de voto, ou conferi-los com restrições, observado o disposto no art. 78. Parágrafo único. As ações preferenciais adquirirão o direito de voto, de que não gozarem em virtude dos estatutos, quando, pelo prazo neles fixado, que não será superior a três anos, deixarem de ser pagos os respectivos dividendos fixos, direito que conservarão até o pagamento, se tais dividendos não forem cumulativos, ou até que sejam pagos os cumulativos em atraso".

6. Com a entrada em vigor da Lei n. 6.404, em 15.12.1976, o Decreto-lei n. 2.627/1940 foi revogado, gerando dúvidas entre os participantes do mercado financeiro acerca (*i*) das normas vigentes relativas aos limites de emissão de ações preferenciais de instituições financeiras, em relação ao seu capital social, e (*ii*) da não aplicação da regra de aquisição do exercício de direito de voto em razão da não distribuição de dividendos.

A fim de orientar os agentes do mercado sobre as normas então aplicáveis sobre essa matéria, o BACEN editou a Circular n. 356, de 21.9.1977, cujo texto dispunha que:

"Comunicamos que não se aplica, às instituições financeiras, a possibilidade de emissão de ações preferenciais, nas formas nominativa ou ao portador, até o limite de 2/3 (dois terços) do capital social, como previsto no § 2º, do art. 15, da Lei n. 6.404, de 12.12.1976.

"Esclarecemos, a propósito, que, relativamente a instituições financeiras, a matéria em apreço está regulada por legislação específica (Lei n. 4.595, de 31.12.1964, art. 25 e Lei n. 5.710, de 7.10.1971)."

Como observou o BACEN, a revogação do Decreto-lei n. 2.627/1940 pela Lei n. 6.404/1976 simplesmente mudou a referência constante no final do art. 25 da Lei n. 4.595/1964, de forma que, ao invés de ler que às ações preferenciais emitidas pelas instituições financeiras não se aplica o disposto no parágrafo único do art. 81 do Decreto-lei n. 2.627, de 26.9.1940, o intérprete da norma jurídica deverá ler que àquelas mesmas ações não se aplica o disposto no § 1º do art. 111 da Lei n. 6.404/1976.

ferenciais de instituições financeiras (que, em muitos casos, têm ações negociadas em bolsas de valores) assumirem, em caráter transitório, o controle dessas instituições. É imprescindível, para a transferência de controle dessas instituições, que o BACEN possa realizar análise rigorosa da presença das condições estabelecidas em lei e em regulamento para o exercício desse controle.

Daí, sem dúvida alguma, a correta introdução, pela Lei n. 5.710/1971, da regra acrescida ao art. 25 da Lei n. 4.595/1964 como seu § 1º.

Ocorre que a Lei n. 7.565, de 19 de dezembro de 1986 (Código Brasileiro de Aeronáutica), revogou, de forma expressa, a Lei n. 5.710/1971, situação que deu ensejo a discussões sobre se essa revogação teria alcançado a alteração promovida pela referida lei no texto do art. 25 da Lei n. 4.595/1964.

Isso nos leva à análise do sistema de alteração das normas jurídicas, entre nós regulado pela Lei de Introdução ao Código Civil Brasileiro.

(iv) A forma de revogação de leis prevista no ordenamento jurídico brasileiro e sua aplicação no caso em tela

O art. 2º e seus parágrafos do Decreto-lei n. 4.657, de 4 de setembro de 1942 (Lei de Introdução ao Código Civil Brasileiro), dispõem que:

> Art. 2º. Não se destinando à vigência temporária, a lei terá vigor até que outra a modifique ou revogue.
>
> § 1º. A lei posterior revoga a anterior quando expressamente o declare, quando seja com ela incompatível ou quando regule inteiramente a matéria de que tratava a lei anterior.
>
> § 2º. A lei nova, que estabeleça disposições gerais ou especiais a par das já existentes, não revoga nem modifica a lei anterior.
>
> § 3º. Salvo disposição em contrário, a lei revogada não se restaura por ter a lei revogadora perdido a vigência.

Da leitura do *caput* do art. 2º, observa-se que o sistema jurídico compõe-se, para os fins aqui tratados, de duas categorias de normas: as de vigência indeterminada e as de vigência temporária. No primeiro caso, a norma permanece em vigor até que outra posterior a revogue. No segundo caso, o das normas de vigência temporária, cumprem elas o seu ciclo de vida pela mera ocorrência de um determinado fato, que poderá ser o decurso do prazo nela própria estabelecido ou a ocorrência do evento nela previsto, como condição ou termo de sua vigência.[7]

Ainda segundo o art. 2º, a revogação de uma lei pode ser expressa, quando formulada por um dispositivo da lei nova que assim o declara, ou pode ser tácita, quando a lei posterior é incompatível com a anterior ou quando regula inteiramente a matéria de que aquela tratava.

Fica também evidente, agora pela leitura do § 3º do mesmo art. 2º, que no sistema jurídico brasileiro a regra é a da vedação ao fenômeno da repristinação, não se restaurando a lei revogada por ter a lei revogadora perdido a sua vigência.

No caso em estudo, não há qualquer dúvida de que a Lei n. 5.710/1971 foi revogada, de maneira expressa, pela Lei n. 7.565/1986. Tal revogação, contudo, não pode gerar, de maneira reflexa, alteração nos dispositivos legais (assinale-se, de outras leis) que a lei revogada promoveu, quando de sua entrada em vigor.

Ao entrar em vigor, a lei, em princípio, opera seus efeitos de forma imediata, sendo obrigatória sua obediência por todos aqueles submetidos ao seu império.

7. V. Eduardo Espínola e Eduardo Espínola Filho, *A Lei de Introdução ao Código Civil Brasileiro*, v. 1, 1995, p. 57: "É o que se verifica, quando, pela própria natureza da lei, a sua vida se limita a determinado tempo, ou a certo fim, caso em que traz ela, em si mesma, um limite de duração, para a sua validade"; v. tb. Luís Roberto Barroso, "As disposições constitucionais transitórias", in *O Direito Constitucional e a Efetividade de suas Normas*, 2ª ed., 1993, pp. 309 e ss.

Uma lei que traz em seu corpo dispositivo cuja função é promover a alteração na redação de determinado artigo de outra lei produz, ao entrar em vigor, de maneira imediata, o único efeito a que se destina: modificar a outra norma.

Operado o fim pretendido, a alteração promovida pela norma de caráter temporário é incorporada ao corpo jurídico da lei modificada, tendo a lei modificadora exaurido, naquele ponto específico, sua eficácia jurídico-normativa. É a lei modificada, e somente ela, com as alterações que recebeu, que passa a vigorar a partir de então.

A revogação expressa da lei modificadora não alcança as alterações por ela produzidas na outra lei. Para poder revogar esses dispositivos, a lei nova deve ir buscá-los onde eles se inserem e de onde emanam seus efeitos jurídicos, isto é, no texto da lei modificada.

Entender que a revogação da lei modificadora implica a revogação das alterações por ela promovidas em outros textos de lei significaria aceitar que a norma de caráter temporário mantém sua vigência mesmo após alcançado o fim a que se destina, sendo ela, e não a norma modificada, a fonte emanadora de efeitos jurídico-normativos a respeito da matéria contida no dispositivo modificado.[8]

Em outras palavras, entender que a revogação da lei modificadora implica a revogação das alterações por ela promovidas no texto da lei modificada significaria aplicar, como regra geral, o fenômeno da repristinação: a restauração da vigência do texto original da lei modificada, por ter sido revogada a lei modificadora.

Em conclusão: a revogação da Lei n. 5.710/1971 pelo Código Brasileiro de Aeronáutica não alcança a modificação promovida por aquela norma no texto do art. 25 da Lei n. 4.595/1964.

Aliás, conforme já referido, do ponto de vista do sistema disciplinado na Lei n. 4.595/1964, soaria absolutamente desarrazoado entender o contrário.

A concepção da ordem jurídica como um sistema de normas traz ínsita a idéia de unidade, hierarquia e harmonia, concebida como a não-existência de contradição entre as diversas normas que o compõem. Na concepção de Hans Kelsen, uma ordem, à qual o renomado autor denomina de norma fundamental, "é um sistema de normas cuja unidade é constituída pelo fato de todas elas terem o mesmo fundamento de validade".[9]

Ora, à toda evidência, não se harmoniza com as regras de supervisão bancária, nem, conseqüentemente, com os princípios que norteiam as normas do sistema financeiro (busca da higidez do sistema, proteção da estabilidade das entidades financeiras, proteção da mobilidade da poupança popular, entre outros), a possibilidade de acionistas detentores de ações preferenciais de instituições financeiras assumirem o controle acionário de determinada instituição, sem que para tanto estejam previamente autorizados pelo BACEN.

III – Conclusão

Por todas as razões aduzidas, entende-se que a revogação expressa da Lei n. 5.710/1971 pela Lei n. 7.565/1986 não operou a revogação do texto introduzido pela primeira no art. 25 da Lei n. 4.595/1964. Isso significa que tal artigo encontra-se em pleno vigor, com a redação dada pela Lei n. 5.710/1971.

De qualquer maneira, admitindo que se pudesse entender ter havido a revogação do § 1º do art. 25 como decorrência da revogação da Lei n. 5.710/1971, o que não

8. Sobre esse ponto, cabe observar que o STF, tratando de cabimento ou não de ação direta de constitucionalidade, entende incabível ação direta de inconstitucionalidade contra lei que já exauriu seus efeitos jurídico-normativos. Nesse sentido ADInQO 612-RJ, *DJ* 6.5.1994, Rel. Ministro Celso de Mello, e ADI 885-DF, Rel. Ministro Néri da Silveira, *DJ* 31.8.2001.

9. *Teoria Pura do Direito* (trad. João Batista Machado), 5ª ed., São Paulo, Martins Fontes, 1996.

é a hipótese, caso acionistas detentores de ações preferenciais viessem a adquirir, na forma do § 1º do art. 111 da Lei n. 6.404/1976, o controle acionário de instituição financeira, a transferência desse controle e, em decorrência, também o exercício do direito de voto como controladores, ficariam condicionados à prévia autorização da transferência pelo BACEN, por imposição do art. 10, inciso X, da Lei n. 4.595/1964.

Brasília, março de 2006.

Notas Bibliográficas

RESPONSABILIDADE DOS SÓCIOS,[1]
de Walfrido Jorge Warde Júnior

Marcos Paulo de Almeida Salles

Em interessante organização pedagógica, o autor conduz o leitor a um passeio completo pela origem dos fatos do Direito Comercial, na busca dos vários e importantes acontecimentos em que o comerciante sentiu a necessidade de definir o âmbito da afetação de seu patrimônio, pela parcela dedicada à mercancia.

Ao depois amplia os conceitos que se vêm formando a partir da Idade Média, quando são notados os embriões da organização dos atos em busca da efetiva atividade, seja de aproximar os produtos dos consumidores pelo comércio, seja pelas transformações por que passam as matérias-primas, no ordenar da indústria.

Mesmo a vôo de pássaro, o leitor encontrará no índice analítico minuciosas indicações do detalhamento com que o autor se houve na busca de subsídios para suas conclusões. Adotando o método das conclusões parciais, ele permite sejam possíveis leituras especificas sobre as figuras dos vários capítulos, sem prejuízo de uma síntese conclusiva final, em que o autor resume "os argumentos apresentados nos cinco capítulos componentes do trabalho", que ilustra com precisão o que o leitor procura, uma vez que a figura da limitação da responsabilidade dos sócios sempre se manteve na crista das polemicas sobre sua aceitação plena.

Na Introdução e no Capítulo I, são analisados os elementos que deverão compor a obra e as modalidades primitivas de limitação de responsabilidade, até a chegada à Idade Média, com a queda do Império Romano.

No Capítulo II, ao apreciar os fundamentos da limitação da responsabilidade nos dez séculos que se seguem, sente-se a preocupação do autor em aquilatar as alterações havidas até a Baixa Idade Média, tomada das Cruzadas ao século XV, período em que mais se desenvolveram as figuras próprias do Direito Comercial. Neste ambiente se apreciam os estudos a respeito dos fundamentos sobre a limitação da responsabilidade.

Ao final da Idade Média, para delimitar o Direito Comercial mostrava-se a subjetividade do comerciante no exercício da sua profissão, diversamente da sua condição de praticante eventual dos atos da vida civil e, por isso mesmo, segue-se a preocupação com a limitação da responsabilidade a distinguir esses dois campos de atuação, ou de contração de obrigações no exercício da mercancia, desvinculada de efeitos sobre o patrimônio familiar.

Com o Código Civil de 1916, a personalidade jurídica surge como modo de permitir a segregação de patrimônio específi-

1. Minas Gerais, Del Rey, 2007.

co para a prática da atividade mercantil, distanciando a responsabilidade dos sócios, pelas dívidas da sociedade.

Para agradável surpresa do leitor contemporâneo, o autor em seu Capítulo IV enriquece a análise sobre a crise na limitação da responsabilidade, por meio da análise econômica do Direito, permitindo se dê uma perfeita integração, uma tessitura, entre a economia e o direito, no instante em que este se vê, cada vez mais às voltas com o aspecto regulatório concorrencial.

Para chegar a esta abrangência econômica, deixou-nos o autor com as vistas voltadas no Capitulo V, para a disciplina da responsabilidade dos sócios, vendo-os como instituidores ou constituidores das sociedades empresárias, não sem antes tecer considerações sobre a disciplina contemporânea da responsabilidade dos sócios, à luz da teoria da empresa, compatibilizando as visões que se deve ter, principalmente a partir da promulgação do novo Código Civil, por força da alteração proporcionada pela emenda legislativa de que resultou o seu art. 50.[2]

O autor coloca com muita propriedade a dimensão em que se deve considerar a *disregard doctrine*, em especial sua recepção pelos sistemas jurídicos de tradição continental.

Por fim, encaminhando o leitor à compreensão do sentido que se deve dar à limitação da responsabilidade dos sócios, em relação às obrigações assumidas pela sociedade empresária, o autor traz à tona a relação entre capital e patrimônio, tratando daquele como fator de produção, para justificar a sua configuração no momento do início da atividade da sociedade empresária e, deste, como fator de garantia dos credores, de modo a que a sociedade se possa ver agraciada com a concessão de créditos que lhe ativem o desenvolvimento, salientando que igualdade entre ambos só existe no momento de seu balanço de abertura. Mesmo futuros aumentos de capital já não encontrarão mais qualquer igualdade com o patrimônio, embora deva ser mantida a integridade de capital. Vale dizer, por isso, que a permanência de ações em tesouraria somente se admite enquanto suportadas por reservas livres e não pelo capital.

Neste âmbito é que o autor explica a presença da desconsideração da personalidade jurídica na falência, à vista da imputação de responsabilidade aos sócios por eventual apropriação de valores, que refletiam no patrimônio da pessoa jurídica.

A leitura do estudo do Doutor Walfrido Jorge Warde Júnior, levado à edição pelo ilustre Professor João Baptista Villela, é agradável e enriquecedora, valendo para alunos e professores como raro compêndio, útil no acompanhamento dos cursos ou no preparo das aulas sobre a matéria.

2. O saudoso Prof. Miguel Reale, deixa bem endossada a emenda provinda do Prof. Fábio Konder Comparato, sobre a redação final do art. 50 do Novo Código Civil, deixa clara a aplicabilidade da desconsideração da personalidade jurídica pelo Juiz (Miguel Reale, *O projeto do Novo Código Civil*, Saraiva, 1999, p. 134).

RDM 143

HOMENAGEM PÓSTUMA AO JURISTA E PROFESSOR WALDIRIO BULGARELLI – O Comitê de Redação • ***DOUTRINA***: CODIFICAÇÃO, DECODIFICAÇÃO, RECODIFICAÇÃO: A EMPRESA NO CCB – Rachel Sztajn • O *STATUS* JURÍDICO DO CONTROLADOR E DOS ADMINISTRADORES NA RECUPERAÇÃO JUDICIAL – Haroldo Malheiros Duclerc Verçosa • ***ATUALIDADES***: LIVRE-DOCÊNCIA: APONTAMENTOS DE UMA ARGÜIÇÃO – João Baptista Villela • PONTO DE EMPRESA *VIRTUAL*. PRETENSÃO RENOVATÓRIA E DEMAIS INSTRUMENTOS DE TUTELA. VEDAÇÃO À USURPAÇÃO *INDIRETA* DO *PONTO DE NEGÓCIO* (POR MEIO DA RETOMADA DO OBJETO DA LOCAÇÃO). ATOS SUBSEQÜENTES DE CONCORRÊNCIA DESLEAL PRATICADOS PELO RETOMANTE – Estevan Lo Rê Pousada • EXCERTO DO *DIREITO SOCIETÁRIO I – FUNDAMENTOS* – Herbert Wiedemann, trad. Erasmo Valladão A. e N. França • THE EFFICACY OF INTRA-CORPORATE APPROVALS IN NEGOTIATED MERGERS BETWEEN CONTROLLING SHAREHOLDER AND ITS CORPORATION UNDER DELAWARE AND BRAZILIAN LAW – Mauro Bardawil Penteado • AGÊNCIA E REPRESENTAÇÃO COMERCIAL: A NECESSIDADE DE HARMONIZAÇÃO DA DISCIPLINA JURÍDICA – Carlos Alberto Hauer de Oliveira • A CÉDULA DE PRODUTO RURAL NA ESTRUTURAÇÃO DE OPERAÇÕES FINANCEIRAS – Renato Buranello • AS ALTERAÇÕES DO CPC EM MATÉRIA DE EXECUÇÃO E SUAS REPERCUSSÕES NA NOVA LEI DE FALÊNCIAS – Maria Celeste Morais Guimarães • DA COMPENSAÇÃO NA FALÊNCIA NO ÂMBITO DO SFN – Fabrício Gonçalves de Souza Sabina • PARCERIAS EMPRESARIAIS (*JOINT VENTURES*) NAS ATIVIDADES DE EXPLORAÇÃO E PRODUÇÃO DE PETRÓLEO E GÁS NATURAL NO BRASIL – José Alberto Bucheb • "BANCARIZAÇÃO" POR MEIO DE CORRESPONDENTES BANCÁRIOS – Uinie Caminha e Arthur Farache de Paiva • ACORDO DE LENIÊNCIA: A DELAÇÃO PREMIADA COMO INSTRUMENTO DE COMBATE AO CARTEL – Marco Aurélio Gumieri Valério • ***ESPAÇO DISCENTE***: A PREVALÊNCIA DA VONTADE DA ASSEMBLÉIA-GERAL DE CREDORES EM QUESTÃO: O *CRAM DOWN* E A APRECIAÇÃO JUDICIAL DO PLANO APROVADO POR TODAS AS CLASSES – Carolina Soares João Batista, Paulo Fernando Campana Filho, Renata Yumi Miyazaki e Sheila Christina Neder Cerezetti • O CONTRATO PRELIMINAR E A ANÁLISE ECONÔMICA DO DIREITO – Juliana Pitelli da Guia • ***PARECERES***: ATOS E OPERAÇÕES SOCIETÁRIAS EM FRAUDE À LEI, VISANDO À TOMADA ILÍCITA DO CONTROLE DE COMPANHIA ABERTA – ABUSO DO PODER DE CONTROLE E CONFLITO DE INTERESSES CARACTERIZADOS – INVALIDADE – Erasmo Valladão A. e N. França • A VIGENTE REDAÇÃO DO ART. 25 DA LEI 4.595, DE 31.12.1964 E SEU REGIME JURÍDICO – Henrique Leite Cavalcanti e Luiz Carlos Sturzenegger • ***NOTA BIBLIOGRÁFICA***: *RESPONSABILIDADE DOS SÓCIOS*, de Walfrido Jorge Warde Júnior – Marcos Paulo de Almeida Salles

MALHEIROS EDITORES